KB011290

민주주의의 수호자

김영삼 평전

민주주의의 수호자
김영삼 평전

초판 1쇄 인쇄 | 2016년 11월 18일
초판 1쇄 발행 | 2016년 11월 22일

지은이 | 김삼웅
펴낸이 | 박영욱
펴낸곳 | 깊은나무

편　집 | 허현자 · 이소담
마케팅 | 최석진 · 임동건
표지 및 본문 디자인 | 서정희 · 심재원

주　소 | 서울시 마포구 월드컵로 14길 62, 4층
이메일 | bookrose@naver.com
페이스북 | facebook.com/bookocean21
블로그 | blog.naver.com/bookocean
전　화 | 편집문의: 02-325-9172　　영업문의: 02-322-6709
팩　스 | 02-3143-3964

출판신고번호 | 제313-2007-000197호

ISBN 978-89-98822-31-6 (03300)

이 도서의 국립중앙도서관 출판예정도서목록(CIP)은 서지정보유통지원시스템 홈페이지(http://seoji.nl.go.kr)와 국가자료공동목록시스템(http://www.nl.go.kr/kolisnet)에서 이용하실 수 있습니다.
(CIP제어번호: CIP2016025706)

*이 책은 깊은나무가 저작권자와의 계약에 따라 발행한 것이므로 내용의 일부 또는 전부를 이용하려면 반드시 깊은나무의 서면 동의를 받아야 합니다.
*책값은 뒤표지에 있습니다.
*잘못 만들어진 책은 구입하신 서점에서 교환해 드립니다.

민주주의의 수호자

김영삼 평전

김삼웅 지음

깊은나무

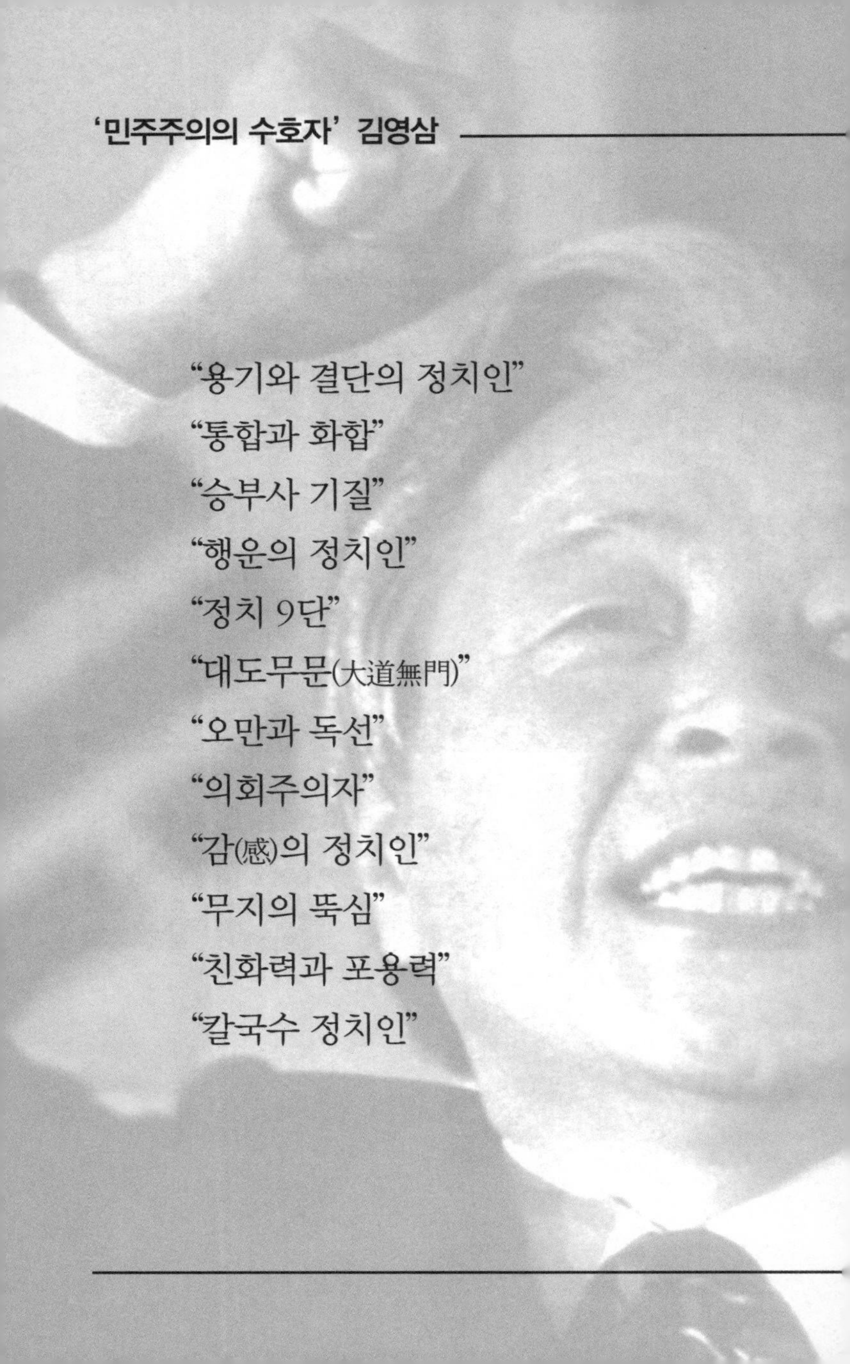

'민주주의의 수호자' 김영삼

"용기와 결단의 정치인"

"통합과 화합"

"승부사 기질"

"행운의 정치인"

"정치 9단"

"대도무문(大道無門)"

"오만과 독선"

"의회주의자"

"감(感)의 정치인"

"무지의 뚝심"

"친화력과 포용력"

"칼국수 정치인"

"절대 권력은 절대 부패한다. 역사는 우리에게 '정치는 길고 정권은 짧다'는 교훈을 남기고 있다."

"나는 한 때를 살기 위해 영원히 죽는 길을 택하지 않고 한 때는 죽는 것 같지만 영원히 사는 길을 택하겠다."

"머리는 빌려도 건강은 빌릴 수 없다."

"용기가 있는 자만이 자유를 누릴 수 있고 자유가 보장되는 창조적 사회를 건설할 수 있다."

"닭의 목을 비틀어도 새벽은 온다."

"누워서 죽기보다는 일어나 싸우다 죽기 위해 단식을 중단한다."

"도도히 흐르는 역사의 물결은 누구도 거역할 수 없다."

"민주주의는 인류가 피의 강을 건너고 죽음의 산을 넘어 쟁취한 위대한 유산이다."

"민주주의는 인류가 가장 훌륭한 제도로서 만들어 낸 것이며 아직 이것 이상의 것은 발견하지 못하고 있다."

"우리 세대가 통일을 이룩하지 못하면 역사 앞에 죄인으로 낙인찍힐 것이다. 그러나 이 통일문제가 집권자의 통치수단의 하나로 이용되어서는 안 된다."

"통합과 화합의 정치를 이루어 달라."

프롤로그

김영삼 대통령 다시보기

'민주주의의 수호자' 김영삼

2015년 11월 22일 0시 22분. 서울대병원 중환자실에서 서거한 김영삼 전 대통령에는 여러 가지 수식어가 따라 붙는다.

"용기와 결단의 정치인"

"통합과 화합"

"승부사 기질"

"행운의 정치인"

"정치 9단"

"대도무문(大道無門, 사람으로서 마땅히 지켜야 할 큰 도리(道理)나 정도(正道)에는 거칠 것이 없다.)"

"오만과 독선"

"의회주의자"

"감(感)의 정치인"

"무지의 뚝심"

"친화력과 포용력"

"칼국수 정치인(김영삼 대통령은 점심으로 칼국수를 먹는 검소함을 보였으므로 칼국수 정치인이라는 수식어가 붙는다.)"

"동문서답의 달인"

김영삼 대통령은 김대중 대통령과 더불어 1970, 80년대 반독재민주화를 이끈 한국현대사의 주역이다. 그들에게 1950, 60년대는 준비·성장기였고 1990년대 후반과 2000년대 초반은 각각 집권기였다. 두 사람을 빼놓고는 한국 민주주의를 논할 수 없는, 민주투사들이다.

김영삼 대통령은 대한민국 정부수립 71년 동안 오직 그만이 보유하고 있는 몇 가지 타이틀이 있다.

최연소 국회의원, 최연소 야당 대변인, 최연소 원내총무, 최연소 야당 총재, 최다선 의원, 야당 대변인 2선, 야당 원내총무 5선, 야당 총재 3선.

그는 긴 정치역정만큼 수많은 '시대적 어록'을 남겼다.

"절대 권력은 절대 부패한다. 역사는 우리에게 '정치는 길고 정권은 짧다'는 교훈을 남기고 있다."

"나는 한 때를 살기 위해 영원히 죽는 길을 택하지 않고 한 때는 죽는 것 같지만 영원히 사는 길을 택하겠다."

"머리는 빌려도 건강은 빌릴 수 없다."

"용기가 있는 자만이 자유를 누릴 수 있고 자유가 보장되는 창조적 사회를 건설할 수 있다."

"닭의 목을 비틀어도 새벽은 온다."

"누워서 죽기보다는 일어나 싸우다 죽기 위해 단식을 중단한다."

"도도히 흐르는 역사의 물결은 누구도 거역할 수 없다."

"민주주의는 인류가 피의 강을 건너고 죽음의 산을 넘어 쟁취한 위대한 유산이다."

"민주주의는 인류가 가장 훌륭한 제도로서 만들어 낸 것이며 아직 이것 이상의 것은 발견하지 못하고 있다."

"우리 세대가 통일을 이룩하지 못하면 역사 앞에 죄인으로 낙인찍힐 것이다. 그러나 이 통일문제가 집권자의 통치수단의 하나로 이용되어서는 안 된다."

"통합과 화합의 정치를 이루어 달라."

그는 실언·무지·위트도 적지 않게 남겼다. '아름다운 지하자원', '우루과이 사태(라운드)(1986년 9월 남미 우루과이의 푼타델에스테에서 개최된 '관세 및 무역에 관한 일반협정(GATT)' 각료회의를 출발점으로 하여 8번째인 1993년 12월 타결된 다자간 무역협상)', '결식(缺食) 아동'을 '걸식(乞食) 아동'이라고 하고, 회의석상에서 '차우세스쿠'의 이름을 잊어 '차 씨' 라고 하거나, 대통령선거 당시 관훈클럽(한국 중견 언론인들의 언론연구 및 친목을 목적으로 한 단체) 토론 때 한 패널이 "비핵지대화에 대하여 전술핵도 포함되느냐"는 질문에 "원자로 말씀입니까?" 라고 한 동문서답 등이 그렇다.

김영삼은 중학시절 하숙집 책상 위에 '미래의 대통령 김영삼'이라고 붓글씨를 써놓고 대통령의 꿈을 키웠다. 그리하여 20대 초선 의원, 30대 야당 원내총무, 40대 야당 총재, 50대 대통령 후보, 60대 대통령으로 대성한 정치인이다.

그는 유복한 가정에서 태어나 순탄한 정치활동을 거쳐 치열하게 군사독재와 싸우면서 거목이 되었고 국민적 지도자로 성장하였다. 그리고 마침내 대권을 차지하였다. 자유당으로 입신하여 이승만의 장기 독재를 거부하면서 민주당 창당에 참여한 이래 야당의 핵심당직을 두루 거치면서 3선 개헌(1969년 대통령 박정희(朴正熙)의 3선을 목적으로 추진되었던 제6차 개헌) 반대의 맹장(猛將)이 되고, 그 과정에서 중앙정보부로부터 초산테러를 당하는 등 생명의 위협을 겪고도 굴하지 않았다.

전두환 폭압통치에 맞서 김대중과 함께 민주화추진협의회를 조직하여 6월 항쟁을 이끌 때는 생사를 초월하였다.

'40대 기수론' (1971년의 제7대 대통령 선거 후보지명전에 나서면서 김영삼(당시 44세) 의원이 야당 대통령 후보의 조건과 자격에 관해 주창한 논리)을 주창하여 야당의 세대교체를 단행하고 낮에는 야당 밤에는 여당인 사쿠라(다른 속셈을 가지고 어떤 집단에 속한 사람. 특히 여당과 야합하는 야당 정치인을 이르는 말) 야당인들과 어용야당인 '중도통합론자'들에 맞서 야당의 정통성을 회복한 것도 김영삼이었다. 김대중과는 숙명적 라이벌 관계로서 독재와 싸울 때는 '동지'가 되고, 정권경쟁 때는 '라이벌'이 되었다. 1980년 '서울의 봄'에는 분열하면서 전두환 쿠데타를 막지 못하고, 1987년 6월 항쟁 후 다시 분열하여 노태우에게 정권을 진상하는 좌절을 겪었다.

제13대 총선에서 제2야당 총재로 밀려난 김영삼은 타도의 대상이었던 노태우·김종필과 손을 잡았다. 이른바 3당통합 또는 3당야합이었다. "호랑이를 잡기 위해 호랑이 굴로 들어갔다."는 명분을 내걸었지만, '정치인의 가장 큰 덕목은 지조'라던 자신의 좌우명을 버린 것은 물론 '여소야대 정국'을 거대여당으로 만들고, 이로써 5공청산과 민주개혁을 지체시켰다는 비난을 받았다. 이로 인해 이후 부산·경남지역 민주세력이 보수화되면서 한국 민주주의 발전에 큰 걸림돌이 되고 있다는 비판은 현재진행형이다.

'정치인다운' 정치지도자

김영삼은 '제2인자' 노릇을 거부한다. 1988년 제13대 총선결과 제2야당으로 밀리자 전격적으로 노태우와 손을 잡고 한 배를 탔다. 노태우의 입장에서는 '부처님의 손안에 든 손오공' 정도로 생각했을 터이고, 김영삼의 속내는 "호랑이를 잡으러 호랑이 굴로 들어간다." 라고 내세우면서 절치부심, 다시 여론의 중심이 되고 마침내 대권을 장악했다.

'제2인자'의 거부 심리에는 다음과 같은 일화도 있다.

노태우 대통령 시절, 민자당 대표자격으로 주례 회동하러 청와대를 방문할 때, 누구나 차도록 된 패찰을 달지 않겠다고 버텨 끝내 이를 관철한 것이나, 사찰 방문 시에 '불상 요배'를 거부한 것 등은 덜 알려진 비화들이다.

김영삼이 남에게 지기 싫어하는 '1인자 의식'을 풍자하는 책이 있다. 집권 초기 장덕균 씨가 펴내어 30여 만부가 팔렸다는 『YS는 못말려』의 한 대목이다.

> 내각제 각서 파동 후 YS가 마산에 칩거하고 있을 때였다. 민자당 사무총장이 헐레벌떡 달려왔다.
>
> "당을 깨서는 안 됩니다. 잘 생각해 보십시오. 우리는 한 배를 탄 공동운명체라는 걸 모르십니까?"
>
> 그의 말에 YS는 비아냥거리며 쏘아붙였다.
>
> "같은 배를 탄 걸 누가 모르나. 같은 배라도 1등석이 있

고 2등석이 있다는 게 문제 아이가.”

김영삼은 자신이 설정한 정치인의 가장 큰 ‘덕목’인 야당인의 지조를 버리고 군사독재자와 손을 잡고, 그리고 마침내 집권하여 ‘군부의 종양’인 하나회를 척결하고, 전두환과 노태우를 법정에 세웠다. 호랑이를 산 채로 붙잡은 셈이다.

뿐만 아니었다. ‘역사 바로 세우기’를 통해 구 총독부건물을 철거하고 금융실명제 실시, 공직자 재산공개 등 파격적인 개혁조치를 단행하였다. 군사독재 32년의 적폐를 어느 정도 청소한 것이다.

하지만 김영삼이 ‘유능한 국가경영자’였는가에 대해서는 의견이 갈린다. ‘인사는 만사’라는 말을 입에 달고 다니면서도 인사에서 실패하고, 유신·5공 세력의 등에 업히다 보니 군사정권의 유산을 이어받고, 국정에 관한 전문성의 부족으로 경제정책에 실패하여 ‘제2의 국치’라는 외환위기(IMF) 사태를 불러왔다.

IMF 사태는 국가의 총체적인 위기로 확산되고, 그가 애써 이룩했던 개혁 업적들까지 도맷금으로 매도되기에 이르렀다. 임기 중후반부터는 차남인 김현철이 ‘소통령’으로 불리며 각종 비리가 드러나면서 취임초기 90%를 넘나든 인기가 퇴임기에는 끝없이 추락했다.

대통령 취임사에서 "어느 동맹국도 민족보다 더 나을 수 없다."면서 민족화해와 통일을 앞세우다가 철학 부재와 수구세력의 압박에 밀려 '냉온탕' 정책을 거듭하고, 남북 문제를 풀지 못했다.

민심은 매정하고 여론은 냉정하다. 퇴임 후 김영삼은 역대 대통령의 인기 순위에서 꼴찌 수준을 맴돌았다. 그러던 중 이명박·박근혜 정부의 경제실정과 민주주의 퇴행현상이 심각해지면서 그리고 김영삼이 서거하고 최초의 국가장이 치러지면서, 그의 민주화투쟁의 공적이 재조명되었다. 현재적인 박근혜 정부의 민주주의 퇴행이 김영삼의 반독재 민주화 역정과 대비되어 나타난 현상이다.

김영삼은 정치인이다. 정치 이외에 달리 해 본 일이 없다. 20대부터 80평생을 정치인으로 살았다. 그리고 대통령까지 올랐다. 정치인으로 성공한 것이다. 박정희 유신독재와 전두환 5공 독재를 종식하는 데 그의 역할이 컸다. 계량화하기는 어렵지만 당대의 어느 정치인에 못지 않았다. 그는 정치적 리더십과 스타십을 함께 갖춘 보기 드문 지도자였다.

그는 막스 베버가 『직업으로서의 정치』에서 제시한 정열·책임감·사명감을 고루 갖추고 있었다. 정치인으로서는 완벽에 가까운 인물이다. 하지만 9선 의원을 지냈으면서도 국정의 어느 분야에도 전문성을 갖추지 못했고, 20대 이래의 화려한 '정치귀족' 생활은 치밀한 연구와 학습의 기회를 갖지 못하였다. 이와 관련해서는 김대중과 대비된다.

역사상 최대로 성공한 두 사람의 정치인으로 중국의 한 고조와 로마의 아우구스티누스를 든다. 이 두 사람의 공통점은 초인적인 인내심과 성실성이었다고 분석된다.

인내심과 성실성을 지도자의 가장 큰 덕목으로 치는 데는 많은 전문가의 의견이 일치한다. 토마스 칼라일은 『영웅숭배론』에서 "모든 영웅의 첫째 특성은 성실성, 깊고 진정한 성실성에 있다."라고 하여 성실성을 크게 강조한 바 있다.

지도자의 요건은 여러 가지로 열거할 수 있다. 예컨대 마키아벨리는 용기, 확신, 위압적 자질, 권모술수 능력, 냉철성, 위선적 자질 등을 중시하고, 정치가는 사자의 용기와 여우의 교활성을 겸비하는 것이 필요하다고 지적하였다.

헤롤드 러스키는 정치가를 '대중소비용 특수한 인격'이라고 하여 배우성의 중요성을 말하고 있다. 지도자의 속성에 관해 연구한 로버트 미헬스는 웅변, 의지력, 열정, 지력, 도덕성, 체력을 들었다.

이와 관련 미국의 메리암 교수는 웅변, 용기, 사회적 감수성, 정책, 상징조작능력, 개인조종능력, 집단결합능력을 제시하였으며, 스톡딜 교수는 사회적 감수성, 집단결합의 능력, 조정자적 재능을 제시하였다.

현대의 산업사회가 다원화·복합화를 이루면서 정치인의 자질과 조건도 많이 바뀌고 있다. 정치학자들은 이 같은 변동사회에서 지도자의 자질에 대해 특이한 관점에서 제시한다.

미헬스는 정치지도자의 자질을 ①연설의 재능 ②남성미 ③의지력 ④강력한 자신감 ⑤성의 또는 무욕 ⑥명성 ⑦투쟁경력을 들고 있다.

선진국의 일반 시민들이 생각하는 정치지도자의 조건은 보다 인간적인 측면과 능력에 집중되고 있는 듯하다. ①사람의 마음을 움직여 휘어잡는 감성 ②인간적인 매력 ③극적인 표현의 기교 ④정책의 창조성 ⑤단결과 용기 등이다.

앞서 인용한 막스 베버가 제시한 정치인의 3대 요건은 정열·책임감·판단력이다. 이와 함께 동양에서는 정치인의 특별한 조건이라기보다 지도자의 일반적인 자질을 신언서판(身言書判, 인물을 선택하는 데 표준으로 삼는 네 가지 조건. 곧 신수·말씨·글씨·판단력)에서 찾았다. 평범한 듯하지만 엄격한 가치 기준이다.

정치학자 라스웰은 지도자의 자질로 집단결합능력을 중시하며, 업무집중능력과 체력 등을 필수조건으로 제시한 바 있다.

정치적 자질의 여러 형태를 종합하면, 용기·확신·자신감·열정·웅변·체력·의지·지력·도덕성·사회적 감수성·개인조종능력·집단결합능력·조정자적 능력·위압적 자질·권모술수 능력·위선적 자질·냉철성 등이라고 하겠다. 이 같은 기준에서 김영삼의 파란만장의 정치역정(歷程)을 추적하고자 한다.

김영삼의 빛과 그림자, 목표와 가치

김영삼은 대단히 매력적인 정치인이었다. 키는 크지도 작지도 않은 168.5cm, 체중은 69kg, 혈액형 AB형, 항상 웃는 얼굴의 동안에 가볍게 웨이브 진 반백의 곱슬머리.

종교는 할아버지대부터 기독교(장로), 좋아하는 노래는 〈메기의 추억〉과 〈선구자〉. 권위주의적이지 않고 자상한 성품, 서울대학교 철학과 출신이지만 고뇌와 사색형이기보다 낙천적인 기질이어서 사귀는 사람이 다양하고 팬이 많았다.

바쁜 정치 일정에서도 큰 병을 앓지 않고 건강을 지킨 비결은 매일 새벽의 조깅을 꼽을 수 있고, 젊은 시절 골프를 즐겨 핸디 18정도였으나 1979년부터 끊었다. 특별한 잡기는 없고, 술은 때로 포도주 한두 잔, 젊어서는 양주 한 병을 거뜬히 마셨다. 담배는 하루 5~7갑을 태우는 골초였으나 유신정변을 맞고 하룻밤의 결심으로 단연을 지켰다.

보통 아침은 우유 한 잔으로 때우고 점심과 저녁은 직업상 다른 사람들과 외식, 육류보다 야채를 즐겼다. 야당 시절, 상도동 그의 집에는 정치인과 정치지망생으로 항상 초만원이었다. 메뉴는 오징어찌개와 멸치조림, 우거짓국이 준비되었다.

1920년대 중국 베이징의 우당 이회영 선생의 거소에는 찾아온 독립 운동가들로 항상 붐볐다하여 "우당 거소에 얼마 동안 머물렀느냐"가 항일운동의 연조가 된다는 말이 나돌 정도였다. 언제부터인지 여의도 정가에는 "금배지 달려면 상도동의 우거짓국을 많이 먹어라."는 말이 나돌았다.

김영삼은 야당 원내총무(원내 대표)와 총재 시절 소속 의원·출입기자·지인들에게 명절이면 거제도산 멸치를 선물했다.

그가 야당 정치활동 중 금전문제에서 초탈할 수 있었던 것은 고향에서 멸치어장을 하는 아버지가 수시로 정치자금을 보내준 덕분이었다.

김영삼은 본인은 물론 자식들에게 '정직하고 떳떳하라'라는 가훈을 정하고 실천하는 모습을 보였다. 한 언론인과의 인터뷰에서도 "능력보다는 정직성이 중요하다."고 말하고, 이를 삶의 실천적 가치로 삼았다.

기독교인으로서 얼마만큼 신앙심이 두터웠는지는 해량

하기 어렵지만, 가족과 함께하는 아침 식사는 찬송가로 시작하였다. 즐겨 암송하는 성경 구절은 구약 이사야서 41:10이다.

"두려워 말라. 내가 너와 함께 함이니라. 놀라지 마라. 나로 네 하나님이 됨이니라. 참으로 나의 의로운 손으로 너를 붙들리라. 보라, 너에게 노하던 자들이 수치와 욕을 당할 것이요, 너와 다투는 자들이 아무것도 아닌 것 같이 될 것이며 멸망할 것이다."

김영삼은 대학졸업 논문이 「칸트에 관한 소고」이어서인지, 시간을 비교적 잘 지키고 각종 회의가 길어지는 것을 싫어하였다. 시간관념이 철저하고 시간낭비를 싫어해서 젊은 시절에 즐겼던 장기·바둑을 멀리하였다.

독서를 많이 하지 않은 편이지만 좋아하는 책은 세계 주요 인물들의 회고록 계통이었다. 드골 회고록·케네디 회고록·네루 자서전 등이 이에 속한다.

1980년대 이후 한국정치가 골프정치였다면 1960~70년대 한국정치는 이른바 요정정치였다. 일제잔재의 하나였던 이 퇴폐한 정치문화는 여야를 가리지 않았다. 청운각·삼청각·선운각 등 고급요정에서 각종 거래가 이루어지고 주색이 따랐다. 지갑이 두텁고 미남형인 김영삼은 뭇 여성들로부터 환심의 대상이었다. 그래서 그렇고 그런 화제가 따랐다.

그는 언제나 언론계의 주목의 대상이었다. 항상 뉴스의 대상이 되었고 언론계에는 'YS장학생' 그룹이 생겨 화제로 떠올랐다. 그는 누구보다 보수언론으로부터 지극히 우호적인 야권의 정치지도자였다. 그가 집권 첫해에 서울의 주요 일간신문들의 세무조사를 실시하고도 그냥 덮어둔 것은 '언론 겁주기' 또는 'YS장학생들에 대한 보은'이라는 상반된 평가가 나왔다.

김영삼은 1974년 8월에 실시한 신민당 전당대회에서 처음으로 총재에 당선되어, 한 중진 언론인의 인터뷰에서 직업으로서 택한 '정치'의 목표를 밝혔다. "자유와 빵의 균형이 이루어진 생산이라고 할까요, 이것을 만들어 가는 행위를 정치라고 할 수 있습니다. 정치적 자유 없이는 아무리 경제적 부를 누린다 하더라도 인간이 행복할 수는 없습니다."(『신동아』, 1974년 10월호)

이 말은 김영삼이 정치를 택하고 추구했던 정치적 가치가 아니었을까 싶다. '자유와 빵의 균형이 이루어진 생산', 그는 이 목표를 구현하고자 어떤 길과 방법을 택하고, 얼마나 해냈을까. 거산의 빛과 그림자, 음지와 양지, 득의와 실의, 영광과 좌절의 역정을 찾아가 보자.

차례

2부 60년대 야당의 최전선에서

: 4월혁명에서 3선개헌 반대투쟁까지

제1장 4월혁명과 5·16군사쿠데타

제2장 군사독재와의 투쟁

제3장 60년대 야당의 최전선에서

1부

거산巨山의 첫 걸음

:출생에서 정계입문까지

YS

역사란 바닷물 위의 배와 같다고 생각한다. 배도 그물도 사람의 몫이다. 그리고 노를 젓는 것도 엔진을 가동시키는 것도 사람의 몫이다. 그러나 물과 바람은 자연의 몫이다. 순풍이나 폭풍이나, 그것은 우리의 몫이 아니다.

제1장

'미래의 대통령'이라 쓰다

YS

거제도 어부의 아들

한반도 최남단의 섬마을, 경남 거제군 장목면 회포리 1371번지에서 1928년 음력 12월 4일 김영삼이 태어났다. 아버지 김홍조(金洪祚)와 어머니 박부연(朴富連)은 1남 5녀를 두었고 김영삼은 장남이었다.

할아버지가 지은 영삼(泳三)이란 이름은 '물을 세 번 헤엄쳐야 금빛을 만난다.' 라는 뜻이었다.

할아버지의 주선으로 다섯 살 때부터 마을 서당에 다니면서 한학을 배웠다.

김영삼은 조선 세조 때의 문신 백촌 김문기의 후손으로 금녕 김 씨 11대손이다. 그의 가계가 언제부터 거제도에 살게 되었는지는 명확하지 않다.

우리 집안이 어떻게 하여 거제에 내려와 살게 되었는지

는 명확치 않지만 대체로 이런 이야기들이 전해지고 있다. 조선시대에 거제도는 유배지였는데, 많은 사람들이 거제로 유배될 때 내 11대조 되시는 분의 형제 두 분이 경주(慶州)에서 거제로 오셨다는 것이다.

그것이 유배인지 아닌지는 명백하지는 않지만, 내 생각으로는 유배이었으리라고 생각한다. 만약 유배가 아니었다면, 그 떳떳한 경위가 전해 내려왔을 것인데, 그렇지 못한 것으로 보아, 유배이었을 것이라는 추측이 드는 것이다. 당시에 어쨌든 유배는 떳떳한 것이 아니었을 테니까 말이다. 어쨌든 두 분은 거제도에 정착하게 되었는데 형제분이 각각 큰 닭섬(大鷄島)와 작은 닭섬(小鷄島)에 정착하였다고 한다. 그렇게 정착하여 오늘에 이어졌는데, 우리 집안은 손(孫)이 귀했다. 할아버지의 휘하에 남자로는 내 4촌이 있을 뿐이다.[1)]

김영삼은 성장기에 할아버지 김동옥(金東玉)의 영향을 크게 받았다. 할아버지는 거제도 지역사회에서 선각적인 분이었다. 처음으로 멸치어장을 설치하고 마을에 교회를 세웠으며, 손자의 교육을 주선하였다. 멸치어장은 아버지가 물려받아 가계는 물론 아들의 교육비와 훗날 정치활동에 큰 뒷바침이 되었다.

---

1) 김영삼, 『나와 조국의 진실』, 일월서각, 1984, 100쪽

할아버지는 생각건대, 적어도 거제도에서는 선각자였다. 거제도라는 낙후된 지역에 사시면서도, 그러나 생각만은 낙후되어서는 안 된다는 생각은 철저하셨다.

당시 거제도에는 멸치어장을 경영하는 사람이 하나도 없었는데도, 할아버지는 맨 먼저 어장을 개척하셨고, 또 성공적으로 운영하였다.

생활을 위한 일에도 이렇듯 충실하셨지만, 다른 한편으로는 자녀들의 교육에도 각별한 관심과 배려를 쏟으셨다. 내가 학교에 들어간 것은 일곱 살 때였지만, 그보다 앞서 다섯 살 때부터 서당에 나가게 된 것은 오로지 할아버지의 결정에 따른 것이었다. 요즈음 서도(書道)라는 것을 하게 된 것도, 서당에서 공부하던 기억과 결코 무관하지 않다.

글자를 쓰면서 나는 서당과 그리고 할아버지를 연상하는 습성이 몸에 베어 있는 것이다. 서당 선생님의 훈도(訓導)는 곧 할아버지의 훈도였고 서당과 할아버지로부터 가르침 받았던 그 분위기는 지금도 나에게 생생할 뿐더러, 내 마음과 분위기 속에 배어 있음을 나는 알고 있다.

할아버지는 내 서당공부의 예습과 복습을 자상하게도 보살펴 주셨는데, 인자와 엄격이 본시 하나요, 또 그렇듯 조화를 이루어 배합되는 경우를 나는 여태껏 본 적이 없다.

그때 의무적으로 읽고 외웠던 한문구절들, 예컨대 '덕불고필유린(德不孤必有隣, 덕이 있으면 외롭지 않아 이웃이 있다는 것을 이르는 말)' 같은 글귀를 요즈음 서도로 쓰면서, 비로소 그 참뜻을 깨닫게 된다. 결국 나는 아직도 할아버지의 영향권 안에 놓여 있는 것이다.[2]

김영삼은 7세 때 면내 장목(長木)에 있는 소학교에 입학하였다. 외포리 집에서 장목까지는 20여 리가 되어 어린 나이에 통학하기가 쉽지 않았다. 통학길이 온통 나무로 뒤덮여 있어 낮에도 무섭기까지 했다고 한다.

그래서 장목 마을에서 하숙을 하다가 이를 안타깝게 여긴 어머니가 장목의 외갓집에서 지내도록 하였다. 외갓집이라도 부모 곁을 떠나기는 마찬가지였다. 이런 사유로 김영삼은 어릴 적부터 강한 독립심이 키워진 셈이다.

어쨌든 내가 커 나온 환경으로 보아서 나의 교육 여건은 지극히 불리한 것이었다. 이 불리한 여건은 오직 할아버지의 열성으로 극복된 것이다. 내가 대학에 입학했을 때, 당시까지만 해도 거제도에서는 대학을 졸업했거나 대학에 다니는 사람은 오직 나 혼자 뿐이었다. 또한 그것은 쉬운 일이 아니었다. 웬만한 결단과 노력으로 대학에 보낼 수 있는 것이 아니었던 것이다. 그 모든 것이 할아버지의 옹골찬 결단과 확신의 결과임은 물론이다.[3]

2) 앞의 책, 96~97쪽.
3) 앞과 같음.

YS

선각적인 할아버지의 훈도(訓導)

할아버지는 사업과 손자의 교육관계뿐만 아니라 마을에 교회를 세워 섬마을에 기독교문화와 주민들의 신앙생활을 일깨우는 데도 크게 기여했다.

할아버지는 사업과 교육의 두 가지 측면에서 뿐 아니라, 다른 분야에서도 일찍이 개화된 분이었다. 내가 기독교인이 된 것도 집안의 내력과 깊은 관련이 있는데, 할아버지 때부터 그 믿음이 시작되었다. 지금도 어장(漁場)에 가보면 누구나 그것을 느낄 터이지만 수산업 하는 사람이나 어부들만큼 미신을 잘 믿는 사람이 없다.

고기를 잡으러 떠나거나 고기 잡은 배가 포구에 닿을 때 벌어지는 저 잔치 같은 분위기를 떠올리는 것만으로도 충분할 것이다. 안전한 조업을 비는 굿판이 온 동네가 떠들썩

하게 벌어진다. 만들어진 음식도 풍성한데, 그 음식의 절반 가량은 바다에 던져지는 것이다. 나는 그러한 분위기와 굿판에 대한 기억을 생생하게 하고 있는데, 한 때는 음식이 바다에 던져지는 것을 못내 안타까워 한 적도 있었다.

할아버지가 어떤 경위와 이유로 교회에 나가시기 시작했는지는 잘 모르지만, 할아버지와 할머니는 돌아가시기 전까지 교회의 집사(執事) 일을 보셨다. 지금 생존해 계신 아버지도 장로(長老)이시고, 어머니는 돌아가시기 전까지 집사이셨다.

할아버지는 우리 집에서 제일 아끼고 좋아하는 밭에 신명교회라는 이름의 교회를 손수 지으실 만큼 교회일에 적극적이셨는데, 이러한 할아버지의 노력과 선각으로 40호 정도 되는 우리 고향 마을의 주민 절반 이상이 모두 교회에 나가게 되었다.

아마도 할아버지가 교회에 나가시는 것과 그리고 교회를 짓는 것 등등의 일이 어장을 하는 할아버지의 입장으로서는 보통의 결단이 아니었을 것이며, 또한 교회 나가는 일과 관련하여 많은 애로를 겪었을 것 또한 짐작하기에 어렵지 않다.[4]

김영삼은 33세 때인 1960년 9월 25일 밤 거제도에서 암

4) 앞의 책, 98쪽.

약하던 고정간첩의 흉탄에 어머니가 살해되는 아픔을 겪었다. 뒷날 「어머니 송(頌)」이란 글에서 어머니의 모습을 그린다.

내 어머니는 돌아가실 당시 52세이셨는데, 교회의 집사 일을 맡아보셨다. 우리 동네에는 내 할아버지가 교회를 세우셨는데, 교회가 세워진 후 40호 가량 되는 동네에서 그 절반가량이 교회에 나오게 되었다.

이것은 아마도 어머니의 덕일 것이다. 어머니는 우리 집안의 주부이셨을 뿐만 아니라, 교회에서도 모든 궂은일을 도맡아 하는 이름 그대로의 집사이셨던 것이다. 바다와 고기 잡는 일과 관련해서는 금기(禁忌)도 많고, 굿판을 벌여야 하는 등 미신적 요소가 많다. 특히 여인들 쪽에 그 미신이 많은 것은 두 말할 필요가 없다.

나는 어머니가 그 어려움 속에서 어떻게 동네 사람들을 교회로 인도하셨는지 잘 모른다. 여인들의 일 특히 주부의 일이란 그 과정이 묻히기 마련이다. 그러나 어머니의 경우 별별 고통을 다 견디었을 것이다.[5)]

김영삼은 아버지보다 어머니의 영향을 더 많이 받았다고 술회한 적이 있다. 1987년 대통령선거를 앞두고 한 문

5) 김영삼, 앞의 책, 79쪽.

필가와 가진 인터뷰 내용이다.

문 : 친어머니에 대한 감회는 어떤가.

– 어려서부터 어머니 젖이 부족해 할머니가 나를 업고 다니며 동네 아주머니들한테 동냥젖으로 키웠다고 한다. 중학교나 대학교에 다닐 때 친구들이 집에 오면 어머니는 큰 손님이라도 온 것처럼 음식을 정성껏 차려내곤 했다. 그때 어머니는 일을 많이 해서 거칠어진 손이 부끄러워 치마 속에 감추곤 했다. 아버지가 들으면 섭섭하시겠지만, 어머니의 영향을 더 많이 받았다. 거제도에 있는 어머니 묘소에 가끔 성묘하러 간다.[6]

김영삼의 어머니는 섬마을에서 멸치어장을 하는 남편의 뒷바라지는 물론 무속신앙에 젖어 있는 주민들을 시아버지가 세운 교회로 인도하는 등 많은 역할을 하였다.

– 우리 집안이 할아버지 대(代) 이래로 어장을 운영하는 관계로, 우리 집안은 뱃사람들과 마을 사람들에 대한 뒤치다꺼리로 일 년 열두 달 내내 바빴다. 음식을 해도 바다에 던지는 것이 많았고, 고기는 사람이 잡지만, 바다와 고기는 우리 집에 있어서는 상전이었던 것이다.

6) 정성민 편, 『대권경쟁, 김영삼 그는 누구인가』, 청년사, 1987, 114쪽

그 일을 어머니는 묵묵히 해낸 것이다. 그것도 언제나 푸짐했다는 칭찬을 들었다. 어머니는 언제나 풋풋했고, 또 넉넉했다.

그런 의미에서 어머니는 바닷사람이었고, 굳이 표현한다면 바다에 어울리는 덕성을 갖추고 계셨던 듯싶다. 어머니의 부음이 전해졌을 때, 그 뱃사람들과 그 가족들이 하나같이 자신의 동기간을 잃은 것처럼 울부짖던 표정들은 어머니가 그분들과 어떻게 지내셨던가 하는 것을 잘 말해주는 일이었다.[7]

김영삼은 선각적인 할아버지와 폭이 넓은 어머니 그리고 억세고 강인한 아버지의 바닷사람의 체질을 물려받아 강한 야성을 지니며 성장한다.

7) 김영삼, 앞의 책, 79~80쪽.

YS

장목소학교에서 통영중학교로

김영삼은 거제도의 거친 파도를 지켜보며 어린 시절을 보냈다.

> "나는 어릴 때 나의 고향 거제도 큰 닭섬 마을에서 태평양으로 좍 펼쳐진 망망대해를 바라보며 자랐다. 어머니의 가슴속과도 같이 조용하던 바다가 일단 폭풍에 휘말리면 천하에 그보다 더 무서운 것이 또 없다. 광풍이 바다를 해일로 만들어 놓으면 사람의 모든 것은 허사가 되고 말았다. 어선도, 그 안에 있는 그물도, 그리고 때로는 우리 집까지도……."[8]

김영삼은 바다의 '두 얼굴'을 보며 자랐다고 술회한다.

---

8) 김영삼, 『2000 신한국』, 동광, 1993, 27쪽

역사란 바닷물 위의 배와 같다고 생각한다. 배도 그물도 사람의 몫이다. 그리고 노를 젓는 것도 엔진을 가동시키는 것도 사람의 몫이다. 그러나 물과 바람은 자연의 몫이다. 순풍이나 폭풍이나, 그것은 우리의 몫이 아니다.

배를 타는 것도, 목적지를 향해 노를 젓거나 엔진을 가동시키는 것도 사람의 몫이다. 어떤 그물을 만들어 어느 위치에 쳐놓느냐는 것 또한 사람의 몫이다.[9]

김영삼의 어린 시절의 기록은 흔치 않다. 고향 뒷산에 올라 '나비의 꿈'을 좇았다는 본인의 회상이다.

나는 어릴 적에 내 고향 큰 닭섬 마을 뒷산에 올라가 나비를 좇으며 놀았다. 하늘로 훨훨 자유롭게 날아다니는 나비를 한없이 부러워했다. 나도 저 나비처럼 하늘을 날아 봤으면…….

한 마리의 나비가 어떻게 해서 세상에 나오게 되는가를 나는 소학교에 들어가서야 알게 되었다.

한 마리의 나비가 어떻게 세상에 태어나는가? 알이 깨지면서 애벌레가 탄생한다. 애벌레가 커지면 껍질을 벗어 버려야 한다. 그렇게 자라는 동안 애벌레는 몇 번이고 옷을 벗어 버린다. 옛 껍질을 벗고 새 껍질로 자기를 보호한다.

9) 앞과 같음.

애벌레는 그렇게 여러 차례 옷을 벗어 버린 후 단단한 껍질을 뒤집어쓰고 번데기로 변한다.

그 단단한 껍질이 갈라지면서 그 속에서 나비가 기어 나온다. 처음엔 연약하던 몸이나 날개가 조금 지나면서 튼튼해진다. 드디어 아름다운 나비가 하늘 높이 날아오른다.[10)]

김영삼은 외포에 있는 4년제 간이소학교에 다니다가 장목소학교로 옮겨 5~6학년을 마쳤다. 키 순으로 번호를 정했는데 키가 제일 작아 32번으로 끝번이었다. 소학교를 졸업한 뒤 동래중학교에 응시했으나 낙방하고, 통영중학교에 들어갔다.

김영삼은 통영중학교 다닐 때의 '비화'를 소개한 적이 있다.

당시 교장이었던 일본인 기타지마(北島)가 진해중학교로 영전하던 날이었다. 학생들이 동원돼 이삿짐을 나르는데 이삿짐 속에서 귀하던 설탕이 10부대가 쏟아져 나왔다. 그래서 설탕을 나르며 부대종이를 뜯어 일부러 설탕을 흘려버렸다. 이를 안 교장이 노해 범인을 찾아내라고 했다. 그러나 와타나베 교감은 누구 소행인 줄 알면서도 전교생을 모아놓고 훈시로 끝냈다. 그 인연으로 건국 후에는 가끔 와

10) 앞의 책, 28쪽.

타나베 선생과 서신을 교환하기도 했다.[11]

김영삼은 중학시절 일본학생들과 싸우다 무기정학 처분을 받기도 했다. 운이 좋아서 그 시점에 해방을 맞았다.

학생 전원이 노동보국이라는 이름으로 사천비행장에서 강제 노동할 때 일본인 학생들과 패싸움을 벌였다. 그래서 무기정학을 받았다. 아버지 팔에 이끌려 학교를 찾아가 백배사죄, 등교허락 받고 집에 돌아가던 뱃길에서 해방소식을 들었다.[12]

11) 정성민, 앞의 책, 120~191쪽.
12) 앞의 책, 191쪽.

YS

'미래의 대통령' 꿈꾸던 중·고교시절

해방과 더불어 경남중학교 편입생이 된 김영삼은 우등생이기보다 성적은 중간 정도의 보통학생이었다.

> 당시에는 깔끔한 복장의 모범생으로 공부벌레라기보다는 운동과 학업을 함께 했으며 성적은 중간 정도였다. 국문학과 역사를 좋아했으며 축구부에 들어서 졸업 때까지 레프트하프를 맡아 대표선수로 활약했다.[13]

김영삼은 하숙방에 '미래의 대통령 김영삼'이라 써 붙여 놓고 야망을 키웠다.

작가 이광복이 쓴 '김영삼 전기'의 한 대목이다.

---

13) 앞과 같음.

그러던 어느 날, 하루는 학우들 몇 명이 하숙방으로 놀러 왔는데, 그 중 김우현 군이 '미래의 대통령'이라고 쓰여있는 종이를 가리키며 비아냥거렸다. 그리고 그는 영삼 군과 가벼운 입씨름을 벌이던 끝에 그 붓글씨가 쓰인 종이를 냅다 찢어버렸다. 그것이 빌미가 되어 영삼 군과 우현 군은 서로 티격태격하였다.

그 후 영삼 군은 다시 '미래의 대통령'을 써서 같은 자리에 붙였고, 우현 군은 재차 찢어버렸다. 결국 영삼 군과 우현 군은 싸우고 말았다. 그로 인해 그들의 관계는 얼마 동안 소원해질 수밖에 없었다.

한편 영삼 군은 '미래의 대통령'을 다시 써서 그 자리에 붙였다. 얼마간 시일이 지난 뒤 우현 군은 영삼 군에게 정식으로 사과하였고, 영삼 군이 써 붙인 '미래의……'도 인정하는 한편, 영삼 군의 대통령 꿈이 성취되기를 기원해 주었다. 그리고 그들은 싸우기 이전보다 훨씬 더 가까워졌다.[14]

1987년 대통령선거 기간 중 노태우 후보 측에서 당시는 미군정기인데 10대 초반의 중학생이 '대통령'이 뭔지나 알고 하숙방 벽에 그런 글을 써서 붙였겠느냐는 의문을 제기하였다.

이에 관한 김영삼의 해명이다.

---

14) 강준만, 『김영삼 이데올로기』, 개마고원, 1996, 59~60, 재인용

뭘 안다고 정치가가 되겠다는 엉뚱한 꿈을 꾸고 있었겠는가. 해방 전만 해도 앞으로 문학할까하고 밤새워 문학전집을 읽고 톨스토이, 도스토예프스키에 심취했었다. 그러나 해방 후에 이제 우리나라를 찾았으니 내가 정치를 해야겠다, '정치를 해서 가난한 어부들이 소망하는 일들을 이뤄나가는 일을 해야겠다'고 생각하게 됐다.[15)]

15) 강준만, 앞의 책, 121쪽.

YS

서울대 철학과 진학

김영삼은 경남중·고등학교를 거쳐 대한민국 정부가 수립된 1948년 서울대학교 철학과에 입학했다. 정치학이 아닌 철학과를 택한 것은 중학교 당시 경성제대 철학과 출신 안용백 교장이 "모든 과목은 철학으로부터 시작된다."는 얘기를 듣고 철학을 전공하게 됐다고 한다.

> 내가 철학과에 들어가게 된 것은 내가 다니던 경남중학교 교장으로 계셨던 안용백 선생님께 받은 감화 때문이었다. 그분은 윤리를 가르쳤는데, 철학이 모든 학문의 근본이니 무엇을 하려 해도 철학을 공부해야 된다고 역설하셨다. 별로 아는 것이 없었던 나로서는 내가 가장 좋아하는 교장 선생님의 지론을 100% 따를 수밖에 없었다. 그러나 학자가 되고자 철학과를 택한 것은 아니었다.

내가 철학과에 다니면서 얻은 것은 세상을 올바르게 읽고 바르게 살아가는 데 필요한 건전한 상식이라고 할 수 있다. 그렇다고 전문적인 철학 연구의 중요성을 과소평가하는 것은 아니지만, 위대한 학자만이 삶을 올바르게 살 수 있다고는 생각하지 않는다.[16]

김영삼은 철학과를 다녔으나 철학에는 별로 취미가 없었다. 헤겔에 관해서도 배웠으나 헤겔 철학의 신봉자가 아니라고 토로한다.

철학을 전공한답시고 4년 동안 서울대학교의 문을 열심히 들락거렸다. 학부 졸업논문으로 「칸트에 관한 소고」를 썼는데, 뭘 제대로 알고 쓴 것 같지 않다. 철학과에 다니는 동안 헤겔의 변증법에 관해서 배웠으나 지금까지 내 머릿속에 남아있는 것은 별로 없다. 하지만 단 한 가지 헤겔의 '부정(Negation)'이라는 낱말은 아직도 잊혀지지 않는다. 부정이 삼라만상의 변화의 근본원리라 하여 헤겔은 부정을 '변증법'의 근본원리로 삼았다.

내가 청년기와 장년기에 걸쳐 나의 정치적 열정을 불태우며 반대와 부정의 저항적 몸짓들을 했던 것은 물론 헤겔 철학의 신봉자였기 때문은 아니었다. 나는 헤겔 철학의 신

16) 김영삼, 『2000 신한국』, 동광출판사, 18쪽.

봉자가 아닐 뿐 아니라 변증법의 신봉자도 아니다. 유물론적 변증법의 신봉자는 더더구나 아니다.

나는 헤겔 철학이론의 열정적인 신봉자가 되기에는 헤겔에 관해 공부한 것이 너무 부족하다. 솔직히 말해서 나는 어떤 이론에 푹 빠질 만큼 철학책을 붙들고 씨름해 보지를 못했다. 그것은 시절의 탓도 있었지만 학문보다는 실천에 기울어졌던 내 기질 탓이다.[17)]

대학에서는 전공과목이 우수한 편은 아니었다.

1948년 9월(당시는 9월부터 학기 시작)에 입학했는데 장래의 꿈은 '정치'였기 때문에 부전공으로 정치학을 택해 필수전공을 빼고는 거의가 정치학과목을 이수했다. 1학년 때는 헌법·정치학개론·국제공법·현대정부형태론·서양정치사상사·구주외교사·국제관계론·구주정치사 등을 수강했고, 2~3학년 때 국가론·비교정부론·정치학강독·의회제도론 등을 이수했다. 3학년 때까지 군사론 한 과목만 수강해도 되었다. 성적은 BCD가 대부분이었고 유식철학·노장철학 두 과목만이 A를 받았다.[18)]

17) 앞의 책, 17~18쪽.
18) 정성민, 앞의 책, 121~122쪽.

YS

정계 입문, 장택상 선거운동

김영삼의 대학시절은 정부수립 초기여서 나라가 아직 안정되지 못한 상황이었다. 대학도 마찬가지였다. 1946년 9월부터 시작되었던 '국립대학안 반대운동' 등의 여파가 남아 있었고, 각종 정치적 서클이 많았다. 김영삼은 특정한 서클에 참여하지 않고 손도심 등과 공부하는 모임 '순학회(純學會)'를 조직, 활동하였다.

김영삼의 진로를 크게 바꾼 사건이 있었다. 대학 2학년 때인 1950년 8월 서울 명동 시공관에서 열린 정부수립기념 웅변대회에 참가하여 2등을 차지, 외무부장관상을 수상한 것이다. 당시 외무부장관은 장택상이었다.

정치를 꿈꾸던 나는 웅변을 잘해야 한다고 생각했다. 학기 중에는 학생 몇 명이 모여서 웅변 연습을 했고, 방학 때는 귀향하여 바닷가나 뒷산에서 큰소리를 질러보곤 했다. 연습으로 자신을 갖게 된 나는 서울 명동 시공관에서 열린 정부수립기념 웅변대회에 참가, 2등을 차지했다.[19)]

김영삼은 이를 계기로 장택상과 자주 만나게 되고 그의 선거운동을 돕게 되면서 정치인의 길을 걷게 되었다.

장택상(張澤相, 1893~1969)은 경북 칠곡 출신으로 경상 관찰사 장승원의 아들이다. 악질 친일부호인 장승원은 대한광복단 소속 독립운동가들을 일경에 밀고했다가 광복단원에게 처형되었다. 장택상은 부친의 유산으로 16세에 영국에 유학하고, 해방 후 미군정 수도경찰청장 등을 맡아 독립운동가들을 탄압했다.

1948년 정부수립과 함께 이승만 정부의 초대 외무장관에 취임하였고, 1950년 제2대 민의원의원에 고향 칠곡에서 당선되었다. 김영삼이 장택상과 인연을 맺은 것은 바로 이 무렵이다. 그는 물론 장택상 부친의 친일행적 등을 몰랐을 것이다. 김영삼은 장택상의 비서가 되고 선거운동을 열심히 도왔다.

2대 민의원 선거 때 장택상이 출마, 찬조연설을 부탁해 왔다. 당시 3학년 때였는데 문리대 동료 20여 명과 함께

19) 김영삼, 『김영삼 회고록 : 민주주의를 위한 나의 투쟁(1)』, 백산서당, 2000, 72쪽

경북 칠곡에서 40여 일간 침식을 같이 하며 찬조연설을 했다. 이때부터 '나도 출마해보겠다'는 결심을 했다.[20]

장택상은 제2대 민의원에 당선되고, 민의원 부의장에 이어 1950~1951년 유엔총회 한국대표, 1952년 국무총리가 되었다. 따라서 김영삼은 정치적으로 든든한 배경을 갖게 되었다. 정치적인 '대박'이 터진 것이다. 장택상은 1954년 제3대 민의원에도 당선되었고, 김영삼도 거제도에서 당선됨으로써 주군과 비서가 함께 국회의원이 되는 첫 기록을 세웠다.

김영삼은 정치활동을 하느라 입학한 지 5년만인 1953년 서울대학교를 졸업했다. 졸업논문은 「칸트에 관한 소고」였다. 그는 이즈음 학업보다 정치활동에 더 관심이어서 졸업성적이 좋은 편이 아니었다.

김영삼이 대학 3학년일 때 6·25전쟁이 터졌다. 당시 대부분의 서울시민들처럼 그도 이승만의 방송 연설을 믿고 서울에 잔류하고 있었다.

6·25가 터졌어도 이승만의 '서울사수' 다짐을 믿다가 서울을 빠져나가지 못하고 좌익학생들의 주목을 받았다. 그래서 옛 하숙집에 숨어들었고 하숙집에서 동료 임필수를

20) 앞의 책, 122쪽.

만나 그의 소개로 경기도 이천군 대월면 고담리로 피신했다. 장사치로 변장하고 공산주의 책을 옆에 낀 채 숨어 다녔다. 이천에서 반공운동을 하다가 죽을 고비를 넘겼다.[21]

경기도 이천에 머물렀던 김영삼의 증언이다.

처음에는 꼴 베고 짚신 삼으며 허드렛일을 했다. 그런데 마을 청년들이 문제를 일으켜 공산군의 주목을 받게 됐다. 그래서 "유엔군은 꼭 이 나라를 지킬 것이다." "마을을 사수하자."며 지휘자로 나서 마을 남자들을 무장시켰다. 태극기도 꽂아놓고 대동지서를 습격하기도 했다. 공산군의 추적을 피해 낮엔 산에서 지내고 밤엔 마을로 내려오곤 했다. 그런데 인민군 패잔병 10여 명이 마을을 습격, 멍석 속에 둘둘 말린 채로 벽에 기대서서 위기를 모면했다.[22]

김영삼은 1·4후퇴 때 남하하고 1951년 2월 학도의용군에 입대했다. 정훈국에 배치되어 대북방송 원고를 쓰는 등 복무하다가 장택상 국무총리의 호출로 군복무를 마쳤다.

1·4후퇴 땐 서둘러 남하했다. 그러다가 51년 2월 같은 서클 멤버였던 '순학회' 회원 손도심과 어울려 학도의용군

21) 앞의 책과 같음.
22) 앞의 책, 123쪽.

에 입대했다. 군번은 E134였다. 학교 때 인연으로 당시 국방부정훈국장 이선근 박사를 만나 국방부 정훈국 대북방송 담당요원으로 배치됐는데 매일 저녁 5~6시 한 시간 동안 중앙방송을 통해 방송했다. 직접 원고를 썼고 중간 중간에 군가를 섞어 생방송으로 진행했는데 이 일을 8개월 동안 맡았다. 그러다가 장택상의 부름으로 그만두게 됐다.

김영삼은 외진 섬마을이지만 유복한 가정에서 태어나 순탄하게 대학을 마쳤다. 당시 대학이 '우골탑'이라 하여 농가의 소를 팔아 자식들 등록금을 대고, 학생들은 신문팔이나 구두닦이를 하면서 하숙비를 보태야 하는 어려운 시대에 그는 부모의 덕으로 안정된 대학생활을 하였다.

6·25전쟁의 참화도 피할 수 있었고, 군대에서도 짧은 기간 편안한 부서에서 보냈다. 무엇보다 당대의 세도가 장택상과 만남으로써 1952년 5월 국무총리 장택상의 비서관이 되어 순탄하게 정계에 진출하게 되는 발판을 얻었다. 그는 금수저까지는 아니어도 은수저 정도를 물고 태어나 학창시절을 보내고 정계에 입신하게 되었다.

YS

김영삼은 개헌음모가 진행 중일 때 국회의장 이기붕의 안내로 경무대를 방문했다. "박사님, 3선 개헌을 해서는 안 됩니다. 대통령은 이번으로 끝내셔야 합니다. 이렇게 함으로써 영원한 대통령으로 남으셔야 합니다." 라고 직언했으나 소용이 없었다.

제2장

26세 청년정객으로 국회입성

YS

'잉꼬부부'의 첫 만남

김영삼은 대학 4학년 때(24세) 동갑내기 손명순(孫命順)과 마산 문창교회에서 결혼하였다. 중매결혼이었다. 신부는 이화여대 약대 4학년 졸업반이고, 아버지는 고무신공장을 경영하는 사업가였다.

문 : 부인과는 연애결혼을 했는가.

– 아버지의 강요로 선을 보아 중매결혼했다. 대학 다닐 때 '할아버지 위독'이란 전보를 받고 집에 갔었는데 실은 선을 보라는 거였다. 아버지와 "선을 보라" "싫다"고 서로 승강이하다가 아버지의 친구인 마산 학산병원 원장이었던 이 장로의 주선으로 선을 봤다. 하루에 다섯 명의 처녀와 선을 보기로 하고 세 처녀와 만났는데, 세 번째 마주앉은 처녀가 집사람이다.

문 : 그럼 데이트도 한 번 안 해보았나.

– 몇 번쯤 함께 영화구경을 하며 데이트하다가 다음 해에 결혼에 골인했다. 어쩐지 당시 손 처녀의 집에 이끌려 갔었다.

문 : 결혼 당시 부인은 이대에 재학 중이었다는데,

– 둘 다 24세 때인 용띠 동갑내기였다. 3월 6일 마산 문창교회에서 결혼식을 올렸다. 집사람은 당시 이대 약대 4학년 졸업반이었는데 학칙에는 결혼하면 학교에 다닐 수 없게 돼 있어 결혼 사실을 알리지 않고 학교에 다녔다.

문 : 장인은 무슨 일을 했나.

– 장인 손상호 씨는 경향고무라는 고무신공장을 경영했다.[23]

손명순은 약대 출신이지만 전공을 접고 결혼하여 정치인이 된 남편의 내조를 하며 평범한 주부로 살았다. 남편이 대통령이 되면서 퍼스트레이디가 되었으나 그냥 대통령 부인의 자리만을 지켰다. 아래는 손명순의 회상이다.

문 : 첫 번째 만났을 때 남편의 어떤 점이 마음에 들었나.

– 집에 들어올 때 보니까 생긋 웃는 모습이 인상적이었

23) 정성민, 앞의 책, 114~115쪽.

다. 부모님들은 눈웃음치는 게 닮았다고 했다.

문 : 첫 대면에서는 주로 무슨 얘기를 나눴는가.

– 문학얘기를 나눴다. 『죄와 벌』을 읽었느냐고 물었고 『레미제라블』 얘기도 나눴다. 영국 디즈레일리 수상의 의회연설 얘기도 했다. 부인과 함께 마차를 타고 가는데 부인이 마차 문을 닫다가 손을 다쳤다. 부인은 아프다고 소릴 치면 남편이 놀랄까봐 의회에 가서 연설이 끝날 때까지 아픔을 참고 있었다. 이 얘길 들으면서 큰 꿈을 지닌 사람이라고 생각했다.

문 : 거제도로 시집가서 고생이 많았을 텐데.

– 가마를 타고 거제도까지 시집갔다. 배에서 내려 집까지 갔는데 전기도 없는 강촌이었다. 신혼 초에 시골서 시집살이를 했는데 물 길어다 먹고 빨래하고 다리미질하며 솔가지를 때서 밥도 지었다. 그때의 시집살이가 지금까지 살아오는 데 큰 도움이 됐다.

문 : 어떤 옷을 즐겨 입는가.

– 언제나 수수한 옷차림을 한다. 액세서리는 찾아보기 힘들 만큼 소박한 편이다. 퍼머할 때만 미장원에 찾아가고 그 외에는 직접 머리를 손질한다.[24]

지금은 많이 달라졌지만 정치인의 아내는 가장 바쁜 업

24) 앞의 책, 117쪽.

종의 하나에 속한다. 시도 때도 없이 찾아오는 손님(유권자)을 접대하고 각종 모임에 참석하는 경우가 적지 않다. 반(半) 정치인이 되는 것이다. 정당의 간부가 되면 그의 집은 정치인(과 지망생)들의 '공동 취사장' 으로 변한다. 김영삼의 집은 '상도동', 김대중의 집은 '동교동' 으로 불릴 만큼 그들의 집은 정치대명사가 되었다.

문 : "금배지를 달려면 상도동의 우거짓국을 많이 먹어라"는 우스갯소리가 있는데 음식 솜씨는 어떠한가?

– 상도동의 별미로는 오징어찌개와 멸치조림, 우거짓국을 꼽는다. 우거짓국은 야당 정치인이면 누구나 맛보았을 만큼 유명하다. 된장을 푼 국물에 철따라 근대·아욱·시금치 등을 넣고 푹 고아낸다. 구수하고 담백한 맛이 일품이다.

문 : 남편이 좋아하는 음식은 무엇인가?

– 담백한 음식을 좋아해 야채죽을 떨어지지 않게 준비해 둔다.

문 : 정치인의 내조는 어려운가?

– 정치는 모르고 남편이 도움을 청하면 도와주고 열심히 기도할 뿐이다.

문 : 나름대로의 정치관이 있을 텐데?

– 정치는 잘 모른다.[25]

손명순은 남편이 미남의 젊은 정치인으로서 여자들한테 인기가 많고, 따라서 이런저런 구설도 있었지만 흔들리지 않고 가정을 지켰다. "서로 믿는 가정에서 태어나 믿음으로 맺어졌다." 라고 남편에 대한 신의 때문이었다고 한다.

25) 앞의 책, 115쪽.

YS

26세에
자유당 공천으로 당선

김영삼은 대학졸업반 때 장면의 뒤를 이어 국무총리가 된 장택상의 요청으로 그의 비서관이 되었다. 장택상은 이승만 정권 초기 대단한 실세였다. "장택상은 자신이 이끌고 있던 신라회 회원 21명을 대통령 직선제 개헌을 지지하는 쪽으로 돌려놓은 바 있었다. 신라회는 영남 및 대한청년단 출신들로 구성돼 있었는데, 이 신라회의 운영을 도맡다시피 한 사람이 바로 장택상의 비서인 김영삼이었다."[26]

김영삼은 1954년 5월 20일로 공고된 제3대 민의원(국회의원) 선거에 고향에서 출마하기로 결심하였다. "아직 나이도 어린데 무슨 국회의원이냐"는 아버지의 만류를 무릅쓰고 어머니와 지방 유지들의 지원을 받아 거제에서 무소속

26) 강준만, 『한국현대사 산책, 1950년대 편 2권』, 인물과 사상사, 2004, 193쪽

출마를 준비하였다.

'대통령과 리더십'을 연구한 김호진 교수는 김영삼의 경우, 1남 5녀의 첫 번째로 태어난 '외아들 콤플렉스'의 긍정적인 측면을 분석한다.

김영삼은 외아들이었다. 1남 5녀의 첫 번째가 바로 그다. 남아 선호사상이 강했던 옛날의 외아들과 아들, 딸을 가리지 않는 오늘날의 외아들은 개념이 다르다. 당시의 외아들은 한 집안의 대를 이을 유일한 끈이었다. 그래서 귀하게 키운다. 부유한 종갓집 외아들은 왕자대우를 받기도 한다.

김영삼도 그런 대우를 받으며 자랐다. 1남 5녀의 장남 외아들이었으니 부모의 사랑을 독점했을 것이고, 다섯 명의 손아래 누이들은 차별의식마저 느꼈을 것이다.

일반적으로 외아들은 보통 아이들과 다른 독특한 성격을 형성하게 된다. 이들은 대개 욕심이 많고 독선적이며 고집이 세다. 심한 경우에는 소아병적인 영웅주의에 빠지기도 한다. 그래서 왕자적 자아를 형성하게 되는 것이다.

이런 사람의 인생은 결코 평범할 수가 없다. 반드시 일을 저지르게 된다. 길을 잘 들어서는 사람은 큰 인물이 되고, 잘못 들어서는 사람은 탕아가 되는 것이 통례이다.

말할 것도 없이 김영삼은 잘된 쪽이다. 어릴 적부터 대의

에의 열정을 가슴에 품고 자랐기 때문이다.[27]

김영삼이 선거를 준비하던 어느 날 자유당 총무부장 이기붕이 전보를 보내와 서울 청진동 자유당 본부에서 만나자고 하였다. 장택상의 영향력이었을 것이다. 제3대 총선은 이제 겨우 여야 구도의 정당정치가 자리 잡기 시작한 시점이었다.

이승만은 민주국민당의 도전을 막고 집권을 계속하기 위해 자신을 지지하는 정당을 만들 필요성에서 1951년 12월 자유당을 창당했다. 원내의 공화민정회, 원외의 국민회·대한청년당·대한노총·대한부인회 등의 대표들이 신당발기준비위원회를 구성했으나 당의 주도권을 둘러싸고 원내파와 원외파로 분열하였다. 곡절 끝에 통합을 이룬 자유당은 이승만의 수족 노릇을 하는 거수기 집권여당이 되었다.

김영삼은 자유당 공천으로 제3대 국회의원에 입후보하여 거뜬히 당선되었다. 상대는 민주국민당(민국당)의 서순명 후보였다. 민국당은 친일파 중심의 한민당이 이미지 쇄신과 이승만 세력을 견제하기 위해 1949년 2월 신익희의 대한국민당과 지청천의 대동청년당을 규합하여 창당했다.

27) 김호진, 『대통령과 리더십』, 청림출판, 2007, 343쪽

민국당은 국민들 사이에는 여전히 친일 지주정당으로 인식되는 경향이 남아 있었고 지방에서는 아직 조직의 뿌리를 내리지 못한 상태였다. 김영삼은 당시 거제군에서는 흔치 않은 서울대학교 출신인데다 중앙정계에 든든한 배경이 있었고, 할아버지 때부터 지역 사회에 베푼 후덕한 인심이 알려져 26세의 젊은 나이에 당선되었다. 김영삼은 2만 770표, 서명순은 1만 4100표로 압승이었다. 고무신공장을 하는 장인의 물질적 지원도 있었을 것이다.

휴전 후 처음 실시된 제3대 총선은 자유당의 압승으로 끝났다. 전국 203개 선거구에서 자유당 114석, 민국당 15석, 국민회 3석, 대한국민당 3석, 무소속 67석, 기타 1석 등이었다.

> 자유당 승리의 이면에는 관권의 간섭으로 선거는 관선이라는 일면을 불면(不免)케 되었지만 총 203석 중 과반수를 초과한 자유당은 헌정의 과점을 형성하고자 이후 개헌 정족수 3분의 2선을 확보하기 위해 대대적인 의원포섭 공작을 벌였다. 6월 9일경 무소속 의원 중에서 선거 사범이라는 비상압력문제로 공포를 느낀 나머지 회유당한 자유당 비공천 당선자 34명을 포함하여 자유당에 입당케 함으로써 3분의 2선인 135석을 확보하였다. 민국당은 20명 미달로 교섭단체를 구성 못하고 일부 무소속과 민국당 의원으로 무소

속 동지회를 조직하여 31석을 유지하였고 순무소속은 20석으로 되었다. 이렇듯 3대 국회는 관선의원과 변신의원의 독무대의 인상으로 막을 열었다.[28]

3대국회는 개원과 더불어 이승만의 장기집권을 위한 공작정치로 시작되었다. 이승만은 개헌을 위해 총선거에 관권을 동원하여 개헌 선에 가까운 의석을 확보하고, 무소속 의원들을 선거법 위반 등 반협박으로 끌어 모았다.

28) 김운태, 『한국현대정치사 - 제2권』, 성문사, 1986, 98쪽

YS

개헌반대,
이승만에 직간하다

1954년 9월 7일 자유당은 선거공약을 실천한다는 명분으로 이기붕 의원 외 135명의 서명을 받아 개헌안을 국회에 제안했다. 이로써 제2차 개헌파동이 시작되었다.

개헌안의 내용은,

① 국민투표제의 채택 – 주권의 제약 또는 영토의 변경을 가져올 국가안위에 관한 중대 사항에 대한 국민투표제를 채택하는 것

② 국무총리제 및 국무위원 연대 책임제를 폐지하고 민의원에 국무위원에 대한 개별적 불신임권을 부여하는 것

③ 참의원 의원은 2부제로 개선하는 것

④ 참의원에 대법관 기타 고급 공무원의 임명에 대한 인

준권을 부여하는 것

⑤ 경제체제의 중점을 국유·국영의 원칙으로부터 사유·사영원칙으로 옮기는 것

⑥ 현대통령에 한하여 중임제한을 폐지하는 것

⑦ 기타 8개 항의 개정사항을 포함한 광범위한 내용을 담고 있었다.

개헌안 중에는 일부 민주주의적인 내용이 담겨 있는 것 같지만, 실상은 빛 좋은 개살구 격이고 핵심은 대통령의 중임을 1차에 한 해 인정한 것을, 이 헌법 개정 당시의 대통령에 한 해 중임제한의 규정을 적용하지 않도록 하자는 것이었다. 한마디로 이승만에게 종신대통령이 될 수 있는 길을 트자는 속셈이었다.

불과 2년 전 부산에게 정치파동을 일으키면서 발췌개헌으로 제2대 대통령에 당선된 이승만은 종신대통령을 꿈꾸면서 1954년 5월에 실시된 제3대 민의원선거에서 대규모 부정선거를 저질러 자유당이 원내 압도적 다수를 차지하게 되었다.

자유당의 개헌안은 공고기간을 거쳐 11월 18일 국회본회의에 상정되었다. 국회상정에 앞서 이승만 정권은 '뉴델리 밀담설'을 조작, 극우 반공의 본산인 민국당을 용공으로 몰아가는 등 개헌안 통과를 위해 수단과 방법을 가리지

않았다.

이승만 정권이 개헌 반대운동을 제압하고 개헌 비판여론을 잠재우기 위해 조작한 뉴델리 사건은, 같은 해 10월 27일 전 민국당 선전부장 함상훈, 신익희 민국당 위원장이 1953년 6월 2일 당시 국회의장 신분으로 영국의 엘리자베스 여왕 대관식에 참석한 후 귀국길에 인도의 뉴델리 공항에서 6·25 때 납북된 조소앙과 밀담하고, 비공산·비자본주의 제3세력을 규합, 남북협상을 추진하여 한국의 중립화를 도모하기를 획책한 사실이 있다는 것이다.

이승만 정권은 이 같은 어마어마한 사실을 날조하여 정적을 용공으로 몰아가면서 종신집권의 개헌을 감행하려고 했다.

김영삼은 개헌음모가 진행 중일 때 국회의장 이기붕의 안내로 경무대를 방문했다. "박사님, 3선 개헌을 해서는 안 됩니다. 대통령은 이번으로 끝내셔야 합니다. 이렇게 함으로써 영원한 대통령으로 남으셔야 합니다."[29] 라고 직언했으나 소용이 없었다.

개헌안은 11월 27일 국회에서 표결에 부친 결과 재적 203명 중 가 135표, 부 60표, 기권 7표로 개헌정족수 136표에 1표가 미달, 부결이 선포되었다. 이날 사회를 맡은 최순주 국회부의장은 개헌안이 1표 차로 부결되었다고 선포

29) 정성민, 앞의 책, 138쪽.

했다.

개헌안이 부결된 다음날인 11월 28일은 일요일인데도 자유당은 긴급의원총회를 소집하고, 정부는 공보처장 갈홍기의 이름으로 203명의 3분의 2는 135이라도 무방하다는 특별성명을 내는 등 개헌안 부결 번복을 위해 총력전에 나섰다.

27일 저녁 자유당 수뇌부는 서울대학교 수학교수 최윤식 등의 아이디어를 동원해서 203의 3분의 2가 135라는 희한한 방식에 착안하고, 이 내용을 이승만에게 보고하여 개헌안이 통과된 것으로 처리하기로 결정하였다.

일설에는 개헌안이 부결된 후 자유당 간부들이 이 대통령에게 보고하러 경무대(현 청와대)로 갔더니, 이 대통령이 135표면 사사오입하여 통과된 것이라고, 이미 어용교수의 진언을 빌어 통과를 기정사실화시키고 있었다고 한다. 자유당 의총은 성명을 통해 "어제 최 부의장이 본회의에서 개헌안 투표가 부결임을 선포한 것은 의사과정의 잘못된 산출방법의 보고에 의하여 착오로 선포된 것이다." 라고 변명하고 "재적의원 203명의 3분의 2는 정확하게 135.333…인데 자연인을 정수가 아닌 소수점 이하까지 나눌 수 없으므로 사사오입의 수학적 원리에 의해 가장 근사치의 정수인 135명임이 의심할 바 없으므로 개헌안은 가결된 것이다." 라고 발표했다.

다음날 29일 최 부의장은 개회 벽두에 전차회의에서 개헌안이 부결이라고 선포한 것은 계산착오이므로 취소하고, 가결되었다고 번복하자, 야당의원들이 단상으로 뛰어올라가 최 부의장을 끌어내리는 등 난장판이 벌어졌지만 무술경위들을 동원한 폭력 앞에는 속수무책이었다. 일반적인 수학공식까지 무시한 채 강행한 개헌으로 이승만의 종신대통령의 길이 열리게 되었다.

우리 헌정사는 전후 여러 차례 권력 연장을 위한 개헌이 있었지만, 수학의 일반 원칙까지 무시한 채 자행한 개헌은 이번이 처음이었다.

헌법학자 유진오는 "각국의 전례는 이런 경우 찬성표수는 적어도 반대한 3분의 1을 기준으로 하여 그 배수, 즉 68의 배수인 136이라고 주장하며, 부결을 선포한 만큼 사실의 착오가 아닌 이상, 개헌안은 부결된 것으로밖에 볼 수 없다" 라고 주장했고, 대법원장 김병로는 "사사오입이란 본래 남은 4를 버리는 것이지 모자라는 데 쓰는 것이 아니다" 라고 밝혀 개헌안 번복의 부당성을 지적하였다.

이승만 정권의 사사오입 개헌은 절차상으로도 정족수에 미달한 위헌적인 개헌이었을 뿐만 아니라, 특정인의 종신집권을 보장한 개헌이었다는 점에서 우리 헌정사상 치욕적인 사건이었다. 이 사건으로 김영삼 등 자유당 소장파 의원들의 무더기 탈당이 뒤따랐고, 민국당은 무소속 의원들을 규합, 호헌동지회를 구성함으로써 민주당 창당의 계기가 되었다. 국가의 기본법인 헌법이 이승만의 권력연장을 위한 장식물이 되고, 이 같은 악습은 훗날 박정희에게 그대로 전승되었다.

전두환 정권 말기 야권·학생들의 직선제 개헌론이 정국의 최대 이슈로 떠올랐을 때 김영삼의 사사오입 개헌 당시 서명 문제가 쟁점이 되었다.

> 직선제 개헌 논란이 한창이던 지난 1986년 11월 당시 신민당 상임고문이던 김영삼 씨가 주축이 돼 열릴 예정이던 직선제 개헌쟁취 서울대회를 며칠 앞두고 민정당 측은 해묵은 기록을 공개했다. '사사오입 개헌안 가결동의안'이라는 이 서류는 부결 처리된 개헌안의 번복동의안으로서 20인 발의자 친필서명이 적혀 있었는데 바로 그 연기서명 중 아홉 번째에 김영삼 씨의 자필서명이 포함되어 있었던 것이다.
>
> 이와 관련해서 한쪽은 "최초의 장기집권에 길을 터준 장본인이 지금에 와서 '영구집권음모 분쇄'를 운운하고 있다"며 목청을 높였고, 다른 한쪽은 '인장 도용'에서 '총무단에 위임한 백지서명'으로 해명을 번복하면서 '정권말기적 작태'라고 맞받았다. 사실의 진위야 어찌됐든 이 의혹은 김영삼 씨의 야당인으로서의 출발점에 심대한 오점을 남긴 것이 사실이었다.[30]

---

30) 『월간 말』, 1990년 3월호, 59쪽.

YS

전통야당의 원조 민주당 창당 참여

김영삼은 자유당이 이승만 대통령의 장기집권을 위해 사사오입(四捨五入) 개헌(1954년 제1공화국의 제3대 국회에서 대통령 이승만(李承晩)에 대한 3선제한의 철폐를 핵심으로 하는 헌법개정안을 통과시킨 제2차 헌법개정)을 강행하는 것을 지켜보면서 12월 7일 자유당을 떠났다. 손권배 · 한동석 · 이태용 · 현석호 · 민관식 · 김재곤 · 성원경 · 김재면 · 신정호 · 황남팔 · 김홍식 · 신태권 · 도보희 의원 등 14명의 소장파 의원들이 부당한 개헌에 불만을 품고 대거 탈당한 것이다.

김영삼의 자유당 탈당은 그의 정치생애에 커다란 전기가 되었다. 사실 그는 민족적이지도 민주적이지도 않은 장택상의 비서관으로 정치활동을 시작하고, 26세에 자유당 공천으로 당선되는 등 정치인의 '당당한' 출발은 아니었다.

자유당을 탈당한 김영삼은 호헌동지회(1954년 대통령 이승만(李承晩)이 강행한 사사오입(四捨五入) 개헌에 반대한 범야당 연합 모임)에 이어 민주당 창당대회전형위원으로 창당에 참여했다. 민주당은 이승만의 사사오입 개헌을 계기로 반이승만 세력이 보수연합으로 결집, 출범한 야당이다. 호헌동지회를 모체로 하고 홍사단 계열, 자유당 탈당의원, 2대 국회 말기의 무소속구락부 등의 범야세력이 규합하여 창당한 것이다.

이승만 대통령의 거듭되는 횡포와 헌정유린에 효율적으로 대처하기 위해 결집한 호헌동지회가 1955년 9월 신당추진위원회를 구성하고 본격적인 창당 작업에 들어갔다. 신당운동은 원내의 호헌동지회가 모체로 등장했으나, 민국당의 기성조직과 원내자유당·조민당·흥사단·혁신계 등 광범한 재야세력이 원외조직의 발판이 되었다.

이들은 정권연장을 위해 불법과 전횡을 거듭하는 이승만 정권을 종식시키는 것이 당면목표였기 때문에 이념의 동질성과 정책의 공감에서 출발한 것이 아니라, 범야세력을 규합하는 하나의 집결체로서 출범한 것이다.

신당운동은 진보세력의 조봉암과 이승만의 수족 노릇을 해온 이범석과 김영삼의 정치적 대부 격인 장택상의 참여문제를 둘러싸고 진통을 겪는 등 내부진통이 뒤따랐다. 신당의 발기취지문을 기초하는 데 있어서도 "수탈 없는 경제체제를 발전시켜야 한다."는 혁신세력의 주장과 "소이를 버리고 대동에 따르며 호랑지심(虎狼之心, 범과 이리 같은 마음이라는 뜻으로, 성질(性質)이 거칠고 사나워서 인자(仁慈)하지 못한 마음을 이르는 말)으로 기성조직을 버리고 흔쾌히 결속할 것을 호소한다." 라고 하는 보수 세력이 맞서는 진통이 따랐다. 민주당은 진보·혁신의 노선보다 자유당과 유사한 보수야당으로 태동한 것이다.

범야세력을 총집결한다는 목표 아래 추진된 신당운동은 창당과정에서 마침내 보수 세력의 자유민주파와 개혁세력의 민주대동파로 갈라지고 말았다. 따라서 민국당의 신익희·조병옥·윤보선, 원내 자유당계의 장면·오위영, 무소속의 곽상훈·박순천, 조민당의 한근조 등이 주축이 되는 창당 작업으로 축소되었다. 혁신계 조봉암의 참여를 막은 것은 그의 평화통일론과 개혁노선 그리고 조병옥·김준연 등의 라이벌 의식이 작용한 때문이었다.

이에 따라 조봉암·서상일 등은 별도로 혁신정당의 창당에 나서고, 장택상과 이범석은 제외되었으며, 이인·전진한·윤치영 등은 신당운동에 불참했다.

신당발기위원회는 1955년 9월 18일 전국대의원 2013명이 참석한 가운데 서울 시공관에서 창당대회를 열어 선언문 및 강령·정책을 통과시키고 김영삼 등 4백 명의 중앙위원을 선출했다. 중앙위원회는 234표를 얻은 신익희를 대표최고위원으로 선출했으며, 최고위원에 조병옥·장면·곽상훈·백남훈 4명을 선출했다. 김영삼은 조병옥을 따르면서 뒷날 민주당 구파계열에 속하게 된다.

민주당 창당대회에서 채택한 정강과 주요 정책은 다음과 같다.

〈정강〉

1. 일체의 독재주의를 배격하고 민주주의의 발전을 기한다.
2. 공정한 자유선거에 의한 대의정치와 내각책임제의 구현을 기한다.
3. 자유경제 원칙 하에 생산을 증강하고 사회정의에 입각하여 공정한 분배로서 건전한 국민경제의 발전을 기하며, 특히 농민·근로자 기타 근로대중의 복지향상을 기한다.
4. 민족문화를 육성하며, 문화교류를 촉진하며, 세계문화의 발전에 공헌함을 기한다.
5. 국력의 신장과 민주우방과의 제휴로써 국토통일과 국제정의의 협력을 기한다.

〈정책〉

- 호헌 준법정신의 구현
- 국민의 기본인권 특히 언론·출판·집회의 자유 보장
- 선거에 의한 관권간섭의 배제
- 정당·사회·노동단체 및 경제단체의 관제화 배격
- 행정쇄신과 인재등용
- 공무원의 생활 및 신분보장과 그 정치화 방지 (이하 생략)

민주당의 창당은 개인의 능력과 인기만을 무기로 삼았던 무소속 정치인의 몰락과 정책정당의 탄생을 가져온 한국정치사의 일대 전환을 이룬 계기가 되었다.

특히 이승만 정권에 대한 체계적인 비판과 견제에 나섬으로써 본격적인 양당체제의 확립에 기여했으며 수권 대체세력으로 성장할 수 있는 발판을 만들었다. 김영삼은 민주당을 모태로 하여 소장 정치인으로 성장한다.

이렇게 출발한 민주당은 지방조직을 급속도로 강화했다. 그러나 새로 출발한 민주당 내에는 민주계와 원내자유당계의 갈등이 조성되어 신구파가 형성되고, 5·15정부통령 선거를 앞두고 극심한 대립과 암투가 벌어졌다.

민주당 창당 당시의 부서와 책임자는 다음과 같다. 김영삼은 서범석에 이어 민주당 중앙당 청년부장 및 경남도당 부위원장을 맡았다.

· 대표최고위원 – 신익희
· 최고위원 – 조병옥, 장면, 곽상훈, 백남훈
· 중앙상무위원회장 – 성원경
· 총무부장 – 홍익표
· 조사부장 – 최희송
· 조직부장 – 현석호
· 부녀부장 – 박봉애
· 재정부장 – 이정래
· 청년부장 – 서범석
· 선전부장 – 조재천
· 문화부장 – 이시목
· 섭외부장 – 정일형
· 산업부장 – 서동진
· 훈련부장 – 조한백
· 농민부장 – 신각휴
· 정책부장 – 한동석
· 노동부장 – 유진산
· 의원부장 – 윤보선
· 어민부장 – 정재완

(각 부에 局을 두었다)

YS

민주당은 선거구호를 "못살겠다. 갈아보자!"로 내걸고 자유당의 실정과 독재, 부정부패를 공격하고 나서고, 자유당은 "갈아봤자, 별 수 없다!"는 구호로 맞서면서 조직 확장에 온 힘을 다했다. 민주당의 선거 구호는 역대 선거사상 가장 탁월하고 시의에 적합했던 것으로 평가되었다.

제3장

험난한 야당의 길에 들어서다

초선의원의
날카로운 정책질의

이승만 시대의 야당은 탄압과 제거의 대상이었다. 야당 집회장에는 경찰과 정치깡패들이 백주에 난동을 부리고, 국회는 날치기와 들치기로 얼룩졌다. 이승만은 민생이나 전후 복구는 뒷전이고 자신의 권력 강화에만 집착했다. 정권의 하수인이 된 정부기관 특히 경찰의 폭력성은 원성의 대상이 되었다.

그나마 〈경향신문〉과 〈동아일보〉가 '야당지' 소리를 들으면서 야당의 활동을 보도하고 권력을 비판하여 민주주의 명맥이 유지되었다. 민주주의 원산지라는 미국에서 공부하고 40여년을 살다 온 이승만은 노욕에 노회(老獪)가 겹쳐 군주처럼 군림하고 왕조적인 방식으로 국정을 이끌었다. 유일한 명분은 '반공'이었고 이를 정략에 활용했다. 이런 못된 작풍은 이후 독재정권과 그 아류들의 DNA로 형성되었다.

> 1950년대 초반에서 중반에 이르는 시기의 한국정치는 이승만의 종신집권을 위한 거듭된 책략의 연출로 얼룩졌다. 미국의 원조를 그 물적 기초로 했던 군부·경찰 등 국가폭압기구의 확충과 반공이데올로기의 전횡, 그리고 조작된 '민의'의 생산자로서의 지방의회와 충성스러운 거수기로서의 자유당의 존재가 그러한 책략의 관철을 제도적으로 보증해주는 장치였다면 헌법의 유린과 선거조작, 비상계엄하의 공포정치는 그것을 구체적으로 현실화하는 정치과정이었다. 이승만은 모든 국가기구와 정치적 자원을 동원하여 그의 집권연장을 도모하고 그것을 반공과 자유민주주의의 이름으로 합리화하였다.[31]

26세에 초선의원이 된 김영삼은 등원 초기에는 법사위원회(54년 7월~55년 6월), 55년 6월부터 56년 2월까지는 내무위원회, 56년 2월부터 58년 5월까지 국방위원회에 소속하였다. 김영삼은 1954년 10월 18일 '처녀발언'에 나섰다. 국회는 해운공사·조선공사·조선운수회사 등 3개 국영기업체의 각종 비리에 관한 정책질의를 벌였다. 김영삼은 가장 비리가 많았던 제1천지호(天池號) 사건에 대해 변

31) 한국정치연구회 엮음, 『한국정치사』, 백산서당, 1990, 290~291쪽

영태 국무총리를 상대로 포문을 열었다.

> 가장 문제가 되는 제1천지호 사건, 그것은 샌프란시스코 총영사와 관계가 있는 것인데, 이태리에 가서 새로 사 가지고 온 배가 1년 이상을 걸려서 겨우 일본의 고베(神戶)에 도착되었습니다. 이것도 또한 내부가 완전히 썩어 버려서 7천 몇 백만 환의 거액의 수리비가 필요한 배라고 합니다. 처음 사들여 온 게 썩은 배를 사들여 온다는 것이 말이나 됩니까? (웃음소리) 국무총리에게 묻습니다.
>
> 샌프란시스코 총영사를 즉시 소환할 용의가 있는지를 묻는 것입니다. 그 사람은 마땅히 거기서 우리 동포들을 보호하고 우리 동포의 이익을 보호할 의무가 있는데도 국가재산에 손해를 끼쳤으니, 우리는 그런 사람을 그 자리에 둘 수 없는 것입니다. 그러므로 국무총리에게 즉시 소환할 것을 요청하는 것입니다.[32]

이승만의 독재에 효과적으로 대처하고 대안세력이어야 하는 민주당은 창당 과정에서부터 파벌로 갈라져 당력을 결집시키지 못하였다. 민주당은 구파와 신파로 나뉘어 매사에 대립과 갈등을 일삼았다. 오늘의 야당 분열상의 '씨앗'이 피었다.

---

32) 『국회본회의 속기록』, 1954년 10월 18일.

한민당 – 민국당 계열을 승계한 구파는 신익희·조병옥·김준연·윤보선·유진산 등으로 지주 집안 배경을 가졌거나 해외 유학파가 중심이 되었다. 김성수의 '보성·동아 인맥'이 강세를 보였다. 이승만으로부터 소외된 전 자유당 인사들·홍사단·조선민주당계 인사들의 연합 세력인 신파는 장면·오위영·조재천·엄상섭 등을 핵심 인물로 한 관료·법조인 출신이 주류였다. 그 외에는 언론인과 정치인, 그리고 국내에서 교육을 받고 고등문관시험에 합격하여 일제치하에서는 법관 또는 관료로 일했던 사람들이었다.[33]

33) 강준만, 『한국현대사산책–1950년대 편 2권』, 인물과 사상사, 2004, 290~291쪽

YS

'대구매일' 탄압 규탄

김영삼은 구파에 속했다(김대중은 신파). 조병옥·유진산 등 구파의 보수들로부터 총애를 받았고, 유진산과는 1970년대 초까지 정치노선을 함께 하였다. 초선의원 시절 김영삼의 의정활동은 크게 도드라지지 않았다.

그런 중에서도 1955년 10월 11일 국회본회의에서 〈대구매일신문〉 테러사건을 맹렬히 규탄하는 발언을 하여 언론계의 주목을 받았다.

1955년 9월 14일 대구매일신문사가 테러를 당하고 주필이 구속된 필화사건이 일어났다. 휴전협정 후 유엔의 결의에 따라 한국에 파견된 휴전감시단인 '중립국감시위원단'에는 체코와 폴란드 등 공산국가 대표도 포함되어 있었다. 이에 자유당 정권은 전국 각지에서 학생들을 동원해 연일 '체코·폴란드 물러가라'는 관제데모를 벌였다. 이로 인해 학생들이 학업에 막대한 지장을 겪고 있던 터에 9월 10일 유엔대표부 상임대사 임병직이 대구를 방문하자 중고등학생을 동원, 폭염 속에 서너 시간이나 세워놓음으로써 시민들의 원성을 샀다.

이에 〈대구매일신문〉 주필 겸 편집국장 최석채는 9월 13일 '학도를 도구로 이용하지 말라'는 제목의 사설을 발표하자 "대구매일의 이적행위를 규탄한다" "대구매일 사설 필자 최석채를 처단하라"는 벽보가 곳곳에 나붙었고, 이튿날인 9월 14일 아침에는 국민회 경상북도 본부 명의로 사설 중 문제된 일부를 취소, 집필자를 처단하고 사과문을 대구시내 4개 일간 신문에 게재할 것을 요구하는 통고문이 대구매일신문사에 보내졌다. 대구매일이 이 통고를 묵살하자, 이날 오후 4시 10분경 국민회 경북도본부 총무차장 김민, 자유당 경북도당부 감찰부장 홍영섭 등 20여 명의 청년이 시내버스를 탈취하여 신문사를 습격, 사원들에게 중경상을 입히고 인쇄시설을 파괴한 후 도주했다.

사건발생 3일 후, 경북도 사찰과장은 국회진상조사단 앞에서 "백주의 테러는 테러가 아니다."라는 망언을 하고, 테러범들은 검거하지 않은 채 최석채를 국가보안법위반혐의로 구속했다. 또한 자유당은 국회진상조사단의 테러를 행한 자들의 처단과 언론자유를 보장하라는 내용의 대정부 건의안 제출을 저지하는 한편, 대구매일신문 테러사건을 애국적인 행위라고 규정지었다.

이 사건은 정권에 비판적인 시각을 가진 신문사의 사설이 자유당의 비위를 거슬러 일어난, 언론에 대한 이승만 정권의 테러였다. 이 같은 상황에서 김영삼은 배후를 규탄하는 강경한 발언을 하였다.

김영삼은 9월 15일 국회본회의장에서 '대구매일신문사 피습사건 진상조사보고'의 의사일정에 앞서 의사진행 발언을 했다.

> 도대체 우리가 최 주필 한 사람이나, 혹은 대구매일신문사 하나를 편을 든다든가, 이러한 기업체를 살리기 위해서 이렇게 며칠 동안을 우리 국회가 이것을 문제 시하고 중대시해서 본회의에서 문제로 삼고 있는 것은 결코 아닙니다. 이것은 분명히 이 나라의 민주주의를 살리기 위해서 하고 있는 것입니다.
>
> 그러나 백주에 공공연하게 대구 같은 대도시에서 테러를 감행하는 이 사건을, 테러뿐만 아니라 강도 이상의…, 어제 유진산 의원이 얘기한 것처럼 폭도, 무리 도자(徒字)가 아니라 그야말로 도둑놈 도자(盜字) 테러를 하고 또한 물건을 빼앗아 간 이러한 사건을 우리는 중대시 안 할 수 없는 것이올시다.

특히 놀라운 것은 보고서의 말미(末尾)에 붙여져 있는 각급 치안책임자란 문제에 대해서는 이것은 남대문 경찰서장 이하 사찰주임 · 경비주임 몇 사람을 가리켜 하는 말입니다. 이런 얘기를 했어요. 언어도단입니다. 내가 오늘 아침 조사위원 몇 분에게 물어 보았습니다. 그렇게 합의를 보았는가. 결코 그렇지 않다고 합니다. 적어도 이번 문제는 정치적으로 내무장관이 불신임을 받아야 될 것입니다.[34]

---

34) 『국회본회의 속기록』, 1955년 9월 15일.

YS

김창룡 암살사건 진상조사 활약

김영삼은 1956년 2월 이승만의 총애를 한 몸에 받으며 군부는 물론 각종 정치음모를 꾸미는 등 오만방자하다 암살당한 육군 특무부대장 김창룡사건 진상조사위원으로 활약했다.

1956년 1월 30일 육군 특무부대장 김창룡 소장이 군복을 입은 2명의 괴한에게 저격·암살당했다. 수사 결과 암살 교사범으로 육군대령 허태영(전특무대 대전파견대장), 하수인으로 신초식·송용고 등이 검거되었다. 이들은 모두 사형을 선고받았는데, 형집행을 앞두고 허태영의 부인 황운하의 탄원으로 김창룡 암살의 배후에 강문봉(전2군사령관) 중장이 있다는 사실이 밝혀졌다. 결국 허태영·송용고·신초식은 사형이 집행되었고, 강문봉은 사형에서 무기로 감형되었다가 4·19혁명 후 석방·복권되었다.

김창룡 암살사건은 수사과정에서도 구체적 동기가 밝혀지지 않았으나, 이승만의 절대적 신임을 업고 군내에서 통수계통을 무시하는 일을 자행하던 김창룡에 대한 군부의 반감이 그 원인이었을 것으로 추측되었다.

김창룡은 평소에 고급장교들의 신원조사로 장교들의 불만을 산 데다 암살 직전인 1955년에도 군내 후생차량 단속과 원면사건 수사로 장성들의 비난을 받았던 적이 있었다. 암살 직후 김창룡은 1계급 특진, 중장으로 추서되고, 범인 체포를 엄명하는 대통령담화가 발표되었으며, 장례는 육군특무대장으로 거행되고 조기가 계양되는 등 여러 가지 이례적인 조치가 취해졌다.

김창룡은 함남 영흥 출신으로 1940년 일본 관동군 헌병대에 입대, 만주를 중심으로 방첩업무에 종사하여 공산주의운동 등 반일세력 색출에 두각을 나타냈다. 해방 후 민족반역자로 몰려 북한 공산치하에서 두 차례나 사형선고를 받았으나 남한으로 탈출, 1947년 조선경비대 사관학교 3기생으로 입교했다. 소위임관과 동시에 군내의 좌익세력을 소탕하는 정보소대 창설을 맡았고, 정부 수립 이후에는 여순사건 등 군내의 남로당 조직을 파악·소탕하는 데 공을 세워 이승만의 절대적인 신임을 얻었다.

숙군작업과 함께 진급을 거듭하던 김창룡은 이승만의 밀령에 따라 비밀정보업무를 취급하게 되면서 1951년 육군특무부대장으로 영전, 막강한 권력을 휘두르며 '조병창(造兵廠) 화재사건' '동해안 반란사건' '뉴델리 밀담설' 등 군내외의 많은 정치사건을 조작했다. 이후 진급을 계속하여 1953년에 준장, 1955년에는 소장이 되었으나, 권력을 남용하고 군통수계통을 무시하는 일을 자행하는 데 불만을 품은 군인들에 의해 56년 암살당했다.

김영삼은 김창룡의 친일행적과 각종 정치음모 날조 등을 파헤치는 데 일역을 맡았다.

김창룡 암살사건 진상조사 활동을 벌였던 김영삼은 훗날 자서전에서 다음과 같이 썼다.

> 김창룡 암살사건의 조사과정에서 제일 인상 깊게 남아있는 일이 하나 있다. 나를 비롯한 국회 조사단이 김창룡을 암살한 허태영 대령의 증언을 듣기 위해 서대문형무소를 방문했을 때의 일이다. 조사가 끝나고 돌아올 무렵 내가 허(許) 대령 옆에 잠시 섰을 때 그는 나에게 조용히 말했다.
>
> "만일 내가 김창룡 이를 죽이지 않았다면, 그는 야당의 주요 인사들을 절반 넘게 죽였을 겁니다. 그러면 우리나라의 민주주의는 완전히 말살이 됐을 겁니다."
>
> 놀랍고도 인상 깊은 얘기였다. 나는 지금도 그 말을 사실

이라고 생각한다. 김창룡이 정말 무소불위의 힘을 휘두르던 때였다. 방향 잃은 권력이 얼마나 무서운 재앙을 낳을 수 있는지를 생생한 사례를 통해 보여 주는 일이었다.[35]

이승만의 군부대 정치파벌 조장과 부패, 김창룡과 같은 친일행위자가 설치게 된 배경을 학자들은 다음과 같이 분석한다.

책략가인 이승만은 군부에 대한 자신의 통제권을 확장시키기 위해 두 가지의 묘안을 구상했다. 하나는 군부 내에 경쟁적인 정치파벌을 형성시키는 것이었고 다른 하나는 대통령 직속기관으로 CIC라는 군수사기관을 설치하는 것이었다. 대부분 이북출신들로 이루어졌던 당시의 군고위장교들은 주로 평안도파와 함경도파로 나뉘어 미국 측의 막대한 군원자금을 유용할 수 있는 육군참모총장직을 차지하기 위해 이승만에 대한 충성심 경쟁을 벌였다.

이승만은 처음에 한민당 소속 지주계급 출신들의 정치자금원에 의존하다가 다음에는 주로 청년단체와 경찰들이 국민들로부터 강제 모금한 돈을 정치자금으로 사용했으며 이번에는 미국 측으로부터 제공된 막대한 군사원조물자의 판매대금이 새로운 정치자금원이 되었기 때문에 고위 장성들

35) 김영삼, 『김영삼 회고록 – 민주주의를 위한 나의 투쟁(1)』, 백산서당, 2000, 118쪽

의 부패행위를 방관했다.

그러나 어느 고위 장교가 이승만에 대한 충성심이 의심될 경우 그는 평소 고위 장성들의 부패기록을 축적해 놓고 있던 CIC의 추적과 위협을 피할 수 없었다.

CIC대장 김창룡은 군 장교들의 동태를 이승만에게 직접 보고하면서 위세를 떨쳤기 때문에 그의 존재는 군부 내에서 공포와 증오의 대상이 되었다.[36]

36) 『한국정치사』, 앞과 같음.

YS

정치 탄압, 제4대 국회의원 낙선

1958년 5월 2일 제4대 민의원 선거가 공고되었다. 김영삼은 안전한 고향 거제도를 떠나 부산 서구 갑으로 선거구를 옮겨 출마했다. 민주당 지도부의 결정이었고 자신도 기왕이면 정치수준 높은 부산시민의 심판을 받고 싶었다.

그동안 의정활동과 민주당 경남도당 부위원장으로서 닦아온 지명도로 보아 당선을 기대할 만 하다는 판단이었다. 하지만 결과는 패배였다. 상대는 자유당 공천자로서 내무차관을 지낸 이상룡이었다.

이승만 정권을 '경찰국가체제'라고 부를 만큼 경찰의 위세가 막강하고 그만큼 횡포가 심했다. 이상룡은 경찰의 수뇌 출신으로서 이승만 정권은 김영삼을 자유당에서 이탈한 배신자로 낙인하고 경찰 수뇌를 공천하여 갖은 불법을 자행한 것이다.

개표 직전까지 승리할 것으로 예상되었으나 개표 도중에 김영삼 표를 이상룡 표로 바꿔치기하는 환표소동이 벌어졌다. 23개 투표함 중에서는 7대 3으로 우세했으나 나머지 투표함에서는 단 7표, 3표밖에 나오지 않았다. 경찰과 자유당 측이 환표를 한 것이다.

김영삼은 최초로 선거에서 패배하는 고배를 마셨다. 30세 때이다. 그러나 민주당은 전체적으로 크게 의석을 늘렸다. 개표 결과 자유당 126석, 민주당 79석, 무소속 27석, 통일당 1석이었다.

자유당은 의석수에서 답보상태를 면치 못한 반면 민주당의 진출이 두드러졌다. 특히 도시에서 야당 진출이 매우 높게 나타났다. 서울의 경우 16개 선거구 중 자유당 1석과 무소속 1석을 제외한 14석을 민주당이 차지했다. 제4대 총선 때부터 '여촌야도'(여당은 농촌에서, 야당은 도시에서 강하다는 말) 현상이 심화되었다.

이승만 정권은 제4대 민의원 선거 결과 민심이 빠른 속도로 떨어져나가고 있음을 알아채고 그 원인을 야당과 언론의 선동적 비판때문으로 단정하고, 언론과 야당의 비판을 억누를 방법을 찾기시작했다. 이를 위해 자유당은 전문 42조의 국가보안법 개정안을 마련, 1958년 8월 5일 국회에 제출했다.

골자는 다음과 같다. △보안법 적용대상의 확대 △이적

행위 개념의 확대 △정부를 참칭하거나 국가를 변란할 목적으로 구성된 결사 또는 집단의 지령을 받고 그 이익을 위해 선전·선동하는 행위의 처벌규정 신설 △군인 및 공무원의 반항·선동행위 처벌규정 신설 △헌법상 기관의 명예훼손 행위에 대한 처벌규정 신설 △사법경찰관의 조서 증거능력 인정 및 구속기간 연장 가능 △군 정보기관의 간첩수사에 대한 법적 근거 마련 등이었다.

이에 덧붙여 정부는 11월 8일 허위사실을 적시 또는 유포하거나 사실을 왜곡하여 적시 또는 유포하는 행위에 대한 처벌조항을 끼워 넣었다. 이 개정안은 국회에 상정되자마자 언론자유와 인권보장을 침해하는 악법으로 규정되어 야당 및 법조계·언론계의 빗발치는 반대에 부딪쳤으나, 자유당은 '반공투쟁위원회'를 구성, 야당 및 사회 각계의 반대에 반공이란 이름으로 위협을 가했다. 결국 12월 19일 법사위에서 야당의원들이 점심 먹으러 자리를 비운 사이 자유당 단독으로 개정 법안을 3분 만에 날치기로 처리했다.

야당의원들이 본회의장에서 무기한 농성에 들어가자 12월 24일 자유당의 한희석 국회부의장은 경위권을 행사, 3백여 명의 무술경위들로 하여금 농성의원들을 끌어내게 한 후, 자유당 의원들만으로 30여분 만에 보안법개정안을 비롯하여, 지방자치법개정안·예산안·각종 세법 등을 무더기로 통과시켰다.

이에 대해 민주당은 '국가보안법 통과는 무효'라는 성명을 냈고, 범야 각 정당과 사회단체·재야인사들로 구성된 '보안법반대 국민대회준비위원회'도 규탄성명을 발표하는 한편, 1959년 초 전국적으로 규탄대회·가두시위를 기도했으나 경찰의 저지로 실패했다. 이 신국가보안법은 원내외의 강력한 투쟁에도 불구하고 1959년 1월 15일자로 발효되었다. 이승만의 영구집권을 위한 노욕의 발작이었다.

YS

신익희 후보 급서로 정권교체 좌절

1956년 5월 15일 실시된 제3대 대통령선거와 제4대 부통령선거는 우리 헌정사상 처음으로 여야 후보가 국민 직선에 의해 대결하는 '선거다운 선거'의 효시가 되었다.

집권당인 자유당은 이승만 대통령이 이기붕을 러닝메이트로 하고, 제1야당 민주당은 신익희 대통령 후보에 조병옥 부통령 후보, 혁신계의 진보당은 조봉암과 박기출로 각각 진용이 짜여졌다.

사사오입 개헌 파동으로 이승만의 3선 출마의 길을 튼 자유당은 공공연하게 이 대통령의 후계자로 등장한 이기붕을 러닝메이트로 묶어 당선시키기 위해 1년 전부터 정지작업을 서둘러 왔다.

그러나 노회한 이승만은 3월 5일 실시된 자유당 지명대회에서 대통령 후보로 지명되었음에도 불출마를 선언, "제

3대 대통령에는 좀 더 연부역강(年富力强)한 인사가 나와 국토통일을 이룩해주기 바란다." 라고 뜻을 밝혔다.

이렇게 되자 자유당은 각종 관제민의를 동원하여 이승만의 번의를 촉구했다. 연일 경무대(청와대) 어귀에는 관제 데모대가 집결하여 이승만의 재출마를 탄원하는가 하면, 각급 지방당부와 지방의회로부터 재출마를 간청하는 호소문·결의문·혈서가 답지했다. 그것도 부족하여 평소에는 서울시내의 통행을 규제해오던 우차와 마차를 총동원하여 "노동자들은 이 박사의 3선을 지지한다." 라고 함성을 지르도록 하는 등 소위 '우의마의' 까지 동원했다.

이와 같이 관제민의 운동이 절정에 이르자 3월 23일 이승만은 담화를 통해 "민의에 양보하여 종전의 결의를 번복하고 대통령 선거에 출마하기로 결심한다." 라고 밝혀 선거전에 나서는 곡예를 부렸다.

민주당은 정·부통령 후보 선출을 둘러싸고 심각한 갈등과 타협이 벌어졌다. 후보선정에 있어서 신익희(민국당 계열)와 장면(원내 자유당 계열)의 지지세력 사이에 심각한 대립을 나타냈으며 부통령 후보에는 조병옥과 김준연이 경합을 벌였다. 그 후 몇 차례의 타협 끝에 3월 29일 전국대의원대회에서 대통령 후보에는 구파의 신익희, 부통령 후보에는 신파의 장면을 선출했다. 김영삼은 민주당 정·부통령 후보 선출과정에서 구파소속의 신익희와 조병옥을 후보로 밀기 위하여 노력하여 신익희는 대선 후보가 되었으나 조병옥은 뜻대로 되지 않았다. 그러나 장면 후보의 당선을 위해 자신의 선거구는 물론 부산지역을 누비며 찬조연설을 했다.

혁신계에서는 진보당추진위원회에서 대통령 후보에 조봉암, 부통령 후보에 박기출을 내세웠다. 이렇게 하여 이승만·신익희·조봉암으로 압축된 제3대 대통령 선거전은 5월 15일을 향해 서서히 열기가 달아오른 가운데 야권후보 단일화가 추진되었다. 조봉암은 ① 책임정치의 수립 ② 수탈 없는 경제체제의 실현 ③ 평화통일의 성취 등 3가지 정책을 단일후보가 수용하면 사퇴하겠다고 제의했다.

이렇게 되자 민주당에서도 야당연합을 기피하고 있다는 인상을 주지 않기 위해 협상제의를 수락하고 ① 내각책임제와 경찰의 중립화 ② 유엔감시하의 남북한 총선거 ③ 경제조항의 재검토 등을 협상 조건으로 내걸고 야당연합전선을 위한 담판에 나섰다. 진보당은 막바지 회담에서 "진보당에서 대통령 후보를 포기할 테니 민주당에서 부통령 후보를 포기하라" 라고 협상안을 제시하였다.

20여 일을 끈 야당협상이 지지부진한 채 5·15선거전은 어느새 중반전에 접어들었다. 민주당은 선거구호를 "못살겠다. 갈아보자!"로 내걸고 자유당의 실정과 독재, 부정부패를 공격하고 나서고, 자유당은 "갈아봤자, 별 수 없다!"

는 구호로 맞서면서 조직 확장에 온 힘을 다했다. 민주당의 선거 구호는 역대 선거사상 가장 탁월하고 시의에 적합했던 것으로 평가되었다.

선거전은 날이 갈수록 격렬해졌다. 전국 각 도시는 말할 것도 없고 농촌에까지 민주당은 붐을 일으켜 지지자가 늘어나고, 〈서울신문〉을 제외한 대부분의 언론이 민주당에 동조하는 논조를 보이는 등 정권교체의 가능성이 급속히 확산되기 시작했다. 민주당은 이 같은 선거분위기를 끝까지 끌고 가기 위해 5월 3일 한강 백사장에서 서울에서의 마지막 유세를 열게 되었다.

토요일 오후 한강 백사장에 30만 인파를 불러들인 이 강연회는 선거사상 처음 보는 대성황을 이루었다. 구름같이 모여든 인파 속에서 신익희 후보는 "대통령은 우리 국민의 심부름꾼에 지나지 않는다."라고 전제하고, "심부름꾼이 잘못을 저질렀을 때는 주인이 갈아치우는 것은 당연한 권리이다."라고 하면서 정권교체를 역설하여 열광적인 박수를 받았다.

한강 백사장의 강연회가 폭발적인 인기를 얻게 되자 신 후보는 일요일인 4일 장면 박사와 함께 호남선 열차에 몸을 싣고 지방에 야당 바람을 일으키기 위해 이리로 향했다.

그러나 연일 과로가 겹친 신 후보는 선거를 10일 앞둔 5

일 새벽 4시쯤 열차 안에서 뇌일혈로 쓰러져 운명하고 말았다. 제1야당의 후보를 잃은 채 실시된 선거전에서 이승만의 승리는 불을 보듯 뻔 한 일이었다. 자연스럽게 야권 단일후보가 되었으나 민주당 신파는 '조봉암 대통령' 보다는 '민주당 부통령'을 택하여 결과적으로 이승만의 재집권을 허용했다.

개표결과 이승만 504만 6437표, 조봉암 216만 3808표, 신익희 추모표 185만 표로 집계되었다. 엄청난 부정선거에도 불구하고 이승만은 총투표수의 80% 이상을 획득할 것이라는 당초의 예상과는 달리 겨우 52% 득표율에 그쳤다. 부통령에는 장면이 401만 2654표로 380만 5502표를 얻는 이기붕을 누르고 당선되어 자유당은 이 선거에서 실질적으로 패배한 셈이 되었다. 그러나 정권교체는 다시 수 년을 더 기다려야만 했다.[37]

37) 김삼웅, 『역사의 절망을 넘어』, 꽃자리, 2015, 111~114쪽

YS

조병옥 후보 급서, 정권교체 또 실패

김영삼은 이승만의 노욕이 야당과 언론을 탄압하고 민주주의를 짓밟은 국가보안법 파동을 지켜보면서 분개했으나 원외의 위치에서는 활동영역이 넓지 않았다.

국가보안법이란 양날의 칼을 쥔 이승만 정권은 거칠 것이 없었다. 1959년 4월 30일 비판적 정론지 〈경향신문〉에 대해 미군정법령 88호를 적용하여 폐간명령을 내렸다.

「여적(餘滴)」이 폭력혁명을 선동했다는 등 엉뚱한 이유를 들어 자유언론의 명줄을 끊은 것이다. 그것도 이미 11년 전에 수명이 끊긴 미군정법령을 내걸었다. 합법성도 상식도 이성도 잃은 폭거였다. 〈경향신문〉은 폐간된 지 361일 만인 1960년 4월 27일자로 복간되었다. 4·19민주혁명이 이승만과 자유당 유령들을 쫓아내고 민주언론을 소생시킨 것이다.

김영삼은 이승만 정권의 무능과 폭거를 지켜보면서 1960년 상반기에 실시될 제4대 대통령선거에서 조병옥을 대통령으로 당선시킴으로써 민주정치를 회복해야 한다는 강한 신념을 가졌다. 김영삼은 조병옥의 아호인 유석(維石)을 딴 '유석청년동지회'를 조직하여 조병옥의 민주당 대통령 후보 추대활동을 벌였다.

1959년 11월 26일 서울시공관에서 민주당의 정·부통령 후보 지명대회가 열렸다. 제4대 대통령과 제5대 부통령을 뽑는 최후의 결전에 나설 후보자를 선출하는 대회인 것이다.

이날 지명대회는 966명의 대의원이 참가하여 무기명 비밀투표에 의해 정·부통령 후보의 지명투표를 실시한 결과, 구파의 조병옥이 484표, 신파의 장면이 481표, 기권 1표로 조병옥이 대통령 후보, 장면이 부통령 후보로 지명을 받게 되었다.

그러나 다음날 열린 제5차 전당대회는 대표최고위원의 선출문제로 신·구양파의 파쟁이 폭발점에 이른 가운데 무기명 투표에 의해 선거가 진행되었다. 투표결과 총투표자수 968명 중 장면 518표, 조병옥 447표, 기권 1표, 무효 2표로 장면이 민주당 대표최고위원에 선출되었다.

이와 같은 두 차례의 투표결과가 말해주듯이 민주당은 당권과 정·부통령 후보의 지명을 둘러싸고 첨예한 대립과 갈등을 빚고 있었다. 그러면서도 당내 민주주의를 통해 훌륭히 후보와 당수를 선출하는 역량을 과시했다.

한편 자유당은 제4대 대통령선거가 1년이나 남아 있던 1959년 6월 29일 서울 대한극장에서 전국대의원 1008명이 모인 가운데 제7차 전당대회를 열어 이승만 총재의 유임을 결의하는 동시에 중앙당 간부들의 개선과 정책개정안 등을 채택했다.

자유당은 이날 전당대회에서 이재학 국회부의장을 통해 돌연 지명대회를 겸행하자고 동의하여 이승만 총재를 대통령 후보로 지명하고 부통령 후보의 지명은 이 총재에게 일임할 것을 만장일치로 채택했다. 이승만은 전당대회의 결의를 수락하면서 이기붕을 러닝메이트로 지명했다.

조병옥은 민주당 대통령 후보에 지명되고, 얼마 후 신병치료차 미국으로 건너가 치료를 받던 중 병사했다. 민주당은 4년 만에 두 번째 대통령 후보를 잃고 정권교체의 기회를 놓쳤다.

김영삼은 선배 정치인 중에 특별히 유석 조병옥을 존경하고 좋아하였다. "유석과 이야기하면서 나는 유석의 나라와 민족에 대한 신념과 철학, 그리고 그 분의 인간됨과 그릇의 크기에 차츰 빠져들었다. 민주당이 나중에 신파·구파로 갈라섰을 때 내가 구파를 선택한 데는 조 박사와의 평소의 교분이 크게 작용했다." 라고 언급한다.

“역시 정치가로는 유석 조병옥 박사를 좋아합니다. 이 양반은 과단성 있는 참다운 용기를 가진 정치가였습니다.…… 대담하게 대여투쟁도 했었지만 협상도 한 그런 분이었는데……. 당수로 모시고 상당히 오랜 기간 그 분과 가까이 지낼 수 있었습니다. 우리나라 정치인 중에서는 제일 멋있게 하다가 돌아가셨다고 생각해요. 많은 비난도 받고 했습니다만…….”[38]

38) 『신동아』, 1974년 9월호.

2부

60년대 야당의 최전선에서

: 4월혁명에서 3선개헌 반대투쟁까지

YS

민주국가에서 군사쿠데타는 반란행위이지만, 더욱이 일본군 장교 출신들의 쿠데타는 정치사 이전에 민족사적으로 비극이었다. 박정희는 18년 5개월 10일 동안의 집권기간에 군정 940일, 계엄령 3회, 위수령 4회, 대학휴교령 5차례, 비상사태 1회, 긴급조치 9회 등 폭압통치로 일관했다. 그의 집권기간은 이승만보다 6년이 길고, 김영삼·김대중·노무현 3대의 15년보다 3년 반이 더 많았다.

제1장

4월혁명과 5·16군사쿠데타

YS

4월혁명, 이승만 독재 타도

김영삼은 이승만 정권의 폭정을 겪으면서 '절대 권력은 절대 파멸한다.' 라는 신념을 굳히며 1960년 3·15부정선거를 비판하였다. 마침내 시민항쟁이 시작되었다.

우리나라 역사는 왕조창업, 반정 반란, 민란, 쿠데타, 유신 등 여러 가지 정치 변혁이 있었으나 '성공한 혁명'은 한 번도 없었다. 전봉준의 동학혁명과 1919년 3·1혁명은 좌절된 혁명이었다.

우리나라 역사상 민중이 최초로 정권을 타도하는 데 성공한 1960년 4월의 민주혁명은 3·15부정선거로부터 발화되었다. 마산에서 일기 시작한 부정선거 규탄의 시민·학생시위는 쉽게 서울과 부산·대구·광주·목포·청주 등 대도시로 번졌다.

2월 28일 당국이 야당의 선거유세장에 가지 못하도록

일요일에 등교조치한 데 반발하여 대구시내 고등학생들이 시위를 벌인 것을 기점으로 하여 주요도시의 고등학생들이 부정선거를 규탄하는 데모에 앞장섰다.

김주열의 시체인양으로 마산의 2차 시위가 4월 11일에 격렬하게 전개되면서 시위는 전국으로 번져갔다. 특히 4월 18일 고려대생 3천여 명이 국회의사당 앞에서 연좌데모를 한 후 귀교길에 정치깡패의 습격을 받아 수십 명이 부상하는 사태가 발생한 것이 다시 기폭제가 되었다. 이날의 고대생 시위는 구호를 부정선거에서 독재타도로 바꾸어놓았고, 이튿날인 4월 19일을 기해 서울시내 대학생들이 총궐기하는 계기가 되었다.

'피의 화요일'로 불린 4월 19일 고교·대학생을 비롯하여, 10만여 명의 서울시민이 시위에 참가, 시위대의 일부가 경무대로 향하는 한편, 서울신문사와 반공회관·경찰서 등을 불 지르고 부정선거를 규탄했다. 지방도시에서도 수십만 명의 시민·학생들이 이승만 정권 타도의 시위를 벌였다.

경찰의 무차별 발포로 서울에서만 이날 104명, 부산에서 19명, 광주에서 8명 등 전국적으로 186명이 사망하고, 6260명이 부상당했다. 희생자는 하층 노동자 61명, 고등학생 36명, 무직자 33명, 대학생 22명, 국민학생·중학생 19명, 회사원 10명, 기타 5명 등이었다.

정부는 경찰이 시위대에 발포하기 시작한 직후 서울 등 주요도시에 계엄령을 선포하고 육군참모총장이던 송요찬 중장을 계엄사령관에 임명했다. 그러나 군대는 유혈사태를 방지하고 파괴방지에 전념하면서 중립적인 태도를 견지했다.

4월 21일 내각이 유혈사태에 대한 책임을 지고 물러났고 22일 이기붕이 모든 공직에서 물러난다고 밝혔다. 이어 당시 부통령이던 장면은 이승만이 대통령직에서 물러날 것을 촉구하면서 부통령직을 사퇴했다.

이승만은 자유당 총재직을 사퇴하는 등 일련의 조치를 취하여 사태를 수습하고 정권 유지를 꾀했다. 그러나 이미 혁명적인 열기에 휩싸인 민중은 이승만의 하야를 요구하기 시작했다. 4월 25일 시위의 새로운 물결이 일어났다. 전국 대학교수들이 시국수습을 위한 선언문을 발표하고 시위에 나선 것이다.

이날 오후 3시 서울대학교 교수회관에 모인 27개 대학 교수 258명은 "대통령을 위시한 여야 국회의원들과 대법관 등은 3·15부정선거와 4·19사태의 책임을 지고 물러나는 동시에 재선거를 실시하라" 라는 요지의 14개항 시국선언문을 발표했다.

이어 4백여 교수들은 '4·19의거로 쓰러진 학생의 피에 보답하라' 라는 슬로건을 내걸고 계엄 하에서 평화적인 시위를 감행, 서울시가를 행진했다.

이 4·25교수단 데모는 시민과 학생들의 절대적 지지를 불러일으켜 그날 밤부터 다시 시민·학생들이 궐기했으며, 26일 또다시 대대적인 데모를 촉발시킴으로써 마침내 이승만의 하야를 촉진하는 결정적인 계기가 되었다. 이승만은 4월 26일 새로 임명된 외무장관 허정, 계엄사령관 송요찬과 주한 미국대사 매카나기(Walter P. McConaughy)의 권고를 받아들여 대통령직에서 물러나겠다는 의사를 밝혔다.

이 대통령은 4월 26일 오전 10시를 기해 발표된 하야성명을 통해,

1. 국민들이 원한다면 대통령직을 사임하겠다.
2. 3·15선거에 많은 부정이 있었다고 하니 선거를 다시 하도록 지시했다.
3. 국민이 원한다면 내각책임제의 개헌을 하겠다.
4. 선거로 인한 모든 불만스러운 점을 없애기 위하여 이기붕 의장을 모든 공직에서 완전히 물러나도록 조치했다고 발표했다.

이 대통령의 전격적인 하야성명이 발표되기 직전 송요찬 계엄사령관은 26일 아침부터 이 대통령의 하야를 요구하면서 데모를 벌이고 있던 시위군중 속에서 5명의 대표를

골라 이승만과의 면담을 주선했다. 송요찬은 이날 아침 데모군중들에 의해 탑골공원에 있던 이 박사의 동상이 파괴되고, 그 동상의 목에다 줄을 걸고 끌고 다니는 것을 목격했으며, 수십만의 군중이 경무대 어귀에 집결하는 것을 보고 이승만의 하야를 더 이상 지체할 수 없다고 판단한 때문이었다.

이 무렵 사태수습을 협의 중에 있던 국회는 3·15선거의 무효화 선언과 내각책임제의 개헌 등을 수습방안으로 채택했다가 이 대통령의 하야소식이 발표되자 긴급회의를 소집, 이 대통령의 사임권고 결의안을 만장일치로 통과시켰다. 국회의 결의가 전달되자 이 대통령은 4월 27일 국회의 결의를 존중하여 즉각 대통령직에서 물러나겠다는 뜻을 밝히고 대통령직 사임서를 국회에 전달했다.

이로써 이승만의 12년 독재통치는 종식되고, 그는 4월 28일 경무대를 떠나 이화장으로 옮겼다가 곧 망명길에 올랐다. 상하이 임시정부에 의해 탄핵되고, 4·19혁명에 의해 두 번째 탄핵당한, 부끄러운 정치인이었다.

4·19혁명은 몇 갈래의 역사적 의지가 접목되어서 성공할 수 있었다. 하나는 동학혁명의 맥박이요, 다른 하나는 3·1혁명의 혼이다. 황토현에서 찢긴 민중의 혼이, 탑골공원에서 산화된 독립의 의지가 4·19에 접목되어 벽혈(碧血)로 발휘되었다. 그렇기 때문에 4·19의 의의가 단순 도식

의 정치변혁운동이 아니었음을 보여준다.

첫째, 계층·신분·지역·성별의 구분없이 민중이 하나가 되어 일으킨 국민혁명.

둘째, 외세는 물론 특정 정치집단의 조종이 아닌 민중의 자주적이고 자발적인 주체혁명.

셋째, 반공을 분명히 하면서도 남북대화를 제의하는 민족통일정신.

넷째, 매판자본·원조물자 착복 등 전근대적인 경제 질서를 타파하고 산업의 근대화 제시.

다섯째, 전근대적 신민의식에서 근대적 시민의식을 고취한 시민정신.

여섯째, 정체된 사회에 활력을 불러일으킨 신생활운동.

최연소 원내부총무 탄생

이승만이 쫓겨나고 외무장관 허정이 대통령 권한을 승계하여 4월 28일 과도내각을 구성했다. 과도내각은 3·15 정부통령 선거의 무효를 확인하고, 부정선거와 시민·학생에 대한 발포책임자들을 구속했다. 이어서 6월 15일 민주당이 오랫동안 당론이었던 내각책임제 개헌안이 국회에서 통과되었다.

새 헌법에 따라 7월 29일 민·참의원을 뽑는 총선거 일정이 공고되었다. 김영삼은 4대 국회의원 선거에서 부정선거로 금배지를 빼앗겼던 부산 서구에서 민주당 공천으로 입후보하여 압도적으로 당선되었다. 2만 9754표를 얻어 자유당 시절 법무부장관을 지낸 서상권 후보의 6987표 보다 4배 이상을 득표하여 재선의 영광을 안았다. 4·19혁명이라는 정치적 분위기도 있었지만 2년 전 환표 부정사건에 대한 시민들의 심판심리가 작용했다.

제5대 총선에서 민주당은 민의원 233석 중 175석을 획득하고 무소속 49석, 자유당은 2석에 불과했다. 처음으로 실시한 참의원 선거는 총 58석 중 민주당 31석, 무소속 20석, 사회대중당 1석, 한국사회당 1석, 민족진보진영 1석 등이었다.

총선에서 압도적인 승리를 거둔 민주당은 8월 12일 민·참의원 합동회의에서 구파의 윤보선을 대통령으로 뽑았으나 실권자인 국무총리 선출을 둘러싸고 신·구파 간에 치열한 대립이 전개되었다.

민주당 정권의 출범을 앞두고 신파와 구파의 세력은 우열을 가리기 힘들었다. 문제는 대통령과 총리의 배분을 어떻게 할 것인가에 있었다. 내각책임제하에서 대통령은 상징적인 자리였고, 내각을 구성하는 총리에게 실권이 돌아갈 것이었다.

"신파는 장면 박사를 총리후보로 내세웠고, 구파 지도부는 대통령에 윤보선, 국무총리에 김도연 씨를 내세워 모두 당선시키고자 했다. 나는 구파에 속해 있었지만, 양파의 세력이 엇비슷한 상황에서 대통령과 총리를 구파에서 모두 차지하려는 것은 합리적인 생각이 아니다."라고 주장했다.[39]

---

39) 김영삼, 앞의 책, 143쪽.

학생·시민들의 희생으로 집권한 민주당은 혁명과업의 수행보다 양파간의 권력쟁탈에 당력을 낭비했다. 신·구파는 끝내 타협을 이뤄내지 못하고 8월 8일 열린 개원국회에서 신파출신 곽상훈을 국회의장으로 선출한 데 이어 8월 12일 구파의 윤보선을 대통령으로 뽑았다.

윤보선이 자파출신의 김도연을 국무총리에 지명하여 국회인준을 요청했으나 부결되고, 이어서 신파의 장면을 지명하여 간신히 통과되었다.

제2공화국의 총리에 선출된 장면은 8월 23일 초대 내각을 신파 일색으로 구성했다. 이것은 구파의 반발을 불러오고 민주당 정권은 초장부터 분열과 갈등으로 시작되었다.

김영삼은 구파소속이지만 신파 쪽에서도 욕심을 내는 참신한 정치인이었다. 특히 장면 총리가 관심을 보였다. 신구파의 집권경쟁에 이어 세 불리기가 한창일 때 집권에 성공한 장면 총리가 불렀다.

> 장(張) 박사는 나를 몇 번이나 관저로 초대해 둘이서 식사를 함께 하곤 했다. 장면 박사가 한창 구파와 무소속 의원들에 대한 영입을 추진하고 있을 당시였다. 장 박사가 함께 일을 해 보자고 제의하기 전에 나는 장면 정부가 잘되기를 바라지만, 현재 국회의원으로 만족한다면서 완곡하지만 분명하게 장 박사의 뜻을 사양했다. 자리를 놓고 파벌의 세

불리기가 횡행하던 시절, 나는 그런 물결에 휩쓸려 들어가지 않았는데, 그때의 정치적 처신에 대해서는 지금도 잘했다고 생각하고 있다.[40]

김영삼은 구파세력 신민당의 원내부총무에 피선되었다. 원내총무는 50대의 유진산, 또 다른 부총무는 46세의 이민우였다. 이때에 형성된 신민당 원내총무단은 훗날 김영삼의 든든한 정치적 후견세력이 되었다.

---

40) 김영삼, 『김영삼 회고록(1)』, 백산서당, 2015. 146~147쪽.

YS

당내 소장파의원 '청조회' 결성

구파는 1960년 8월 31일 86명의 의원 명의로 '구파동지회' 라는 원내교섭단체를 정식으로 등록하면서 민주당은 분당되고 말았다. 민주당 정부는 95석에 불과하여 과반수의석에서 22석이 못 미치는 소수당 체제로 출범하게 되었다.

졸지에 야당이 된 구파동지회는 장면 정부의 조각에서도 철저히 배제되면서 1961년 2월 20일 신민당을 창당했다. 김영삼은 신민당이 노장파 중심으로 운영되는 것에 반발하여 당내 소장그룹과 무소속의 민정구락부 의원들과 더불어 1961년 1월 26일 청조회(淸潮會)를 결성했다.

소장파 의원 20여 명이 가담한 청조회는 민주당 소장파 김재순 등이 만든 신풍회(新風會)와 함께 4·19혁명 후 정계의 신풍운동이었다.

20여 명에 가까운 우리 소장의원들은 청조운동 선언을 통해 "용기 있는 분별심과 전투적인 민주정신으로 마음을 무장한 우리는 생명보다 귀중한 자유에 자제를 가하여 양단된 국토를 역사의 악순환에서 해방시켜야 할 것이며, 자유와 번영이 보장되는 태평성세의 옥토를 가꾸는 역군이 되고자 한다." 라고 취지를 밝혔다. '생명보다 귀중한 자유에 스스로 자제를 가한다.' 는 대목을 선언에 포함시킨 것은 극단적인 무질서와 방종에 휩쓸려 있던 당시의 세태에 경종을 울리려는 뜻이 함축된 것이다.

아울러 우리는 ① 자가용차 폐지 ② 요정출입 금지 ③ 이권운동 금지 ④ 깨끗한 선거를 보장하는 선거제도 개혁 ⑤ 학생생활 혁신운동 지지 ⑥ 자유민주주의와 인간의 존엄성이 보장될 남북통일에 대한 노력 ⑦ 노동의 권리쟁취 등 맹약 7장의 실천사항도 발표했다. 정치운동과 새생활 운동이 청조운동의 양대 수레바퀴임을 알 수 있다.[41]

민주당은 집권과정에서 반독재 투쟁을 해온 오랜 동지들이 신민당의 분당으로 갈라졌지만, 청조회와 신풍회 결성이 말해주듯이 내부에서 '청조' 와 '신풍' 을 진작하면서 혁명과업 수행에 정진하였다. 그런데 이 무렵 김영삼 개인과 한국 민주주의에 두 개의 먹구름이 밀려오고 있었다.

---

41) 김영삼, 앞의 책과 같음.

어느 자식에게 어머니가 소중하지 않을 존재가 없겠지만, 김영삼의 어머니는 자애와 활동력 그리고 신앙심이 깊었고, 외아들에 대한 사랑이 남달랐다.

김영삼은 4월혁명으로 예정보다 빨리 국회에 재입성하여 신민당 원내부총무직을 맡고 청조회를 주도하면서 바쁜 일상을 보내고 있었다. 절대독재자 이승만이 쫓겨난 후 한국사회는 여러 면에서 신생(新生)운동이 전개되었다. 국회도 혁명과업 수행을 위해 여야가 경쟁적으로 정책을 제시하고, 학생들과 각급 단체들의 시위도 점차 자제되면서 사회가 안정을 찾아가고 있었다.

1960년 9월 25일 밤 김영삼은 청천벽력과 같은 소식을 들었다. 어머니가 사망했다는 것이다. 외포리 생가에서 괴한의 총탄으로 쓰러진 어머니는 장승포의 병원으로 실려갔으나 낙후된 시골 병원에서 변변한 수술도 받지 못한 채 숨지고 말았다. 거제도의 고정간첩이 일본 밀항자금을 마련하려고 야심에 김영삼 부모의 집을 습격한 것으로, 사건 1년 후 경찰의 수사로 밝혀졌다. 경찰은 1961년 9월 무장간첩 일당 10명을 검거하고 11월 7일 이 사건의 진상을 밝혔다.[42]

42) 『월간중앙』, 1992년 9월호.

나는 한동안 나의 모든 것, 정치 자체까지도 포기하고 싶은 절망에 빠졌다. 어머니의 모습이 아른거려 오랜 세월 지옥과도 같은 고통을 겪었다. 인근 마을 사람들이 목 놓아 울부짖던 모습이 지금도 내 눈에 선하다.[43]

43) 김영삼, 『김영삼 회고록(1)』, 백산서당, 2015. 151쪽.

YS

국회 해산, 의원직 상실

김영삼은 정치활동 중 틈이 나면 고향으로 내려왔다. 홀로되신 아버지를 위로하고 선산에 묻힌 어머니 묘소를 참배하기 위해서였다. 어부들과 함께 아버지의 어장으로 나가 일손을 돕기도 했다.

섬에서 태어나고 자란 김영삼은 바다를 좋아했다. 그는 "태평양을 향해 열린 거제 앞바다는 나를 키워 준 스승이고 친구였다. 망망한 바다는 거대한 산과 같아서 그 속에 뛰어든 인간에게 커다란 교훈을 준다. 우리 배는 당시로서는 제법 커다란 어선이었지만 넓은 바다에 나가면 일엽편주와도 같았다." 라고 말했다.[44]

그날(1961년 5월 16일) 새벽, 김영삼은 뱃사람들과 함께 어로작업을 돌보고 있다가 라디오에서 박정희 군부의 군

44) 앞의 책, 154쪽.

사쿠데타 소식을 처음 들었다. 그리고 급히 어선을 타고 부산으로 가서 서울행 열차에 몸을 실었다.

재선한 김영삼의 의원직을 빼앗고, 향후 박정희·전두환·노태우로 이어지는 3대 군부 독재자들과 운명적으로 얽혀 반독재 투쟁 그리고 협력 관계를 이루게 되는 5·16 군사쿠데타는 4월 민주혁명으로 민주당 정권이 들어선 지 8개월 만인 1961년 5월 16일 새벽에 발생했다. 5·16은 군정 3년과 유신에 이어 그 아류 전두환·노태우의 제5, 6공화국에 이르기까지 장장 31년에 걸친 군사통치의 시발점이 되었다. 그리고 이들의 유산을 이어받은 박근혜 정권으로 현재진행형으로 이어지고 있다.

박정희 육군 소장과 그의 조카사위인 김종필 중령을 중심으로 하는 장교 250여 명과 사병 3500여 명이 중심이 된 반란군은 이날 새벽 3시경 한강 어귀에 진입하여 약간의 총격전 끝에 예정보다 약 1시간 늦게 서울입성에 성공했다.

이들 반란군은 중앙청 및 서울중앙방송국 등 목표지점을 일제히 점거하고, 새벽 5시 첫 방송을 통해 거사의 명분을 밝히는 한편 6개항의 혁명공약을 국내외에 선포했다. 이어 9시에는 군사혁명위원회 명의의 포고령으로 전국에 비상계엄을 선포하고, 오후 7시를 기해 장면 정권을 인수한다고 밝힘으로써 쿠데타는 일단 성공했다. 혁명공약 6항에서는 '원대복귀'를 약속했지만, 쿠데타 주역들은 번의를 거듭한 끝에 민정에 참여하여, 스스로 공약을 짓밟았다.

쿠데타가 처음으로 모의된 것은 1960년 9월 10일 김종필을 비롯한 영관급 장교 9명이 서울 충무장에서 모임을 갖고 군의 정풍운동을 벌이는 한편 쿠데타를 결의하게 되며, 같은 해 11월 9일에는 신당동 박정희 소장 집에서 다시 회합, 쿠데타 거사를 모의했다. 이들은 61년 4월까지 쿠데타 조직 및 거사계획을 완성하고, 4월 19일 일어나려 했으나 불발됐고, 다시 5월 12일로 예정했으나 역시 실패, 그리하여 16일에 거사한 것이다.

한국군의 작전 지휘권을 장악하고 있던 유엔군사령관 매그루더(Carter Bowie Magruder) 장군은 당일 쿠데타 반대성명을 발표하면서 강제진압의 의사를 밝혔으나 윤보선 대통령이 "올 것이 왔다" 라고 군사 쿠데타의 필연성을 인정, 반란군에 승복하면서 매그루더 장군의 쿠데타 저지 요구를 거절함으로써 쿠데타는 기정사실화되었다.

한편 피신해 있던 장면 총리는 18일 은신처에서 나와 국무회의를 열고 내각총사퇴와 군사혁명위원회에 정권이양을 의결했으며, 윤보선 대통령은 국무회의의 결정을 그대로 재가했다. 같은 날 미국무성도 한국 군사혁명위원회의 지도자가 반공친미적임을 지적하면서 쿠데타를 사실상 승인하여 쿠데타의 성공은 최종 확정되었다.

한때 미국무성은 박정희의 좌익 전력을 이유로 원주의 제2군을 동원하여 진압을 구상했으나 윤보선과 장면의 '투항'으로 실행에 옮기지 못했다. 쿠데타의 원죄가 박정희와 김종필이었다면, 동조 또는 방조범은 윤보선과 장면이었다. 전시작전권을 장악하고 있던 미군의 책임도 적지 않았다.

반란군은 최고권력기구로 군사혁명위원회를 구성하여 의장에는 당시 육군참모총장인 장도영, 부의장은 쿠데타의 실질적 주모자인 박정희를 선임했다. 군사혁명위원회는 남한 전역에 비상계엄령을 선포함과 동시에 포고령 제1호를 통해 옥내외 집회금지, 전국 대학의 휴교령, 국외여행 불허, 언론 사전검열, 야간통행금지 시간 연장 등을 발표했다. 쿠데타에 성공한 반란군은 5월 18일 군사혁명위원회를 국가재건최고회의로 개칭하고, 6월 6일 국가재건비상조치법을 공포하여 최고권력기구로서의 법적 뒷받침을 갖게 되었다.

국가재건최고회의는 입법권·행정권의 전부와 사법의 통제권을 장악, 법제·사법·내무·외무·국방·재정·경제·교통·체신·문교·사회·운영·기획 등 13개 분과위원회를 구성하고, 직속기관으로 중앙정보부·재건국민운동본부·수도방위사령부·감사원을 두어 본격적인 군정을 실시했다. 또한 산하기구로 혁명재판소와 혁명검찰부를 통해 용공분자의 색출을 표방하며 구정권 인사들과 혁신세력을 대대적으로 검거하는 한편, 각종 민주적 정당과 사회단체·언론매체·노동조합을 강제해산시키는 등 민주세력에 대한 폭압적인 탄압을 자행했다.

반란군은 5월 20일 장도영을 수반으로 하는 혁명내각을 구성하고, 이주일 소장을 위원장으로 하는 부정축재자 처리위원회를 구성하는 한편, 최영규 준장을 소장으로 하는 혁명재판소와 박창암 대령을 부장으로 하는 혁명검찰부를 설치하고, 자유당·민주당 치하의 부정부패와 5·16쿠데타 전후의 이른바 반혁명사건을 처리케 했다.

군정은 3·15부정선거와 관련된 최인규, 발포책임자 곽영주, 정치깡패 이정재 등을 처단하고 〈민족일보〉 사장 조용수를 반국가 죄로 처형한 반면에 국민의 지탄을 받아온 독점재벌 등 부정축재자들을 경제건설에 적극 활용한다는 명분으로 거의 사면했다.

쿠데타 세력 사이에는 정권 장악이 확실해지면서 내부의 권력쟁탈전이 치열하게 전개되었다. 5·16쿠데타를 방관, 동조자였던 장도영을 몰아내고 실권자인 박정희가 최고회의 의장에 취임했다. 박정희 세력은 7월 3일 장도영과 쿠데타의 주동자였던 육사 5기 출신의 박치옥·문재준 등이 반혁명 쿠데타를 기도했다는 혐의로 체포하고, 김종필 계열의 육사8기 출신들이 권력의 핵심을 장악했다. 군정 기간에 적발된 이른바 반혁명사건이 13건에 달했고, 최고회의에 참여하였던 최고위원 장성들의 상당수가 여러 가지 혐의로 제거되어 63년 2월 최고회의에는 발족 당시 32명 위원 가운데 6명만 남을 정도의 치열한 숙청이 단행되었다.

쿠데타 세력은 정치정화법을 제정하여 민간정치인들을 일부는 거세하고 일부는 포섭하는 등 분열통치 전략을 펴면서 자금원을 확보하기 위해 화폐개혁과 통화증발 등의 경제조치를 단행했다.

5·16은 군부가 정치에 개입하여 무력으로 정권을 장악하는 좋지 못한 선례를 한국현대사에 남기게 되었으며, 그 선례는 이후 군부지도자들에게 권력욕의 충동을 뿌리치지 못하게 만들었다.

쿠데타를 주도한 박정희는 1917년 경북 선산에서 태어나 대구사범학교를 졸업하고 문경공업보통학교 훈도(訓導, 교사)로 재임 중 1939년 일본 천황에 충성을 다짐하는 혈서를 쓰고 일제의 괴뢰 만주국의 군관으로 들어갔다. 우수자로 뽑혀 42년 일본 육사 3학년에 편입되고 44년 일본육사 57기로 졸업했다. 졸업 후 수습사관으로 일본 관동군에 배속되고 이어 만주국군 제8단의 소대장으로 일본군과 합동으로 팔로군 공격 작전에 참가하는 등 일본 군인으로 활약했다. 팔로군은 조선 독립 운동가들이 다수 참여하여 항일전을 벌인 부대다.

일제 패망으로 무장해제 당한 박정희는 46년 5월 미국 수송선을 타고 부산항으로 귀국했다. 이해 조선경비사관학교 3개월 단기과정을 거쳐 소위로 임관되고, 재학당시 형 박상희가 대구 10·1사건으로 경찰에 살해당하면서 남로당의 군 내부 조직원으로 가담한 것으로 알려진다. 47년 조선국방경비대 제8연대 소대장을 지내고, 48년 제주 4·3사건이 발발하면서 육군본부 작전정보국에 발탁되어 근무 중 남로당 군 내부 프락치 혐의로 체포되었다.

만군·일군 출신들의 구명운동으로 사형을 면한 박정희는 군법회의에서 무기형을 선고받고, 49년 형집행정지와 함께 군에서 파면되어 비공식 문관으로 근무 중 6·25전쟁으로 육군본부 정보국 과장으로 현역에 복귀했다. 49년 준장으로 진급하고 제5사단장과 제6관구사령관을 거쳐 60년 1월부터 부산군수기지사령부 사령관으로 재임하고, 장면 정부에서 제1관구사령관, 육군본부작전참모부장을 거쳐 12월 제2군 부사령관으로 전보되었다.(『친일인명사전』요약)

민주국가에서 군사쿠데타는 반란행위이지만, 더욱이 일본군 장교 출신들의 쿠데타는 정치사 이전에 민족사적으로 비극이었다. 박정희는 18년 5개월 10일 동안의 집권기간에 군정 940일, 계엄령 3회, 위수령 4회, 대학휴교령 5차례, 비상사태 1회, 긴급조치 9회 등 폭압통치로 일관했다. 그의 집권기간은 이승만보다 6년이 길고, 김영삼·김대중·노무현 3대의 15년보다 3년 반이 더 많았다.

YS

군사쿠데타는 지지할 수 없다

쿠데타 소식을 듣고 이튿날 새벽 서울에 도착한 김영삼은 시내 중심가와 주요 건물에 군인들이 탱크를 앞세운 채 삼엄하게 지켜서 있는 것을 보고 "앞이 캄캄해 지는 것을 느꼈다. 이승만 독재 정권을 무너뜨리고 세운 민주정부가 군대의 총칼 앞에 맥없이 무너지다니!"[45] 라고 개탄했다.

김영삼은 "5·16이 나라를 구하기 위한 '혁명'이 아니라 정권탈취행위에 불과하다" 라고 인식하면서 민주정부를 지키지 못한 윤보선 대통령과 장면 총리를 원망했다.

> 내각제 하의 실권자인 장면 총리가 수녀원으로 숨어 버린 것은 있을 수 없는 일이었다. "올 것이 왔다" 라고 하는 해위 선생의 말도 감정이 앞선 것이었다.

45) 앞의 책, 155쪽.

나는 '만약 그때 두 사람 중 한 사람이라도 분명한 태도를 취했다면, 쿠데타는 충분히 막을 수 있었다' 라고 생각한다. 나는 박정희가 5월 16일 밤, 서울 6관구사령부에서 밤새 위스키 잔을 쥔 손을 떨며 불안해했다는 말을 현장에 있던 군 지휘관으로부터 직접 들은 바 있다.

사실 박정희의 불순한 기도는 성공하기가 대단히 어려운 일이었다. 당시 군대 내에는 광범한 쿠데타 반대세력이 존재했고, 실제로 한동안 쿠데타에 저항하기도 했다. 1군사령관이던 이한림 장군과 같은 사람은 쿠데타에 맞설 태세를 갖추고 있었다. 이한림 장군은 쿠데타 발생 직후 박정희가 보낸 한 대위에 의해 서울로 압송되었는데, 군(軍)의 기본을 무너뜨린 이러한 '하극상'의 행위는 20년 후인 1979년 12월 12일 박정희의 후계자들에 의해 똑같이 자행됨으로써 불행한 역사가 되풀이 되는 선례가 되었다.[46]

정치 격변기에 '정치철새' 가 생기는 것은 고금이 다르지 않다. 5·16 후 김영삼과 함께 신민당 소장파 그룹이었던 일부 청조회 멤버들이 쿠데타를 지지하면서 김영삼에게도 정보기관에서 서명을 요청했다.

하루는 중앙정보부 서울시지부장이라는 자가 내게 한밤

46) 앞의 책, 157쪽.

중에 찾아와, 청조회 동료들이 서명한 것이라며 5·16쿠데타에 대한 지지 성명 문안을 보여 주었다. 그들의 필적을 잘 알고 있던 터라 나는 깜짝 놀랐다. "나는 절대 서명할 수 없다" 라고 딱 잘라 거절했다.

쿠데타세력에게 협력하지 않겠다고 철석같이 맹세하고는 변절하다니, 나는 배신감에 치를 떨었다.

며칠 뒤 중앙정보부의 서울시지부장이 다시 찾아왔다. 내일 지지성명을 발표한다면서 설득 반 협박 반으로 내 동의를 구했다. 물론 싫다고 거절해서 돌려보냈다. 다음날인 1962년 4월 11일자 〈동아일보〉 1면 광고란에는 일부 청조회 멤버들의 군정지지 성명이 실렸다. 물론 내 이름은 들어 있지 않았다.[47]

청조회 멤버들의 쿠데타 지지선언은 김영삼에게 배신감을 안겨주었지만, 그 대신 '신의를 지켜야 한다'는 굳건한 결심을 갖게 하였다. 쿠데타 세력은 기성 정치인들을 정치정화법으로 묶어놓고 공화당을 사전 창당하면서 줄기차게 김영삼을 끌어들이고자 했다.

1962년 초겨울, 국가재건최고회의 내무위원장 조시형 육군소장이 김영삼에게 공화당 창당의 중요한 역할을 맡아 달라고 했다. 그는 신당 창당의 중요한 책임을 맡고 있

47) 앞의 책, 159쪽.

었다. 김영삼은 일언지하에 거절했다. 이후에도 중앙정보부 서울지부장이 한밤중에 집으로 찾아와 '협박성 요청'을 하였다.

> 어느 날인가, 서울시지부장이 미제 세단을 몰고 나타났다. "부장(部長)이 한번 보자고 합니다." 라고 말하는 것이었다. "좋소, 갑시다." 라고 말하고 타고 갔더니, 한남동 유엔빌리지에 있는 안가(安家)로 들어갔다. 김종필 중앙정보부장이 현관에 나와 있다가 나를 맞아들였다. 나와 김종필의 첫 번째 대좌였다.
>
> 김종필은 내게 신당 동참을 권유했다. 그러나 나는 그에게 "쿠데타 세력과는 절대 손을 잡을 수 없다." 라고 거절했다. 나의 분명한 태도에 김종필은 "술이나 한 잔합시다." 라고 말했다. 두 사람은 새벽까지 술잔을 기울였다. 첫 만남에서 나는 그에게서 낭만파, 기분파라는 인상을 받았다.[48]

쿠데타의 2인자 김종필과는 이렇게 만나게 되어 오랜 기간 여야로 나뉘어 대립하고, 10·26사태 후에는 김대중과 더불어 '3김 시대'의 주역이 되는가 하면, 1990년에는 노태우와 함께 '3당 합당'을 하는 등 굴곡진 행보를 함께 하게 되었다.

---

48) 앞의 책, 161쪽.

YS

합헌정부를 쿠데타로 짓밟고 권력을 찬탈한 박정희는 조급증에 시달렸다. 비록 민정이양을 통해 대통령 선거를 거치기는 했지만, 그것으로 정통성을 부여받기는 어려웠다. 그래서 무엇인가 가시적인 성과를 국민에게 보여주고자 했다. 그것이 졸속적인 한일회담이었다. 여기에는 일본군 출신으로서 개인적인 '향수'도 작용했을 터이다.

제2장

군사독재와의 투쟁

YS

박정희의 권력 농단과 정치활동 재개

국가의 3권을 장악한 박정희 국가재건최고회의 의장은 몇 차례의 '반혁명음모사건'으로 반대파 숙청을 거듭한 끝에 명실상부한 실력자로 등장하여 본격적으로 민정참여의 전략을 세우기 시작했다.

박정희는 1963년 2월 18일 이른바 민정불참을 선언한 바 있었다. 그는 이날 시국수습을 위한 9개 방안을 각 정당이 수락한다면 자신은 민정에 참여하지 않을 것임을 천명한 것이다. 이 9개 항목 중에는 5·16의 정당성과 정치보복의 금지, 한일문제의 초당적 협조 등이 들어 있었다. 2월 27일에는 12개 정당대표와 7개 사회단체 대표 및 27명의 재야인사가 개인자격으로 참가한 가운데 소위 민정불참 선서식이 거행되었다.

그러나 박정희는 1주일 만에 민정불참 선서에 부정적인

의사를 표명하고, 3월 16일 "현시국은 과도적 군정이 필요하다" 라는 이유로 4년간 군정연장을 국민투표에 부치겠다며, 민정불참 선언을 뒤짚었다. 이에 야권에서는 3월 22일 군정연장 규탄대회를 열어 군정세력과 맞대결에 나섰다. 우여곡절 끝에 다시 박정희의 4·8성명이 나오게 되어 그의 민정참여는 기정사실로 굳어졌다. 결국 혁명공약을 뒤집은 것이다.

미국 케네디 대통령의 압력을 받은 군사정부는 62년 11월 민정이양을 위한 헌법개정안을 국가재건최고회의에서 의결한 후, 12월 17일 국민투표를 통해 이를 확정했다. 우리나라 헌정사상 처음으로 국민투표에 회부되어 투표자 1508만 5998명(투표율 85.28%) 가운데 833만 9333명(78.78%)의 찬성을 얻어 확정된 이 헌법은 전문을 비롯하여 내용이 내각제 헌법을 전면적으로 개정하였다는 점에서 실제적으로는 헌법의 제정에 가까웠다.

새 헌법의 주요 내용은 △대통령중심제 채택 △국회의원 소선거구제 채택 △국회의 단원제와 정당국가화에 따른 국회활동 약화 △법원에 위헌법률 심사권 부여 △헌법개정에 대한 국민투표제 채택 △경제과학심의회의, 국가안전보장회의 설치 등이다.

박정희는 최고회의에서 개헌안 확정투표를 앞둔 62년 12월 6일 새벽 0시를 기해 1년 6개월 만에 경비계엄을 해제하면서 "혁명 후 오늘까지 국가존망의 위기를 만회하며 쌓이고 쌓인 갖가지 적폐를 일소하고 혼란했던 사회질서를 바로잡기 위해 계엄령 시행이 불가피했음은 국민 모두가 이해하고도 남음이 있을 것이다." 라고 밝혔다.

국민투표를 거쳐 확정된 개헌안은 62년 12월 12일 최고회의 제28차 본회의에서 정식으로 선포되었으며, 12월 26일 시민회관에서 공포식이 거행되어 제3공화국의 새 헌법으로 확정되었다.

5·16쿠데타 이후 금지되었던 정치활동이 1년 7개월 만인 1963년 1월 1일부터 재개되었다. 군사정부는 62년 12월 31일 군사혁명 포고령 제4호로 되어 있던 정당·사회단체의 정치활동 금지조항을 폐기하고 '집회 및 시위에 관한 법률'을 다시 제정함으로써 정치활동 재개의 길을 터놓았다.

이로써 정쟁법에 의해 묶여 있는 핵심적인 구정치인들을 제외하고는 누구든지 정치활동을 전개할 수 있게 되었다. 여권의 공화당 사전조직에 이어 야권도 여기에 맞서는 정당을 창당할 목표로 서서히 활동에 나섰다. 김영삼도 해금되어 정치활동을 재개할 수 있었다.

윤보선·김도연 등이 범야당 결성에 원칙적인 합의를 보고, 김병로·이인·전진한 등도 여기에 적극적으로 호응했다. 한편 최고회의는 정치활동 재개와 더불어 전 민의원의장 곽상훈 등 171명을 1차로 해제했다. 해제된 정치인은 자유당계 76명, 민주당계 31명, 신민당계 38명, 무소속 26명이었다.

일련의 진통 끝에 정치활동이 재개되자 야당연합을 목표로 삼아 창당작업을 추진중이던 민정당(民政黨)은 각 정파 사이에 타협이 이루어져 대통령 후보에는 윤보선, 당대표에는 김병로를 각각 옹립하고, 집단지도체제를 채택하기로 결정했다.

민정당은 재야정당으로는 맨 처음으로 63년 5월 14일 서울 시민회관에서 창당대회를 가졌다. 대표최고위원에 김병로, 최고위원에 김도연·백남훈·이인·전진한·김법린·서정귀 등을 선임했다. 대통령 후보에는 예정대로 윤보선을 선출하였다.

민정당은 창당대회에서 채택한 강령을 통해, ① 우리는 진정한 자유민주주의에 입각한 새 시대 창조의 선두주자가 된다. ② 우리는 모든 형태의 독재와 독선을 배격하고 자유와 평등의 원칙하에 모든 국민의 기본권을 보장한다. ③ 우리는 국민자본주의에 입각한 자유경제체제를 확립하고 안정 기조 위에 경제성장의 증대를 도모하고 자유경제의 터전을 마련한다. ④ 우리는 민족정기의 앙양, 도의심의 함양 및 과학기술의 향상을 기하고 교육의 민주화를 실현하여 세계문화 창조에 기여한다는 등 7개항을 선언했다.

여권에서는 김종필 중앙정보부장이 정당의 사전조직을 도맡았다. 4대 의혹사건 등으로 엄청난 정치자금을 조달한 중앙정보부는 5·16주체세력을 중심으로 '혁명이념의 계승과 민족적 민주주의 구현'을 표방하면서 창당준비를 서둘렀다. 이들은 정치활동이 재개된 63년 1월 10일, 가칭 재건당이란 명칭 아래 첫 발기대회를 열고, 1월 18일 민주공화당이란 당명으로 김종필을 창당준비위원장으로 하는 발기선언대회를 열었다.

군사정부 안에는 김종필 라인과 유원식·김동하 최고위원 등의 반발세력이 주축이 된 반김 라인이 형성돼 일촉즉발의 대치상태로 발전했다. 결국 김종필이 4대 의혹사건과 간첩 황태성의 지침으로 공화당의 창당준비 과정에서 2원화 조직을 도입했다는 비판을 받아 모든 공직에서 떠나 제1차 외유길에 올랐다.

공화당은 창당주역 김종필이 반대파에 밀려서 외유길에 오르게 되자, 재야 법조계의 원로 정구영을 총재로 영입하여 창당대회를 갖고 공식 출범했다. 공화당에는 쿠데타 주체들뿐만 아니라 윤치영·이효상·박준규·민관식·백남억 등 구야권 인사와 학계인사들도 다수 참여했다.

쿠데타 세력은 정치활동 재개를 앞두고 62년 3월 16일 민간정치인들의 활동을 규제하는 특별법을 제정했다. 국가재건비상조치법에 의거, 박정희·김종필 등 군사정부의 핵심세력이 구정치인 및 군내 반대파의 정치활동을 막기 위해 제정된 정치활동정화법에 의해 무려 4374명의 정치 활동이 봉쇄되었다.

한편 윤보선 대통령은 5·16쿠데타가 일어난 3일 후인 5월 19일 쿠데타에 대한 책임을 느끼고 하야를 천명했으나, 국가의 법통을 수호해야 한다는 쿠데타 세력의 압력에 따라 하야를 철회했다가 국가재건최고회의가 정치정화법을 제정하여 많은 구정치인의 공민권을 제한하자 전격적으로 사임을 발표했다. 최고회의는 이를 받아들이면서 박정희 의장이 대통령 권한까지 대행토록 하였다.

YS

반군정 투쟁, 구속과 석방

정치활동정화법에서 풀린 김영삼은 민정당(民政黨) 창당에 참여하는 한편 반군정 투쟁을 전개하는 데 앞장섰다.

내가 정치활동정화법에서 해금된 것은 1963년 2월 1일이었다. 함께 해금된 사람은 백남훈·조한백·이상돈·이충환 씨 등이었다. 1월 27일 창당준비 발기인대회를 가진 민정당은 이들을 포함한 3백 명의 발기인을 추가 발표했다. 민정당에서는 전열을 정비, 2월부터는 군정에 대한 정치공세를 펴 나갔다.

쿠데타 세력들은 1963년 2월 18일 돌연 민정불참을 선언했다가 이를 번의, 3월 16일에는 군정을 4년 연장할 것을 제의, 재야정계는 큰 충격을 받았다. 미국 측은 강력하게 번의를 촉구했고, 재야세력은 전면적인 반대투쟁에 돌

입했다.[49]

야당 인사들은 3월 22일 낮 무교동 백조그릴에서 약혼식을 이유로 집회를 열어 '민주구국선언'을 발표했다. 1979년 10·26사태 후 11월 24일 재야인사·학생들이 명동 YMCA강당에서 결혼식을 내세우며 계엄해제, 유신헌법 철폐 등을 요구한 이른바 '위장결혼식사건'의 '60년대 판'이었다. 이런 소용돌이 속에서 3월 22일 12시 5분 전까지 변영태·김준연·김도연·박순천 등 정계 인사 150여 명이 약혼식장으로 예약된 무교동의 백조그릴로 모여들었다. 얼마 뒤 윤보선 씨가 정해영·서범석·유진산 씨와 함께 입장하면서 모임은 눈 깜짝할 사이에 정치집회로 돌변했다. 각파 인사 88명이 서명한 '민주구국선언'이 낭독되고 만세삼창을 끝낸 참석자들은 곧바로 가두시위에 나섰다.

백조그릴에서의 행사는 거의 내 집에서 준비했다. 이틀 밤에 걸쳐 플래카드 등 시위용품을 만들었는데, 복진풍 군이 열심히 작업을 했다. 유인물은 등사기를 사다가 밤중에 일일이 한 장씩 밀었고, 광목을 끊어 와서 플래카드도 만들었다. 내가 하나하나 꼼꼼히 준비했기 때문에 백조그릴 사

49) 『김영삼 회고록(1)』, 162쪽.

건은 너무나도 생생하게 나의 기억에 남아 있다.[50]

백조그릴을 출발한 정치인들은 을지로 → 태평로 → 광화문까지 진출했다. 시민·학생들이 합류하여 시위대는 2백여 명으로 늘어났다. 곧이어 시위대보다 많은 헌병과 사복경찰이 달라붙어 정치인들을 시경 소속 대형버스에 태웠다.

김영삼은 화신백화점 앞에서 붙잡혀 종로경찰서로 연행되었다. 서범석·유옥우·유청·서정귀·김윤식·윤형남 등 전 의원을 비롯하여, 56명과 함께였다. 경찰은 김영삼 등을 수도방위사령부 보통군법회의 관할관으로부터 포고령 위반으로 구속영장을 발부받아 서대문형무소에 수감하였다. 데모는 부산·대구·광주·전주 등에서 일어나 모두 110명이 군사재판에 회부되었다.

5·16쿠데타로 의원직을 빼앗긴 김영삼은 반군정 데모사건으로 구속되었다. 박정희와 줄기찬 싸움은 이렇게 시작되고 22일 만에 석방되었다.

박정희는 4월 8일 비상사태 수습을 위한 임시조치법을 폐지하고 정치활동을 재개한다는 내용의 4·8성명을 발표했다. 4·8성명에 따라 나는 22일 만에 서대문형무소에서

50) 앞과 같음.

풀려났다. 내가 풀려나던 날 우리를 영접하는 인파가 형무소 앞 광장을 가득 메웠다.

나중에 안 일이지만 박정희는 케네디 미국 대통령이 '구속정치인 석방'을 요구하는 성명을 발표하자, 미국의 눈치를 보느라고 정치인들을 서둘러 석방한 것이었다. 서슬 퍼렇던 군사재판이 하루아침에 중단되고 구속됐던 사람들이 졸지에 풀려난 우스꽝스러운 일이었다.[51)]

51) 앞의 책, 164쪽.

YS

민정당 대변인 제6대 국회의원 당선

박정희의 3·16성명으로 일시 중단되었던 민정당은 창당 작업을 재개하여 5월 14일 서울 시민회관에서 창당대회를 열고, 윤보선을 대통령 후보로 선출한데 이어 대표최고위원에 김병로, 최고위원에 김도연·백남훈·이인·전진한·서정귀를 뽑았다. 김영삼은 대변인으로 지명되었다. 그는 이때부터 전국적인 정치인으로 등장한다.

군사쿠데타를 주동한 인물이 여당의 후보로 나선 가운데 '민정이양'이라는 기묘한 대통령 선거가 1963년 10월 15일 실시되었다. 제5대 대통령 선거인 셈이다.

63년 5월 27일 민주공화당의 개편대회에서 대통령 후보로 지명된 박정희는 재야세력으로부터 지명수락에 앞서 공직을 사퇴하라는 압력을 받고 있었다. 그는 8월 13일 지포리에서 가진 전역식에서 "이 나라에서 다시는 나와 같이 불행한 군인이 없도록 하자." 라고 말하면서 군복을 벗고 본격적으로 대통령 선거전에 나섰다.

반면에 야권의 사정은 복잡하기만 했다. 재야정당 통합을 위해 추진되었던 국민의 당이 결렬되면서 몇 갈래로 흩어진 야권은 9월 15일에 마감된 대통령 후보 등록에서 민정당의 윤보선, 국민의 당의 허정, 자유민주당의 송요찬(옥중출마), 추풍회의 오재영, 정민회의 변영태, 신흥당의 장이석 등 도합 6명이 나섰다. 이들 중 허정과 송요찬이 막바지에 후보직을 사퇴함으로써 선거전은 대체로 여권의 박정희와 야권의 윤보선으로 압축되었다.

선거전은 박정희의 남로당 경력을 둘러싸고 '사상논쟁'으로 치닫다가 종반에 접어들면서 야당 단일후보의 실현을 위해 허정이 사퇴한 데 이어 송요찬도 사퇴함으로써 박·윤의 양자대결로 압축되었다. 투표일을 5일 남겨둔 10월 10일 민정당의 찬조연사 김사만이 안동연설에서 "대구·부산에는 빨갱이가 많다." 라는 등 망언을 하여 선거분위기를 더욱 과열시켰다.

그러나 이와 같은 회오리바람을 몰고 온 사상논쟁에도 불구하고 비교적 평온한 가운데 투표가 진행되었다. 선거분위기의 과열 탓이었는지 투표율은 84.99%로 높게 나타났다.

선거결과의 개표집계는 16일 밤까지 윤 후보가 우세하

다가 17일 새벽부터 박 후보가 우세하여 15만 6천여 표의 차이로 박정희 후보의 승리로 막을 내렸다. 중앙정보부는 한때 윤 후보의 우세로 집계되자 그를 살해할 계획까지 세웠던 것으로 후일 밝혀졌다.

> 군복을 벗은 박정희가 공화당 후보로 출마해 민정당의 윤보선 후보에 간신히 승리했다. 15만표라는 근소한 표차였다. 특히 서울 등 대도시에서는 박정희가 윤보선 씨에게 큰 차로 패배해, 국민이 군정에 대하여 얼마나 준엄한 심판을 내리고 있는가를 보여주었다.
>
> 그러나 민정당으로서는 전국적인 투·개표 감시체제를 가동하기 어려운 처지였다. 공정한 선거였다면 박정희는 당선되기 어려웠을 것이다. 나는 민정당의 대변인으로서 대선 승리를 위해 분주하게 뛰어다녔고, 이후 2년간 대변인을 맡아 활동했다.[52]

제6대 국회의원 총선거가 대통령선거 한 달여 후인 11월 26일에 실시되었다. 재집권에 성공한 박정희는 여세를 몰아 총선을 조기에 실시한 것이다. 김영삼은 민정당 공천으로 부산 서구에서 입후보하여 3만 9797표를 얻어 압승하였다. 부산의 10개 선거구 중에서 유일하게 당선된 야당

---

52) 앞의 책, 165쪽.

후보였다.

이 총선에서 공화당은 총투표의 32.4%밖에 얻지 못했음에도 불구하고 전체 175개 의석 중 110석을 얻어 압승을 거두었다. 요인은 여당이 엄청난 선거자금을 살포한 데다 야당이 11개로 분열되어 선거구당 평균 6명이 입후보하는 등 야권의 난립 때문이었다.

김영삼은 제1야당격인 민정당의 대변인으로 활약하면서 지명도가 높아져 부산·경남지역 전체를 다니며 유세지원 활동을 벌였다. 그리고 마침내 3선의원이 되었다.

YS

박정희, 식민지배 3억 달러에 면죄부

합헌정부를 쿠데타로 짓밟고 권력을 찬탈한 박정희는 조급증에 시달렸다. 비록 민정이양을 통해 대통령 선거를 거치기는 했지만, 그것으로 정통성을 부여받기는 어려웠다. 그래서 무엇인가 가시적인 성과를 국민에게 보여주고자 했다. 그것이 졸속적인 한일회담이었다. 여기에는 일본군 출신으로서 개인적인 '향수'도 작용했을 터이다.

마침 1960년대에 들어 미국은 새로운 동아시아 전략의 일환으로 한일간의 국교정상화 문제를 강력히 제기하고 나섰다. 군사쿠데타를 승인해주는 대가로 비교적 말을 잘 듣는 박정희 정권에 의해 한일간의 국교를 정상화시켜서 동아시아에서 소련의 남하정책을 저지하고 중국을 견제한다는 것이 미국의 전략이었다.

박정희 군사정부는 미국의 원조가 대폭 삭감된 상황에

서 경제개발계획에 따른 대규모 투자재원의 확보가 필요했다. 여기에 미국의 지역통합전략, 일본의 자본 해외진출 욕구 등이 맞아떨어져 한일회담이 적극적으로 추진되는 요인으로 작용했다. 이밖에 간과할 수 없는 점은 박정희를 비롯한 군사정권 핵심요인들의 심정적인 친일성을 들 수 있다. 이들은 대부분이 일본육사와 만주군관학교 출신들로서 일본에 대해 다분히 애정과 향수를 갖고 있었다.

이런 요인들로 인해 61년 10월 20일 제6차 한일회담이 재개되었는데, 합의사항을 둘러싼 한일 양국의 이견과 양국 내의 격렬한 반대 분위기로 타결이 늦어지고 있었다. 이에 정부는 비밀리에 김종필 중앙정보부장을 특사로 파견, 이케다 수상과 비밀회담을 갖고 타결조건에 대한 합의를 이루도록했다. 그러나 한국의 거듭된 양보에도 불구하고 일본은 고자세의 버티기 전략으로 맞섰다.

박정희 정권에 있어서 1962년은 경제개발 5개년계획의 첫해로 시급한 자본도입이 요구되었고, 느닷없이 감행한 화폐개혁의 실패로 경제상황이 매우 불안정한 상태여서 한일회담의 조기타결을 서둘렀다.

그래서 김종필이 다시 일본에 건너가 김종필·오히라(大平) 회담을 열고 여기서 비밀메모(김·오히라 메모)를 통해 대일청구권문제 등에서 우리에게 크게 불리한 합의를 해주었다. 따라서 청구권 협상의 타결로 무상 3억 달러를 10

년에 걸쳐 지불하고, 경제협력의 명목으로 정부 간의 차관 2억 달러를 연리 3.5%로 제공하며, 상업 베이스에 의한 무역차관 1억 달러를 제공받기로 확정하였다.

청구권이라는 용어도 사용하지 못하고 '독립축하금' 이란 이름으로 무상 3억 달러에 36년 식민통치에 따른 모든 배상문제를 마무리하기에 이른 것이다. 특히 독도를 폭파해서 분쟁의 요인을 없애자는 등 그야말로 굴욕적인 협상이었다. 그나마 이와 같은 협상내용도 즉각 밝혀지지 않은 채 1964년에 이르기까지 2년 동안 비밀에 부쳐졌다.

한일회담의 진행과정을 비밀에 부쳐온 박정희 정부는 64년 3월에야 한일회담의 3월 타결, 4월 조인, 5월 비준의 방침을 밝혔다. 이에 따라 야당과 재야는 즉각 '대일굴욕외교반대 범국민투쟁위원회'를 결성하고 전국을 순회하는 유세에 돌입한 데 이어, 3월 24일 서울대생들은 '한일회담의 즉각 중지'를 요구하는 집회를 갖고 이케다 일본수상과 '현대판 이완용'의 화형식을 거행한 뒤 가두시위를 벌였다.

학생들의 시위는 삽시간에 전국으로 번져나가서 5월 20일 서울시내의 대학생연합은 박정권이 표방한 '민족적민주주의' 장례식을 거행하고, 4·19민족·민주이념에 정면도전한 군사쿠데타정권 타도투쟁을 선언했다. 이날 시위로 학생 1백여 명이 부상하고 2백여 명이 연행되었다.

그러나 학생들은 굴하지 않고 단식농성 등을 벌이면서 투쟁을 계속하여 6월 3일에 이르러 1만여 명의 시위대가 광화문까지 진출, 파출소가 방화되기에 이르렀으며, 군사쿠데타, 부정부패, 정보정치, 매판독점자본, 외세의존 등 군사정권의 본질적인 문제제기로 확대·고조되어 정권퇴진을 요구하기에 이르렀다.

학생들의 데모에 많은 시민이 가담하면서 시위의 규모가 커지자 정부는 위기감을 느끼게 되어, 그날 밤 8시를 기해 서울시 일원에 비상계엄을 선포하고 대대적인 탄압을 개시했다. 계엄사령부는 포고령으로 일체의 시위금지와 언론·출판의 사전검열, 모든 학교의 휴교를 명령했다.

4개 사단병력을 서울시내에 투입하여 3개월가량 진행된 계엄통치는 7월 29일 계엄이 해제되기까지 학생 168명, 민간인 173명, 언론인 7명이 구속되고, 이 기간 포고령 위반으로 890건에 1120명이 검거되었으며, 그중에서 540명이 군사재판, 68명이 민간재판, 216명이 즉결재판에 회부되었다.

정부에서는 계엄이 선포된 지 이틀 후인 6월 5일 공화당 의장 김종필을 문책, 당의장직에서 사임시키고 두 번째 외유에 나서도록 조처했다. 김종필을 희생양으로 삼은 것이다.

굴욕적 한일회담, 비판과 투쟁

정부는 야당과 학생들의 격렬한 반대투쟁을 위수령·계엄령으로 억압하면서 1965년 6월 22일 한일기본조약을 체결하기에 이르렀다. 한국 외무장관 이동원, 한일회담 수석대표 김동조와 일본외상 시이나, 수석대표 다카스키 사이에 〈대한민국과 일본국 간의 기본관계에 관한 조약〉(기본조약)과 부속된 4개의 협정 및 25개의 문서로 된 '한일협정'을 일괄 타결한 것이다.

이 협정에 의해 평화선이 철폐되었으며, 우리 측의 40해리 전관수역 주장이 철회되고 일본의 주장대로 12해리 전관수역이 설정되었다.

또한 재일교포의 법적 지위 및 영주권문제 등이 일본정부의 임의적 처분에 맡겨지게 되었고, 문화재 및 문화협력에 관한 협정은 일제가 불법으로 강탈해 간 모든 한국 문화재를 일본의 소유물로 인정해버리고, 여성위안부·사할린교포·원폭피해자 등의 문제는 거론조차 하지 못한 졸속·굴욕회담으로 끝나게 되었다.

박정희 정권의 굴욕적이고 졸속적인 한일국교정상화는 일제의 침략과 식민지배에 대한 사죄와 침략조약의 원천무효, 그리고 정당한 배상도 받지 못하고 말았다. 일본은 태평양전쟁 기간 3~4년을 지배한 동남아 각국에도 5~10억 달러의 배상금을 주었다.

김영삼은 야당 대변인으로서 박정희 정권의 굴욕회담을 강력히 비판했다. 다음은 한 신문에 기고한 내용이다.

> 40년간의 일본 통치는 선정(善政)이었으며 조선의 근대화에 기여했다는 망발은 과연 무엇을 노린 것인가. 40년간 일제 통치 하에서 유린당한 한국은 6·25공산침략으로 짓밟히면서 아이러니컬하게도 '특수경기'로 전후 일본 부흥에 간접적으로 크게 공헌했다. 부흥에의 공헌만이 아니라 한국은 일본 적화의 방파제가 되고 있다. 그럼에도 불구하고 일본은 참을 수 없을 만큼 우리의 감정을 촉발시키고 있다.
>
> 과거 십수 년 지속되어 온 평화라인(이승만 라인)에 대한 공공연한 침범 이외에도, 피의 대가인 청구권문제를 독립축하금 운운하는가 하면, 이른바 '김·오히라 메모'를 구실

로 극소 액을 주장하면서 고자세를 취하고 있다.[53]

김영삼은 공화당이 국회에서 날치기로 한일협정을 처리하는 데 대해서도 강력히 규탄했다.

우리 정부는 야당과 학생, 국민 대다수가 아무리 반대해도 그 소리에는 귀를 막고 무엇엔가 쫓기는 듯이 스케줄에 맞추어 한일국교정상화 조약에 조인하고야 말았다. 야당이나 학생, 그리고 대다수의 국민도 결코 한일회담 자체를 반대한 것은 아니다. 다만 현 정부가 굴욕적인 내용으로 조인하는 것을 반대한 것이다.

일본은 과거의 잔학한 한국 수탈행위를 반성하고 앞으로는 호혜평등의 입장에서 새로운 관계를 출발시키고자 하는 노력을 해야 함에도 불구하고, 조약에 나타난 내용은 반대로 일본의 이익에만 역점을 둔 감이 역력하다.[54]

53) 〈동아일보〉, 1965년 3월 23일.
54) 〈부산일보〉, 1965년 6월 24일.

YS

베트남 파병 반대, 파월장병 위문

김영삼은 처음부터 국군의 베트남 파병을 반대했다. 더욱이 1965년 말부터 전황이 악화되면서 박정희가 미국의 압력으로 전투부대를 증파하려 하자 이를 극력 반대하였다.

> 나는 명백하게 반대의사를 밝혔다. 병력의 증파는 '과잉개입'일 뿐만 아니라 우리 국력에 비해서도 무리였다. 아시아에서 반공국가는 한국만이 아니었다. 그런데 필리핀, 태국, 말레이시아, 뉴질랜드, 오스트레일리아 같은 나라는 파병에 소극적이었다. 한국만이 국력에 비해 월남전에 너무 깊이 개입한 것이다.[55]

김영삼은 베트남 파병은 반대했지만, 이국 땅에서 전투

55) 앞의 책, 169쪽.

를 하고 있는 국군 장병들을 외면할 수는 없었다. 그래서 전황을 살피고 장병들을 위문하기 위해 국회위문단의 일원으로 3, 4차례 베트남을 방문했다.

김영삼은 1969년 3월 22일 여야 의원 16명 등 27명과 한국군 C-46 군용기로 백마부대를 시찰하기 위해 나트랑 비행장으로 가던 중 하마터면 참변을 당할 뻔했다. 일행을 태운 군용기 바퀴가 안 빠져 연료를 모두 소모한 뒤 동체로 착륙하여 간신히 위기를 모면한 것이다.

> 비행기가 바닥에 닿는 순간 와장창 하는 파열음이 여러 차례 나더니 동체가 옆으로 기우뚱하면서 주저앉았다. 비상구를 발로 차고 뛰어내린 나는 무조건 앞으로 뛰었다. 돌아보니 비행기는 왼쪽 날개와 프로펠러, 엔진 등이 대파(大破)되어 형체를 알아보기 어려웠다. 비행기는 바다를 코앞에 두고 아슬아슬하게 멈춰 서 있었다.
>
> 사람들이 아비규환으로 탈출하고 있었다. 다행히 불은 나지 않았지만 모두들 넋이 빠져 버렸다. 사람들은 모두 큰 충격을 받았다. 군인들이 기내에 들어가 부상을 당한 윤제술·김재광 두 의원을 구출했는데, 두 사람은 허리를 다쳐 오래도록 후유증에 시달려야 했다.

경황 중에 부서진 잔해 앞에서 바다 쪽을 향해 앉아 있는 사람이 내 눈에 들어왔다. 온몸이 땀에 젖은 채 큰 소리로 울고 있는 그 사람은 조종사였다. 나는 그에게 다가가 "어찌 됐든 당신이 잘했다." 라고 위로해 주었다.

따지고 보면 조종사는 모두에게 생명의 은인인 셈이었다. 비행기는 왼쪽 바퀴가 빠지지 않아 비행장 상공을 7번이나 선회한 끝에 오른쪽 바퀴만으로 비상착륙에 성공한 것이었다.[56]

---

56) 앞의 책, 176쪽.

YS

“우리는 이 나라를 떠나 살 수 없으며, 이 나라는 우리만이 살다 죽을 땅이 아니다.” 우리의 자손만대에 물려줄 땅이다. 오늘날 이 땅에 생을 누리는 우리들마저 이대로 죽을 수는 없는 것이다.

제3장

60년대 야당의 최전선에서

첫 해외순방
'우리가 기댈 언덕은 없다'

미국은 1960~70년대 후진국 또는 저개발 국가의 각계 지도층 인사들을 국무성을 통해 초청하였다. 내세운 명분은 '친선강화'에 있었지만, 친미주의자들을 만드는 것이 목적이었다. 한국도 예외가 아니었다.

정계·언론계·학계 인사들이 정부와 여러 기관의 초청으로 미국을 방문하고 돌아왔다. 특히 정치인들에게 미(美)국무성 초청은 선망의 대상이 되었다. 김영삼은 1964년 6월 15일 미국무성 초청으로 미국 시찰 여행을 떠났다. 한일회담 반대시위로 시국이 혼란의 와중이었으나, 6·3사태 훨씬 이전에 초청되어 몇 차례 연기 끝에 더 이상 미루기 어려워 "어차피 당시는 계엄령이 선포된 '무정치(無政治)'의 상황이기도 하여 떠나기로 한 것이다. 이 기회에 넓은 세계를 둘러보고 견문과 지혜를 넓혀 보고자 해서였다."[57] 라고 말했다.

김영삼은 이때가 첫 외국 여행길이었다. 여행은 미국무성 방문, 케네디 전 대통령 묘소참배, 조지 워싱턴 생가와 묘소, 그리고 링컨 묘소 참배, 상원 본회의 방문, '미국의 소리' 방송국에서 방송녹음, 원주민(인디언) 지역방문, 공화당 전당대회 참관, 로터리 클럽 방문, 금문교 관광, 미시간 호수 관광, 민주당 전당대회 참관, 세계박람회 관람 등 2개월 동안 미국 여러 지역을 방문했다.

8월 30일 미국을 떠나 영국·프랑스·덴마크·서독·스위스·이탈리아·인도·태국·필리핀·홍콩·대만·일본 등을 돌아보고 120여 일 만인 6월 15일 귀국했다. 김영삼은 여행 중 매일 일기를 썼다. 박정희·전두환 군부독재 시절 여러 차례 가택이 압수 수색되면서 많은 자료와 서류를 빼앗겼으나 용케 이때의 일기장은 위기를 면하였다.

귀국한 김영삼은 이해 연말 3개월간의 해외여행 기록을 정리하여 문고판 『우리가 기댈 언덕은 없다』를 간행했다. 그의 첫 저서에 속한다. 미국을 비롯하여 유럽 선진국들을 돌아보고 예속성 아닌 민족의 주체성을 확립한 것이다.

6월 15일 하오(下午, 정오(正午)부터 밤 열두 시까지의 시간). '정치의 광장'을 잃고 저마다 우수에 찬 얼굴을 한 동료 국회의원들, 그리고 그 밖에 나를 아껴 주는 많은 인사

57) 앞의 책, 178쪽.

들의 따뜻한 환송을 받으면서 김포공항을 떠난 나는, 주요 우방들을 순방하면서 남들이 잘 살며 발전해 가는 모습을 볼 때마다, "왜 우리는 못 사는가?"라고 하며 안타까워 혼자 울기도 해 보고 자책도 해 보았다.

그러면서 "우리는 어떻게 해야 잘 살 수 있을까?"를 조용히 생각해 볼 기회를 가졌다. 이번 여행에 있어서 가장 집약적인 인상은 "미국은 세계에서 가장 잘 살며, 유럽은 미국에 비해 너무 가난하며, 일본은 유럽에 비해 너무 가난하며, 한국은 일본에 비해 너무 가난하다."라는 것이었다. 여기에 나의 결론은 "미국이 잘 살고 유럽이, 일본이 우리보다 잘 살아도, 우리가 기댈 언덕은 없었다."는 데로 귀착시킬 수밖에 없었다.

우리는 우리 스스로가 용기를 잃지 말고 이를 악물고 일어서서 경제력을 향상시키고 정치의 능력을 길러 나가야 하겠다. 우리는 세계에서 가장 어려운 여건 하에 있으며 세계에서 가장 약점을 많이 지니고 있는 것을 부인할 수 없다. 하지만 결코 희망이 없는 나라가 아니며, 능력이 없는 국민이 아니라는 것도 아울러 알았다.

다만 오늘의 시점이 안일하게 있을 때가 아니라는 문제의식을 잊어버리고 패배의식에 사로잡히거나 용기를 잃고 해야 할 일을 하지 못한다면, 우리는 영영 오늘의 환경에서 벗어나지 못한다는 것을 각성해야 한다. 아직은 절망이 아니다. 지금이라도 늦지 않았다. 그러나 내일이면 늦다.

"우리는 왜 못사는가?"의 원인을 냉정히 반성하고 그 반성의 새로운 바탕 위에서 보다 잘 살 수 있는 조국의 건설에로 향한 굳은 의지와 행동이 그 어느 때보다 절실한 것이다.

"우리는 이 나라를 떠나 살 수 없으며, 이 나라는 우리만이 살다 죽을 땅이 아니다." 우리의 자손만대에 물려줄 땅이다. 오늘날 이 땅에 생을 누리는 우리들마저 이대로 죽을 수는 없는 것이다. 유럽의 선조들이 후손에게 남긴 것처럼 우리가 우리 자손들에게 남겨 주지는 못한다 하더라도, 적어도 오늘의 세계 최악이라 할 수 있는 빈곤의 역사를 그대로 넘겨줄 수는 없는 것이다.

이 빈곤과 굴종의 역사를 이제는 더 우리의 '전통'으로 되풀이하지 않도록 분발해야 되겠다는 것을 우리 젊은 세대에 호소하는 것이다. 남과 같이 살 수 있는 나라를 만들어 자손에 물려주는 것이 오늘을 사는 우리의 지상의 사명인 것이다. 더욱이 급격하게 변전하는 국제정세는 우리들로 하여금 촌각의 머뭇거림도 허용하지 않는다.

낙후와 의타의 역사에서 벗어나 자립, 자주와 번영에의 내일을 위한 '뜀틀'을 하루속히 마련해야 하는 사명이 우리들의 어깨에 다 같이 지워져 있다는 것을 깨달아야 할 것이다.[58]

---

58) 김영삼, 『우리가 기댈 언덕은 없다』, 서문, 1964.

YS

최연소 원내총무에 선출

박정희 정권은 한일회담의 강행과 더불어 미국의 지지가 확고해지면서 점차 힘에 의존하는 통치방식을 택하였다. 대일 굴욕회담을 반대하는 야당과 학생들을 계엄령으로 짓누르고 야당을 탄압했다. 여기에 무장공비 서울 침투사건 등 안보위기가 겹치면서 야당은 운신의 폭이 크게 좁아졌다.

1960년대 후반의 국내외적 상황은 야당으로서는 무척 어려웠다. 1968년 1월 21일 무장공비 31명의 서울 침투사태에 이어, 2월 2일에는 미국 정보함 푸에블로호의 북한 피랍사건이 일어났고, 11월 2일에는 울진·삼척지방에 대규모 무장공비가 침투했다. 베트남전쟁은 수렁에 빠져 허우적거렸고, 캄보디아사태도 해결의 실마리를 찾지 못했다.

이러한 국내외 정세 속에서 박정희는 국내 정치를 강성(强性) 일변도로 몰아붙였고, 월남에 대해서도 병력의 증파를 거듭했다.

박 정권은 언론을 총동원해 연일 월남전 특수로 들어오는 '달러'에 대해 선전을 해댔다. 월남은 이제 한국에 '보물단지'와도 같은 존재가 되어 갔다. 나라가 가난했던 시절, 달러를 벌어 온다는 것 때문에 국민들의 태도마저 상당히 바뀌어 갔다.[59]

김영삼이 귀국했을 때 당내 사정은 윤보선과 유진산의 노선싸움으로 큰 진통을 겪고 있었다. 출국 전부터 진행되었던 분란이었다. 사달은 박정희 정권의 언론윤리위원회법 제정을 둘러싸고 벌어졌다.

박정희는 계엄령 하인 1964년 7월 30일 정부에 비판적인 언론에 재갈을 물리기 위해 계엄령 해제 조건으로 언론윤리위원회법안을 제안했다. 이 법안 처리를 둘러싸고 야당에서는 윤보선 당수와 당내 실력자 유진산 사이에 심각한 대립이 생겼다. 윤보선의 전면 거부와 유진산의 타협론이 맞선 것이다. 국회 처리 과정에서 민정당은 단상점거 등 적극적인 반대투쟁을 하지 않고 퇴장하는 소극적인 방법을 택하면서 당내에 분란이 벌어졌다. 언론계로부터 호

59) 김영삼, 『김영삼 회고록(1)』, 172~173쪽.

된 질책도 따랐다.

언론윤리위법은 해방 이후 처음으로 거의 모든 언론사가 투쟁위원회를 구성, 반대하면서 박정희가 언론사의 자율규제를 조건으로 법 시행을 전면 보류함으로써 야당의 당내 분란은 더욱 심화되었다. 윤보선파는 유진산을 사쿠라로 몰면서 제명결의까지 진행시켰다. 이른바 '제1차 진산파동'이다.

김영삼은 윤보선과 유진산을 차례로 만나 수습책을 건의하였다. 유진산의 제명을 반대한 것은 "진산 제명 자체의 옳고 그름을 떠나 당이 깨지는 것을 막기 위해서였다."[60] 김영삼이 해외여행 중일 때 윤보선과 유진산은 각각 자신들의 견해에 동조해 줄 것을 국제전화로 요청했으나 당의 파국을 막아야 한다는 이유에서 중립을 견지하였다.

이로 인해 윤보선은 김영삼이 귀국하기 전에 당대변인을 이정래 의원으로 교체하였다. 일종의 보복 인사였다. 진산파동을 겪으면서 민정당은 크게 약화되었다.

5·16쿠데타 이후 사분오열 상태이던 야당이 1965년 6월 14일 제1야당인 민정당과 제2야당인 민주당이 통합하여 민중당을 창당했다. 제3공화국 출범 이래 최초의 통합야당이다. 김영삼은 야당 통합을 위해 노력을 아끼지 않았다.

---

60) 앞의 책, 223쪽.

창당대회에서 민주당 출신의 박순천이 대표최고위원, 자민당 출신 서민호, 국민의당 출신 허정이 각각 최고위원에 선출되었다. 민정당 당수였던 윤보선은 최고위원에 선출되었으나 수락을 거부하여 고문으로 추대되었다. 진산파동의 후유증이었다.

통합 민중당의 진로는 순탄하지 않았다. 한일협정 비준안과 베트남 파병안을 둘러싸고 당론이 양분되었다. 의원직 총사퇴와 당해산을 주장한 민정당계가 원내투쟁을 주장하는 민주당계와 결별하고 별도 신당창당을 선언하기에 이르렀다. 통합 5개월 만에 다시 분당한 것이다.

YS

유진오 영입과 대선

1965년 10월 11일 국회에 복귀한 민중당 의원들은 의원총회를 열어 탈당한 정성태 원내총무 후임 선출에 들어갔다. 후보 물망에는 김영삼을 비롯하여, 고흥문·유성권·이상돈 등 4명이 거론되다가 차례로 사퇴하고 12일 의총에서 무기명 비밀투표에서 재석 33인 중 29표를 얻어 김영삼이 총무에 선출되었다. 37세, 의정사상 최연소 야당 원내총무였다. 그는 이때를 시작으로 다섯 차례 야당 사령탑인 원내총무에 피선되었다.

한동안 야당의 이합집산이 계속되었다. 1965년 6월 22일 한일기본조약이 체결되고 8월 14일 공화당 단독으로 이 조약이 국회에서 비준되자 이에 반발하여 강경파 윤보선·정일형·정해영·정성태·윤제술·김재광 의원이 의원직을 사퇴하고 민중당을 탈당했다.

이들은 선명노선을 기치로 내걸고 1966년 3월 30일 신한당을 창당함으로써 야당은 다시 분열되었다. 김영삼은 윤보선과 가까운 사이였으나 함께하지 않고 당에 남았다. 야당의 분열은 공멸한다는 위기감 때문이었다. 민중당은 7월 19일 전당대회에서 박순천을 당수로 선출하고, 7월 25일 의원총회에서 경선을 통해 김영삼을 원내총무에 재신임하였다. 재석 49명 중 김영삼 27표, 이상돈 19표였다. 김영삼은 세 번째 원내총무가 되었다.

야당의 거듭된 이합집산은 시국관의 차이와 더불어 1967년 5월로 예정된 제6대 대통령선거를 앞두고 헤게모니(hegemony, 가장 통상적인 의미에서 한 집단·국가·문화가 다른 집단·국가·문화를 지배하는 것을 이르는 말) 전략도 작용하였다. 야당은 힘을 모아 박정희의 재선을 막아야 한다는 절체절명의 사명을 안고 있었다.

선수를 치고 나온 사람이 윤보선이었다. 1963년 제5대 대선에서 15만여 표 차이로 박정희에게 패배한 윤보선은 대정부 강경노선을 걸으며 차기 대선에 대비하였다. 윤보선 계열은 1966년 3월 30일 신한당 창당대회를 열어 윤보선을 총재 및 차기 대선후보로 지명했다. 이후 신한당은 전국 각지에서 박정희 정권의 비리를 폭로·규탄하는 대중집회를 개최하는 등 대여강경 투쟁을 전개하였다.

이에 비해 민중당은 제1야당이면서도 박정희에 맞설 후

보를 찾지 못한 채 지지부진한 모습을 보였다. 그 무렵 고대 총장에서 물러난 헌법학자 현민 유진오가 민중당 대통령 후보로 거론되었다. 제헌헌법 초안자이며 굴욕적인 한일회담에도 반대하는 등 학계는 물론 국민적 지지를 받고 있었다.

학자의 길을 걸어온 유진오를 민중당 후보로 영입하는 임무가 김영삼 총무에게 맡겨졌다.

> 정무회의에서는 결국 나에게 교섭권을 백지위임했다. 현민 유진오 선생은 대학시절의 은사로 평소 잘 알던 사이였다. 필동(筆洞)에 있던 현민 선생의 자택을 방문했을 때 나는 미리 입당원서도 챙겨 갔다. 나는 현민 선생에게 당내 사정을 소상히 설명하고, 긴 시간 얘기를 나누며 민중당 입당을 간곡히 권유했다.
>
> 현민 선생도 평화적 정권교체의 중요성을 말하면서 민중당의 거당적 협력이 보장되면 입당을 수락할 뜻을 비쳤다. 입당이라지만 사실상 대통령 후보 추대교섭이었다. 당수와 대통령 후보를 함께 맡길 속셈으로 나는 입당을 권유했던 것이다. 나는 당시 당수이던 박순천 여사와는 1955년 민주당 창당 때부터 함께 했고, 1956년 대선 때 신익희 후보의 지원유세를 함께 다닌 일이 많았다.
>
> 한국 여성정치가의 선구자인 박순천 여사는 카랑카랑한

목소리의 명연설로 청중의 심금을 울렸다. 그러나 박순천 당수의 후보체제로는 정권교체라는 커다란 목표를 향해 나아가는 것이 역부족이었다. 유진오 선생도 차츰 내 설득에 귀를 기울여, 1966년 10월 20일자로 민중당에 입당했다.[61)]

---

61) 앞의 책, 227~228쪽.

6·8부정선거를 뚫고 당선되다

민중당이 유진오를 대선 후보로 영입하면서 신한당의 윤보선과 야권의 후보 경쟁이 벌어졌다. 따라서 야당재통합 문제가 제기되고, 재야의 함석헌·장준하 등이 주선하여 1967년 초 윤보선·유진오·백낙준·이범석의 이른바 '4자회담'이 성사되어 야당통합과 후보 단일화문제가 합의되었다.

이렇게 하여 탄생한 것이 신민당이다. 박정희 정권시기 제1야당이었던 신민당은 1967년 제6대 대선과 제7대 총선을 앞두고 1967년 2월 7일 민중당과 신한당의 통합으로 창당되었다. 신민당은 반독재와 평화적 정권교체라는 2대 투쟁목표를 내걸었다.

창당대회는 4자회담의 합의에 따라 대선후보 윤보선, 당수 유진오를 선출하여 다시 통합야당의 기반을 구축하고,

27일 열린 의원총회는 김영삼을 원내총무에 재신임하였다. 유진오를 영입하는 책임을 맡았던 김영삼은 비록 그를 대선후보로 추대하는 데는 실패했으나 통합야당을 만든 것에 만족해야 했다.

1967년 5월 3일 실시된 제6대 대선은 야당에 크게 불리한 지형에서 진행되었다. 박정희의 농공병진정책과 경제개발 5개년계획이 어느 정도 성과를 내고 있는 반면 야당의 윤보선 후보는 참신성이 떨어지고 갓 통합한 신생 신민당은 체계적인 선거운동을 펴기에 역부족이었다.

선거결과 116만여 표 차이로 박정희가 재선되었다. 투표성향은 여촌야도의 전통이 무너져 도시의 지식층과 노동계층에서도 여당후보 지지도를 나타내 4년 전의 남북현상에서 동서현상으로 바뀌었다. 이때부터 경상도 지역에서 박정희의 몰표가 쏟아져 나왔다.

손쉽게 재선에 성공한 박정희는 같은 해 6월 8일로 잡힌 제7대 총선에서 3·15 부정선거가 무색할 만큼 관권 부정선거를 자행했다. 공화당은 박정희 대통령이 재선된 여세를 몰아 집권당의 입장에서 행정조직의 측면지원을 받은데다 풍부한 자금을 동원해 유리한 조건 아래 선거운동을 전개했다. 신민당은 자금·조직에서 열세를 면치 못했다.

공화당은 득표를 위해 유권자들에게 들놀이·친목회·동창회·화수회·부인계 등을 벌이게 하고 타월·비누·수

저·돈봉투를 돌리는 등, 3·15부정선거에 빰치는 광범위한 부패선거가 거침없이 자행했다.

여·야당은 '안전세력 확보'와 '공화당 독재 견제'를 선거구호로 내세웠으나, 정책이나 선거구호는 이미 관심권 밖이고 선심공세와 각종 탈법·폭력행위가 공공연하게 난무하는 타락상을 보였다.

6·8총선이 이렇게 타락선거로 전락하게 된 것은 공화당이 1971년 이후를 내다보고 원내에서 개헌선을 확보하려는 속셈이 있었고, 야당은 결코 개헌선을 허용할 수 없다는 데서 과열경쟁이 나타났기 때문이다. 박정희 대통령은 이때 이미 장기집권을 구상하면서 재선의 임기가 끝나기 전에 7대 국회에서 개헌을 감행해서라도 계속 집권할 생각에서 6·8총선을 무리하게 끌고 간 것이다.

6·8선거는 5·3대선 때보다 불과 한 달 만에 전국의 유권자 수가 78만여 명이 증가하는 등 유령유권자 조작과 온갖 부정 속에서 공화당의 일방적인 승리로 마무리되었다. 공화당은 당초 목표한 대로 개헌선(117명)을 훨씬 넘는 130석(전국구 27명, 지역구 103명)을 차지했으며, 신민당은 44석(전국구 17명, 지역구 27명), 대중당이 1석(서민호)을 차지했을 뿐 나머지 군소정당은 단 1석도 얻지 못했다.

김영삼은 부산 서구에서 출마하여 6만2천여 표를 얻어 4만3백여 표를 얻은 공화당의 박규상을 제치고 4선을 기록했다.

장준하·서민호 후보가 옥중 당선되었으며 전국적 관심의 대상이었던 목포에서는 김대중 후보가 승리했다. 신민당은 6·8선거를 사상 유례가 없는 부정선거로 규정하고 『부정선거백서』를 만드는 한편, 전면 재선거를 요구하며 6개월간 등원을 거부했으나 무위에 그치고 말았다.

YS

야당 정치인으로 버텨 온 힘

대선에서 패배한 윤보선이 2선으로 후퇴하면서 신민당은 유진오 당수 체제로 운영되었다. 유 당수는 새 원내총무에 김대중을 지명했다. 그는 6·8부정선거에서 박정희가 두 차례나 목포에 내려가 국무회의를 주제할 만큼 낙선시키고자 했으나 당선된 제7대 국회의 기린아였다.

그러나 의원총회에서 인준을 받지 못하자 2차로 광주출신 정성태를 지명하여 인준을 받았다. 김영삼은 김대중의 총무 인준을 극력 반대하여, 이때부터 두 사람은 정치적 라이벌 관계가 형성되었다. 5개월 후 정성태가 원내총무를 사임하면서 실시된 의총에서 김영삼은 다시 원내총무에 선출되었다. 네 번째 원내총무였다.

신민당은 1969년 5월 21일 제3차 전당대회를 열어 유진오를 다시 총재로 선출하고 김영삼은 다섯 번째 원내총무로 지명되었다. 박정희의 장기집권을 저지해야 할 막중한 책임이 그에게 주어졌다.

김영삼은 전후 다섯 차례에 걸쳐 야당 원내총무를 역임했다. 여당의 경우 집권자의 총애를 받은 인물이 내정되고 의총에서 형식적인 비준절차를 받지만, 야당은 크게 달랐다. 당수(총재)가 지명해도 의총에서 비토 되는 경우가 종종 있었다. 그런 면에서 김영삼의 원내 역량은 만만치 않았다.

신민당의 원내총무의 경우는 공화당의 그것과 같이 제도적인 면이 강하기보다 오히려 비제도적인 측면이 강해 원내총무 개개인의 역량에 의존하는 면이 아주 크다. 신민당의 문제였을까? 아니 한국 야당의 조직의 성격으로 보아 거기에는 반드시 당수의 개인적 총애나 제도상의 보호에만 의존할 수는 없다. 제도의 보호나 그 테두리를 넘어서는 원내 총무의 개인적 원내지원세력이 때로는 파벌의 형식으로 때로는 비제도적인 영도력의 형식으로 독자성을 지니기 마련이다.[62]

김영삼은 대단히 유복한 정치인이다. 많은 정치인이 정치자금에 쪼들려 각종 이권에 개입하고 더러는 여당이나 중앙정보부 등 권력기관과 유착하여 사쿠라 노릇을 할 때 김영삼은 부친으로부터 자금을 조달받았고 집을 사 주어서 안정되게 활동할 수 있었다. 정가의 대명사가 된 '상도

62) 우병규, 『원내총무론』, 『신동아』, 1971년 2월호.

동' 자택도 부친이 사 준 집이었다.

내가 결혼한 직후 아버지께서는 임시수도였던 부산의 초장동에 방 두 칸짜리 집을 사 주셨다. 나는 이 집을 1954년 국회의원에 당선된 뒤 상경하면서 처분했다. 상경해서는 서울역 앞 도동의 한 양옥집에서 한동안 세(貰)를 살았는데, 매일 시끄러운 기차소리에 시달려야 했다. 경제적으로 여유가 있으셨던 부모님들은 국회의원까지 된 아들이 객지에서 세를 사는 것에 미안해 하였다. 그래서 아버지께서는 약수동에 또 집을 사주셨다. 그러나 얼마 못 가 나는 다시 집을 팔아 정치활동에 써 버렸고, 아버지는 또 다시 보문동에 한옥집을 얻어 주셨다. 나는 이 집도 몇 년 못 가 팔았다. 아버지께서는 "이제 집을 그만큼 사 주었으면 됐지, 다시는 집을 팔지 말아."라고 몇 번이나 못을 박으시고는 다시 집을 사 주셨다. 내가 고른 안암동의 연립식 주택이었다. 나도 이제 안착을 한다고 생각을 했는데, 결국 나중에 또 다시 집을 팔아 버리고 말았다. 정치활동에 돈이 필요해지면 나는 가장 손쉬운 방법을 택했던 것이다. 다시 얼마쯤 세를 살다가 1969년 3월경 상도동으로 이사했다. 아버지께서 "마지막이다."라고 말하고 사 주신 현재의 집에 나는 32년 째 안착해 살고 있다.[63]

63) 김영삼, 앞의 책, 257쪽.

YS

국내외로 펼친 '지도자의 길'

김영삼은 1968년 8월 미국 민주·공화 양당의 대통령 후보 지명대회 옵서버로 초청받았다. 1966년에는 미국 시카고무역협회의 초청으로 미국 경제계를 사찰한 바 있다. 8월 5일 유명한 피서지 마이에미 시에서 열린 공화당 전당대회를 참관하고, 8월 26일에는 시카고 시에서 개최된 민주당 전당대회를 참관했다.

양대 정당의 대선후보 지명대회가 '무질서 속의 질서'를 유지하며 진행되는 모습을 지켜보며 여전히 후진적인 한국의 정치상황을 개선하겠다는 각오를 다졌다.

> 이번 여행에는 아내를 동반하여 더욱 보람을 느꼈다. 처음 갖는 부부 해외 여행길이었다. 존슨·닉슨·포드·레이건 등 역대 미국 대통령과 만났으며, 키신저·록펠러·에드

워드 케네디 등 영향력 있는 미국 정계와 재계의 지도자들과 만나 친분을 쌓은 것은 큰 소득이었다.

레이건 대통령이 캘리포니아 주지사를 하던 시절, 새크라멘토에 있는 지사실을 방문한 나는 레이건 주지사로부터 그 자리에서 직접 서명한 『아름다운 캘리포니아』라는 책자를 선물받기도 했다.

에드워드 케네디 상원의원은 나의 오랜 민주화투쟁에 적극적인 지지자가 되었으며, 나와는 수많은 서신을 주고받는 각별한 사이였다. 그는 내가 독재자들로부터 곤경을 겪을 때면 미국 의회에서 나를 지원하는 연설과 성명을 발표하기도 했다.

특히 내가 1983년 목숨을 건 단식투쟁을 시작했을 때 그는 미국에서 성명을 발표했다. 1983년 5월 26일 발표한 성명에서 그는 "한국 정부는 김영삼 씨가 주장한 민주회복을 위해 보다 박차를 가해야 할 것이다."라고 요구하며, 나의 민주화투쟁에 깊은 관심과 애정을 보내 주었다.

60,70년대 세계 외교가를 주름잡은 탁월한 정치가인 키신저와도 나는 두터운 친분이 있다. 내가 미국을 방문하거나 그가 한국을 방문할 때면, 우리는 서로의 집을 방문하는 등 자주 허심탄회한 만남을 가졌다. 키신저가 상도동의 내 집을 방문해 방바닥에 마주 앉아 아침을 함께 하곤 하던 기

억이 지금도 새롭다.

키신저와 나는 한·미 양국관계와 국제정세에 대해 깊숙한 대화를 나누곤 했다. 그는 미국인들에게 인기가 있었을 뿐 아니라, 두뇌회전이 빠르고 국제정치 현안에 대한 직관력이 뛰어났다. 나는 키신저가 존 F. 케네디 대통령과 더불어 금세기 미국의 가장 뛰어난 인물 중의 한 사람이라고 생각한다.[64]

김영삼은 4선의원이 되고 원내총무를 거듭하면서 스스로 '지도자의 길'을 모색하기 시작했다. 이승만의 비극적인 종말과 박정희의 폭압정치를 지켜보고 민주적 리더십을 갖춘 지도자가 되고자 하였다. 60년대 말 그의 화두는 '지도자'였다. 지도자가 되는 길을 찾았고, 그런 과정에 우연히 접하게 된 것이 몽고메리 장군이 리더십의 본질을 연구한 저서 『지도자의 길』이었다.

제2차 세계대전 당시 독일의 롬멜부대를 격파한 몽고메리가 전후 세계 각국 지도자들을 만나 지도자의 조건과 리더십의 기초가 되는 원칙들을 연구하여 쓴 책을 김영삼은 1970년대 말 번역하였다. 번역한 책 서문의 한 대목이다.

창조는 자유로부터, 자유는 용기로부터 이룩된다.… 국

64) 앞의 책, 257~258쪽.

내외적으로 오늘날처럼 지도자의 용기가 요청되는 때가 또 어디 있겠는가? 용기 있는 자만이 자유를 누릴 수 있으며 용기 있는 자만이 자유로운 삶이 보장되는 창조적인 사회를 건설할 수 있을 것이다.[65]

65) 앞의 책, 260쪽.

제4장

박정희 3선 개헌의 격랑 속에서

YS

권력의 마주(魔酒)에 취한 박정희

헤럴드 라스웰(정치심리학자)은 "정치적 야심가들은 개인적 애착이나 동기를 공적인 목표로 전이하는 특성을 갖는다."(『권력과 인성』) 라고 지적한 바 있다. 박정희가 그랬다. 베트남 특수와 북한의 대남 침투 그리고 스스로 각종 공안사건을 조작하면서 자신의 권력 강화와 연장의 기회로 삼았다.

1968년의 한반도 정세는 박정희가 장기집권을 획책하기에 유리한 조건이 형성되었다. 그해 1·21사태(북한 특수부대원 31명이 서울에 침투하여 청와대를 습격하기 직전에 세검정 고개에서 발각되어 28명이 사살되고 2명은 도주했으며 김신조 1명이 생포된 사건)가 터진 데 이어 1월 23일 북한이 미국의 정보함 푸에블로호를 나포함으로써 한반도의 긴장이 극에 이르렀다.

국가안보를 내세워 쿠데타를 일으킨 정권이 청와대 뒷마당까지 북한군에 뚫리는 수모를 당하고서 그것을 빌미로 또 다시 국가안보를 내세워 향토예비군을 창설하여 청장년들을 한 그물에 묶었다. 그해 5월 국민복지연구회사건(1971년 대통령선거를 앞두고 김종필을 박정희의 후계자로 추대하려는 공화당 주류세력인 송상남·김용태 등이 주도하여 결성한 국민복지연구회가, 3선 개헌으로 정권을 연장하려던 박정희의 심기를 건드려 주동자들이 당에서 제명당한 사건)으로 정권의 2인자 김종필이 정계 은퇴를 선언했다.

그해 8월 24일 중앙정보부는 이른바 통일혁명당 사건을 조작하여 신영복을 비롯한 소장학자, 언론인 등 158명을 검거하고 이 가운데 50명을 구속수감하는 등 공안정국을 조성했다. 박정희는 장기집권을 위해 북한군의 도발을 안보위기로 환치시켜 이를 역이용하고, 내부적으로는 잠재적 라이벌 김종필을 제거하는 데 성공한 것이다. 그리고 6·8총선을 통해 국회에서 개헌선을 확보했다.

박정희 정권은 1968년 말부터 권력지향의 충성분자들을 동원하여 3선 개헌의 애드벌룬을 띄우기 시작했다. 68년 12월 17일 공화당 당의장 서리 윤치영이 부산에서 "조국근대화와 민족중흥의 과업을 이룩하기 위해서는 무엇보다 강력한 정치적 리더십이 필요하다."라고 역설하면서 "이 같은 지상명제를 위해서는 대통령 연임조항을 포함한 현행헌법상의 문제점을 개정하는 것이 연구되어야 한다."라고 말하면서 3선 개헌의 물꼬를 텄다.

절대권력자의 의중을 안 집권층의 충성분자들은 각 분야에서 개헌의 정지작업을 벌였다. 외줄을 타는 곡예사는 앞 사람의 추락을 지켜보면서도 자신만은 안전하리라고 믿는다. 독재자들도 비슷하다. 숱한 독재자들의 비참한 말로를 보거나 듣고도 교훈은커녕 똑같은 길을 걷는다. 남의 나라 일만이 아니라 우리 현대사도 그랬다. 박정희는 이승만이 영구집권을 기도하다가 60년 4월혁명으로 쫓겨난 지 9년 만에 다시 장기집권을 위한 3선 개헌을 추진하기 시작했다. 정치학자인 새뮤얼 버틀러는 "권력은 마주(魔酒)"라고 했다. 그렇다고는 해도 전임자가 국민의 봉기로 권좌에서 쫓겨난 지 채 10년도 되지 않은 시점에서 다시 장기집권을 기도하는 개헌을 하겠다고 나서는 것은 전혀 역사에서 교훈을 배우지 못한 무지한 행동이었다.

어느 시대나 난시(難時)는 영웅을 만든다. 3선 개헌 전야는 정치적 난시였다. 걸출한 야당의 대통령 후보였던 신익희와 조병옥이 대선 직전에 운명하고 장면 민주당 정부가 5·16쿠데타로 짓밟히면서 야당은 장로들에 의해 운영되었다. 박정희 정권이 40, 50대의 군부엘리트 중심인데 비해 야당은 50, 60대 장로들이 주축이었다.

박정희가 장기집권을 위해 자행한 반헌법적인 개헌정국

은 야당에서는 김영삼과 김대중 그리고 재야에서는 『사상계』사장 장준하를 국민적 지도자로 일깨우는 계기가 되었다. 특히 원내총무를 거듭하면서 '지도자의 길'을 찾던 김영삼에게 절호의 기회로 다가왔다.

1969년 6월 11일 임시국회가 열렸다. 김영삼은 6월 13일 제70회 국회 제2차 본회의에서 '국정전반에 관한 대정부 질문'에 나섰다. 신민당 원내총무의 자격이었다. 김영삼은 망설이지 않았다. 박정희와 중앙정보부에 독설을 퍼부었다. 5·16 이래 성역화되다시피 한 부문이다.

김영삼의 발언 중 주요 내용이다.

– 우리나라는 독재국가이며 3선 개헌은 박정희의 종신집권 음모다.
– 중앙정보부는 국민의 원부다.
– 이 나라에 무슨 언론의 자유가 있으며 신체의 자유가 있느냐.
– 박정희 주변만 부자가 됐다.
– 국민의 신뢰없이 안정은 없다.
– 3선 개헌은 제2의 쿠데타다.
– 독재는 국제사회에서 고립을 자초한다.
– 박정권은 정신상태가 너무 늙어버렸다.
– 독재자의 말로는 정해져 있다.

YS

박정희와 중정에 집중포화 퍼붓다

김영삼은 대정부 질의에서 박정희 대통령을 그냥 박정희라고 호칭하면서 격렬하게 비판했다.

> 나는 박정희를 '대통령'이라 부르지 않았다. 나는 박정희의 3선 개헌에 정면대결을 선언한 셈이었다. 모두들 공포분위기에 휩싸여 있던 당시로서는 엄청난 발언이었다. 공포의 대상인 박정희와 중앙정보부를 상대로 이런 얘기를 한다는 것은 감히 엄두도 못 낼 시절이었다. 그때나 지금이나 나는 독재자에 대한 규탄발언을 한 번도 주저한 적이 없다. 박정희 시절, 내가 국회 본회의 단상에 올라 거침없이 박정희 독재를 규탄하는 연설을 하다 보면, 여당은 물론 야당 의석에서도 얼굴이 새파랗게 질려 있는 모습을 흔히 볼 수 있었다.[66]

66) 김영삼, 『김영삼 회고록(1)』, 280쪽.

김영삼은 특히 중앙정보부의 초법 탈법적인 만행과 오만방자함에 대해 매섭게 질타했다.

"중앙정보부는 우리 국민의 원부(怨府)요 증오의 대상이요, 위로는 장관으로부터 밑의 말단 면서기에 이르기까지 공무원들은 물론 우리 국민들 전부가 중앙정보부 때문에 못살겠다는 거예요. 몸서리를 쳐! 이 뭐하는 데요. 도대체 이 중앙정보부 때문에 친구들끼리 제대로 얘기도 하지 못해. 중앙정보부가 하는 일은 도대체 뭐예요."

"그 직능에 대해서 정 총리가 한 번 답변해 주십시오. 뭐하는 덴가? 제가 알고있는 지금 하고있는 일을 대충 얘기하자면, 야당사찰, 야당분열, 또 비위에 안 맞는 여당의원들도 마찬가지지만 전화도청, 언론탄압, 사전검열 요따위 짓만 하고 있다 말이야. 이 중앙정보부의 검은 손이 뻗치지 않는곳이 없단 말이야. 행정부에 이르기까지 사법부, 입법부에 이르기까지 이 중앙정보부의 검은 손이 뻗치지 않은 곳이 없어. 이것이 고쳐지지 않는 한 이 나라는 민주주의 국가가 아니야. 독재주의 국가지."

"신문사의 언론인들만 하더라도 조금 비위에 거슬린 기사를 쓰기만 하면 불러 가지고 임의연행이다, 이 임의연행이 뭐예요. 그 어데서 나온 말이에요. 그런 법률술어가 있어요? 호텔이나 어디 데려가 가지고 때려 주기나 하고 고문하고 일주일이나 열흘 행방불명되는데, 가족에게도 연락을 하지않고, 이따위 짓을 하고 있는 곳이 중앙정보부가 아니냐 말이야. 중앙정보부를 공격하는 사람을 박해하고 여태까지 해온 버르장머리가 이거 아니냐말이야. 대한민국의 민주주의를 위해서 이 중앙정보부는 없어져야 한다."[67]

당시 중앙정보부장은 김형욱이었다. 박정희의 총애를 받으면서 각종 공작정치를 펴면서 국가정보기관을 국민의 원부로 만들었다. 그는 마치 이승만 정권시기 김창룡과 같이 날뛰었다. 야당의원의 고뇌에 찬 비판을 순순히 수용할 리 없는 존재가 박정희와 김형욱이었다.

---

67) 『제70회 국회 제2차 본회의 속기록』, 1969년 6월 13일.

YS

중정, 초산테러 정치보복

대정부 질문이 있은 일주일 만인 6월 20일 밤 중앙정보부는 귀가하는 김영삼에게 초산테러를 자행했다. 테러의 진범은 끝내 밝혀지지 않았으나 야당 원내총무에게 일반인이 접하기 어려운 초산을 던질 수 있는 기관은 무소불위의 중정뿐이었다.

김영삼은 이날 유진오 총재, 양일동 의원과 시내 청진동에 있는 음식점 장원에서 3선 개헌 반대 전략을 숙의하고 자신의 승용차로 귀가하던 길이었다. 정확히 밤 10시 50분쯤 영등포구 상도동 7의 6 자택 앞 50미터 지점에서 괴한 3명이 던진 초산병으로 피습당했다.

초산병은 김영삼이 앉은 뒷좌석 밖 차체에 맞아 위기는 모면했으나 차체의 페인트가 벗겨졌다. 계획적인 정치테러였다.

집에 돌아온 나는 즉시 경찰에 신고를 한 뒤 차를 점검해 보았다. 수류탄은 아니었으나 차체에서는 말할 수 없이 역한 냄새가 났다. 나중에야 알았지만 그것은 공업용 초산이었다. 괴한이 던진 초산병은 내가 탔던 뒷좌석의 유리와 문짝 부분에 맞아 깨졌고, 깨진 병조각과 병이 깨지면서 튀긴 초산이 차체 여기저기에 묻어 있었다. 초산을 뒤집어 쓴 차체의 철판은 녹아 내렸고, 초산이 흘러내린 콘크리트 바닥마저 구멍이 패며 부글부글 끓었다.

모든 것이 정치테러의 전형적인 수법이었다. 만약 그 순간 차를 급하게 출발시키지 않았다면, 나는 초산을 정면으로 뒤집어쓴 채 목숨을 잃고 말았을 것이다.[68]

한국에서 정치테러는 어제오늘의 일이 아니었다. 해방 직후 송진우·여운형·장덕수·김구가 테러에 쓰러졌다. 이데올로기적인 대립과 정치적 라이벌에 대한 암살수법이었다. 이승만에 이어 박정희 집권기에 정치테러가 유독 심했다.

1966년 4월 25일 〈동아일보〉 최영철 기자 테러사건, 같은 해 6월 9일 민중당 소속 박한상 의원 테러사건, 동년 7월 20일 〈동아일보〉 정치부 차장 권오기 테러사건으로 이어졌다. 모두 정보기관의 소행이었다.

68) 김영삼, 앞의 책, 282~283쪽.

한때 뜸했던 정치테러는 1973년 8월 8일 일본 도쿄에서 김대중 납치살해 기도, 1975년 8월 18일 『사상계』 사장 장준하 테러암살 등 박정희의 정치적 라이벌에 대한 테러가 자행되었다. 김영삼과 김대중은 천우신조로 살아남았으나 장준하는 '의문사' 이름으로 살해되고 현재까지 진상이 밝혀지지 않고 있다.

김영삼 초산테러사건 다음날 유진오는 "국회에서 김 의원이 모 기관을 신랄하게 비판한 다음날 일어난 일이기 때문에 개헌을 위한 공포분위기를 조성키 위한 일단의 조처로 간주하며, 이 사건은 100% 정치테러로서 국회의원이 생명의 위협을 느껴 발언을 못하게 하려는 행위이다."라고 비난했다.

김영삼은 하룻밤을 뜬 눈으로 새운 다음날 국회 본회의에서 신상발언을 통해 테러 과정을 자세히 설명하고 중앙정보부의 소행임을 직설적으로 규탄했다.

> "저는 단언합니다. 이것은 지난 13일에 국회 본회의장에서 특히 개헌문제를 논의하는 과정에서 '이 나라는 독재국가요, 특히 독재국가로 끌고 나가고 있는 그 원부(怨府)가 바로 중앙정보부다. 그 책임자인 김형욱 이는 제2의 최인규와 같고 민족의 반역자다. 이러한 무리가 이 땅 위에 있는 동안까지는 다시는 이 나라의 민주주의는 살 길이 없

다.' 하는 얘기를 한 사람입니다. 여기에 대한 보복이라 생각하는 것입니다."

"다시 말하면 중앙정보부에서 했다. 김영삼을 죽이기 위해서 중앙정보부에서 음모한 것이다. 총이나 권총을 가지고 쏘는 경우에는 실수하는 예가 있어요. 잘못 쏘아 가지고 다리나 팔에 맞을 수는 있지만, 차 옆에서 한 치 바깥에서 문 열어 가지고 그 병으로 나한테 뒤집어씌웠다고 했을 때에 나는 죽을 수밖에 없습니다. 완전살인 범죄를 꾀했던 것입니다."[69]

김영삼 테러사건은 신민당과 공화당의원 각 3인과 정우회 소속의원 1명으로 국회진상조사위원회가 구성되었으나, 여타의 다른 테러사건이 그렇듯이 미궁에 빠지고 말았다. 중정 소행을 경찰이 수사할 능력이 없었다.

김영삼은 3선 개헌반대 유세에서 자신에 대한 테러가 김형욱의 지시에 따라 정보부원들의 소행이라고 비판하자, 김형욱이 명예훼손을 들어 고소했다. 그리고 코미디 같은 일이 벌어졌다.

그로부터 몇 년 후의 일이다. 중앙정보부장을 그만둔 김

69) 앞의 책, 287쪽.

형욱이 유정회 국회의원으로 임명되었다. 하루는 김형욱이 의사당에서 나에게 다가와, "형님!" 하고 부르는 것이었다. 김형욱은 나보다 나이가 분명 많았는데도 그렇게 불렀다. 그래서 내가 쏘아붙였다.

"아니, 나이 적은 형님도 있나? 갑자기 왜 이래?"

"아이고, 잘못했습니다. 제가 하고 싶어서 했겠습니까? 고소는 취하하겠습니다."

김형욱이 이렇게 나오기에 나는 되받아 쳤다.

"아니, 나도 할 얘기가 많은데 재판정에서 밝히지."

김형욱은 다음날 고소를 취하했다.[70]

---

70) 앞의 책, 297쪽.

YS

3선 개헌 반대투쟁, 지도자로 우뚝 서다

삼군(三軍) 수장의 머리를 벨 수는 있어도 필부의 정신을 빼앗을 수는 없다는 옛말이 있다. 초산테러도 김영삼의 대정부 비판과 3선 개헌 반대 의지를 굽히게 할 수는 없었다. 오히려 더 강해지고 날카로워졌다. 미국의 〈워싱턴포스트〉가 테러사건을 보도하면서 '박정희의 라이벌'이란 제목을 달았다. 민주지도자는 독재의 탄압 속에서 성장한다.

박정희 대통령은 개헌문제가 야당의 강력한 반대에 못지않게 공화당 내에서도 JP(김종필) 계열의 반발에 부닥치자 일차적으로 '항명파동'을 통해 이들을 숙당하는 등 정지작업을 벌였다. 이런 과정을 거친 박 대통령은 69년 7월 25일 "여당은 빠른 시일 안에 개헌안을 발의해 개헌추진에 대한 공식적인 입장을 발표하라."라고 지시하기에 이르렀다.

마침내 박정희는 이승만과 유사한 '건널 수 없는' 다리를 건너는 무리수를 던진 것이다. 7월 28일 공화당은 백남억 정책의장이 마련한 3선연임 허용과 국회의원의 각료직 겸직을 내용으로 하는 개헌안 골격을 확정한 뒤 소속의원들에 대한 설득작업에 나섰다.

개헌안은 공화당 의원 108명, 정우회 11명, 신민당 의원 3명 등 모두 122명이 서명하여 국회에 제출되었다. 서명과정에서 청와대·중앙정보부 등 권력기관이 총동원되어 JP계 의원들을 협박과 회유로 끌어들이고, 성낙현·조흥만·연주흠 등 신민당 의원들까지 변절시켜 개헌대열에 끌어들이는 '솜씨'를 보였다. 이승만의 수법보다는 많이 '근대화' 되었다.

그러나 당 총재를 지낸 정구영은 끝까지 개헌안 서명을 거부함으로써 공화당은 107명이 서명했다. 공화당 창당과정에서 영입되었던 올곧은 법조인 출신 정구영은 권력의 압박에도 끝내 3선 개헌 반대의 소신을 굽히지 않았다.

신민당은 변절자들의 의원직을 자동 상실케 하기 위한 편법으로 9월 27일 당을 해산했다가 20일 복원시키면서 이 기간 동안 신민회란 이름의 국회교섭단체로 등록했다. 신민당 유진오 총재는 "3선 개헌은 민주주의가 돌아오지 않는 다리이며, 이 다리를 넘어서는 날에는 평화적 방법으로 민주주의를 되찾을 길이 영원히 막힐 것이다."라고 하며 개헌저지 투쟁에 나섰다. 개헌반대 진영은 야당뿐 아니라 학생 · 문인 · 종교인 등 양심적인 다수의 국민이 참여했다.

김영삼은 9월 12일 오후 개헌안에 대한 질의가 종결되고 개헌안 찬반토론이 시작되자 야당의 첫 주자로 단상에 올랐다. 그리고 1시간에 걸쳐 개헌안을 통과시켜서는 안 되는 이유를 토해냈다. 주요 내용을 뽑는다.

– 박정희는 정치 불안의 최고책임자
– 경제발전보다 훨씬 앞질러 간 부패
– 순전히 박정희 개인을 위한 개헌
– 정권교체를 위한 전통을 세워야 한다.
– 나는 이승만 때도 반대했다.
– 정권이 망할 때는 닮아간다.
– 이 나라가 중앙정보부 나라인가.
– 누구도 국민을 이길 수 없다.
– 애국심을 독점하지 말라.
– 장기집권은 부패 · 독재를 불러온다.
– 누가 정치 불안을 조성했는가.
– 지금이라도 늦지 않다.
– 의원들, 양심의 가르침을 좇으라.
– 자손에게 물려 줄 이 땅을.
– 공포분위기 조성 말라.

30일 간의 공고기간이 끝난 개헌안이 9월 13일 국회 본회의에 회부되자 신민당 의원들은 표결저지를 위한 단상점거에 들어갔다. 이렇게 되자 이날 자정 이효상 국회의장은 "13일 본회의는 자동적으로 유회됐으므로 월요일인 15일에 본회의를 열 수밖에 없다."라고 선포하고 본회의장에서 빠져나갔다.

신민당 의원들이 안심하고 잠자리에 들고 있을 때 광화문길 건너편 제3별관에서는 이변이 일어났다. 9월 14일 새벽 2시 30분, 공화당 의원들만 참석한 가운데 이효상 의장의 사회로 단 6분 만에 개헌안을 변칙 처리한 것이다. 국회주변 반경 500미터는 1천 2백여 명의 기동경찰이 엄중하게 통행을 차단하고 있는 가운데 개헌지지 의원들만으로 개헌안을 처리한 것이다. 그야말로 신종 쿠데타적 수법이며 역대 개헌사에서 가장 비도덕적인 개헌안의 처리였다. 부산 5·25정치파동, 사사오입개헌파동에 이은 세 번째의 변칙 개헌이었다.

공화당이 본회의장을 옮겨가면서까지 변칙적으로 개헌안을 처리한 것은 형식상은 야당의 단상점거 때문이라고 내세웠지만, 실상은 내부의 이탈 표를 두려워했기 때문이었다. 김종필 계열에서는 3선 개헌을 반대하고 있었다.

국회 본회의장에서 농성 중에 있던 신민당의원들은 뒤늦게 변칙처리의 사실을 알고 현장으로 뛰어가서 가구와 집기 등을 마구 때려 부쉈다. 하지만 역시 기차 떠난 뒤의 손 흔들기였다. 개헌안을 변칙 처리한 이효상 의장이 도의적 책임을 지고 의장직 사퇴서를 제출하는 등, 여권은 유화적인 제스처를 보냈지만 야당의 분노를 쉽게 달래기는 어려웠다.

개헌안의 국민투표를 앞두고 공화당의 지지유세와 신민당의 반대유세가 전국적으로 진행돼 국민적인 쟁점으로 부각되었다. 공화당은 "안정이냐 혼란이냐, 양자택일을 하자."라고 내세우고, 신민당은 "개헌안 부결로써 공화당정권 몰아내자."라고 하면서 국민의 지지를 호소했다.

3선 개헌반대 범국민투쟁위원회가 결성되어 개헌저지 투쟁에 나서고 전국의 대학생들이 궐기하는 가운데 10월 17일 개헌안의 국민투표가 실시되었다. 투표율 77.1%, 최종집계 결과 총투표지 1160만 4038명 중 찬성 755만 3655표, 반대 363만 6369표, 무효 41만 4014표로써 개헌은 확정되었다.

개헌안 국민투표 과정에서 정부·여당에 의한 각종 부정과 관권동원이 자행되고 투·개표과정에서도 무더기표 등이 발견되는 등 부정이 난무했다.

개헌반대 투쟁을 일선에서 지휘해오던 유진오 신민당 총재는 9월 10일 뇌동맥경련증으로 몸져누우면서 국민투표를 이틀 앞두고 10월 15일 특별성명을 통해 "부정과 불법을 막아 개헌을 저지하기 위해 민권투쟁에 참여해 달라." 라고 호소했다. 그러나 개헌안이 압도적으로 통과되자 10월 19일 국민투표 결과에 대한 책임과 신병을 이유로 신민당 총재직에서 물러날 뜻을 밝히고 신병치료차 일본으로 떠났다.

3선 개헌반대 투쟁 과정에서 장준하 의원은 박 대통령을 "사카린 밀수왕초", "한국청년의 피를 베트남에서 팔아먹었다."라는 등의 발언으로 대통령 명예훼손혐의로 체포되었다.

이로써 박정희는 종신집권을 가로막는 또 하나의 장애물을 제거하고, 이후의 역사가 보여준 대로 유신쿠데타와 긴급조치 등 더욱 철저한 헌정유린으로 나아가게 된다.

3부

긴급조치시대, 민주주의의 수호자

: '40대 기수론'에서 의원직 제명까지

YS

나는 의외의 결과에 큰 충격을 받았으나, 그 순간 가슴 속 깊은 곳으로부터 커다란 소리가 들려 왔다.
"비록 표결에서는 패배했으나 나의 주장은 승리했다. 내가 제창한 40대 기수론은 승리했고, 이제 신민당은 박정희에 맞설 기회를 잡은 셈이 아닌가!"

제1장

'40대 기수론' 제창과 좌절

YS

무기력 야당에 '40대 기수론'[71] 제창

'대통령과 리더십'을 연구한 김호진 교수는 김영삼의 갑작스런 '40대 기수론' 제창의 심리를 분석한다.

어린 시절 바다를 벗하며 호연지기를 키운 소년 김영삼은 대통령이 되는 게 꿈이었다고 한다.

중학생 시절 '장래의 대통령 김영삼'이라는 글귀를 벽에 붙여 둔 일화는 널리 알려진 사실이다. 이렇듯 그는 영웅주의적인 자아의식이 강한 사람이었다.

이 꿈을 실현하기 위해 대학을 졸업하던 해(1952)에 장택상 국무총리 비서로 들어갔다. 그리고 1954년 총선에 뛰

71) 1971년의 제7대 대통령 선거 후보지명전에 나서면서 김영삼(71년 44세) 의원이 야당 대통령 후보의 조건과 자격에 관해 주창한 논리,그 내용은 과거 야당이 나이 많은 후보를 지명한 점을 비판하면서 신민당이 국민에게 활기 있는 이미지를 심어주기 위해서는 〈40대 기수〉에게 리더십을 넘겨줘야 한다는 것이다.

어들었다. 험난한 정치의 바다에 몸을 던진 것이다.

운 좋게도 26세의 젊은 나이에 이른바 최연소 국회의원(3대)이 된다. 세상 무서울 것이 없는 나이에 국회의원이 되자 그의 외아들 콤플렉스는 소영웅적인 충동성을 띠게 된다.[72]

김영삼이 박정희의 3선 개헌 파동을 겪으면서 무기력하고 혼미상태에 빠진 야당(신민당)에서 '40대 기수론'을 들고 나온 것은 '외아들 콤플렉스'의 연장일 수 있다.

김영삼의 돌발적인 '40대 기수론' 제창은 한국 보수야당사에서 세대교체를 넘어 일대 '명예혁명'이었다. 미군정기 이래의 장로정치가 지배해온 야당은 4월혁명 후 집권했으나 분당상태에서 탈권을 당하고 박정희의 두 차례 집권을 허용했다. 그리고 3선 개헌을 막지 못하였다.

야당은 극심한 무기력증과 패배의식에 빠져들었다. 1971년의 대선까지는 시간도 별로 많지 않았다. 김영삼을 '감(感)의 정치인'이라 한 것은 정확한 진단이다. 3선 개헌의 여진이 아직 가시지 않은 1969년 11월 8일, 그는 입원중이던 유진오 총재와 소수의 측근들에게만 알리고 대선후보 출마선언을 감행했다.

72) 김호진, 『대통령과 리더십』, 청림출판, 2007, 343쪽

당시 원내총무로 3선 개헌 반대투쟁을 주도해 온 나는 심각하게 고민했다. 이대로 주저앉을 수는 없었다. 야당은 비록 박정희의 3선 개헌 저지에는 실패했으나, 71년도 대통령선거에서 승리해 박정희 장기집권을 막을 수 있는 마지막 기회는 남아 있었다. 그 길만이 빈사상태에서 헤매고 있는 이 땅의 민주주의를 희생시킬 수 있는 길이었다. 나는 고뇌에 찬 결단을 내렸다. "패배감과 무기력에 젖어 있는 당에 새로운 활력을 불어넣어야 한다. 박정희 독재에 신음하는 국민들에게 새로운 희망을 보여 주어야 한다. 누군가 이러한 역사적 대임을 맡아야 한다. 그러나 당내 외를 통틀어 봐도 그럴 만한 사람이 없다. 그렇다면 내가 그 십자가를 지겠다."[73]

전통적인 보수야당인 신민당은 엄격한 위계질서가 유지되고 있었다. 국회의원의 선수(選數)보다 연공서열이 우선이었다. 당내에는 3선 개헌반대 과정에서 과로로 몸져눕게 된 유진오가 정계를 은퇴하면서 임시전당대회를 앞둔 과도기였다. 차기 당권을 내다보고 유진산을 비롯하여 정일형 · 이재형 등 고령의 계파 수장들이 활동하고 있었다.

김영삼의 전격적인 대선후보 출마선언에 유진산은 노골적으로 "구상유취(口尙乳臭)하다."라고 막말을 내뱉었다.

73) 김영삼, 앞의 책, 332쪽.

'입에서 젖비린내 나는 아이' 라는 조롱이었다. 한동안 세간에서는 이 말이 화제가 되고, 김영삼은 졸지에 '구상유취' 의 대상이 되었다.

김영삼은 출마 성명서에서 한국 현실을 '위장된 민주주의 시대' 라고 단정하면서, 빈사상태에 빠진 민주주의를 기사회생시키는 데 의무감과 굳은결단 그리고 벅찬 희생을 각오하면서 71년 대선 후보에 나서겠다고 선언했다.

> "우리는 공포정치에 떨고만 있을 수 없습니다. 우리는 어둠을 저주하고만 있을 때가 아닙니다. 어둠을 뚫고 광명을 찾아 횃불을 밝혀야겠습니다. 온갖 부조리와 역리를 거부하고 민족의 총화로 새 시대를 밝히는 구원(久遠)의 횃불을 밝혀야겠습니다."

> "나는 지금부터 어려움 속에서도 불굴의 투지로 싸워 온 당원동지들에게 솔직하게 지지를 호소하며, 당내 지명절차를 밟아 박정희 씨에 대한 도전자로서 평화적 혁명의 기수가 된다면 나의 모든 것을 바쳐 싸우겠습니다. 그리하여 정보정치와 부정선거에 의존하여 장기화된 박정희 정권에 종지부를 찍고, 국민의 염원인 평화적 정권교체의 전통을 세워, 이 땅 위에 4·19정신에 입각한 순수한 민주정부를 기필코 재건하겠습니다."

"나의 이 도전은 위장민주주의에 대한 진정한 민주주의의 그것이며, 관권에 대한 민권의 그것이며, 가진 자에 대한 잃은 자의 그것입니다. 때문에 이 도전은 반드시 승리해야 하며, 승리하리라는 자신과 신념의 바탕에서 이 결단을 내리게 된 것입니다. 만일 그렇지못하다면 70년대는 정치적 암흑기가 되고 말것이고, 후세 사가(史家)들은 오늘에 사는 우리 젊은이들에게 무능력자·비겁자라는 낙인을 찍어 기록할 것입니다."

"60년대 종착점에서 전개되고 있는 국내외 정세는 70년대가 사상 가장 어려운 시련의 연대가 될 것임을 짐작케 합니다. 모든 시련을 극복하는 데 전제돼야 할 것은 무엇보다도 명실상부한 대의정치의 새 질서를 확립하는 것입니다.

우리는 박정희 씨의 삼선의 길을 트는 개헌을 막는 데 실패했지만, 삼선 자체를 막을 수 있는 기회는 유보하고 있습니다."[74]

74) 〈경향신문〉, 1969년 11월 9일, 발췌.

YS

김대중에 역전패, 대선지원 유세

김영삼의 대선후보 선언은 당내 외에 큰 파장을 일으켰다. 우선 그동안 활발한 원내 활동과 3선 개헌반대투쟁에 앞장서 온 김대중(45세)이 해가 바뀐 1970년 1월 24일 출마를 선언했다.

김대중은 "이 나라 민주주의의 승리를 위한 사명감과 신념을 갖고 절망을 모르는 시시포스와 같이 최후의 승리를 위해 싸울 것이다."라고 다짐하고, 이어서 "싸우다 쓰러진 무명의 투사는 될망정 이익을 위해 사술만 농하는 마키아벨리는 되지 않겠다."라고 밝혔다. 또 "우리가 만일 1971년에 또 다시 박정희 씨의 당선을 허용한다면 이 나라는 영원히 선거 없는 총통시대가 올 것이다."라며 1972년 10월 유신을 예견하는 듯한 발언을 하여 주목을 받았다.[75]

75) 김삼웅, 『김대중 평전(1)』, 시대의 창, 2010, 279쪽

김영삼·김대중에 이어 이철승도 대선후보에 뛰어들었다. 언론은 세 사람의 대선후보 선언을 '40대 기수론' 이라 명명했다. 40대의 소장파 의원들이었다. 이런 상황에서 1월 26일 신민당 임시전당대회가 열리고 유진산이 정일형·이재형을 누르고 당수에 선출되었다. 일천한 한국정당사에서는 대체적으로 당수가 대통령 후보가 되는 것이 관행처럼 되었으나 신민당의 속사정은 달랐다. 유진산은 불투명한 정치노선으로 국민의 신뢰를 받지 못한 실정이었다. 그럼에도 유진산은 대선후보를 쉽게 포기하려하지 않았다.

유진산은 장고 끝에 자신이 출마를 포기하는 대신 세 사람 중 한 사람을 지명할 수 있는 권한을 자신에게 달라고 제안하였다. 김영삼·이철승은 유진산과 같은 계보이어서 이를 수용하고 비주류인 김대중은 거부했다.

> "9월 27일, 나는 이철승과 함께 그랜드호텔에서 진산을 만났다. 진산은 "두 사람 가운데 누구를 지명하든지 무조건 당수의 추천에 승복하겠다."라는 서약서를 받았다. 이로써 진산의 불출마가 확정되고 노장층의 당외(黨外) 후보 추대론도 사실상 종지부를 찍은 셈이었다.
>
> 유진산 당수는 지명대회 전날인 28일 오후가 되어서야 최종 입장을 밝혔다. 중앙상위(中央常委)(전당대회를 대신

하는 당의 의결기구)에서의 연설 끝에 "나는 당수로서 김영삼 의원을 대통령 후보로 여러분 앞에 추천한다."고 공개 발표한 것이다. 당시 주류를 장악하고 있던 진산의 추천으로 대세는 내게로 쏠리는 듯했다. 당내 제1파벌인 대의원 5분의 2선의 범진산계, 제2파벌인 이재형계가 내 편이었다. 이철승계도 나에 대한 지지서약에 묶여 있었다. 누가 보더라도 상황은 나에게 유리했다. 모두들 나의 승리를 예상하고 있었다."[76]

9월 29일 국민적 관심 속에 신민당 대선 후보 경선 전당대회가 열렸다. 야당의 전당대회가 국민의 관심사로 떠오른 것은 5·16쿠데타 이래 처음 있는 일이었다. 박정희 장기독재에 찌들려 온 국민들은 낡은 야당 대신 새 야당을 원했고 40대 후보들의 경선에 그만큼 관심을 보였다.

투표결과는 의외였다. 1차 투표에서 당수가 지명한 김영삼이 압승할 것으로 내다봤던 예상과는 전혀 다른 결과였다. 총투표지 885표 중 김영삼 421표, 김대중 382표, 백지 78표, 기타 4표로 김영삼이 1위를 차지했으나 과반수에서 22표가 모자랐다. 전당대회장은 웅성거렸고 흥분의 도가니에 빠져들었다. 오후에 실시된 결선투표는 총투표지 884표 중 김대중 458표, 김영삼 410표, 기타 16표로 김대중이

76) 김영삼, 앞의 책, 342~343쪽.

대선후보로 선출되었다. 역전극이었다.

대선후보로 지지해 주면 차기 당수로 지원하겠다는 김대중과 이철승의 묵계로 나타난 결과였다. 후보 수락 연설문까지 준비했던 김영삼은 큰 충격이었다. 성급한 일부 석간신문은 김영삼 총재 당선을 머리기사로 실었다.

나는 의외의 결과에 큰 충격을 받았으나, 그 순간 가슴속 깊은 곳으로부터 커다란 소리가 들려 왔다.

"비록 표결에서는 패배했으나 나의 주장은 승리했다. 내가 제창한 40대 기수론은 승리했고, 이제 신민당은 박정희에 맞설 기회를 잡은 셈이 아닌가!"

단상에 올라간 나는 마이크를 잡고 장내에 가득 찬 당원들을 향해 큰 소리로 외쳤다.

"오늘 우리는 새로운 역사를 창조했습니다. 김대중 씨의 승리는 우리들의 승리이며 나의 승리입니다. 나는 김대중 씨를 위해 거제도에서 무주구천동까지 전국 방방곡곡 어디든지 갈 것입니다."

신민당 전당대회가 열린 서울 시민회관은 감동의 도가니로 변했고, 박수와 함성으로 가득 찼다.[77]

---

77) 앞의 책, 342~343쪽.

YS

'40대 기수론' 이후의 야당 세대교체

1948년 8월 정부수립과 함께 실시된 한국의 민주주의는 이승만의 '백색독재'와 박정희의 '카키색독재'로 만신창이가 되었다. 그나마 민주주의의 가녀린 싹이 유지된 것은 야당의 당내 민주주의가 큰 역할을 했다.

때로는 정치깡패가 동원되고 각목이 난무하는 등 폭력사태가 없진 않았으나 야당의 대선후보와 당권경쟁 전당대회는 민주적 절차에 따라 진행되고 다수결에 의해 결정되었다. 1956년 정·부통령 후보 경선에서는 조병옥과 장면이 3표 차이로 당락이 갈라졌다. 그럴 때마다 다수결에 순응하는 당내 민주주의가 유지되고, 이것은 한국 민주주의의 근간이 되었다.

아무튼 나도 제1주자가 제2주자에게 바통을 넘긴 심경

으로 김 후보가 정권교체라는 영광의 고지에 골인할 때까지 뛸 각오가 돼 있다. 김 후보의 길은 바로 내가 가려던 길이며, 그것은 내가 테이프를 끊어 놓은 길이며, 그 목표 또한 하나인 것이다.[78]

1971년 4월 27일 실시된 제7대 대통령선거는 공화당의 박정희와 신민당의 김대중 사이에 벌어진 용호상박전이었다. 두 후보 외에 민중당의 함보경, 자민당의 이종윤, 정의당의 진복기, 통사당의 김철 등이 출마했으나 대세는 공화·신민 양당 후보로 압축되었다.

김영삼은 약속대로 김대중 후보의 당선을 위해 여러 지역에서 지원유세를 하였으나 어디까지나 조연의 역할에 그칠 수밖에 없었다.

4·27대선은 과거 어느 선거에 비해 여야 간의 정책대결로 진행되었다. 그것도 야당후보의 리드에 의한 정책대결이라는 특징을 보였다.

김대중 후보는 지방도시의 유세를 통해 ① 대통령의 재산공개 ② 남북 간의 서신교류·기자교환 및 체육인 접촉 ③ 지식인·문화인 및 언론의 권력으로부터의 해방 ④ 제2의 한일회담 및 주월국군 철수 ⑤ 대통령 및 국회의원 선거권 연령 인하 ⑥ 반공법 제4조의 목적범 적용에 국한하는

78) 앞의 책, 346~347쪽.

개정작업 ⑦ 정부기관 일부의 대전 이전 ⑧ 전매사업의 공영화 내지 민영화 실현 등 많은 정책을 집권공약으로 내걸었다. 모두 155개의 집권 청사진을 제시하여 정책대결에서 박정희에 앞섰다.

하지만 무리하게 3선 개헌까지 해가며 장기집권의 야욕을 불태워 온 박정희가 정권을 쉽게 내놓을 리 없었다. 막대한 국가예산을 선거에 쏟아 붇고 관권선거를 획책하고 지역감정을 조장하면서 정권 연장에 혈안이 되었다. 김대중의 추격에 쫓긴 박정희는 장충단공원 유세에서 "다시는 국민에게 표를 찍어달라고 나서지 않겠다."라고 발언했고, '마지막 임기'인 것처럼 연출했지만 실상은 유신쿠데타의 속내였다.

투표 당일에도 여러 가지 시비가 일었다. 심지어 김대중 후보가 투표한 마포구 동교동 제1투표소에서는 투표구 선관위원장이 사인(私印) 대신 직인을 찍어 1690표가 무효로 돌려지기도 했다. 개표결과 박정희 후보가 634만 2828표를 얻어 539만 5900표를 얻은 김대중 후보를 94만 6928표를 앞질러 당선이 결정되었다.

4·27선거의 가장 특징적인 현상은 ① 지방색의 노출 ② 표의 동서현상 ③ 여촌야도의 부활 ④ 군소정당의 철저한 몰락이었다. 이 선거에서 영남에서는 72대 28의 비율로 박후보 지지표가 쏟아졌으나 호남에서는 65대 35의 비율로

김 후보 표가 나왔다. 지역별로 보면 박 후보가 영남지역에서 전승의 기록을 세운데 비해 김 후보는 진안·무주·고흥·곡성에서는 오히려 뒤졌다.

김영삼의 제창으로 제기된 '40대 기수론'은 비록 성공하지는 못했으나, 모처럼 야당의 활력을 보여주고, 전통보수야당의 리더가 젊은 기수로 바뀌었으며, 이후 '양김'이 야당을 리드하는 계기를 만들었다.

YS

당내 분란 속에서도 제8대 국회의원 당선

대선에서 패배한 신민당은 한 달여 후인 5월 25일 제8대 총선을 맞게 되었다. 국회의원 후보 공천과정에서 유진산 당수가 후보등록 마감일에 갑자기 자신의 선거구인 서울 영등포 갑구를 포기하고 전국구 1번으로 등록한 사실이 드러나면서 이른바 '제2 진산파동'이 일어났다. 총선을 코앞에 두고 벌어진 사태였다.

대통령 선거전에서 모처럼의 선전으로 크게 당세를 확장했던 신민당은 이 사건으로 적지 않은 타격을 입었다. 김대중·김영삼의 전국적인 후보지원 연설과 박 정권에 대한 견제세력을 키워야 한다는 민심이 작용하여 놀라운 현상이 나타났다. 204명의 의석 중 공화당 지역구 86석(비례 27석), 신민당 지역구 65석(비례 24석), 국민당 1석, 민중당 1석으로 신민당이 89석을 차지한 것이다.

서울에서는 진산파동의 계기가 된 영등포 갑구를 제외한 전 지역을 신민당이 차지했으며, 부산 · 대구에서도 공화당은 1석씩 밖에 당선시키지 못했다. 김영삼은 부산 서구에서 7만 4589표를 얻어 4만 1128표의 공화당 박찬종을 누르고 5선의 영광을 기록했다. 그러나 8대국회는 1년여 후 유신쿠데타로 국회가 해산되면서 김영삼도 의원직을 상실하게 되었다.

신민당은 총선에서 선전했으나 당내 분규가 그치지 않았다. 진산파동의 여파는 유진산이 권토중래(捲土重來, 한 번 싸움에 패하였다가 다시 힘을 길러 쳐들어오는 일, 또는 어떤 일에 실패한 뒤 다시 힘을 쌓아 그 일에 재차 착수하는 일)를 노리면서 7월 20일 전당대회를 파행으로 몰아넣었다. 3차에 걸친 표 대결 결과 과도체제를 이끌었던 김홍일이 당수로 선출되었으나 당내 분열상은 봉합되지 않았다.

1970년대에 들어 대통령선거와 총선거를 치르는 과정에서 사회분위기가 크게 완화되었다. 5·16군사쿠데타 이래 억눌려 왔던 국민의 인권의식이 크게 신장되고 이에 따라 언론도 비교적 자율성을 찾게 되는 등 어느 때보다 사회적 분위기가 활력을 찾아가고 있었다. 학생들도 공명선거감시단으로 선거에 참가하는가 하면 지식인들도 제 목소리를 내기 시작했다.

이런 과정에서 터진 것이 71년 여름의 의료파동으로부

터 시작하여 사법파동, 광주대단지사건, 월미도사건, 한진기술자 KAL빌딩사건, 조세저항사건 등이다. 이 가운데 대표적인 사건 · 사태는 사법파동과 광주대단지 · 월미도사건이다.

4·27대통령선거 때부터 공명선거를 요구하며 박정희 정권의 비판에 앞장서온 대학생들은 교련교육 반대라는 새로운 이슈를 내걸고, 5·25 총선거를 전후하여 더욱 강력하게 부정부패 척결과 사회개혁을 요구했다. 학생들은 한일굴욕회담 반대투쟁이 절정을 이루었던 6·3사태 이후 가장 치열한 교내외 시위를 벌였다.

강력한 야당의 등장과 각종 사태 사건, 여기에다 집권당의 항명파동까지 겹치고 학생들의 대규모 시위가 계속되자 박 대통령은 정권의 안위를 걱정하기에 이르렀고, 이에 대처하는 방법으로 71년 10월 15일 서울에 위수령을 발동했다. 박 대통령의 특별지시가 내려지자 양택식 서울특별시장은 즉각 군 당국에 병력출동을 요청했다. 이에 따라 군 당국은 수도경비사령부와 공수특전단 및 경찰병력을 서울시내의 6개 대학에 진주시켰다. 군이 진주한 대학은 서울대의 문리대와 법대, 고대·연대·성대·경희대·서강대 · 외대 등이었다.

대학에 위수령의 발동과 동시에 서울상대 · 전남대 등에 무기한 휴업령을 내리고, 중앙대·국민대·건국대·한신대·숙대·이대 등은 자체 휴강에 들어가 서울의 대학가는 거의 문을 닫게 되었다. 각 대학은 문교부의 지시에 따라 23개 대학에서 177명의 학생을 데모 주동자로 제적했다. 이 같은 조치들은 유신쿠데타를 도모하기 위한 전초작업의 시발이었다.

박정희는 1972년 7월 4일 갑작스럽게 북한 김일성과 '7·4남북공동성명'을 발표하여 또 한 차례 국민을 놀라게 했다. 이후락 중앙정보부장이 평양에서 김영주 노동당 조직지도부장과 회담하고 통일원칙으로서 외세의존과 간섭을 배제한 자주적 해결, 무력행사가 아닌 평화적 방법으로 실현, 사상과 이념·제도의 차이를 초월한 민족적 대단결 도모 등에 합의했다. 그 자체로는 대단히 바람직한 합의였다.

하지만 7·4남북공동성명의 후속 조처로 설치한 남북조절위원회는 국민들 몰래 정부 당국자들 간의 밀담을 통해 통일문제를 처리하려 한 한계성과, 남북 양측이 자신들의 권력기반 강화에 이를 이용하고 1년도 안 돼 폐기시켜서 남북 간의 불신과 대치를 더욱 심화시켰다. 결과적으로 이 모든 것이 박정희의 유신쿠데타를 위한 전초전 또는 도구로 이용되었다. 실제로 1972년 10월 17일 남한에서는 박정희의 종신집권을 트는 유신정변이, 같은 날 북한에서는 김일성의 세습을 위한 주석제 개헌이 감행되었다.

YS

미국으로 날아 온 유신쿠데타 소식

박정희 대통령은 1972년 10월 17일 군대를 동원하여 헌법기능을 마비시키고 반대파의 정치활동을 전면 봉쇄하는 사실상의 친위 쿠데타를 감행했다.

박정희는 5·16쿠데타를 일으킨 지 11년, 3선 연임 금지의 헌법을 고친 지 3년, 4·27대통령선거로 8대 대통령에 취임한 지 1년 반 만에 또 다시 쿠데타로 헌정을 짓밟고, 독재 권력을 강화했다.

박 대통령은 이날 저녁 7시를 기해 전국에 비상계엄령을 선포하고 국회해산, 정당 및 정치활동 중지, 비상국무회의 설치 등의 비상조치를 단행했다. 박 대통령이 발표한 4개항의 비상조치 내용은 다음과 같다.

① 72년 10월 17일 하오 7시를 기해 국회를 해산하고 정

당 및 정치활동의 중지 등 현행 헌법의 일부 조항 효력을 정지시킨다.

② 일부 효력이 정지된 헌법조항의 기능은 비상국무회의에 의해 수행되며 비상국무회의의 기능은 현행헌법 하의 국무회의가 수행한다.

③ 비상국무회의는 72년 10월 27일까지 조국의 평화통일을 지향하는 헌법개정안을 공고하며 이를 공고한 날로부터 1개월 내에 국민투표에 부쳐 확정한다.

④ 헌법개정안이 확정되면 헌법절차에 따라 늦어도 금년 연말 이전에 헌정질서를 정상화한다.

박 대통령은 '대통령특별선언'을 발표, 비상조치의 발동에 대해 설명하면서 "열강의 세력균형의 변화와 남북한 간의 사태진전에 따른 평화통일과 남북대화를 추진할 주체가 필요한데, 현행법령과 체제는 냉전시대의 산물로서 오늘날의 상황에 적응할 수 없으며, 대의기구는 파쟁과 정략의 희생이 되어 통일과 남북대화를 뒷받침 할 수 없으므로 부득이 비상조치로써 체제개혁을 단행한다."라고 주장했다.

'10월 유신'은 한마디로 영구집권을 위한 친위 쿠데타로서, 박정희는 이미 10·27 보위법 파동과 7·4남북공동성명 등 내외적인 여건을 조성한 다음 야당의 분열을 계기삼아 또 다시 헌정을 유린한 것이다.

당시 신민당은 양분상태에서 치열한 당권투쟁을 벌이고 있었다. 71년 진산파동 후 신민당의 당권을 장악한 김홍일은 72년의 전당대회를 맞아 유진산의 롤백작전에 직면하자 김대중 계의 지원을 받아 유진산 사단과 대결을 시도하다가 정면충돌을 빚어 신민당은 마침내 분당사태를 맞게 되었다.

유진산 사단과 김홍일 사단으로 갈라진 신민당의 전당대회는 72년 9월 26일과 27일 각각 시민회관과 효창동 김홍일 자택에서 별도의 대회를 열어 분당사태를 빚고 만 것이다. 시민회관대회에는 유진산·고흥문·이철승·정해영·신도환 등 이른바 진산사단의 범주류가 참석하여 합법성을 주장하고, 효창동대회에서는 김홍일·김대중·양일동 계가 참석하여 시민회관대회의 무효를 선언했다. 김영삼은 어느 쪽 전당대회에도 참석하지 않았다.

두 대회가 개최된 후 김홍일 측이 유진산을 상대로 당대표직무정지 가처분신청을 제기하여 법통시비가 일어난 가운데, 국회는 정부의 8·3재정조치 이후 문제가 된 '동결사채'의 진상을 파악하기 위해 국정감사의 활동을 벌이다가 10월 유신으로 국회해산과 정치활동의 중지라는 날벼락을 맞게 되었다.

박정희는 고도의 전략가였다. 야당의 분열 상태와 안보불안을 증폭시키면서 유신쿠데타를 감행하고 영구집권의 정변을 기도한 것이다. 유신쿠데타가 일어나기 전 그러니까 '10·17특별선언'이 발표되기 직전 김영삼은 하버드대학 동아시아연구소 초청으로 미국에 가 있었다. 김대중도 총선지원유세 중 살해를 가장한 교통사고로 입은 신병치료차 일본에 체류 중이었다. 박정희가 야당의 두 맹장이 국내에 없을 때 정변을 도모한 셈이다.

김영삼은 귀국할 것인가, 미국에 체류할 것인가를 두고 고심을 거듭했다. 아내가 국내 상황을 알리면서 당분간 들어오지 말라는 전화를 보냈고, 자신을 초청한 라이샤워 교수와 하버드대 교수들도 같은 생각이었다. 체류기간 동안 아파트와 생활비까지 제공하겠다는 호의를 보였다.

그러나 김영삼은 귀국을 만류하는 라이샤워에게 "나는 명색이 한국의 대통령을 하겠다고 나선 사람입니다. 나 혼자의 안전을 위해서 이곳에 남는다는 것은 내 조국과 국민을 팽개치는 것과 다름없습니다."[79]라고 말하고 귀국을 감행했다.

김영삼은 김포공항에 도착했을 때 계엄군에 연행되어 이후 상당기간 상도동 자택에 연금되었다. 연금 상태에서 "자신의 심신을 근본부터 바꾸겠다고 새로운 각오를 다졌다. 그때 이후 나는 하루 몇 갑씩 피우던 담배를 완전히 끊어버렸다."[80]

---

79) 『김영삼 회고록(2)』, 백산서당, 2000, 23쪽
80) 앞의 책, 24쪽.

박정희의 유신체제를 실질적으로 뒷받침하는 것은 중앙정보부와 국군보안사령부 등 권력기관이었지만, 형식상으로는 통일주체국민회의와 유신정우회였다.

유신헌법에 의해 태어난 이 두 기관은 정치적으로 대통령의 친위사단의 역할을 맡았다. 실권이 별로 없는 친위사단은 어용기구로 시종될 수밖에 없었다.

통일주체국민회의는 유신헌법 제35조에 의거하여 조직되었다. '조국통일의 신성한 사명을 가진 국민의 주권적 수임기관'을 표방한 약칭 '통대'의 주요 임무와 권한은 대통령선거와 정족수의 3분의 1에 해당하는 국회의원을 선출하는 일이었다. 그러나 이 국회의원 선출은 대통령이 일괄추천한 후보자 전체에 대한 찬반투표방식이었기 때문에 선거라고 부르기도 민망할 지경이었다.

통일주체국민회의는 형식적이나마 대통령이 필요하다고 인정하는 중요 통일정책의 심의와 국회가 발의한 개헌안의 의결, 확정권을 갖고 있었다. 72년 12월 15일 실시된 제1기 통일주체국민회의 대의원선거를 통해 당선된 2359명의 대의원들로 구성된 통일주체국민회의는 12월 23일 첫 회의에서 단독후보로 나선 박정희를 6년 임기의 제8대 대통령으로 선출했다.

선거결과를 보면 2359명의 통대의원 중 2357명이 박정희 후보를 지지했고 단 2명이 무효표를 던졌다. 1978년 7

월 6일 유신 제2기 통대의원들에 의한 대통령선거에서도 비슷한 결과가 나타났다. 2578명의 통대의원들은 장충체육관에서 제9대 대통령을 선출했는데, 박정희 후보를 지지한 통대의원이 2577명이고, 단 1명이 무효표를 던져 국제적인 조롱거리가 되었다. 북한의 흑백 투표와 다르지 않았다.

유신헌법에 의한 제9대 국회의원 선거가 73년 2월 27일 실시되었다. 통일주체국민회의 선출 케이스 국회의원 73명을 제외한 국회 정족수의 3분의 2를 뽑은 이 선거에서 여당인 공화당은 총투표수의 38,7%를 얻었고, 신민당과 통일당을 합한 야당은 42.7%를 득표했다. 그러나 당선자 수는 여당이 73명, 야당이 54명으로 득표율과는 동떨어진 결과를 나타냈다.

유신체제의 여러 가지 어려운 상황에서도 국민은 야당에 더 높은 지지율을 보낸 것이다. 김영삼은 민주주의 근본을 흔들어버린 유신체제에 참여할 것인가를 망설였다. 결론은 참여였고, 부산에서 신민당 후보로 나서 당선되어 6선의원이 되었다.

73년 3월 21일 제9대 국회가 개원할 당시의 원내 의석 분포는 박정희가 총괄 지명한 유정회 의원이 73석으로, 공화당 71석, 신민당 52석을 제치고 원내 제1교섭단체가 되었다. 그러나 유정회 의원은 국민으로부터 직접 선출된 국회의원이 아니란 점에서 야당은 물론 지역구 출신인 공화당의원들로부터도 차별과 냉대의 차가운 눈총을 받았다. 따라서 유신체제 하의 국회를 가리켜 '시녀국회' '들러리 국회'라는 비난을 받는 요인이 되었으며, 야당은 사실상 정권장악의 가능성을 상실한 불임정당(不妊政黨, 출산을 하지 못하는 정당)으로 전락하였다.

YS

그의 나이가 마흔 여섯이라면 천하를 경영하고 세계사회를 주름잡을 만한 연기(年期)인 것만은 틀림이 없다. 김 총재는 그가 능변으로써 만인의 심금을 흔들게 했던 것도 아니요, 그는 권모와 술수가 있는 것도 아니요, 금전과 권력이 있었던 것도 아니다. 다만 그는 청년 정치가로서, 아니 믿음과 참의 기수로서 야당과 국가의 진운을 그의 한 몸에 지녔다 해도 과언은 아닐 줄 안다.

제2장

긴급조치시대의 야당총재

YS

김대중 납치사건 대정부 첫 질의

김영삼의 동지이자 영원한 정치적 라이벌인 김대중이 해외에서 반유신 투쟁을 벌이다 1973년 8월 8일 일본 도쿄에서 납치되어 엿새 동안 생사를 넘나들다가 동교동 자택으로 끌려왔다. 중앙정보부의 소행이었다. 김대중은 훗날 박정희 대통령의 지령에 따른 납치였다고 증언했다.

납치사건이 발생하자 박 정권은 처음부터 끝까지 한국정부의 개입설을 완강히 부인했다. 그러나 일본경시청이 사건현장에서 범인의 지문을 채취하는 등 움직일 수 없는 증거를 포착하고 사건관련자의 출두를 한국정부에 요구하자, 이를 잡아떼기로 일관했다.

이에 따라 일본에서는 '주권침해'에 대한 비난여론이 대두, 한일정기각료회의 연기, 대륙붕 석유탐사를 위한 한일교섭 취소, 경제협력 중단 등, 오랫동안 밀월관계를 유지해오던 한일관계가 냉각상태에 빠져들었다.

김대중 납치사건은 유신체제 핵심이 개입하지 않고서는 일어날 수 없는 일이었다. 외국의 수도 한 복판에서 야당의 전(前) 대통령후보를 납치해온다는 것이 막강한 국가권력이 아니고는 불가능했다. 따라서 주눅이 든 한국의 언론은 정부발표나 보도하고 야당은 침묵했다.

사건이 외교 분쟁으로 국제 문제화되면서 국회가 더 이상 방관하고 있을 수 없었다. 사건발생 한 달여 후인 9월 22일부터 25일까지 이 사건과 관련 대정부 질의를 벌이기로 합의했다. 이에 앞서 당시 야당의 사정을 살펴보면 8대 총선을 앞두고 '진산파동'(珍山波動, 1971년 신민당 당수 유진산의 국회의원 출마 등록을 둘러싸고, 신민당 내에서 벌어진 갈등)으로 물러났던 유진산이 5월에 열린 신민당 전당대회에서 총재로 복귀했다.

유진산이 무경쟁상태에서 총재에 복귀할 수 있었던 것은 유신정변에 힘입은 바 컸다. 경쟁자였던 김홍일 · 김대중 등 비주류 핵심이 유신쿠데타로 정계에서 사라졌기 때문이다. 유 총재는 김영삼과 정해영 · 김원만 · 김의택 · 고흥문을 부총재로 지명했다.

신민당 지도부는 김대중 납치사건과 관련, 대단히 모호한 태도를 보였다. 자기 당 출신 대선후보의 일인데도 그랬다. 박정희 권력과 척지지 않으려는 비열한 모습이었다.

이런 와중에 4월 24일 김종필 총리를 상대로 김영삼이 첫 대정부 질문자로 나섰다.

3년 전 초산테러를 당한 적이 있는 김영삼은 민주주의 국가에서 테러 행위는 결코 용납할 수 없다는 인식으로, 그리고 자신의 테러범을 여전히 체포하지 않고 있는 정황을 열거하면서, 이 사건이 '정치테러' 임을 분명히 했다. 김영삼은 30여 분 동안 다섯 가지 항목을 집중적으로 질의하면서 김종필 총재의 사퇴를 촉구했다.

첫째, 김대중 납치사건에 대한 지금까지의 수사경위
둘째, 김동운 서기관의 정체
셋째, 이 사건에서 나타난 국가 안보상의 무정부상태
넷째, 김대중 연금의 법적 근거
다섯째, 이 사건으로 악화된 한일관계 대책

김영삼은 정책질의를 다음과 같은 발언으로 마무리 지었다.

> "인간이 인격을 갖추어야 사회적으로 대우를 받을 수 있는 것과 마찬가지로, 국가도 국가로서의 체통과 권위를 갖추어야 국제사회에서 발언권을 행사할 수 있는 것입니다. 국가가 국가로서의 체통과 권위를 갖추자면 오늘날의 민주

주의시대에 있어서는 대의정치와 언론의 자유, 그리고 인간의 기본권이 보장되는 사회가 되어야 하는 것입니다."

"그러나 통치가 있을 뿐 정치가 없는……, 떳떳하게 말할 수 있겠습니까? 우리가 민주주의국가라고 자신있게 말할 수 있으려면, 대의정치가 제 기능을 발휘하고 언론이 정부를 자유스럽게 비판할 수 있고 야당의 말을 자유스럽게 보도할 수 있는 사회가 되어야 할 것입니다."

"오늘 이 자리에서 말하고 있는 이 김영삼의 말도 우리 국민에게 정확히 전달되어야만 하는 것입니다. 수출 100억 불, 국민소득 1000불도 중요하지만, 국가의 체통과 권위가 상실되었을 때 아무 소용이 없는 것입니다. 우리의 많은 해외교포들이 이국땅에서, 그리고 우리 국민들이 외국에 나갔을 때 떳떳하게 나는 한국 사람이다, 나는 한국에서 왔다, 나의 조국은 민주주의국가다, 이렇게 자랑할 수 있는 조국을 우리는 하루 빨리 만들어야 되겠습니다. 김 총리는 나와 세대가 같은 젊은 지성의 정치인이라 믿습니다. 지성인의 양심에 호소해서 이 질문을 하는 것입니다."[81]

81) 김영삼, 앞의 책, 39쪽.

학생들이 유신철벽 뚫고

유신의 철벽에 구멍을 뚫은 것은 대학생들이다. 유신쿠데타가 발생한 지 1년 만인 1973년 10월 2일 서울 문리대생 250여 명은 교내 4·19기념탑 앞에 모여 비상총회를 열고 자유민주체제 확립을 요구하는 선언문을 낭독한 후 시위를 벌였다.

'김대중 납치사건'을 계기로 유신선포 이후 최초로 학생들이 '유신체제 비판불용'이라는 금기를 깨고 시위에 나선 것이다. 학생들은 △정보·파쇼통치 즉각 중지와 자유민주체제 확립 △대일경제 예속관계 즉각 중지 및 민족자립경제 확립, 국민생존권 보장 △중앙정보부 즉각 해체와 김대중 납치사건 진상규명 △기성 정치인과 언론인의 각성 촉구 등 4개항을 결의하고, 2시간여 동안 구호를 외치며 시위를 벌였다.

유신출범 이후 패배주의와 냉소주의에 빠져 있던 학생 운동권 및 사회 운동권을 일깨운 이날의 시위는 전국 대학의 유신철폐 시위, 재야인사들의 시국선언문 발표, 신문사와 방송국 기자들의 자유언론실천선언으로 이어지는 반독재투쟁의 기폭제가 되었다.

1974년 새해가 밝으면서 유신헌법 철폐와 민주회복을 요구하는 국민의 소리는 더욱 거세게 확산되었다. 심지어 박 정권과 정치적 유착설이 돌던 유진산의 신민당까지 1월 8일 개헌을 요구하기에 이르렀다.

유신 이후 크게 움츠렸던 신민당이 개헌을 당론으로 채택하게 된 것은 외부적인 반유신 투쟁과 더불어 내부적으로는 김영삼 부총재 등의 노력이 작용하였다. 김영삼은 1973년 12월 17일 서울주재 외국특파원들과 회견에서 ① 현재의 독재헌법의 개정과 민주체제의 회복 ②중앙정보부의 해체 ③무분별한 외자도입 정책의 중지 ④남북대화의 주관을 중앙정보부로부터 국토통일원으로 이관하고 민간주도형으로 전환할 것 등을 주장하고, "앞으로는 학생·기독교도, 그리고 같은 야당인 민주통일당 등과 연대하여 박 정권과 대결할 것이다."라고 결의를 밝혔다.

학생·재야·종교계·문인단체에 이어 신민당의 유신헌법 개정이 당론으로 제기되자 박정희는 국민의 뜻을 수용하기보다 폭압적인 방법으로 이에 맞섰다.

1월 8일 긴급조치를 선포한 것이다. 이날 박정희는 대통령 긴급조치 1, 2호를 선포하여, 유신헌법을 반대·부정·비방하거나 개헌을 주장하는 일체의 행위를 금지하고, 위반자는 영장 없이 체포하고 군법회의에서 15년 이하의 징역에 처하며(1호), 이에 따른 비상 군재를 설치한다(2호)고 선포했다.

긴급조치는 원래 천재지변 또는 중대한 재정·경제상의 위기에 처하거나 국가의 안전보장 또는 공공의 안녕질서가 중대한 위협을 받거나 받을 우려가 있어 신속한 조치를 취할 필요가 있다고 판단되는 경우에 대통령이 내정·외교·국방·경제·재정·사법 등 국정 전반에 걸쳐서 내리는 특별한 조치다.

그러나 유신헌법 제53조에 규정된 대통령 긴급조치권은 단순한 행정명령 하나만으로 국민의 자유와 권리에 대해 무제한의 제약을 가할 수 있는 초헌법적 권한으로서 사실상 반유신세력에 대한 탄압도구로 악용되었다.

74년 1월 8일 제1,2호가 처음 발동된 이래 75년 5월 13일 제9호에 이르기까지 이른 대통령 긴급조치는 79년 12월 8일 제9호가 해제되기까지 만 5년 11개월 동안 '긴급조치 시대'가 계속되었다. 국민의 기본권을 제약하고 반대세력을 탄압하는 그야말로 권력의 광기가 절정에 이른 암흑의 시대였다.

긴급조치 1호는 헌법 개정 관련 외에도 △유언비어의 날조·유포 금지 △금지행위의 선동·선전 및 방송·보도·출판 등 전파행위 금지 △이 조치의 위반자 및 비방자는 영장 없이 체포·구속·압수 수색하며 비상 군법회의에서 15년 이하의 징역과 15년 이하의 자격 정지에 처하도록 했다. 야당의 수난시대가 도래하였다.

46세 최연소 야당 총재 당선

1974년 4월 28일 유진산 신민당 당수가 입원 중이던 한양대학교 부속병원에서 향년 60세로 세상을 떠났다. 정부 수립 이래 한국 야당의 막후 실력자로서 야당을 좌지우지 해왔던 진산의 갑작스런 별세로 야당은 후계를 둘러싸고 심한 진통을 겪게 되었다.

이미 71년 대통령선거 과정에서 '40대 기수'들이 나서서 김대중 후보가 박 대통령과 한판 승부를 벌인 바 있고, 맨 처음 40대 기수론을 제창한 김영삼과 그동안 만만찮은 야심을 불태워온 이철승이 버티고 있는 데다, 그 외에도 김의택·고흥문·정해영 등이 각기 일정한 세력을 형성하고 있었기 때문에 당권의 향방이 불투명한 채 초기부터 불꽃 튀는 경쟁이었다.

1974년은 긴급조치의 해라고 할 수 있을 정도로 야당은 수난의 시기였다. 여기에 김대중을 비롯한 일부 야권인사들의 정치참여가 봉쇄된 상태였다. 신민당은 진산계를 중심으로 하는 보수 온건세력이 주도권을 장악하고 유신체제의 긴급조치 하에서 간신히 명맥만을 유지하고 있었다.

이런 상황에서 당권경쟁에 나선 인사들은 당수권한대행인 김의택과 김영삼·고흥문 두 부총재 및 국회부의장인 이철승, 그리고 정해영 등 5명이었다. 이들은 유신헌법에 대한 비판을 금지시킨 긴급조치 때문에 개헌문제 등 체제비판을 자제하는 입장에서 '정권적 차원으로 야당을 이끌겠다.'(김영삼), '수권정당으로 키우겠다.'(이철승), '야당다운 야당을 만들겠다.'(정해영)는 캐치프레이즈를 내걸고 당권경쟁에 뛰어들었다.

박정희 정권이 김영삼의 야당체제를 선호할 리 없었다. 김영삼은 7월 18일 개인 사무실에서 신민당 총재 출마선언을 할 예정이었다. 그런데 이를 미리 알아낸 중앙정보부가 연행하여 회견을 막았다. 다음은 며칠 뒤 풀려나서 언론에 배포한 회견문이다.

> 현실의 벽을 뚫고 국민이 자유로운 참정권행사를 통해 정권을 선택하는 평화적 정권교체의 시대로 전진해야 한다. 이 과업이야말로 신민당에 주어진 역사적 사명이다. 나는 이 사명을 깊이 새기며 총재경선에 나선다. 나의 도전은 단순한

당권도전이 아니라 민주회복을 위한 힘을 얻으려는 것이다.

나는 이 선언의 자리에서 정부에 대해 요구한다. ①대통령 긴급조치를 해제할 것. ②정부는 김대중 씨에게 정치활동의 자유와 본인이 원하는 해외여행을 허가할 것. ③정치보복의 인상이 짙은 정치인에 대한 정치재판을 중지할 것 등이다. 동시에 정치재판에 희생돼 복역 중인 전직 신민당 소속 국회의원들을 8월의 전당대회에 참가할 수 있도록 즉시 석방해야 한다. 나는 60만 당원들에게 국민의 신뢰를 얻고 국민에게 희망과 용기를 주고 국민과 함께 호흡하는 선명한 야당으로 신민당을 재건하여 민주회복을 위한 과감한 투쟁에 나설 것을 약속한다.[82)]

1974년 8월 22, 23일 이틀간 서울 명동 국립극장에서 새 총재를 뽑는 신민당 전당대회가 개최되었다. 748명의 전국대의원 중 729명이 참석한 이날 대회는 야당사상 처음으로 당수선거에서 후보등록제가 실시된 가운데 평온하게 진행되었다. 전당대회의 하이라이트인 총재선출이 내외의 관심 속에 진행되었다. 1차 투표에는 729명이 참가, 누구도 과반수를 얻지 못했다.

1차 투표 결과에 따라 각 후보들은 제휴협상을 시작했다. 김영삼과 고흥문은 전당대회에 앞서 1차 투표에서 표

82) 앞의 책, 44쪽.

가 많은 사람을 지원하기로 한 약속에 따라 고흥문이 사퇴, 김영삼을 밀기로 했으며, 김의택과 이철승의 제휴도 쉽게 이루어져 김의택을 지지하기로 했다. 문제는 126표를 얻은 정해영이 누구를 돕느냐에 따라 2차 투표의 향방이 결정나게 되어 있었다. 정해영은 제휴를 거부하고 2차 투표에 나서겠다고 밝혔다. 이에 따라 2차 투표는 김영삼·김의택·정해영의 3파전으로 압축되었다.

2차 투표에는 1차 투표 때보다 6명이 모자란 723명이 투표, 김영삼 324표, 김의택 203표, 정해영 185표, 무효 11표로 나타나 김영삼이 과반수인 364표에서 40표가 미달, 결국 김영삼과 김의택이 결선투표에 나서게 되었다.

결선투표를 앞두고 전당대회장은 한바탕 소란이 벌어졌다. 김의택이 신상발언을 통해 차점자로서의 위치를 포기한다고 선언, 사퇴의사를 밝힘으로써 그를 지지하는 청년 당원들이 결선투표의 하루 연기를 주장하며 난동을 부린 것이다.

그러나 김의택의 후보 사퇴로 다음날(8월 23일) 속개된 전당대회에서 전당대회 의장 이충환이 김영삼의 총재 당선을 정식으로 선포함으로써 한국 야당사상 최연소 총재가 탄생하게 되었다. 당시 김영삼은 46세였다.

새 총재에 당선된 김영삼은 "우리는 지금 야당다운 야당을 만드는 일이 제일 시급하다."라고 말하고 "야당을 누가 이끄느냐에 따라서 그 얼굴이 달라진다는 것을 오랜 경험을 통해서 잘 알고 있다."라고 주장하면서 국민에게 희망과 용기를 주겠다고 다짐했다.

이날 신민당 전당대회는 추가된 결의문에서 ① 김대중씨에게 정치활동의 자유와 해외여행의 자유를 줄 것을 촉구한다. ② 긴급조치 1호·4호의 해제를 환영하나 전면해제를 촉구한다. ③ 유신선포와 더불어 구속한 조윤형·김상현·김한수·조연하·이종남 전의원의 조속한 석방을 촉구한다고 결의했다.

박정희는 신민당 전당대회가 열린 8월 22일 저녁 긴급조치를 해제했다.

김영삼 총재는 8월 27일 당선 후 첫 내외신 기자회견을 갖고 "현 정부가 국회를 경시하고 여당이 소수야당을 무시하는 비민주적 작풍은 절대 용납하지 않을 것이다."라고 경고하고, "정부는 야당을 탄압하고 언론을 통제함으로써 정권의 안정을 추구하는 통치방법을 지양, 국회가 있고 야당이 있는 헌정의 상도 위에서 정치의 안정을 이룩하도록 노력하라."고 촉구했다. 김 총재는 이어서 "대여투쟁의 기본원칙을 의회본위 · 국민본위로 하여 뚜렷한 야당노선에 입각, 강력한 투쟁을 전개하겠다."라고 밝히고 "내가 당수가 됨으로써 신민당은 선명해졌다."라고 말했다.

신민당 전당대회 다음날 한 신문은 김영삼 총재의 등장

을 이렇게 보도했다.

신민당 전당대회에서는 김영삼 씨가 새로운 혜성처럼 당수로 선출됐다. 많은 국민들은 누구보다도 그가 당수로 뽑힌 것을 기뻐했고, 또 많은 찬사를 아끼지 않았다. 그가 맨 처음으로 40대의 기수론을 제창하면서 그 웅지의 일단을 보였던 것은, 아직도 많은 사람들의 기억에 생생하도록 남아 있을 것이다.

과연 그는 은인자중[隱忍自重](자신을 드러내지 않고 참으며 신중하게 행동함) 때와 여건이 성숙돼 감을 기다려 제1야당의 당수로서 이 나라의 의회정치에 새로운 기풍이 주입돼야 한다는 것을 외치고 있는 것이다.

김영삼 총재는 일약 그가 당수를 맡게 된 뒤부터 그의 존재가 유달리 크게 보인다는 것을 누구도 부인할 수는 없을 것이다. 인물은 역시 상응한 지위를 얻을 때 비로소 더욱 큰 빛을 낸다는 말이 있듯이, 이 말은 이러한 경우에도 역시 적용되는 것이 아닌가 싶다. 그러나 김 총재가 오늘의 지위를 얻기까지 무엇보다도 그간에 어떠한 이유와 어떠한 작용이 있다는 것을 잊어서는 안 될 줄 안다. 그의 나이가 마흔 여섯이라면 천하를 경영하고 세계사회를 주름잡을 만한 연기(年期)인 것만은 틀림이 없다. 김 총재는 그가 능변으로써 만인의 심금을 흔들게 했던 것도 아니요, 그는 권모와 술수가 있는 것도 아니요, 금전과 권력이 있었던 것도 아니다. 다만 그는 청년 정치가로서, 아니 믿음과 참의 기수로서 야당과 국가의 진운을 그의 한 몸에 지녔다 해도 과언은 아닐 줄 안다.

김 총재가 지금 그 성스러운 사명을 걸머지고 불퇴전의 기개로써 그의 궤도를 그대로 밀고 나갈 경우, 그의 앞날에는 오직 큰 희망과 대성만이 남아 있다는 것을 믿어 의심치 않으련다.[83]

한 월간지는 김영삼의 등장과 관련 기획된 『야당당수론』에서 다음과 같이 썼다.

김 총재는 '최(最)' 자에 연고가 깊은 사람이다. 우리나라에서 최연소 국회의원의 기록을 당시 차지하였고 또 최연소자로서 신민당 당수가 되었다. 뿐만 아니라 해방 후 순국산적인 서울대학 교육을 받은 사람으로서 최초로 여야당 중의 당수가 된 기록을 세웠다. 오랫동안 야당에 몸담아오고 여기서 뼈가 자란 사람일 뿐 아니라 6선이란 오랜 의회생활에서 민주정치에 대한 신념이 굳어진 정치계의 희귀한 존재라고 알려져 있다.[84]

---

83) 『동아일보』, 1974년 8월 24일.
84) 김계수, 「야당당수론」, 『신동아』, 1974년 10월호.

YS

박정희와 대결한 강성 야당 지도자

김영삼이 신민당 총재에 선출되는 날 박정희는 긴급조치 1, 4호를 해제했다. 제1야당 총재에 대한 정치적 예우일 수도 있을 것이고, 그의 기(氣)에 눌렸다는 분석도 따랐다. 남성 심리 분석가 정혜신 박사의 진단이다.

> "내가 야당 때는 참 무섭게 싸웠어요. 그래서 결국 박정희가 죽은 거예요. 나를 국회의원 제명 안 했으면 박정희는 안 죽었죠."
>
> 그러나 '내 멋대로'식 사고의 금메달감은 단연 김일성 사망원인에 관한 그의 진단이다. 김일성이 정상회담을 앞두고 갑자기 죽은 건 자기처럼 기가 센 사람과의 회담 준비에 과도하게 신경을 쏟다 그 스트레스를 견디지 못한 까닭이라는 것이다.

이 정도면 듣고 있던 사람은 완전히 할 말을 잃게 된다. 그럴 때는 기가 막힌 표정으로 YS를 쳐다보고 있으면 아마도 그는 "내 기에 완전히 질려 상대방의 얼굴이 파랗게 되었다."라고 말할 것이다. 그가 거짓말쟁이라서가 아니다. 그는 실제로 그렇게 믿고 있다.[85)]

김영삼이 기(氣)가 강한 인물임에 비해 그의 상대인 박정희는 "어머니가 나를 낳으면 이불에 싸서 부엌에 갖다 버리려 했다는 '유기불안'의 심리구조를 갖고 있었다. (…) 권위적 가정환경 속에서 심각한 유기불안을 경험했던 것으로 보인다."[86)] 따라서 성격이 굉장히 강한 것 같지만 강자에게 약한 약점을 보였다.

46세에 제1야당의 총재가 된 김영삼은 중학생 때부터의 꿈인 '미래의 대통령'에 어느 정도 근접한 위치가 되었다. 사실 무기력한 야당에서 그의 등장은 신민당의 체질을 바꾸고 재야·학생들로부터 손가락질을 당하던 야당이 새로운 관심의 대상으로 바뀌었다.

총재 당선 후 관훈동 중앙당사에서 가진 첫 기자회견에서 중앙정보부의 해체를 주장하였다. 정치부재 · 언론부재

85) 정혜신, 『남자 VS 남자』, 개마고원, 2005, 18쪽
86) 전인권, 『박정희평전』, 이학사, 2006, 27쪽

로 표현되는 일련의 현상들을 모두 정보정치의 소산으로 규정하고 "정부는 중앙정보부를 해체, 정보정치를 지양하고 대공 사찰 업무는 다른 기관에 이양하라."라고 촉구했다.

김영삼은 활력이 넘쳤다. 40대 중반의 연차도 그렇지만 총재 취임 이래 정국은 긴급조치가 풀리면서 모처럼 정상을 찾아가고 있었다. 언론도 김 총재의 일거수일투족을 경쟁적으로 보도했다. 10월 7일 정기국회 신민당 대표질의에서는 보다 톤을 높여 유신체제를 '정권안보용'이라 규탄하면서 정권안보용 일련의 조처가 국가안보를 위협하고 있다고 질타했다.

김영삼의 신민당은 11월 15일 유신 이래 처음으로 소속 의원들이 광화문 국회의사당에서 안국동 중앙당사까지 개헌을 요구하는 가두시위에 나서기로 했다. 일부 의원은 이런저런 사유로 빠지고 54명의 의원들이 참여했다.

선두에 나선 내 어깨에는 "개헌만이 살길이다"고 쓰인 옥양목 천이 둘러져 있었다. 스크럼을 짠 다른 의원들의 어깨에도 저마다의 구호가 적힌 천이 둘러져 있었다. "개헌은 구국이다. 국민의 소리 외면 말라," "개헌만이 살길이다, 독재 밑에 못살겠다."[87]라고 말했다.

87) 김영삼, 앞의 책, 67쪽.

신민당 의원들의 시위는 의사당 정문을 나서는 순간 대기한 수백 명의 경찰·사복들에게 포위되어 15분 만에 끝났다. 총재의 양복이 찢어질 정도로 경찰은 거칠게 시위를 진압했다. 야당 의원들의 권리행사인 시위를 의사당 입구에서 차단시킬 만큼 박정희 권력은 무소불위(無所不爲, 할 일이 전연 없음, 善惡(선악)을 가리지 않고 무슨 짓이고 함)였다.

김영삼이 신민당을 재정비하여 선명노선을 걷기 시작할 즈음 재야에서 더욱 강력한 조직을 구성하여 반유신 투쟁을 벌였다. 군사독재 정권의 산물의 하나로 재야세력이 등장했다. 유신시대에 야당이 제구실을 다하지 못함으로써 재야가 나타나게 된 것이다.

재야란 야권에 있으면서 정당조직이 아닌 순수 민간조직으로 독재정권에 대항하고 인권과 사회정의를 위해 투쟁하는 양심세력을 의미한다. 재야인사들이 본격적으로 세력을 형성하여 박정희 정권과 대결하고 나선 것은 '민주회복국민회의'가 결성되고부터다. 이 단체는 1974년 12월 25일 서울 YMCA에서 범민주진영의 연대투쟁기구로서 발족되었다.

'민주회복국민회의'는 '범국민단체로서 비정치단체이며 정치활동이 아닌 국민운동'을 전개하는 것으로 성격을 규정하고, '자주·평화·양심'을 행동강령으로, '민주회복'

을 목표로 설정했다. 같은 해 8월 23일 긴급조치 1, 4호가 해제되자 야당·종교계·재야·학계·문인·언론인·법조계·여성계 등 각계 대표 71명이 종로 5가 기독교회관에 모여 민주회복선언대회를 열고 '민주회복국민회의'를 발족하기로 결의함으로써 그 결성이 추진되었다. 윤형중 신부를 상임대표위원으로 김영삼·이병린·이태영·양일동·함석헌·강원룡 등 10인을 대표위원으로 선임했다.

이날 대회는 △현행 헌법의 합리적 절차를 거친 민주헌법으로의 대체 △복역·구속·연금 중인 모든 인사에 대한 석방과 정치적 권리회복, 언론자유보장 등 6개항의 〈국민선언〉을 채택한 뒤 함석헌·이병린·천관우·김홍일·강원룡·이희승·이태영으로 7인 위원회를 구성, 운영방법과 조직의 책임을 맡도록 했다. '민주회복국민회의'는 재야 민주세력의 구심이 되어 활발한 활동을 전개, 국민들의 호응에 힘입어 각 지방에서 지부결성에 들어갔으나, 75년 5월 긴급조치 9호의 발동과 함께 전면 봉쇄, 차단되었다.

YS

겹겹이 에워 싼 포위와 감금

김영삼이 신민당 총재에 선출되면서 그동안 외면되었던 재야와 야당이 한 묶음이 되어 반 유신투쟁 전선을 형성하기에 이르렀다. 김영삼은 국회에 개헌기초심의특별위원회 구성결의안을 제안했으나 여당 측이 거부하자 독자적으로 당내에서 「헌법개정대강(憲法改正大綱)」을 마련하고 개헌투쟁에 나섰다. 대통령 직선제, 임기 4년의 3선 금지, 엄격한 삼권분립을 원칙으로 하는 개헌안이었다.

신민당은 전국 시도지부 개헌추진 현판식 행사를 통해 개헌의 당위성을 알리고 국민과 함께 개헌투쟁을 벌이기로 했다. 김영삼은 1974년 12월 27일 경북지부 현판식을 위해 대구에 내려가 10여 명의 소속의원들과 금호장 호텔에 투숙했다. 그런데 이날 새벽 6시경 상이군경 300여 명이 호텔에 몰려와 난동을 부렸다. 개헌 현판식을 방해하려는 어용단체의 조직적인 난동이었다.

이들은 이튿날에도 현판식 장소인 신민당 경북도지부를 점거하여 난동을 부리며 최형우 의원과 신민당 당원, 일반 기자들을 폭행하면서 현판식 행사를 방해했다. 경찰은 이들을 저지하기는커녕 방치하여 폭력배들의 든든한 배후를 보여주었다.

김영삼은 1975년 신년을 맞아 1월 15일 연두회견을 갖고 신민당의 최대 정책목표가 민주회복을 위한 직선제 개헌 투쟁임을 밝히고, 해외동포의 민주화투쟁에 대한 지원·협력과 개헌운동에 대한 국제적인 기반 마련을 위해 일본과 미국을 방문했다. 1월 17일 도쿄 외국인 특파원협회에서 회견을 하고, 이어 1월 22일 미국 로스앤젤레스의 컨벤션센터에서 다수의 교포·미국인들을 상대로 강연을 하였다.

코너에 몰린 박정희는 같은 날 전격적으로 유신헌법의 찬반을 묻는 국민투표를 실시하겠다고 밝히면서, 여기에 자신의 진퇴문제를 묶어 국민의 정치 불안 심리를 담보로 엮었다. 노회한 정치적 술책이었다. 김영삼은 워싱턴 일정을 취소하고 급거 귀국했다. 김포공항 회견에서 국민투표를 취소하고 개헌을 수용할 것을 거듭 촉구했으나 정부의 태도는 소귀에 경 읽기였다.

신민당과 민주회복국민회의 등 재야단체들이 거부한 가

운데 유신헌법에 대한 국민투표가 2월 11일 실시되었다. 반대운동이 금지된 상태에서 정부와 산하기관, 어용단체들의 일방적인 지지운동에도 국민투표는 기권 20.16%, 반대 25.1%, 무효투표 1.8%가 나왔다. 찬성표는 73%라고 정부가 발표했으나 이를 액면대로 믿는 국민은 많지 않았다.

김영삼은 2월 24일 기자 회견을 갖고 "이번 국민투표는 부정으로 투표율을 조작했고 찬성율도 믿을 수 없다."라고 주장하고 "국민투표가 국고를 탕진하고 국가경제를 파탄으로 몰면서 공화당 조직, 행정조직, 교사 그리고 선거관리 기구를 동원하여 대리투표 · 무더기투표 등의 방법으로 조작됐다."고 비판했다.

박정희는 유신헌법 국민투표에서 국민의 73%가 지지했다고 내세우면서 더욱 강압책으로 나왔다. 3월 8일 언론자율선언투쟁을 벌인 〈동아일보〉기자 등 114명을 해고하고, 4월 8일 긴급조치 7호를 선포한데 이어 4월 9일에는 날조한 인혁당사건 관련자 8명을 전격 사형 집행했다.

김영삼은 도쿄에서 납치된 이래 자택에 연금 상태이던 김대중, 전 대통령 윤보선 그리고 양일동 민주통일당 총재와 4자회담을 갖고 재야세력의 통합으로 박 정권과 맞설 것을 추진했다. 두 차례 모임에서 구체적인 통합방식이 논의되었다.

그러던 중 4월 30일 남베트남의 임시혁명정부가 사이공을 점령하고, 티우 정권을 붕괴시킴으로서 베트남의 통일이 이루어졌다. 남부 베트남에 군대를 파견하여 지원했던 박정희 정권은 베트남의 통일이 '베트남적화'로 인식되고, 이것은 다수 국민에게도 큰 충격으로 다가왔다. 베트남 통일은 박 정권에게 '공안통치'의 절호의 기회가 되었다. 그동안 재야·학생·신민당의 반유신 투쟁에 내몰리던 박정희는 베트남 사태를 계기로 더욱 거센 폭압정치를 시작했다.

YS

박정희와의 회담에 대해 당시 세간에는 밀약설도 나돌았지만 나는 약속을 지켰다. 박정희란 인물은 정적에 대해서 혹독하기 그지없었고, 나야말로 박정희를 '독재자'로 규탄하면서 '하야'까지 주장했던 최대의 정적이었다. 그럼에도 나는 영수회담 이후에도 한동안 그가 내게 보여 준 모습이 진실이기를 기대했다.

제3장

돌파구 없는 군사정권의 탄압

베트남 적화와 긴급조치9호 선포

재야·학생·야당의 반유신 저항운동으로 위기에 몰린 박정희에게 1975년 4월 말 캄보디아에 이어 베트남의 공산화는 정세를 역전시키는 절호의 기회였다. 독재자와 그 아류들은 국제정세나 안보상황을 국내 정치에 악용하는 유전자(DNA)를 갖고 있다.

1975년 4월 말 캄보디아와 베트남이 공산화된 인도차이나 사태는 반유신 운동으로 궁지에 몰린 박정희에게 구세주였다. 일반 국민들 사이에 안보에 대한 불안감이 커졌고, 종교인과 지식인 등 보수층이 유신독재에 협력했다. 5월 초 서울 시내 주요 대학을 시작으로 전국적으로 각종 안보궐기대회가 열렸고, 4월 혁명으로 없어진 학도호국단이 부활되었다. 기독교에서는 '나라를 위한 연합기도회' 를 개최했고, 5월 8일에는 재향군인회와 광복회 등 38개 단체가 총력안보국민협의회를 결성했다.

1976년 8월 18일 판문점에서 미루나무를 벌채하려던 미군 장교가 북한군에 살해된 판문점도끼만행사건도 반공반북 안보의식을 부추기는데 영향을 미쳤다. 유신쿠데타 이후 적화야욕과 남침 등을 특히 강조하던 박정희는 인도차이나 사태 이후에는 남침이라는 말을 더욱 자주 썼고, 판문점도끼만행사건이 발생하자 훨씬 더 강도 높게 위기의식을 고취했다. 주한미군사령부도 박정희의 남침 주장에 호응하는 발언을 했다.[88]

박정희는 5월 13일 긴급조치 제9호를 선포했다. 베트남발 살벌한 공안 분위기 속에서도 서울 농대생 김상진 군의 할복자살을 계기로 대학에서 유신헌법 철폐와 정권퇴진을 요구하는 민주화운동이 거세게 일어나자 이를 탄압하기 위해 더욱 강력한 긴급조치 9호를 선포한 것이다.

그 내용은 △유언비어의 날조·유포 및 사실의 왜곡·전파행위 금지 △집회·시위 또는 신문·방송 기타 통신에 의해 헌법을 부정하거나 폐지를 청원·선포하는 행위 금지 △수업·연구 또는 사전에 허가받은 것을 제외한 일체의 집회·시위·정치관여 행위 금지 △이 조치에 대한 비방행

---

88) 서중석, 『한국현대사』, 웅진지식하우스, 2005, 250쪽

위 금지 △금지위반 내용을 방송·보도 기타의 방법으로 전파하거나 그 내용의 표현물을 제작·소지하는 행위 금지 △주무장관에게 이 조치의 위반 당사자와 소속 학교·단체·사업체 등에 대해 제적·해임·휴교·폐간·면허취소 등의 조치를 취할 수 있는 권한 부여 △이런 명령이나 조치는 사법적 심사의 대상이 되지 않으며 위반자는 영장 없이 체포할 수 있다는 초헌법적인 조치였다.

긴급조치 9호 선포는 계엄령에 버금하는 비상사태였다. 정부의 폭력적인 조치와 관제화 된 언론의 과잉보도로 정국은 살얼음판이 되었다.

YS

'박·김 회담'의 뒷말

김영삼은 4월 23일 이택돈 대변인을 통해 여야 영수회담을 제안했으나, 침묵하고 있던 박정희는 면담 제의 28일 만인 5월 21일 청와대에서 회담을 갖자고 통보했다.

김영삼은 당일 이택돈 대변인과 박권흠 비서실장을 대동하고 10시 30분 청와대 현관에 도착한다. '박·김 회담'은 김영삼의 정치생애와 야당의 진로에 큰 변곡점이 되었으므로 이를 자세히 소개한다.

김영삼을 취재한 한 언론인의 기록이다.

> 박 대통령이 현관까지 나와 김 총재를 맞으면서 "반갑습니다."라고 말하고 손을 내밀었다. 김 총재도 "그간 안녕하셨습니까."라고 인사했다. 그 장면의 사진을 보면 김 총재는 거의 고개를 숙이거나 몸을 굽히지 않은 모습이었다.

박 대통령과 김 총재는 대기실에 이 대변인과 박 실장을 남겨놓은 채 단둘이 널따란 대통령집무실로 들어갔다(이후 단독 요담부분은 김 씨 자신의 증언).

김 총재가 자리에 앉자 박 대통령이 커피를 권했다. 김 총재가 커피를 저으면서 먼저 말문을 열었다.

"작년에 사모님께서 불의의 변을 당하셔서 무어라 위로의 말을 드릴지 모르겠습니다. 기회가 없어 진작 조의를 표하지 못했습니다."

"위로를 해주셔서 고맙습니다. 처가 없으니 큰 집이 꼭 절간 같아서……."

박 대통령의 눈엔 한순간 이슬이 맺혔다. 박 대통령은 창밖에 있는 단풍나무에 앉은 새를 쳐다보면서 "차라리 저 새가 행복하게 보입니다. 처가 죽고 난 뒤 인생이 허무하다고 할까……."하고 말을 잇지 못하고 손수건을 꺼내 눈언저리를 닦았다.

다감한 성격의 김 총재는 순간 인간적으로 측은한 생각이 떠올랐다. 그러나 박 대통령과의 면담을 요청한 것이, 차나 마시고 감상에 젖어들기 위해서가 아니었다. 면담요청의 본론을 꺼냈다.

그가 평소 주장했던 민주화에 대한 소신을 밝혔다.

박 대통령은 한동안 경청했다. 그리고는 일어나서 한쪽 책상 위에 놓였던 조그만 지도 상황판을 들고 왔다.

상황판에는 국군과 미군의 배치, 북괴의 병력배치 및 이동상황 등이 표시되어 있었다. "총재님 참 잘 오셨습니다. 평소 이러한 안보상황은 야당총재에게 상세히 설명을 드렸어야 하는 건데……. 군사 면은 제가 좀 더 잘 아니까 설명드리지요."

박 대통령은 군사문제에 대해 한동안 설명을 하고는 국가적 위기에 대해 초당적인 협조가 필요하다는 점을 강조했다.

김 총재는 이제 내 차례라고 생각했다.

"대통령께서는 안보를 강조하고 계시지만 안보의 첩경은 민주화입니다. 월남사태만 보더라도 민주주의를 하지 않았기 때문에 빚어진 비극이 아닙니까. 진정한 국민적 총화를 얻는 길은 민주화를 통해 국민의 신뢰를 얻는 일입니다. 유신헌법을 고쳐야 합니다. 유신체제로는 더 이상 지탱할 수도 없고 나라는 물론 대통령께도 불행이 옵니다."

말을 듣고 난 박 대통령은 김 총재라고 불러 놓고는 한동안 말을 끊었다.

"김 총재, 나 욕심 없는 사람입니다. 여편네는 공산당에 맞아죽고 이런 절간 같은 데서 죽기 살기로 오래 앉아있고 싶은 생각은 전혀 없어요. 김 총재도 나중에 정권을 잡아보면 알겠지만 이거 참 머리가 아픈 자리입니다. 대통령이란 보통 힘든 게 아닙니다."

박 대통령은 육 여사의 죽음 이후 느낀 인생의 허무를 몇 번이고 되풀이하면서, "김 총재 날 믿으시오, 민주주의는 꼭 할 것입니다."라고 힘주어 말했다.

그리고는 다시 목청을 높였다.

"그렇긴 하지만 김 총재도 잘 아시다시피 조선X들은 문제가 있어요. 권력을 내놓겠다던가. 내놓을 기미만 보이면 새로 권력을 잡게 될 사람 주변으로 몰려들어요. 그러다 보면 도대체 지도력이 서지 않고 행정계통이 말을 듣지 않아요. 능률적인 통치에 큰 지장이 온다는 말입니다."

그러면서 박 대통령은 김종필을 비롯한 권력층 주변 인물들에 대한 욕을 늘어놓고 나서는 "이 얘기는 우리끼리 한 얘기로 그칩시다. 밖으로 나가면 좋지 않지요."라고 당부했다. 김 총재는 '박 대통령이 육 여사 죽음에 굉장한 쇼크를 받았구나.' 라고 생각했다. "민주주의 해야지요."라고 한 말에서 딱히 언제 물러나겠다는 것은 아니지만 언젠가 물러나겠다는 뜻이 있음을 느꼈다.

김 총재로서는 자신은 물론 국민들과 야당에서 당장 물러나 주었으면 하는 요구가 있었기 때문에 꼭 그 퇴진시기를 꼭 다짐해보고 싶었지만 그렇게까지 다그칠 분위기가 아니었다. 꼭 각서나 항서를 받으러 간 것도 아니고 "민주주의는 해야지요."라는 박 대통령의 말에서 진실성을 느꼈기 때문에 더 이상 파고들 수 없었다.

김 총재는 박 대통령이 그의 이번 임기만 끝나면 물러갈 것이라는 인상을 받았다. 그의 임기는 3년도 안 남았다. '박 대통령이 그러한 뜻이 있을진대 한 2~3년 그의 임기를 보장해줘도 길게 보아 오히려 순리로 민주화를 달성할 수 있을 것이다.' 라고 생각했다.

특히 현재 한국이 처해 있는 안보적 상황과 국내정치적 여건으로 보아 너무 서두르는 게 오히려 이롭지 않다는 판단을 내렸다.

후에 박·김 회담이 구설수에 올랐을 때 박 대통령이 "내 다음에 대통령을 할 분은 김 총재 말고 누가 있겠소. 내가 얼마동안 하고 난 다음에는 당신이 하시오."라는 식의 묵계가 있었지 않느냐는 말이 떠올랐다.[89]

89) 이경재, 『유신쿠데타』, 일월서각, 1986, 299~301쪽

YS

〈김대중〉, 〈동아〉 탄압과 '묵계설'

김영삼은 납치 이후 계속 연금 상태인 김대중 문제와 광고 탄압으로 질식 상태인 〈동아일보〉에 관해서도 말했다. 김영삼의 기록을 발췌한다.

> 나는 김대중 문제를 제기했다. 박정희는 김대중이 국내에서 당당하게 말하지 못하고 해외에서 비겁하게 반체제운동을 벌이고 있다면서, 국가이익의 한계를 넘은 배반행위라고 신랄하게 비난했다. 나는 강력하게 반론을 폈다. "김대중이 부당한 방법으로 납치되어 왔고 현재도 부당하게 연금돼 있으므로 원상회복해야 한다."라고 주장했다. "그것만이 한·일, 한·미관계를 포함해 한국의 외교적 손실을 회복하고 문제를 바르게 처리하는 길이다."라고 주장했다.
>
> 박정희와의 회담을 앞둔 어느 날, 김상만 회장이 나를 급

히 만나고 싶다고 요청해 온 일이 있었다. 만나 보니 몇 달째 계속되는 광고탄압으로 인해 신문사가 쓰러지게 됐다는 것이다. 김 회장은 여러 가지 통로로 박정희에게 사정해 보았지만 소용이 없다면서, 내가 박정희에게 얘기해서 좀 살려달라는 것이었다.

나는 이미 〈동아일보〉 광고 사태에 대해 박정희와의 회담에서 중요한 의제로 다루려고 생각하고 있던 참이었다.

나는 영수회담에서 박정희에게 〈동아일보〉 문제를 심각하게 제기했다. 박정희는 그때 "나에게 〈동아일보〉 광고 사태를 풀어야 된다고 말하는 사람은 김 총재뿐입니다."라고 말했다. 내가 처음이라는 것이었다. 박정희는 〈동아일보〉가 괘씸하다면서 상기된 표정으로 〈동아일보〉를 비난하는 얘기를 늘어놓았다.

박정희는 〈동아일보〉에 대한 험담을 길게 하고 나서야, "뜻을 잘 알겠으니 내게 맡겨 주십시오."라고 말했다. 나는 그의 말에서 조만간 〈동아일보〉 광고사태가 풀릴 것이라는 인상을 받았다.

나는 청와대에서 나와서 김상만 회장을 만나 곧 해결될 것으로 본다고 말해주었다. 김 회장은 "정말 고맙습니다. 내 대(代)는 물론 자손들까지 은혜를 영원히 잊지 않도록 하겠습니다."라고 말하며 눈물까지 흘리며 감격해했다. 결국 사태는 해결의 방향으로 흘러갔고 1975년 7월 16일부터는 광고 게재가 정상화되었다.

박정희와의 회담에서 내가 제기했던 주요 의제는 유신헌법 철폐와 대통령직선제로의 개헌, 〈동아일보〉광고탄압 사태, 김대중 문제, 김한수 의원 등 구속자석방 문제였다. 나는 미리 준비한 이 문제들에 대해 충분히 얘기했다.[90]

김성진 청와대 대변인은 2시간 동안 계속된 회담을 짧게 발표했다. 국민들은 회담 내용을 알 수 없었다.

박 대통령과 김 총재는 지금 미증유의 난국에 처해 이를 극복하기 위해서는 여·야가 다 함께 국가적 차원에서 노력을 기울여야 한다는 데 의견을 같이 했다. … 이것은 여·야와 사회 각층간의 총화를 굳히는 효과적이며 실질적인 촉진제가 될 것으로 확신한다.

청와대 영수회담 후 김영삼의 언행은 크게 달라졌다. "신민당은 1975년 5월 12일 개헌운동 중지를 결정했고, 5월 21일 김영삼 총재는 박정희와 면담을 하고서는 아예 꿀 먹은 벙어리가 되었다."[91]

90) 김영삼, 앞의 책, 86~87쪽.
91) 서중석, 앞의 책, 250~251쪽.

당내 비주류 측은 모종의 묵계설을 제기했고 재야 측에서도 의혹의 눈길을 보냈다.

긴급조치 정국에서 아주 이상한 일이 벌어졌다. 대통령 박정희와 신민당 당수 김영삼이 단독 회담을 했다. 그 악명 높은 긴급조치 9호가 발동한 지 일주일 만이었다. 두 사람은 배석자 없이 만났고 회담 내용은 일절 밝히지 않았다. 그래서 비밀회담이라 불렸다. 회담 이후 김영삼은 대정부 투쟁 수위를 현저히 누그러뜨렸다.

그러자 시중에 온갖 의혹이 나돌았다. 김영삼이 박정희에게 거액의 자금을 받았다는 설, 차기 대권을 약속받았다는 설 등이 그것이었다. 이런 의혹에도 김영삼은 말이 없었다. 당수가 이럴 정도이니 야당의 존재가 참으로 하찮았다.[92]

92) 김택근, 『새벽 김대중 평전』, 사계절, 2012, 125쪽

YS

'김옥선 파동'에 대한 대처

이런 와중에 김옥선 의원의 발언 파동이 일어났다.

1975년 10월 8일 제94회 정기국회 본회의 대정부 질문에 나선 신민당 김옥선 의원은 신랄한 어조로 유신체제의 독재성과 안보를 구실로 한 정권 연장책을 비판했다.

74년에 있었던 정일형 의원의 강경발언 이래 처음 있는 유신체제 비판발언이었다. 김 의원은 "전국을 뒤흔드는 각종 안보궐기대회, 민방위대 편성, 학도호국단의 조직, 군가보급, 부단한 전쟁위협 경고발언, '싸우면서 건설하자' 는 구호 등은 국가안전보장을 빙자한 정권연장의 수단이다. 전쟁도발 가능성의 판단은 오로지 독재자의 전유물이며, 독재자는 자신의 실정을 국가안보라는 절대적 명제로 깔아뭉개고 국민을 사병화하여 국민생활을 끊임없는 전투와 같은 상황에 놓이게 하고 있는데, 지금과 같은 전쟁위기조성의 이면에는 남침대비라는 정도를 넘어선 정치적 의도가 숨겨져 있다."라고 정면으로 공격하고 나섰다.

김 의원은 한층 톤을 높여서 "오늘 우리 의회는 1인 통치를 합리화시켜주는 한갓 장식물에 불과하게끔 되어버린 정치적 현실을 통탄하여…누가 우리보고 독재국가의 국회의원이라고 낙인을 찍을 때 우리가 설 자리는 어디인가? 불행하게도 이제 우리는 독재국가가 아니라고 항변할 아무런 논리적 근거도 갖추고 있지 못한다. 독재자의 온갖 실정과 또 그로 인한 민생고는 국가안보란 절대적인 명제 아래 깔려 묻히게 됨으로써 국민은 독재체제를 뒷받침하는 정치적 사병이다."라고 계속 몰아붙였다.

그러나 김 의원의 발언은 더 이상 계속되지 못했다. 의석에 앉아 있던 여당의원들이 일제히 일어나 고함을 지르며 김 의원의 발언을 중단시키라고 아우성쳤다.

김옥선 의원의 발언은 여당의원들의 소란과 사회를 보던 유정회 소속 김진만 국회부의장의 재빠른 정회선포로 불과 8분 만에 중단되고 말았다.

모처럼 충성의 기회를 포착한 여당의원들은 하나같이 강경입장으로 김 의원을 제명해야 한다고 나섰다. 이들은 김옥선 의원의 발언이 국가와 헌법기관(대통령과 국회)을 모독한 긴급조치 위반이라고 성토했고, 일부 의원은 국가

안보를 위태롭게 하는 이적행위라고 규탄했다.

공화당과 유정회는 연석회의에서 김 의원의 징계문제를 의장 직권으로 법제사법위원회에 회부하기로 결정했다. 신민당도 긴급 대책회의와 의원총회를 열었다. 신민당 의원총회는 김옥선 의원과 운명을 같이하기로 결의하고 법사위와 본회의에서 이를 저지하기로 결정했다.

법사위에서 여야의 물리적인 대결이 빚어지면 정부 여당이 경호권을 발동하여 신민당 의원들을 퇴장시키고 김 의원 징계권을 통과시키기로 방침을 세웠다.

여당의 김 의원 제명 강행방침이 정해지자 신민당 의원들은 누구도 그와 운명을 같이하려는 움직임이 없었다. 특히 비주류에 속한 의원들은 드러내놓고 '의원직사퇴 불가' 입장을 밝혔다. 김영삼 총재는 본회의 제명처리에 앞서 찾아온 김옥선 의원에게 "당을 위해 사퇴하는 것이 좋겠다."라고 종용했다.

이렇게 하여 김옥선 의원은 '운명을 같이하기'로 했던 신민당 소속 의원들로부터 버림을 받게 되고, 김 총재로부터 '당을 위해 사퇴'의 종용을 받고는 자진사퇴를 결심하기에 이르렀다.

김 의원은 10월 13일 국회에 사직서를 제출했다. 김 의원 사직서는 이날 신민당 의원이 불참한 가운데 출석의원 153명이 비공개회의에서 공개투표로 전원이 찬성하여 사

직이 결정되었다.[93]

신민당 비주류는 그렇다 치고라도 김영삼 총재가 '김옥선 파동'에 대처하는 모습은 예전과 달랐다. 청와대 영수회담 후 달라진 모습이다.

김영삼은 영수회담에 대한 세간의 비판과 갖가지 억측에도 불구하고 오랜 기간 이를 밝히지 않았다. 박정희 사후에 김영삼은 자서전에서 그 이유를 들었다.

> 나는 한 번 약속한 것은 끝까지 지킨다는 것을 신조로 살아왔다. 설령 그것이 나에게 불리하게 작용하더라도 고집스러울 정도로 그것을 지키고자 노력했다. 내가 공식회의에서건, 사적인 자리에서건 박정희와 면담내용을 발설치 않자, 당내 비주류는 나에게 강하게 반발했다. 당내에는 구구한 억측도 난무했다. 그러나 1979년 10월 26일 박정희가 살해될 때까지 나는 1975년의 회담내용에 대해 함구했다.
>
> 박정희와의 회담에 대해 당시 세간에는 밀약설도 나돌았지만 나는 약속을 지켰다. 박정희란 인물은 정적에 대해서 혹독하기 그지없었고, 나야말로 박정희를 '독재자'로 규탄하면서 '하야'까지 주장했던 최대의 정적이었다. 그럼에도 나는 영수회담 이후에도 한동안 그가 내게 보여 준 모습이

93) 김삼웅, 『해방 후 정치사 100장면』, 가람기획, 1994, 254쪽

진실이기를 기대했다.

그러나 박정희는 "대통령직선제와 민주주의를 하겠다."던 나와의 약속을 자신이 김재규의 손에 살해될 때까지 끝내 지키지 않았다. 박정희는 그 후 영구집권을 도모하다 파멸의 길로 흘러가고 말았다. 박정희가 그때 흘린 눈물이며, "대통령 오래 할 생각 없습니다. 민주주의 하겠습니다." 하는 말은, 지금 생각하면 처음부터 나를 속이려고 꾸며 낸 거짓말이었다. 그의 눈물은 5·16쿠데타 직후 국민에게 번의를 거듭하며 흘렸던 거짓 눈물과 일맥상통하는 것이었다.[94]

94) 김영삼, 앞의 책, 88~89쪽.

YS

비주류 이철승에 빼앗긴 당권

김영삼의 박·김 회담과 김옥선 의원 사태에 대한 미온적인 대처는 신민당 비주류에 공격의 빌미가 되었다. 선명과 강경을 캐츠프레이즈를 내걸고 당권을 거머쥔 김영삼의 노선에 일대 타격이 된 것이다. 이철승·고흥문·신도환 등 비주류 측에서는 김 총재의 사퇴를 들고 나오고 고흥문 정무회의 부의장, 박영록 훈련원장 등 당직자들은 사퇴하면서 책임을 물었다.

비주류는 박·김 회담 이후 김 총재의 지도노선이 변질됐다고 주장하면서 당권도전을 선언, 이른바 고양이 논쟁으로 발전하게 된다.

김 총재가 76년 4월 지구당개편대회 치사에서 "쥐를 잡지 못하거나 잡으려하지 않는 고양이가 있다면 그것은 고양이가 아니며 정권을 잡지 못하거나 잡으려 하지 않는 정당이 있다면 그것은 정당이 아니다."라고 말하면서 박 · 김 회담에도 불구하고 그는 정권에 도전하는 야당인임을 강조했다. 그러나 비주류 측은 "고양이가 동맥경화증에 걸려 발 앞에 있는 쥐를 잡으려 하지 않고 있다."(이철승), "쥐를 잘 잡는 고양이가 필요한 것이지 쥐를 잡는다고 뛰어만 다니는 고양이가 필요한 것은 아니다."(정운갑), "고양이가 대마초를 먹었다."(신도환)는 등 김 총재의 '고양이 론(論)'을 야유했다.[95]

비주류의 완강한 비판에 몰린 김영삼은 여전히 함구하면서 1975년 8월 4일 동남아 순방에 나섰다. 필리핀의 마르코스 대통령, 일본의 미키(三木武夫) 수상 등을 만나 회담하고 19일 귀국했다. 8월 23일은 총재 취임 1주년이 되는 날이었다.

김영삼은 동남아 순방 결과와 지난 1년이 국민의 기대에 미흡했다는 자평과 더불어 여전히 개헌논의를 금하고 있는 긴급조치 9호의 해제를 촉구했다. 검찰은 이튿날 기자회견 내용 중 긴급조치 9호에 위반되는 발언을 이유로 불구속 입건했다. 그리고 서울지검에서 출두 요구서를 발부한 데 이어 비서실장 김덕룡을 구속했다. 기자회견문 작성

95) 이경재, 앞의 책, 307쪽.

배포가 긴급조치 위반이란 혐의였다.

검찰은 1976년 1월 21일 김영삼 총재를 불구속 기소했다. 청와대 회담 8개월 만에 박정희는 김영삼을 기소한 것이다.

'김옥선 파동'을 겪은 신민당의 이철승·고흥문·신도환계 및 정일형·김원만·정헌주 등 당내 비주류인사들은 이 사태에 대한 김영삼의 총재직 인책사퇴와 명확한 지도노선 제시를 요구하면서 일대공세를 벌였다.

이렇게 포문을 열기 시작한 신민당 비주류 측은 1976년 3월 9일 합동 기자회견을 갖고 집단지도체제만이 국민의 기대에 부응할 수 있는 신민당을 만드는 최선의 방향이라고 선언했다. 비주류 측은 집단지도체제의 당헌개정을 들고 나와 주류와 한판 대결을 시도했다.

5월 전당대회를 앞두고 4월 1일부터 시작한 전국 72개 지구당 개편대회를 계기로 당권경쟁이 본격화됐다. 지구당 개편대회 과정에서 충북 영동에서 폭력사태가 발생했는가 하면, 5월 22일 전당대회 대의원 접수를 시작하자 비주류 청년당원 150여 명이 중앙당사를 점거하는 난동사건이 일어났다.

일부 대의원의 자격을 둘러싸고 첨예하게 대립한 양파의 대결은 5월 22일 서울시민회관에서 열린 전당대회가 각목대회의 난투극으로 변하기에 이르렀다. 주류 측이 먼저 대회장을 장악하여 전당대회를 개최하려 하자 비주류 측 청년당원들이 대회장을 점거하고 전당대회를 치렀다. 이 과정에서 주류와 비주류의 청년당원들 사이에 각목을 휘두르는 등 폭력사태가 발생, 당원들이 부상하는 사태로 번졌다.

비주류 측에 의해 전당대회장을 빼앗긴 주류 측은 이날 관훈동 중앙당사에서 전당대회를 따로 열어 총재인 김영삼을 만장일치로 재선출했다. 주류 측의 전당대회에는 21명의 의원과 415명의 대의원이, 비주류 측의 전당대회에는 34명의 의원과 372명의 대의원이 참석했다.

신민당의 주류와 비주류는 각기 당대표 변경등록신청을 중앙선관위에 제출했지만, 중앙선관위는 5월 31일 양측의 신청을 모두 각하했다. 그러나 중앙선관위는 76년 5월 말이 경과함으로써 김영삼의 총재임기가 소멸되었다고 통고하여 김영삼은 6월 11일 총재직 사퇴를 발표하고 전당대회의장 이충환을 총재권한대행으로 지명했다.

신민당 주류와 비주류는 이충환을 중심으로 중도계 의원들이 제시한 7명의 최고위원과 1명의 대표위원을 두도록 하는 당헌개정안에 합의하여 9월 15일, 16일 이틀 동안 서울시민회관 별관에서 수습전당대회를 열기로 했다.

이에 따라 '반당대회' '각목대회' 이후 112일 만에 수습 전당대회를 열어 집단지도체제의 당헌을 채택하고 먼저 최고위원의 선출에 들어갔다. 주류 측은 대표최고위원에 김영삼, 최고위원에 이충환·유치송·김재광, 비주류 측은 이철승·신도환·고흥문·정해영 등 7명이 최고위원에 출마, 최다득표자를 대표최고위원으로 추대하기로 결정했다.

대의원 767명이 투표하여 최고위원을 선출한 결과 주류의 이충환(103), 유치송(98), 김재광(72), 비주류의 이철승(142), 신도환(118), 고흥문(87) 등 6명이 당선되었다. 이 밖에 정혜영 68표, 최형우 56표, 김옥선 21표, 무효 2표였다.

9월 16일 같은 장소에서 열린 대표최고위원 선거는 김영삼·이철승·정일형 등 3명이 경합하여 1차 투표에서 김영삼이 349표, 이철승이 263표, 정일형이 134표를 얻었으나 과반수 득표자가 없어 2차 투표에 들어갔다. 2차 투표에 앞서 정일형은 이철승의 추대를 선언하고 사퇴했는데, 투표결과 이철승이 389표로, 364표를 얻은 김영삼에게 25표 차로 역전승, 과반수 득표로 대표최고위원에 당선되었다. 김영삼은 2년여 만에 중도통합론자 이철승에게 당권을 빼앗겼다. 김옥선 파동 당시 56명의 의원들이 총사퇴를 결의했을 때 승복할 수 없다고 성명을 낸 16명의 국회의원이 비주류였다. 이들은 대부분 이철승·신도환 계열이다.

YS

김영삼은 굽히지 않았다. 7월 23일 열린 제102회 임시국회의 대정부 질문에서는 작심하고 긴급조치의 위헌문제, 1인 체제하의 경제실패, 자신의 외신회견에 대한 용공몰이, 유신 이후 인권유린 실태, 윤보선·김대중 두 당 상임고문 자택연금 문제, 국정파탄의 책임과 민주헌정의 회복을 위해 정권이양을 준비할 것을 요구했다.

제4장

이철승 체제에서 당권탈환

비난에 몰린 이철승 신민당 '제3중대론'

비주류 연합으로 당권교체에 성공한 이철승은 당선소감을 통해 "광복 30년 동안 선배를 모시고 가시밭길 야당사를 걸어오는 동안 이 순간처럼 가슴 벅차고 목메는 순간은 없었다."라고 술회하고 "당권교체를 이룩한 것은 사필귀정이며 정론의 승리이다."라고 주장하면서 그의 지론인 '중도통합론'을 거듭 역설했다.

당대표위원에 취임한 이철승은 신민당 의원총회에서 지도노선의 방향과 중도통합론에 대해 "현 체제하에 참여하고 그 밑에서 활동하는 한 체제를 부인하는 것이 아니라 개선해나가는 방향으로 노력해야 한다."라고 말하면서 베트남 사태를 예를 들어 "국가가 위기에 처했을 때 극단적인 혼란이 일어나서는 안 되므로 안보논의와 자유권은 이러한 여건 속에서는 한계가 있어야 한다."라고 말했다.

비주류로 전락한 김영삼은 이철승의 안보논리와 자율권 유보론은 공화당의 논리와 똑같은 것이라고 비난하여 야당에서는 다시 선명논쟁이 일기 시작했다.

신민당의 선명논쟁은 계속되어 이철승은 "현 체제 내에 나의 기본자세는 '참여 하의 개혁'이며 개혁이란 의미는 부당요소를 하나하나 개선해나가자는 것이다."라고 주장했다. 이에 대해 비주류 측은 3·1민주구국선언사건으로 의원직을 상실한 정일형 문제 등을 제시하면서 유신체제의 타협노선이라고 몰아붙였다.

이철승은 신민당 관훈동 당사가 도시계획으로 철거됨에 따라 1977년 가을부터 당사 신축을 서두른 끝에 서울 마포구 도화동 사유지를 임대, 1978년 6월 22일 신축당사 건립 기공식을 가졌다. 이철승은 야당의 오랜 숙원인 마포에 4층짜리 자체 당사를 신축하고 5월 27일 박정희 · 이철승 영수회담 결과 야당에 정치 자금이 배분되었다. 6월 20일 열린 임시국회는 여야의 막후 절충 끝에 △시국에 대한 대정부건의안 △미지상군 철수 반대결의안 △반국가 활동에 대한 결의안을 채택했다. 박정희 정부의 입장을 대변한 것이다. 이 시기 김영삼은 침묵하고 있었다. "나는 당의 운영 문제에 대해서 1년여 동안 침묵을 지켰다. 비판도 찬양도 거둔 채 깊은 침잠의 세월을 보냈다."[96]라고 말했다.

96) 김영삼, 앞의 책, 97쪽.

신민당은 완전히 야성을 잃고 유신체제의 외곽 구조물로 변해갔다. 세간에서는 '제3중대'란 비난이 쏟아졌다. 유정회가 1중대, 공화당이 2중대, 신민당이 3중대라는 비난 여론이었다. 재야·학생들의 신민당을 성토하는 농도가 갈수록 짙어졌다.

신민당 내에서 야당성 회복 운동이 일어났다. 원외를 중심으로 '야당성회복투쟁위원회'(야투)가 결성되고 김영삼을 정신적 지주로 삼았다.

1978년 7월 6일 제9대 대통령선거를 맞아 이른바 '체육관 선거'에서 박정희 대통령이 단일 입후보하여 통일주체국민회의 대의원 2578명 중 찬성 2577표, 무효 1표라는, 또 한 차례 코미디 같은 선거를 치러 여전히 집권자로 자리를 굳히게 되었다. 김영삼과 회담에서 '마지막 임기'인 것처럼 했던 박정희의 언사는 철저히 속임수였다.

야당은 이철승 체제의 신민당이 '박 정권과 유착관계'라는 비난을 받아가면서 '체제 내의 야당'으로서 명맥을 유지하고 있었다. 그 사이에 재야와 학생들은 많은 희생을 치러가면서 반유신 투쟁을 전개했고, 국내외적으로도 굵직한 사건·사태들이 잇따라 정치쟁점으로 등장했다.

미국의회 의원 등에게 매수활동을 벌인 박동선 사건을 비롯하여, 청와대 도청사건, 현대아파트 불법분양 사건, 공화당 성낙현 의원의 여고생 추행사건 등이 대표적인 사건이었다.

박정희 정권의 마지막 선거가 된 제10대 국회의원선거가 1978년 12월 12일 실시되었다. 한국 현대정치사에서 12월 12일은 특별한 의미를 갖는다. 헌정사상 처음으로 득표율에서 야당이 선거에서 여당을 이긴 날이고, 그로부터 만 1년 후인 79년의 12월 12일은 박정희가 키워온 신군부세력이 또다시 쿠데타를 일으켜 헌정을 짓밟고 군권을 장악한 날이기 때문이다.

유신체제가 출범한 이래 두 번째 총선을 앞두고 여·야당은 내부정리에 분주한 나날을 보냈다. 국회의원 정수의 3분의 1은 이미 대통령의 지명 케이스인 까닭에 3분의 2석인 154석을 놓고 각축을 벌이게 되었다.

YS

득표율 여당 승리, 7선 의원이 되다

12·12총선거는 여야의 쟁점이 부각되지 않고 표면적으로 무기력하면서 음성적인 탈법과 위법이 자행되었다. 야당 후보들은 선거기간 중 유세를 통해 정부의 비정을 집중 공격하면서 유신헌법의 개정과 긴급조치 9호의 해제를 요구했다. 그리고 정부 여당의 각종 비리와 스캔들을 폭로하면서 견제세력의 확보를 호소했다.

신민당은 선거구호인 "신민 위에 서민 있고 공화 위에 재벌 있다."라는 내용이 선거법상 특정정당 비방조항에 해당된다는 중앙선관위의 사용금지 통보가 있었음에도 이를 무시하면서 재벌문제를 지적하고 공격, 선거 이슈로 삼았다.

이런 가운데 선거결과는 그야말로 예상 밖으로 나타났다. 선거인 총수 1948만 9490명 중 77.1%의 투표율을 낸 가운데 공화당 68명, 신민당 61명, 통일당 3명, 무소속 22명이 당선되었다. 53개 지역에서 공화·신민당 후보가 같이 당선되어 동반당선 사태를 가져왔다. 그러나 이번 선거는 신민당이 32.8%의 득표를 차지하여 공화당의 31.7%보다 1.1%를 앞섬으로써 사상 처음으로 야당이 여당의 득표를 앞서는 이변을 가져왔다.

그 결과 공화당은 9대 때의 73석보다 5석이 줄고 신민당은 52석에서 9석이 늘었다. 게다가 공화당은 대도시인 서울과 부산에서 고전했다. 한편 제3기 유정회 의원 77명의 추천은 12월 19일 밤 발표되었는데 신규가 52명, 재추천이 25명이었다.

유신체제의 여러 가지 모순구조 중의 하나는 선거제도였다. 대통령선거는 어용기관인 통일주체국민회의에서 단일후보를 두고 투표하여 99.9%의 득표 당선자를 내는가 하면, 국회의원의 3분의 1석을 대통령이 추천하도록 하고, 임기 6년제의 지역구 의원은 여야의 동반당선 구조를 갖고 있었다.

이런 구조상의 모순 때문에 신민당이 투표율에서 1.1% 앞서고도 3분의 1 의석도 차지하지 못하게 된 것이다. 김영삼은 부산에서 당선되어 7선의원이 되고 10대 국회에서 최다선을 기록하기에 이르렀다.

신민당은 12·12총선에서 공화당보다 많은 득표를 한 것을 대여투쟁과 대정부 비판을 더욱 적극적으로 전개해야 한다는 국민의 요구로 받아들이면서 원내투쟁을 강화해나갔다. 1.1%의 승리를 등에 업고 등원한 신민당 의원들은 여권이 국회의장 후보로 유정회 소속 백두진을 내정하면서 강경한 입장을 천명했다.

공화당과 유정회는 이 같은 신민당의 방침에 대해 유신체제에 정면으로 도전하는 것으로 간주한다면서 의장선출 과정에서 퇴장할 경우 '심각한 사태'가 초래될 것이라고 역시 강경하게 맞섰다. 신민당은 이에 대해 반대할 방법까지도 강요하는 여당의 태도는 민주주의 원칙을 무시하는 처사라고 대응했다.

그러나 타협안이 마련되어 국회 본회의의 의장선출에는 대표최고위원인 이철승을 비롯한 신도환·이충환·유치송·고흥문·김재광 등 최고위원과 원내총무 송원영만이 참석, 백지투표로 반대의사를 밝혔으며, 비주류의 김영삼 등 14명은 본회의장에 들어왔다가 투표 전에 퇴장했다. 나머지 신민당 의원들과 친야 무소속 의원 7명은 본회의장에 입장하지 않았다.

'백두진 파동'은 다가올 대격동의 오픈 게임에 불과했다. 1.1% 승리는 결국 10·26사태로 연결되어 박 정권의 종언을 고하는 새벽의 나팔소리와 같은 역할을 했다.

김영삼은 제10대 국회가 개원되기 전, 1979년 2월 8일부터 약 1개월간 미국과 일본을 방문했다.

2월 15일에는 미국 예일대학 폴리티컬 유니언(Political Union)에서 '한반도 통일과 민주주의'를 주제로 연설했다. 과거 케네디, 닉슨 등도 이곳에 초청되어 연설했다고 한다. 2월 24일에는 로스앤젤레스의 힐튼호텔에서 연설했으며, 29일에는 에드워드 케네디 상원의원과 요담했다.

미국 방문기간 중 내가 한 발언들은 국내 신문엔 한 줄도 보도되지 않았다. 그 중 몇 가지 생각나는 대목을 보면, 2월 13일 뉴욕 힐튼호텔에서 가진 기자회견에서 나는 "진실로 박 대통령에게 권하는 것은 국민의 마음이 이미 현 정권에서 떠나 있음을 직시하고 빠른 시일 내에 정권이양 준비를 갖추라는 것이다."라고 말했다. 중도통합론의 이철승을 겨냥, "야당은 야당다워야 하며 정권을 잡기 위해 투쟁해야 한다."라고 말함으로써 나는 총재 경선에 나설 뜻을 시사하기도 했다.

예일대학에서의 연설에서도 나는 "1978년 12·12총선 때부터 박 대통령은 자신이나 국민을 위해 자유민주주의를 회복시켜 정권을 이양할 준비를 갖추는 것이 좋겠다는 충고를 계속해 왔다."라고 밝혔다. 이란(Iran) 팔레비 정권의 몰락을 예로 들면서, "어떤 정부가 군대의 강력한 지지를 받고 있다 할지라도, 국민의 지지를 잃은 정권은 결단코 무

너질 수밖에 없다." "이것이 이란 사태가 우리에게 보여 준 역사적 교훈이다."라고 주장했다.[97]

제10대 총선에서 실질적으로 패배한 정부 여당은 국민의 소리에는 눈을 감은 채 국회의장으로 유정회 의원 백두진을 내정하고 힘으로 밀어붙였다. 유정회는 박정희가 일괄 지명하여 통대에서 선출된 사이비 국회의원 집단이었다.

반대하는 여론이 높았다. 심지어 공화당 지역구 출신의원들도 반대의 심기를 숨기지 않았다. 신민당은 처음에는 반대 당론을 모았으나 '유신체제에 대한 도전'이라는 정부 여당의 협박에 쉽게 무너졌다.

신민당(지도부)에 대한 국민의 지탄은 갈수록 높아졌다. 재야·학생들은 '사쿠라 지도부'라 비판하고 각종 집회에서 '유신체제 3중대' 규탄 발언이 쏟아졌다.

97) 김영삼, 앞의 책, 99쪽.

YS

김대중 지원 받으며 당권 탈환

제10대 총선에서 신민당의 득표율 1.1% 승리는 정국에 큰 변수로 작용했다. 우선 지도부와는 달리 야당의원들이 긴급조치의 오랜 무기력에서 벗어나게 하는 계기가 되었다. 그 중심에 김영삼과 그의 직계 의원들이 있었다.

야당은 모처럼 활력을 되찾기 시작했다. 이런 상황에서 1979년 5월 30일로 예정된 신민당의 정기전당대회에 많은 국민의 관심이 모아졌다. 박정희는 온건노선의 이철승 신민당 체제를 비호하면서 김재규 중앙정보부장과 차지철 경호 실장을 통해 야권분열과 신민당 전당대회에 대한 공작을 지시했다.

이철승이 당권사수를 위해 많은 대의원들을 포섭하고 있는 가운데 김영삼은 선명의 기치를 내걸고 설욕전에 나섰다. 당내 비주류에서는 5·30전당대회를 두고 '민주회복

세력과 친여세력의 대결', '정권도전세력과 정권비호세력 간의 한판 승부'라면서 전당대회의 선명성을 부각시켰다.

주류와 비주류는 집단지도체제의 비능률성을 이유로 단일지도 체제로 당헌을 바꾸기로 합의했다. 이에 따라 새 총재경선에는 이철승·김영삼을 비롯하여 신도환·김재광·조윤형·박영록·이기택 등 7명이 경합에 나섰다. 이철승 대표는 이미 고흥문·이충환·유치송 최고위원이 지원하고 있었고, 김영삼계는 분열된 상태에 있어서 이철승의 승리가 점쳐지고 있었다.

이 무렵 재야의 김대중이 총재경선에 나선 조윤형·김재광·박영록을 불러 경선을 포기하고 김영삼 지지를 설득했다. 이렇게 하여 주류 · 비주류 간의 팽팽한 대결이 예상되는 가운데 전당대회의 날이 밝아왔다.

신민당 전당대회는 5월 30일 서울 마포 새 당사에서 개최되었다. 이철승은 자신의 노력으로 야당사상 처음으로 자체건물을 당사로 마련한 것을 과시할 겸 당사에서 전당대회를 치르도록 결정했다.

양 세력은 각기 29일 전야제를 열어 자파 대의원들의 결속을 다짐했다. 그런데 연금 중인 김대중이 돌연 김영삼 세력의 단합대회장인 음식점 아서원에 나타나 "이번 전당대회는 당내의 친유신파와 반유신파의 대결이다."라고 말하면서 김영삼 지지를 호소함으로써 김영삼 바람이 확산되도록 했다.

김대중은 이철승의 '중도통합론'을 신랄히 비판했다. "선과 악 사이에 중도통합은 없습니다. 공자와 도둑놈 사이에 어떻게 중도통합이 있습니까? 사람을 놓고 하나는 살리자, 하나는 죽이자 하는데 어떻게 반만 죽이자는 중도통합이 있습니까? 민주주의와 독재 사이에는 중도통합이 없습니다. 방향도 다르고 원칙이 다른 겁니다."[98]

전국대의원 757명 중 751명이 참석한 전당대회는 단일지도체제로 환원되고 당헌 개정안을 만장일치로 채택한 다음 총재선출에 들어갔다. 1차 투표 결과는 이철승 292표, 김영삼 267표, 이기택 92표, 신도환 87표, 그밖에 김옥선 11표, 무표 2표였다. 모두 과반수에 훨씬 미달되어 2차 투표에 들어가게 되었다.

투표가 진행되고 있는 동안 1차 투표에서 3·4위자인 이기택·신도환이 후보를 사퇴하고, 이기택은 김영삼을, 신도환은 이철승을 지지한다고 선언했다. 그 결과 2차 투표에서 김영삼 378표, 이철승 367표로써 김영삼이 재석 751명 중 과반수선(376표)을 2표 넘는 378표를 얻어 이철승을 11표 차로 누르고 역전승함으로써 2년 6개월 만에 총재직에 복귀하여 신민당은 두 번째로 김영삼 시대를 맞게 되었다.

---

98) 김삼웅, 『김대중 평전(1)』, 시대의 창, 2010, 472쪽

김영삼은 이날 당선 인사말에서 "오늘은 진실로 위대한 민권승리의 날이며 아무리 험한 길을 가더라도 민주회복을 위해 몸과 마음을 바쳐 싸울 것을 맹세한다."라고 말하면서 "나의 당수 도전은 이 정권에 굴복할 수 없다는 데서 출발한 것이며, 오늘의 결과는 우리가 곧 여당이 될 수 있음을 보여준 것이며 정권인수 준비가 되었음을 증명한 것이다."라고 말했다.

두 번째 신민당 총재에 당선된 김영삼은 비장한 마음으로 투지를 밝혔다.

> 오늘의 결의는 우리 신민당이 곧 여당이 될 수 있음을 보여 준 것이며, 수권 준비태세가 돼 있음을 입증하는 것입니다. 이제 민주주의는 개막하기 시작했고, 마침내 새벽이 돌아왔습니다. 아무리 새벽을 알리는 닭의 모가지를 비틀어도 민주주의의 새벽은 오고 있습니다.[99]

김영삼은 이어 "국민성원에 진심으로 감사하며 오늘의 승리를 있게 해준 윤보선·김대중 씨를 비롯하여, 김재광·박영록·조윤형·이기택 씨에게 감사한다."라고 말했다.

신민당 전당대회는 이날 윤보선·김대중을 비상임 고문

---

99) 〈민주전선〉, 1979년 6월 5일.
100) 김영삼, 앞의 책, 103쪽.

으로, 유진오·이철승을 고문으로 각각 추대했다.

박정희는 김영삼의 야당총재 재등장을 한사코 막고자 했다. "내 눈에 흙이 들어가기 전에 김영삼은 안 된다."[100] 라고 한 언론인에게 소리쳤다. 그리고 각급 정부기관을 통해 방해 공작을 폈다. 그런데 권력 내부에서 헤게모니 쟁탈전이 벌어지고, 이것이 결과적으로 김영삼의 행운으로 작용했다.

가택연금 중이던 김대중이 이날 용케 집을 빠져나와 아서원 대회에 참석할 수 있었던 것은 권력 내부의 헤게모니 싸움에서 기인한다. 당시 김재규 중정 부장과 차지철 청와대 경호실장은 박정희의 신임을 둘러싸고 각축전을 벌이고 있었다. 신민당 대표 선출 건을 놓고는 김재규는 김영삼을, 차지철은 이철승을 지지하는 상태였다.

이처럼 두 사람은 사사건건 대치했고, 차지철이 국정 대소사에 점점 월권을 하면서 김재규의 자존심을 건드리는 일도 잦아졌다. 신민당 전당대회에도 차지철의 입김이 미치고 있다는 정보를 들은 김재규는 차지철을 골탕 먹이려고 이날 김대중의 외출을 모른 척했다.

동교동 감시와 김대중 연금 문제는 중정의 소관이었는데도 말이다. 이 일로 김재규는 박정희에게서 엄중한 질책을 당했고, 5개월 뒤 차지철과 궁정동에서 맞부딪쳤다.[101]

---

101) 김삼웅, 앞의 책, 474쪽.

YS

태풍의 눈이 된 외신기자클럽 연설

김영삼의 등장은 유신 정국에 태풍이었다. 긴급조치 9호로 언론자유와 집회결사의 자유가 꽁꽁 묶인 상태에서 박정희는 절대군주처럼 군림하였다. 그래도 어용야당이었지만 국민은 총선에서 신민당에 1.1%의 득표율을 더 주고, 야성을 회복한 야당은 마침내 선명의 기치를 든 김영삼을 반유신의 새 기수로 다시 뽑았다.

김영삼은 달라졌다. 1기 야당총재 시절의 '대화를 통한' 민주화 추진이 박정희의 간교와 술책으로 허망한 물거품이 되고, 자신의 정체성에 흠집이 생기면서 하마터면 '정치적 식물인간' 의 위기에 몰렸던 것을 각성하면서 야당인의 정도를 걷고자 했다. 그것은 먼저 민주주의를 회복하는 일이었다.

김영삼은 6월 11일 외신기자클럽 초청 연설에서 남북문제를 비롯하여 소신을 밝혔다. "야당총재로서 통일을 위해서는 장소와 시기를 가리지 않고 북측의 책임 있는 사람과 만날 용의가 있다."라고 말했다. 보도진이 "책임 있는 사람에 김일성도 포함되는가."라고 물었고, 그는 "그렇다."라고 답변했다. 요즘 같으면 대단한 발언이 아니겠지만, 유신 치하에서 남북관계와 통일문제에 대한 언급은 독재자 박정희만이 독점할 수 있는 특권이었고, 당시 야당의 입장에서는 획기적이고 전진적인 의미를 지닌 내용이었다.

김영삼의 파격적인 발언으로 후폭풍이 거세게 밀려왔다. 일주일 후 북한이 부주석 김일의 이름으로 환영 담화를 낸 것이 빌미가 되었다. 상이군경과 반공청년을 자처하는 폭력배 120여 명이 마포당사에 난입하여, 김영삼의 발언을 용공으로 매도하면서 당원들을 폭행하는가 하면, 여당에서도 발언취소를 요구하는 등 정치문제로 비화되었다. 폭력배 일부는 김영삼 상도동 자택까지 몰려와 난동을 부렸다.

김영삼은 굽히지 않았다. 7월 23일 열린 제102회 임시국회의 대정부 질문에서는 작심하고 긴급조치의 위헌문제, 1인 체제하의 경제실패, 자신의 외신회견에 대한 용공몰이, 유신 이후 인권유린 실태, 윤보선·김대중 두 당 상임고문 자택연금 문제, 국정파탄의 책임과 민주헌정의 회복을 위해 정권이양을 준비할 것을 요구했다.

공화당과 유정회 의원들이 벌떼처럼 일어나 발언을 중단하라고 아우성 치고, 백두진 의장의 발언제지가 몇 차례 있었다. 김영삼은 발언을 멈추지 않고 할 말을 다했다. 대정부 질문의 마지막 부문이다.

> 나는 아무리 유능한 지도자라 할지라도 8년 이상 정권을 잡는 것은 반대해 왔습니다. 왜냐하면 장기집권은 독재를 낳고 부정부패를 가져오기 때문입니다. 나는 이 나라의 민주주의가 깊이 뿌리를 박으려면 정치보복이 없는 사회가 되어야 한다고 믿는 사람입니다.
>
> 어제의 여당이 오늘의 야당이 되고 오늘의 야당이 내일의 여당이 되어도 아무런 보복정치가 없고, 집권자가 정권의 자리에서 물러난 뒤에도 국민의 존경 속에 여생을 편안히 보내게 되기를 진심으로 바랍니다.
>
> 여러분! 나는 이 나라의 자유와 민주주의를 위해서라면 결코 감옥을 두려워하지 않을 것입니다. 다만 감옥에 이 이상 스스로 죄인이라고 생각하지 않는 양심범들이 늘어나는 불행한 시대가 두려울 뿐입니다.
>
> 여러분! 우리는 정의가 반드시 승리한다는 진리를 믿습니다. 그리고 새로운 민주시대가 반드시 온다는 것을 또한 믿습니다.[102]

102) 제102회임시국회 본회의, 『국회속기록』, 1979년 7월 23일.

제5장

독재의 끝, 의원직 제명과 부마항쟁

YH노동자 신민당사 농성

자연계에 큰 지진 등 재앙이 있을 때면 전조가 나타나듯이 사회현상도 크게 다르지 않다. 이를 두고 역사학자 E. H. 카는 "필연은 우연의 옷을 입고 나타난다."라고 풀이했다. 우연인 듯한 사건·사태·사고 등이 따지고 보면 필연이라는 연출에 의해 진행된다는 것이다.

김영삼이 신민당 총재로 당선되어 강경 자세로 대처할 때 몇 가지 사건이 잇따랐다. 박정희 18년 1인 독재가 파생한 것이지만 당시는 우연한 사고이거나 단발사건으로 인식되었다.

1979년 8월 9일 새벽 YH무역 여성노동자 170여 명이 회사운영의 정상화와 근로자의 생존권 보장을 요구하면서 마포 신민당사 4층을 점거, 농성에 들어갔다.

이 농성사건은 한국현대사의 흐름을 크게 뒤바꾸는 계

기가 되었다. 한 젊은 노동자(전태일)의 죽음으로 막을 연 1970년대는 YH여공사건의 또 다른 한 노동자(김경숙)의 죽음으로 종언을 고하면서 가파른 변화를 겪게 되었다.

YH사건은 유신체제 몰락의 서곡이었다. 유신체제에 저항하는 각계의 투쟁에 노동자들은 결코 뒤지지 않았다. 70년대 말 중화학공업의 과잉투자로 인한 경제정책의 실패에다 제2차 석유파동이 겹쳐 직접적인 희생양이 된 기층민중, 특히 노동자들의 생존권 투쟁은 반유신 투쟁과 연계되었다. 정치권력과 어용노총, 기업주의 결탁에 의한 노조탄압에 온몸으로 맞서 노조를 사수한 동일방직 노동자들의 투쟁과 YH여공들의 저항은 처절한 모습이었다.

1966년 설립하여 국내 최대의 가발 수출업체로 성장한 YH무역은 70년대 중반부터 수출둔화와 사업주의 자금유용 및 무리한 기업 확장 등으로 심각한 경영난을 겪었고, 75년 노조가 결성되어 적극적인 활동을 전개하자 79년 3월 30일 폐업을 공고했다.

이에 노조는 4월 9일 대의원대회를 소집, 회사 정상화방안을 채택한 뒤 이를 관계기관에 발송하는 등 YH무역을 살리기 위해 온갖 노력을 다했으나, 회사 측과 정부당국이 시종 무성의한 태도로 나오자 4월 13일부터 장기농성에 들어갔다.

노동자들의 농성에 회사 측은 강제 해산시키려고 경찰

을 동원하여 심한 마찰이 빚게 되고, 8월 9일 도시산업선교회의 알선으로 사회적 파급효과가 큰 신민당사 농성을 감행하게 되었다.

이날 오전 9시 상도동 김영삼의 집으로 문동환·이문영·고은 등 민주화운동 인사들이 찾아와 이들의 도움을 청했다.

"YH무역이 문을 닫고 오늘 아침 기숙사에서 여공들을 쫓아내, 여공 대표들이 마지막으로 신민당사로 찾아가는 중이니, 그 호소를 들어 보고 당국에 해결책도 촉구해 주십시오."

"당사나 우리 집은 누구에게나 개방돼 있으므로, 찾아오면 이야기를 듣고 선처하겠습니다."[103]

김영삼은 여성노동자들이 자신들의 억울함을 호소하기 위해 당사를 찾아 온 것으로 알았다. 그러나 이들을 만나보니 농성을 하고자 한 것이다. 당사 4층에 자리를 마련해 주고 간부들에게 보사부장관과 노동청장을 만나 해결하도록 지시했으나 당국자들은 만나는 것도 꺼렸다. 여야 총무회담을 열어 국회에서 논의토록 했으나 여당 측이 이를 거부했다.

---

103) 김영삼, 앞의 책, 136쪽.

1인 독재체제의 경직성이 사태를 파국으로 몰아갔다. 신민당사에서 농성을 시작한 YH여공들은 평화적으로 장기농성에 들어갔다. 그러나 경찰의 물리력만을 믿는 박 정권은 8월 11일 새벽 2시 이른바 '101호 작전'을 개시, 경찰 1천여 명을 신민당사에 투입하여 농성노동자 172명을 강제해산시키고 신민당 의원 및 취재 기자들을 무차별 폭행하는 과정에서 여공 김경숙이 추락, 사망하고 1백여 명이 부상하는 사건이 발생했다.

박 정권은 신민당사에 난입하면서 김영삼 총재를 비롯한 국회의원·당직자·출입기자·노동자를 가리지 않고 무차별 폭력행사를 자행했으며 총재집무실 등 기물을 닥치는 대로 파괴했다.

사건 직후 신민당 의원들이 '8·11폭거'를 규탄하는 항의농성에 돌입한데 이어 8월 13일에는 당사에서 김경숙 영결식을 거행했다. 김경숙의 장례식은 이날 오후 서울 강남구 시립병원 영안실에 마련된 빈소에서 어머니·동생 등 가족 3명과 경찰 관계자만이 참석한 가운데 3분 만에 치러졌다. 그리고 연행된 여공들은 강제로 귀향 조치되었다.

경찰의 야당당사 난입과 무차별 폭력행사는 여야의 팽팽한 대결 국면을 가져왔다. 신민당은 의원·당직자들이 당사에서 철야농성을 벌이는 등 강경투쟁에 나섰다. 정부는 여공들의 농성현장을 방문한 고은·문동환·인명진 등 재야인사 5명을 배후조종 혐의로 구속했다. 특히 박 대통령은 YH사건의 원인이 도시산업선교회라고 주장하면서, 8월 16일 일부 종교를 빙자한 불순단체와 세력이 산업체와 노동조합에 침투하여 노사분규를 선동하고 사회불안을 조성하고 있다며 이에 대해 특별조사반 구성을 지시하여 정국의 긴장을 증폭시켰다.

YS

강제진압, 총재직 직무정지가처분

박 정권의 야당당사 난입사건은 국민은 물론 국제적인 비난의 대상이 되었다. YH사건이 있은 지 사흘 후인 8월 14일 미국무성은 토머스 레스턴 대변인의 성명을 통해 "한국경찰이 야당인 신민당사 안에서 여공들이 벌이고 있던 농성을 해산하는 과정에서 지나치고 잔인한 폭력을 사용한 것을 개탄한다."고 밝히고 "우리는 한국정부 당국이 이 같은 난폭한 행동에 책임이 있는 사람들에 대해 적절한 문책을 하기 바란다."고 논평했다.

미국은 한국경찰의 이 같은 행위를 전례 없이 격렬한 어조로 비난했는데, 특히 '야수적, 난폭한, 무지막지한'이라는 뜻을 지닌 'BRUTAL'이라는 표현을 써서 주목을 끌었다. 그렇지 않아도 카터 미대통령의 방한으로 유신체제를 더욱 부추겨주었다고 재야의 반미감정이 고조되었던 시점에서 나타난 미국의 반응은 여야대결 정국에 큰 파장을 일으켰다.

독재자들은 야당이나 비판세력을 분열시켜 지배하려 한다. 박정희는 특히 심했다. 김영삼 신민당 체제를 뒤엎기 위해 외압과 함께 내부분열 작전을 동원했다. YH사건으로 당이 쑥대밭이 되고 있을 즈음 비주류 일각에서 모종의 음모가 진행되었다. 8월 13일, 김영삼 총재를 비롯한 신민당총재단 전원에 대한 직무정지 가처분신청이 제기된 것이다.

이 가처분신청은 공주·논산지구당 위원장 윤완중, 성남·여주·광주·이천지구당 위원장 유기준, 대구시 중·서·북갑지구당 위원장 조일환에 의해 서울민사지법에 제기되었다. 이들 신청자들은 신청이유에서 당원자격이 없는 것으로 중앙선관위의 유권해석이 난 조윤형과 그가 임명한 성북지구당 대의원들의 표는 무효이며 따라서 지난 전당대회에서 과반수 2표를 넘어 당선된 김영삼의 총재 당선은 무효라고 주장했다.

이 같은 가처분신청이 법원에 제출되자 정국은 날로 혼미를 더해갔다. 신민당 주류 측은 이들을 해당행위자로 규정, 징계할 움직임을 보이고 정부의 사주라고 규탄했다. 이런 분위기 속에서 8월 20일 서울 민사지방법원 합의 16부(재판장 조언 부장판사)는 김 총재 등 신민당 총재단 권한에 대한 가처분신청을 25일부터 심리에 착수하겠다고 밝혔다.

이에 대해 신민당은 헌법정신에 미루어 총재와 총재단의 직권을 박탈하려는 것은 정당의 해산에 준하는 중대한 사실로서 이를 민사재판의 신청사건으로 취급한다는 것은 헌법이 보장한 복수정당제를 부정하는 중대 위협이라고 비판하면서 불복할 것임을 천명했다. 신민당은 "이 사건이 박 정권의 가장 악랄한 야당탄압의 수단으로서 온 국민은 이 사건의 결과에 비상한 관심을 모으고 예의주시하고 있다."라고 말하면서 강경투쟁을 거듭 천명했다.

신민당 측의 이 같은 주장에도 불구하고 가처분신청의 사실심리는 착착 진행되어, 9월 8일 김 총재 등의 가처분신청이 받아들여져 결정문을 신청인 측과 피신청인 측에 각각 송달했다. 서울민사지법 합의 16부(조언 부장판사, 김중곤·김동건 판사)가 "총재선출 결의 무효 확인 등 본안소송 판결확정 시까지 김영삼은 신민당 총재의 직무집행을, 이민우·박영록·이기택·조윤형은 부총재의 권한행사를 해서는 안 된다. 이 기간 중 정운갑을 총재직무 대행자로 선임한다." 고 가처분결정을 내린 것이다.

한국정당사상 최초로 제1야당 총재단에 직무정지 가처분결정을 내리면서 재판부는 그 이유로서 ① 정당은 정치적 단체이나 본질은 사법상의 사단으로 법원의 사법심사

대상이 되며 ②무자격 대의원 22명이 유효표로 계산된 총재선출은 무효이며 이 중대한 위법상태를 제거하는 것은 신민당 구성원 전체와 신민당 자체의 이익에도 합치된다고 밝혔다.

이에 대해 김영삼은 8월 8일 확대간부회의를 열고 법원 판결을 전면 부인, 민주회복투쟁을 강화한다는 방침을 밝혔다. 김 총재는 법원결정에 대해 "국민과 당원이 선출한 총재는 준 국가적 기관으로서 일개 민사지법판사가 권한이 있느니 없느니 판결할 수 없다."라고 말하고, "국민과 국제사회가 인정한 총재를 총재가 아니라고 하는 것은 야당말살의 살인적 행위이다."라고 비난했다.

정운갑 전당대회 의장은 법원의 결정이 나오자 총재직무대행을 맡을 용의를 밝히면서 "분당이나 탈당사태를 막기 위해 전당대회를 소집하겠다."라고 말했다. 그러나 김영삼 총재와 정운갑 대행의 사태수습을 위한 담판이 정대행의 비타협적인 태도로 결렬되고, 정운갑은 중앙선관위에 대행등록신청을 마침으로써 신민당의 법통시비는 갈수록 격화되었다.

정당 대표가 법원의 결정으로 직무집행이 정지된 것은 초유의 일이었다. 법원으로부터 가처분결정을 통고받은 김영삼은 9월 10일 기자회견을 열고 박 정권 타도를 선언하는 강경한 성명을 발표했다. (요지)

나는 지난 선거에서 1.1%를 이겨 신임을 얻은 야당의 총재로서, 또 그동안의 투쟁으로 국민 절대다수의 지지를 받는 국민적 공당의 총재로서 민주회복을 바라는 모든 계층의 국민의 힘을 집결하여 범국민적 항쟁을 할 것이며, 이 항쟁을 통해 박 정권의 타도운동을 전개할 것을 선언한다.

나는 여기서 박정희 씨의 하야를 강력하게 요구한다. 나는 국립경찰을 폭도로 전락시켜 심야에 신민당사를 습격하여 잠자던 여공들을 강제로 끌어내다가 김경숙 양을 죽이고, 현역 국회의원과 취재기자들에게 폭행을 가하여 중상을 입혔는데도, 국민 앞에 사과 한마디 없고 폭력경찰을 한 사람도 잡아내지 않는 불법 무법정권이 박 정권임을 다시 한 번 지적한다.

우리 국민은 1인 체제하에서 18년을 살기에도 지쳤는데, 일당 독재 하에서 살기를 강요당하는 오늘의 중대한 국면에 처해서도 궐기하지 못한다면 우리 모두가 함께 역사의 죄인이 된다는 것을 잊지 말아야 할 것이다.[104)]

---

104) 〈한국일보〉, 1979년 9월 11일.

'뉴욕타임스' 회견으로 의원직 제명

총재단에 대한 법원의 직무정지가처분 결정으로 정국이 걷잡을 수 없는 국면에 빠져들고 있을 때 김영삼은 9월 15일자 〈뉴욕타임스〉의 헨리 스코트 스토크스 기자와 회견에서 "나는 미국 관리들에게 미국은 공개적으로 직접적인 압력을 통해서 만이 박 대통령을 제어할 수 있다고 말할 때마다 그들은 한국의 국내정치 문제에 간여할 수 없다고 대답했다."라고 말하면서 "이것은 납득할 수 없는 논리다. 미국은 우리를 보호하기 위해서 3만 명의 지상군을 파견하고 있는데 그것은 국내문제에 대한 간여가 아니란 말인가."라고 반문했다.

김영삼 회견을 보도한 〈뉴욕타임스〉는 "그러나 구속의 위협에도 김 씨는 계속 입을 다물지 않고 있다. 그는 지난 6월 말 카터 대통령의 방한에 언급하기를, '카터는 방한으로 박 대통령에게 큰 선물을 주었다. 카터는 박 대통령의 위신을 높여 줌으로써 박 대통령으로 하여금 반대세력을 말살시키도록 용기를 불어넣어 주었다. 우리는 박 대통령에게 보다 강력한 탄압정책을 쓰도록 북돋아 줄 것이라는 바로 그 이유 때문에 카터에게 방한하지 말도록 요청했다. 이 모든 것이 현실이 되어 버렸다. 나는 지금도 카터의 방한을 생각하면 분노를 금할 수 없다."라고 말했다고 보도했다.

이 신문은 이어서 "정부는 딜레마에 빠져 있는 것 같다. 김 씨를 구속하자니 김 씨를 대중의 영웅으로 만드는 결과를 초래한다는 의미에서 그것은 바람직하지 않다. 그러나 구속을 하면 정부에 대한 그의 계속적이고 공개적인 공박을 멈출 수 있는 것이다."라고 논평했다.

이 같은 회견내용이 국내에 알려지자 박정희는 공화당과 유정회를 통해 10월 3일 합동조종회의를 열어 김 총재를 국회에서 제명하도록 지시했다. 정부 여당은 김영삼의 〈뉴욕타임스〉 회견내용이 사대주의적 발상으로서 외국의 내정간섭을 자초한 것이라면서, 징계사유서에서 ① 그가 반민족 사대망동을 했고 ② 주한미군의 존재를 한국에 대한 미국의 내정간섭인 양 주장했고 ③ 남의 나라 선거에 대한 무분별한 언급으로 인해서 정치인의 체통을 손상했다는 등의 6개항을 담았다.

김영삼 의원에 대한 징계동의안이 9월 22일 여당의원 160명의 이름으로 국회에 재출되었다. 야당의원들의 본회의장 점거로 국회에 삼엄한 분위기가 감도는 가운데 여당 의원들은 10월 4일 경호권 발동으로 수백 명의 무술 경위를 출동시켜놓고 본회의장 아닌 다른 국회별실에서 제명안을 10여 분 만에 변칙 처리했다. 국회의장 백두진은 "출석의원 159명 중 159표로 가결했다."라고 말하면서 김영삼 제명안 가결을 선포했다.

김 총재 제명 후 신민당은 의원총회를 열고 소속의원 66명 전원이 의원직 사직서를 국회에 내기로 결의했다. 통일당 소속 3명도 함께 사직서를 제출했다.

김영삼이 국회에서 제명되기 전날 중앙정보부장 김재규의 구명운동이 있었다. 김재규가 전화를 걸어와 두 사람이 만났다.

> 그 날 밤 9시경 나는 장충체육관 앞에서 안내자를 만나 승용차로 채 1분도 안 걸리는 한 양옥에 도착했다. 김재규가 입구에서 기다리다가 나를 맞았다. 우리는 단둘이 마주 앉았다. 김재규는 전날 밤 박정희와 늦게까지 술을 마시면서 나의 제명문제에 대해서 얘기를 나누었다고 했다.
>
> "김영삼 총재를 제명해서는 절대 안 됩니다. 큰 사태가 벌어집니다." 김재규가 이렇게 말하자, 박정희는 "이미 끝난

일이다. 박준규 당의장에게 이미 지시했다."라고 말했다. 김재규는 자기가 마지막으로 나를 만나 볼 테니 시간을 달라고 했더니, 박정희는 마지못해 승낙하더라는 것이었다.

김재규는 나에 대한 박정희의 감정이 극에 달해 있다면서 박정희가 제명, 구속은 물론 나를 죽이려 들 것이라고 했다. 그는 시종 차분하게 이야기했다.

"이대로 가다가는, 이 나라도 총재님도 불행해집니다. 어떤 일이 있어도 막아야 됩니다." "나보다 박정희가 먼저 죽을 거요. 김 부장도 조심하시오."

돌려 말하지 않는 성격대로 나는 단호하게 말해 주었다. 그러나 김재규는 나라와 나를 위하는 것이라면서 말을 이었다.

"내일 아침에 국회에 나갈 때 잠깐만 기자실에 들렀다가 가주시면 좋겠습니다."

기자들과 우연히 환담하는 척하면서 〈뉴욕타임스〉의 회견내용이 와전되었다고만 해달라는 것이었다. 말하지 않아도 다음은 언론을 완전히 장악하고 있는 중앙정보부의 몫이 될 것이었다.

"절대 그럴 수는 없다. 〈뉴욕타임스〉의 기사는 분명히 내가 한 말이고 사실인데, 왜 취소를 하나, 나는 제명을 택하겠다, 구속을 한다 해도 전혀 두렵지 않다."[105]

---

105) 김영삼, 앞의 책, 155~156쪽.

YS

닭의 목을 비틀어도 새벽은 온다

정국은 격랑 속으로 빠져들었다. 김영삼은 흔들리지 않았다. 그의 예리한 정치 감각은 박 정권이 몰락으로 치닫고 있음을 알았다. 긴급조치와 잇따른 강압책에 도처에서 국민의 저항이 일어나고 있었다. 국민은 18년 1인 독재에 진저리를 쳤다.

김영삼은 여당 의원들이 국회에서 18분 만에 자신을 제명하자 미리 준비한 성명서를 발표했다. 의원직 박탈은 '역사가 준 훈장'이라며 오늘의 수난을 민주회복을 위한 순교로 받아들일 것이라 선언했다. 그리고 "닭의 목을 비틀어도 새벽은 온다."라고 결연한 투지를 밝혔다. 주요 대목을 뽑았다.

"나는 나에 대한 제명은 완전 불법이므로 영원히 승복할 수 없으며, 제명을 열두 번 한다고 하더라도 여당이 내세운 징계사유는 어느 한 구절도 인정할 수 없습니다. 뿐만 아니라 어떠한 탄압이 있다 하더라도 민주회복을 향한 우리의 목표는 중단될 수 없으며, 민주주의를 위한 나의 신념과 소신은 바꿀 수 없습니다.

공화당 정권은 자유당 정권도 감히 하지 못한 폭거를 자행함으로써 영원히 씻을 수 없는 죄악을 역사 속에 범했으며, 그것은 머지않아 역사의 준엄한 심판을 받을 것입니다."

"나는 잠시 살기 위해 영원히 죽는 길을 택하지 않고, 잠시 죽는 것 같지만 영원히 살 길을 선택할 것입니다. 공화당 정권은 19년이란 장기집권을 하여 노쇠한 나머지 그 기능이 마비되어 국민의 소리를 듣지 못하여 민심의 소재를 외면하고 있습니다. 공화당 정권이 잠시 동안 민심을 외면할 수 있어도 영원히 외면할 수는 없습니다.

정치는 영원하지만 정권은 유한한 것입니다. 따라서 공화당 정권이 아무리 힘의 정치를 강화한다 하더라도 떠나버린 민심을 되돌릴 수는 없습니다. 우리에게 국민의 절대적인 지지가 있고 하나님의 보호하심이 있기 때문에, 나는 결코 외롭지 않습니다."

"그 동안 우리 당 소속의원들이 일사불란하게 단합된 모습으로 강력하게 투쟁하여 주신 데 대하여 심심한 감사를 드리며, 전국의 모든 당원동지와 전국의 모든 국민들의 투쟁과 성원에 감사를 보냅니다. 우리가 계속해서 단합된 힘으로 싸워 나갈 때 민주주의의 새벽은 머지않아 찾아온다고 확신합니다.

당원과 국민, 그리고 언론인 여러분의 계속적인 협조와 성원을 부탁해 마지않습니다."[106)]

김영삼의 '닭의 목을 비틀어도 새벽은 온다.' 라는 절규는 반유신의 민심을 타고 순식간에 시대적 유행어가 되었다. 이 발언은 이양우의 시 「닭의 목을 비틀어도 새벽은 온다」를 인용한 것이다.

닭의 목을 비틀어도 새벽은 온다.
새벽은 언제나 원통을 굴러나와
지구 한 바퀴를 달려 나온 천사,
아침을 안겨 우리에게
희망찬 하루를 선사한다.
그것이 생의 찬미롭기엔
너나 할 것 없이 일터로 나간다.

---

106) 〈민주전선〉, 1979년 10월 15일(발췌).

(……)

닭의 목을 비틀어도

태양은 뜨지 않는가,

비방과 협박이 난무한다 해도

문학의 즐거운 동호회는

고고히 태어날 것이다.

보라 우리는 목적지를 향해

노호(怒虎)하며 노를 젓노라.

– 이양우, 「닭의 목을 비틀어도 새벽은 온다」중에서

YS

제명항의,
부산·마산 시민항쟁

박정희 정권이 김영삼을 제명한 지 12일 만인 10월 16일 그의 정치적 고향인 부산에서 대학생들이 궐기했다.

부산대생 4천여 명은 교내시위에 이어 저녁 8시경 시청 앞에 집결, 시민들과 합세하여 유신철폐, 독재타도, 김영삼 탄압 중지 등을 외치며 경찰과 대치했다. 이날 학생들은 교내에 〈민주투쟁선언문〉을 살포하면서 반유신·반독재 구국투쟁의 대열에 참여할 것을 다짐했다.

부산대생들은 서울의 각 대학과 전남대학·경북대학 등에서 유신체제를 반대하는 시위가 연일 산발적으로 일어나고 있는데도 침묵만 지켜오다가, 김영삼 총재에 대한 의원직 제명안이 변칙적으로 통과된 직후부터 심상찮은 움직임을 보이며 시위에 나서기 시작했다.

대규모의 시위대로 변한 학생들은 교내시위에 이어 시

내에 진출하여 경찰과 대치하다가 폭력투쟁으로 돌입, 파출소·신문사에 투석하고 경찰차에 방화하는 등 이튿날 새벽 2시까지 유신 이후 가장 격렬한 시위를 전개했다. 이날 시위로 학생 282명이 경찰에 연행되었다.

16일의 학생·시민시위를 보고받는 구자춘 내무장관은 17일 부산시청에서 기자회견을 갖고 "앞으로 지각없는 경솔한 소란행위에 대해서는 단호히 대처해나가겠다."라고 경고했다. 또 같은 날 부산시민회관에서는 부산시장을 비롯한 각 기관장·새마을운동 지도자 등 2천5백여 명이 참석한 가운데 10월 유신 7주년 기념식이 열려 참석자들은 "유신으로 총화단결을 더욱 공고히 하자."라는 내용의 결의문을 채택했다.

이러는 동안 부산대를 비롯하여, 동아대·고려신학대·수산대 등 부산시내 각 대학의 학생들은 시청에서 불과 4백미터 떨어진 국제시장과 부영극장 앞으로 집결하고 있었다. 오후 6시 30분경 남포동에 모여 있던 4백여 명의 학생들은 '김영삼 제명반대'와 애국가를 부르며 일부는 국제시장 쪽으로, 일부는 충무동 쪽으로 행진했다.

이렇게 하여 시작된 17일의 시위는 상당수 고등학생들도 가담하고 어둠이 깔리자 시민들까지 가세하여 더욱 격렬해졌다. 경찰의 완강한 저지로 부산시청 앞으로의 진출이 불가능해지자 시위대는 소규모로 나뉘어 시내 곳곳에 분산하여 이동하는 전략으로 경찰은 저지 능력을 사실상 상실하게 되었다.

밤이 깊어갈수록 시위는 더욱 격렬해져 충무파출소, KBS, 서구청, 부산세무소가 파괴되고 MBC의 유리창이 박살났다. 이틀간의 격렬한 시위로 경찰차량 6대가 전소, 12대가 파손되고 21개 파출소가 파괴 또는 방화되었으며, 시민·학생 1058명이 연행되고 66명이 군사재판에 회부되었다.

박정희는 부산에서 이틀째 김영삼 제명반대와 유신철폐 시위가 계속되는 시간에 청와대 영빈관에서 유신 7주년을 축하하기 위해 공화·유정회 의원들을 초청하여 파티를 벌이고 있었다. 부산사태로 파티를 일찍 끝내고 청와대 집무실로 돌아온 박정희는 최규하 국무총리에게 부산지역에 비상계엄령을 선포할 것을 지시했다.

긴급 소집된 임시국무회의는 부산에 계엄령을 선포할 것을 의결, 18일 0시를 기해 부산직할시 일원에 비상계엄령을 선포했다. 박정희는 계엄선포와 함께 발표한 담화문에서 부산의 시위 군중을 '지각없는 일부 학생들과 불순분자들'이라 비난했다.

부산지구 계엄사령관으로 임명된 박찬긍 육군중장은 포고문을 통해 일체의 집회·시위를 금지하고, 대학의 휴교를 명령하는 한편 무장군인들을 시내 요소마다 배치했다.

그러나 계엄해제를 요구하며 시위를 벌이는 학생과 시민들은 공수단의 무자비한 진압에도 불구하고 시위를 계속하는 가운데 시위는 마산으로 번져갔다.

부산시민들과 학생들의 유신체제에 대한 항거시위 소식이 마산에 전해지면서 학생들이 술렁거리기 시작했다. 부산에서 버스로 불과 1시간 거리에 있는 마산은 생활권이 부산과 직결되어 있기 때문에 부산에서 일어난 모든 일들은 곧바로 알려지게 마련이었다.

경남대생 5백여 명은 18일 오후 "지금 부산에서는 우리의 학우들이 유신독재에 항거하여 피를 흘리고 있다." "3·15의거 정신을 되살리자."라고 주장하면서 시위를 벌이고 이중 일부가 시내에 진출했다. 일부 학생들이 무학초등학교 앞에서 경찰에 연행되자 시민들까지 합세하여 공화당사를 박살내고 양덕파출소를 파괴했다.

시위 군중들은 어둠이 짙어갈수록 더욱 수가 늘고 격렬해져 산호동파출소가 불탔으며, 이어 북마산파출소, 오동동파출소가 완전히 파괴되었다. 밤 9시 30분경 경찰지원병이 늘어나 시위대들이 점거하고 있던 중심가 남성동파출소를 회복하여 시위 군중들과 대치하게 되었다.

마산시민, 학생들의 시위는 19일 저녁에는 수출자유지역의 노동자와 고등학생들까지 합세, 더욱 격렬해졌다. 19일 새벽 3시까지 학생·시민들의 시위는 끊임없이 계속되었다.

부산사태가 마산으로 옮아 붙어 더욱 격렬한 양상으로 치닫자 정부는 20일 정오를 기해 마산지역 작전사령관 명의로 마산시 및 창원출장소 일원에 위수령을 발동했다. 위수령발동과 함께 마산시내에 즉각 군을 진주시켜 시청·경찰서 등 정부기관에 이어 언론기관, 각 대학교에 대한 경계에 들어갔다. 경찰은 마산·창원에서 505명을 연행하고 59명을 군사재판에 회부했다.

부마항쟁은 계엄령과 위수령으로 막을 내렸지만 불씨는 사그라지지 않은 채 16일에는 이화여대, 19일에는 서울대와 전남대, 24일에는 계명대 시위 등 학생시위가 수그러들 줄 모른 채 확산되고, 마침내 10·26사태를 촉발시키는 뇌관이 되었다.

YS

10·26사태, 독재자 박정희의 최후

권력이 타락하면 주색잡기가 일상화된다. "유신정권 말기, 박정희의 비밀요정 행사는 지나치게 잦았다. 대통령이 혼자서 하는 소행사나 측근 권력자 서너 명이 함께하는 대행사가 한 달이면 열 차례씩이나 열렸다. 그러니까 사흘에 한 번 꼴로 주연을 벌였다는 얘기다. 그때마다 외부에서 술시중 드는 여자들을 불러왔다. 대통령의 주연 담당이던 중앙정보부 의전과장 박선호는 휴일도 없을 만큼 하루도 쉴 수가 없었다."[107]

박정희의 술자리 행사는 부인 사망 후 부쩍 늘었던 것 같다. 중앙정보부에는 여성을 불러오는 '채홍사'가 따로 있었다.

107) 김재홍, 『누가 박정희를 용서했는가』, 책보세, 2012, 71쪽

술자리 여자를 최종 심사했던 차지철 경호실장은 요정에 소속돼 있는 여자들을 데려오지 못하게 했다. 고위층과 함께 하는 술자리를 자랑스럽게 여기는 연예계 지망생이 가장 무난한 대상이었다. 그 중엔 유순한 대학의 연예 관련 학과 재학생도 있었다. 그리고 또 하나의 원칙으로 같은 여자를 두 번 이상 들여보내지 않았다. 단골을 만들면 보안상이나 기타 부담스런 문제가 생길 수 있기 때문이다.

그런가 하면 반강제 차출도 있었다. 박 대통령이 국산 영화를 시사 관람하거나 TV연예프로 등을 보다가 마음에 든 배우나 가수의 이름을 대며 "한번 보고 싶다."라고 말하면 큰 물의가 일어나지 않는 한 대개 불려왔다. 다만 유부녀로서 본인이 거절하면 강제하지는 않았다.[108]

1979년 10월 26일 저녁 7시 42분. 박정희 대통령은 궁정동 안가에서 김재규의 총탄에 쓰러졌다. 박 대통령 절대 통치 18년의 막을 내리는 순간이었다. 이 날도 박정희는 두 명의 여성으로부터 술시중을 들으며 만찬 도중 중앙정보부장 김재규의 총탄을 맞고 절명했다.

부마항쟁과 관련, 경호실장 차지철은 "캄보디아에서는 300만 명이나 희생시켰는데, 우리는 100만~200만 명 희생시키는 것쯤이야 뭐 문제냐."고 호언할 만큼 청와대는

108) 앞의 책, 71쪽.

광기에 가득 차 있었다.

김재규는 1980년 1월 24일 오전, 최후 진술에서 이렇게 말했다. "박 대통령 각하는 나에게 동향 출신으로, 은인이며 상관이다. 친형제간도 그럴 수 없을 만큼 가까운 관계다. 그러나 많은 국민의 희생을 막기 위해 대통령 한 사람을 죽일 수밖에 없었다."

이날 저녁 6시 5분경 만찬이 시작되었고 식사 중 박정희가 부마사태를 중앙정보부의 정보부재 탓으로 돌려 김재규를 힐난한 데 이어 차지철이 과격한 어조로 그를 공박하자 흥분한 김재규는 밖으로 나와 2층 집무실에서 권총을 갖고 만찬회장에 돌아오는 길에 직속부하 박흥주와 박선호에게 "총소리가 나면 경호원을 사살할 것이다."라고 지시, 7시 35분경 차지철과 박정희에게 각각 2발씩 쏘아 두 사람을 절명시킴으로써 18년간의 1인 독재정권과 유신체제는 종말을 고하게 되었다.

사건 직후 전두환 보안사령관은 김재규를 대통령 살해범으로 체포하고 최규하 국무총리가 대통령권한대행으로 취임하여 27일 새벽 4시를 기해 전국에 비상계엄을 선포했다. 이 사건으로 김재규·김계원·박흥주·박선호에게 사형이 선고되었고, 김계원을 제외한 나머지 전원은 80년 5월 광주민주항쟁 와중에 사형이 집행되었다.

박정희 장례식은 11월 3일 국장으로 거행되어 국립묘지에 안장되었다. 김재규는 10·26거사에 대해 자유민주주의의 회복을 위한 민주혁명이었다고 법정에서 진술하면서, 자신이 유신의 심장부를 쏘았기 때문에 수많은 국민의 생명을 구하게 되었다고 주장했다. 김재규는 재판과정에서 '나 한 목숨 바쳐 독재의 아성 무너뜨렸네.' 라고 읊은 자작시 「나의 자유」를 변호인을 통해 공개, 자신의 거사가 '민주의거' 이었음을 밝혔다.

김영삼은 10월 27일 새벽 4시반 경, 미국에 사는 한 교포로부터 박정희 암살 소식을 들었다. 국회에서 제명당한 지 22일 만이었다.

> 다급하게 전하는 그의 말을 듣고 나는 깜짝 놀랐다. 독재자 박정희가 죽었다! 나는 항상 박정희가 그의 권력욕 때문에 비극적인 종말을 맞을 것이라고 말해 왔지만, 그가 설마 그런 방식으로 죽게 되리라고는 생각지 못했다. 박정희는 나를 제명한 지 22일 만에, 그리고 부마민주항쟁이 발생한 지 10일 만에, 그것도 자신의 심복이었던 중앙정보부장이 쏜 총에 맞아 비참한 최후를 당한 것이다.
>
> 10·26 직후 모 목사를 비롯해 박정희에게 고통당했던 많은 사람들이 나를 찾아와, 독재자에게 조의를 표해서는 안 된다고 말했다. 하지만 박정희는 이미 죽은 다음이었다.

나는 누구보다 박정희를 싫어했고, 가장 선두에서 박정희의 독재에 항거했으며, 마침내 정권타도를 외쳐 온 사람이었지만, 야당의 총재로서 박정희의 빈소를 찾았고 11월 3일의 장례식에도 참석했다.[109]

109) 김영삼, 앞의 책, 172쪽.

4부

닭의 목을 비틀어도 새벽은 온다

: '서울의 봄' 에서 3당통합까지

YS

실질적인 물리력을 장악한 신군부는 정치사회 일반에 대한 모든 권력을 찬탈하고자 국가보위비상대책위를 설치하고 전두환이 상임위원장에 취임했다. 국보위는 초법적인 권력기관으로 등장하여 정권을 탈취하고 5공정권 수립에 받침대 노릇을 했다. 이로써 유신보다 더 포악한 5공시대가 시작되었다. 김영삼의 고난과 치열한 저항의 계절이 되었다.

제1장

'서울의 봄' 공간에서

YS

다시 야당 총재로 등원하다

절대 권력자의 비명횡사는 자칫 국가적 위기로 연결되는 경우가 있다. 민주주의 국가에서 제도에 따라 정권교체가 자연스럽게 이루어지는 것과 대비된다. 10·26사태는 개인 박정희의 죽음과는 별개로 국가적 위기상황이었다.

1979년 10월 27일 새벽 헌법(당시) 제48조의 규정에 의해 대통령 권한대행이 된 최규하는 불과 몇 시간 전만 해도 별 볼일 없는 국무총리에 불과했다. 여기서 굳이 '일인지하 만인지상(一人之下 萬人之上, 領議政(영의정)의 지위를 이르는 말)'의 국무총리를 별 볼일 없는 것으로 표현한 것은 유신체제의 3권을 장악하고 있는 박 대통령 밑에서 국무총리는 그야말로 대독총리, 의전총리에 불과했기 때문이다.

더구나 최규하는 정치적 야심이나 정치세력이 전혀 없는 직업 외교관 출신이라는 것이 장점이 되어 1975년 국무총리에 기용되었던 것이다. 그런데 하룻밤 사이에 느닷없이 '만인지상'이 되었으니 어떤 면에서는 행운이라고 해야 할 것이다.

최규하는 79년 10월 26일 밤 10시 20분경 김계원 대통령 비서실장으로부터 급한 전화연락을 받고 10시 45분경 청와대에 도착했다. 김계원은 수석비서관들을 옆방으로 내보낸 뒤 최규하와 내무장관 구자춘에게 '대통령의 유고' 사실을 보고했다. 밤 11시 50분 경 국방부 회의실에서 국무회의를 주재한 최규하는 "대통령의 서거를 직접 확인하지 않고는 계엄령을 선포할 수 없다."라는 일부 국무위원들의 주장에 따라 27일 새벽 1시 20분경 국군 서울지구병원에 도착하여 박정희의 '유고' 사실을 확인한 후 다시 국방부로 돌아와 27일 새벽 4시를 기해 계엄령을 선포하고 대통령권한대행에 취임하여 대권의 자리에 앉게 되었다.

최규하 대통령권한대행의 취임으로 우리나라는 4·19 후 20년 만에 또 한 차례 '과도정부'를 맞게 된 것이다.

김영삼은 박정희의 장례식 직후인 11월 5일 기자회견을 통해 "유신헌법은 이제 의미가 없어졌다."라고 주장하고, 향후 정치일정에 대한 입장을 밝혔다. "제3공화국 헌법으로 돌아가는 것을 원칙으로 3개월 안에 개헌하고, 그 후 3개월 안에 대통령을 국민이 직접 선거토록 하자."라고 제안했다. 김영삼은 권력의 공백기가 길어질수록 사회혼란이 가중될 것을 걱정했고, 그럴 경우 예측 못할 사태가 벌어질 수도 있다는 점을 우려했다.

4·19 직후 허정 과도내각은 신속하게 민주당으로 정권을 이양한 바 있었음을 상기시켰다. 국민들의 민주화 요구에 부응하고 안정을 되찾기 위해서는 과도기가 길어서는 안 된다고 역설했다.

최규하는 엉뚱한 야심을 보였다. 11월 10일 '시국특별담화'를 통해 "현행 (유신)헌법에 의해 규정된 시일 내에 대통령선거를 실시하되, 선출된 새 대통령은 전임 대통령의 임기를 채우지 아니하고 현실적으로 가능한 한 빠른 시간 내에 헌법을 개정하고, 그 헌법에 따라 선거를 실시해야 한다."라고 말했다. 국민의 뜻이나 김영삼의 생각과는 딴 판이었다.

김영삼은 11월 17일 공화당 총재 김종필과 만난 데 이어 22일에는 삼청동 총리공관에서 최규하와 장시간 시국문제를 논의했다. 이 자리에서 최규하에게 "시간을 끌면 자꾸 혼란을 일으키는 사태가 온다. 당신의 임무는 3개월 내에 선거를 하는 것이다."라고 강력히 주장했다. 이에 최규하는 "제게 무슨 욕심이 있겠습니까. 저는 그저 권투 경기장에서 심판이나 하겠습니다."라고 말했다.

최규하는 12월 6일 통일주체국민회의 제3차 회의에서 단독 입후보하여 재적대의원 2560명 중 11명이 불참한

2549명 가운데 2465표(무효 84표)를 얻어 제10대 대통령에 선출되었다. 최 대통령의 임기는 당선 즉시 개시되어 박정희 대통령의 잔여임기인 1984년 12월 26일까지 재임할 수 있으나 11월 10일 특별담화를 발표, 잔여임기를 다 채우지 않고 가능한 빠른 기간 내에 헌법을 개정하고 11대 대통령 및 국회의원 총선을 실시, 정권을 이양하겠다고 밝혔다.

최규하는 12월 8일 긴급조치 9호를 해제하고 구속된 민주인사 68명을 석방한 데 이어 김대중의 가택연금(家宅軟禁, 국가에 의해 자신의 거주지에 감금되는 형벌)을 해제했다. 12월 12일에는 김영삼의 신민당 총재직무가처분신청이 취하되었다. 정운갑의 총재직무대행 등록이 말소되고 총재단의 법적 지위가 회복되었다. 이로써 박정희가 묶었던 올가미가 그의 죽음과 더불어 풀린 것이다.

박정희의 암살과 함께 이른바 '서울의 봄'이 찾아왔다. 한겨울에도 가끔 개나리가 피어나듯이 엄동설한에 느닷없이 정치의 봄이 온 셈이다.

박정희의 사망 소식이 전해진 10월 27일부터 이듬해 신군부에 의한 5·17쿠데타에 이르기까지 정확히 203일 동안은 조금 빨리 시작되기는 했지만 계절의 봄과 더불어 '정치의 봄'이었다. 10·26사태로 비상계엄이 선포되고 정국의 추이에 불안을 느끼면서도 절대독재자의 사망으로 다수의 국민은 해방감을 느끼게 되었고, 해동과 더불어 날이 갈수록 민주화의 열망이 확대되었다.

'서울의 봄'은 체코의 '프라하의 봄'에서 연유되어 많은 사람의 입에 오르내리면서 민주회복을 기대하는 대명사가 되었다. 그러나 프라하의 봄이 소련군의 탱크에 짓밟혔듯이 서울의 봄은 머잖아 신군부의 장갑차에 산산조각이 나고 말았다.

YS

신군부 군권장악, 낙관할 수 없는 시국

12월 12일 늦은 저녁 시간부터 한남동과 삼각지·경복궁 일대에서는 밤새 총격전이 벌어지고 전차의 캐터필러 소리가 요란스러웠다. 시민들은 가슴을 조이면서도 당최 영문을 알 수가 없었다.

계엄당국의 검열을 받아야 하는 언론은 이날 밤의 정황을 즉각 알릴 수가 없었던 것이다. 국민들은 하룻밤을 새우고 나서야 어느 정도 궁금증이 풀릴 수 있었다. 그것도 박 대통령 암살사건을 수사하는 과정에서 혐의점이 드러나 합동수사본부가 정승화 계엄사령관을 연행했다는 짤막한 국방부의 발표가 전부였다.

박정희 정권 시대에 청와대 경호실·보안사·수경사·특전단 등 수도권 핵심지역에서 박정희의 비호 아래 세력을 키워온 육사 11기 출신의 '정치군인'들은 10·26사태 이후 군부 일각에서 "차제에 정치군인을 제거해야 한다."라는 주장이 대두되고 정승화 참모총장이 계엄사령관에 취임하면서 곧바로 수도권지역 군부 주요지휘관을 자파세력으로 개편하자 이에 불만을 품고 국군보안사령관 겸 합동수사본부장인 전두환 소장을 중심으로 쿠데타를 모의하기 시작했다.

전두환 계열의 '하나회' 출신인 이들 정치군인들은 4월 14일 전두환이 공석 중이던 중앙정보부장(서리)에 취임하여 내각에 합법적인 영향력을 행사하게 되면서 본격적으로 쿠데타를 모의하는 한편, 그 전단계로 정승화를 체포함으로써 군권을 장악할 수 있었다.

12·12 하극상을 통해 군권을 장악한 신군부 측은 13일 새벽부터 국방부·육군본부·수경사 등 국방중추부를 차례로 장악하고, 각 방송사·신문사·통신사를 그들의 통제 하에 두었다.

이들은 정승화를 비롯하여, 그의 추종세력인 3군사령관 이건영, 특전사령관 정병주, 수도경비사령관 장태완 등을 80년 1월 20일자로 모두 예편시키고 정승화에게는 징역 10년형을 선고했다.

반면 12·12주도세력은 승승장구, 육군참모총장 겸 계엄사령관에 이희성 중장이 임명된 데 이어 수도경비사령관에 노태우, 특전사령관에 정호용 소장이 각각 임명되었다. 이밖에도 유병현·황영시·김복동·유학성·박준병 등 이들의 측근세력이 군 요직을 모두 차지했다.

최규하 과도체제에서 명실상부하게 권력의 '실세'로 등장한 이들은 보안사정보처 내에 언론조종반을 설치하고 "단결된 군부의 기반을 주축으로 지속적인 국력신장을 위한 안정 세력을 구축함에 있다."라는 명분을 내걸고 이른바 'K·공작계획'을 추진했다. 이 계획은 바로 정권을 탈취하려는 치밀한 음모로서 5·17을 향해 진군하기 시작한 것이다. 12·12의 핵심인 전두환은 박 대통령 암살사건을 수사한다는 명분으로 계엄사령관 겸 육군참모총장을 군통수권자의 허락 없이 체포하여 하극상의 반란을 주도했고, 또 다른 핵심인 노태우는 전방 부대를 군통수권자의 재가도 없이 서울로 빼돌려 하극상에 동원하는 반란행동을 주도했다.

김영삼은 10·26사태 이후 지나치게 사태를 낙관하고 있었다. 여전히 비상계엄 상태인 데다 군부 내막의 정보가 없기도 했지만 독재자의 피살 앞에 누가 감히 다시 변칙을 택하겠는가라는 믿음에서였다. 2월 28일 관훈클럽 초청발언에서 "우리는 변화의 한복판을 향해 가고 있다. 변화를 두려워할 필요가 없다."라고 낙관론을 폈다.

김영삼은 '서울의 봄' 정국에서 '신민당의 집권은 역사의 순리'라고 자부하면서 집권채비에 나섰다. 1980년 1월

15일 연두회견에서는 과도정부의 임무는 선거 시기를 앞당기고 계엄해제와 구속자 석방 및 사면복권을 요구하고, 국회에 헌법개정심의특별위원회를 설치하여 개헌안을 만들면 정부가 국민투표에 회부하여 확정해야 한다고 주장했다. 신민당은 1월 31일부터 서울시지부 결성대회를 시작으로 시·도지부 및 지구당 결성 등 조직정비에 나섰다. 김영삼은 당 조직의 확대와 각계 인사 영입을 통해 수권정당의 기반구축을 서둘렀다.

80년 3월 신학기부터 각 대학에서 학생회와 평교수회가 부활되고 2·29복권조치에 의해 긴급조치로 해직 또는 제적되었던 교수와 학생들이 학원으로 돌아옴에 따라 학원가에서는 '학원민주화'를 요구하는 토론회·농성·교내시위가 일기 시작, 3월 27일 조선대학교의 교내시위를 시발로 시위가 서울과 지방의 각 대학으로 번져나갔고, 구호도 △학원 내 언론자유 △어용교수 퇴진 △재단운영 개선 등으로 구체화되었다.

정부는 2월 29일 긴급조치 등 정치적 이유로 공민권이 제한되어 있던 윤보선·김대중·함석헌·정일형·이우정·문익환·문동환·서남동·윤반웅·백낙청·김찬국·지학순 등 687명(정치인 22명, 종교인 42명, 학생 373명, 교직자 24명, 언론인 9명 기타 217명)에 대한 복권조치를 단행했다.

YS

신군부의 '3김 배제론'

김영삼은 3월 6일 서울 외교구락부에서 사면·복권된 후 처음으로 김대중과 만나 정세와 신민당 입당문제를 논의했다. 이 모임에서 두 사람은 시국관에 상당한 입장 차이를 보이고, 입당 시기도 재야와 통합문제 등으로 의견 일치를 보지 못하였다.

정국은 김영삼이 바라는 대로 '서울의 봄'이 진행되고 있지 않았다. 자체적인 정치기반이 없이 신군부의 등에 업힌 꼴인 최규하 정권은 민주화를 바라는 국민의 뜻을 제대로 수용하지 않았다.

학생·노동자·재야인사들은 정치일정의 단축과 유신잔재 청산을 요구하며 대대적인 시위를 벌였고, '3김'으로 대표되는 정치집단에서는 각기 이해가 엇갈린 상태에서 상호 마찰을 빚어 정국은 날로 혼란이 확산되어 갔다.

여기에다 신현확 총리의 2원집정부제 발언과 출처불명의 여권 신당설이 나돌고, 최규하는 정부 주도의 개헌을 공공연히 주장했다.

신군부는 미국의 지원 또는 묵인 아래 꾸준히 권력탈취를 도모해 갔다. '서울의 봄' 이 점차 안개 속에서 진행될 때 미국 시사지 〈뉴스위크〉 4월호는 한국 정치지도자 3김에 관해 "3김은 차기 대통령의 가능성이 희박하다."는 기사를 내보냈다. 전두환이 '3김 불가론'을 제기한 뒤에 나온 것이어서 더욱 관심을 모았다. 기사의 요지다.

김종필은 ① 부정축재의 원흉 ② 박정희 대통령의 친척 ③ 충청도 출신으로 경상도 출신이 아니다. ④ 친미파라기보다 친일파다.

김대중은 ① 전라도 출신으로 경상도 출신이 아니다. ② 군부가 용공파로 보고 있다. ③ 대두하게 되면 군인들의 쿠데타가 일어날 가능성이 있기 때문에 거의 절망적이다.

김영삼은 ① 국민으로부터 사쿠라라고 여겨지고 있다. ② 기회주의자다. ③ 국가를 지도할 자격이 없다.

왜곡된 정보의 출처는 주한 미국대사관 관계자였다고 한다. 즉 이것은 내밀한 미국의 희망과 선택 기준이었다는 평이 따랐다.

이 기사보다 훨씬 앞선 10·26이 지난 지 한 달쯤 되어서 육군참모총장 정승화는 언론사 간부들을 불러 '김대중 불가론'을 흘렸고, 즉각 국내 언론에 보도되어 파문을 일으켰다. 이어서 전두환의 '3김 불가론'이 제기되었고 〈뉴스위크〉의 보도는 국내 언론에 대서특필되었다. 전두환 신군부의 3김 또는 '민주화 불가'의 예광탄이었다.

4월로 접어들어 학생 운동권은 병영집체훈련의 폐지를 새로운 쟁점으로 내걸었으나, 정부의 강경한 이념적 공세와 비판적 여론으로 난관에 봉착하자 병영집체훈련에 응소하는 한편, 4월 14일 전두환 보안사령관이 중앙정보부장 서리를 겸임하는 등 유신잔당과 신군부세력의 체제개편 음모가 노골화하자 학생들은 학원민주화투쟁에서 사회민주화투쟁으로 전환, 5월 2일 1만여 명의 학생이 참가한 서울대 '민주화 대총회'를 시발로 각 대학이 '민주화 대행진'에 돌입, △유신세력 퇴진 △계엄철폐 △2원집정부제 반대 △정부주도 개헌반대 등의 정치적인 이슈를 내걸고 가두로 진출하기 시작했다. 이러한 학생들의 가두시위는 5월 15일 전국 대학생의 계엄해제 요구 시위에서 절정을 이루었다.

5월 13일 밤 서울의 광화문 일대에서 6개 대학 2500여 명의 학생들이 '계엄철폐'를 외치며 가두시위를 감행하자 서울시내 27개 대학 학생대표들은 13일 밤 회의를 소집,

14일부터 일제히 가두시위에 돌입할 것을 결의했다. 이에 따라 14일 서울시내 21개 대학 5만여 명의 학생들은 빗속에서 밤늦게까지 서울의 종로, 광화문, 시청 앞 등 도심지에서 가두시위를 벌였으며, 지방 10개 도시의 11개 대학도 가두시위에 돌입했다.

전두환이 4월 14일 중앙정보부장 서리를 겸임하게 되면서 그의 정권찬탈 음모는 더욱 가시화되었다. 중앙정보부법은 보직을 가진 군인이 정보부장을 겸임할 수 없도록 규정되었기 때문에 전두환은 '서리'라는 편법으로 겸직을 감행했다. 이로써 국가의 두 정보기관 즉, 국군보안사령부와 중앙정보부가 그의 손아귀에 장악되었다.

YS

역류하는 시국에 '역사심판' 경고

김영삼은 역류하고 있는 정국을 우려하면서 성명과 강연을 통해 정치일정의 단축을 거듭 촉구하는 한편, "과도정부가 국민의 여망에 반하여 엉뚱한 야심을 갖는다면, 국민적 거부와 역사의 심판을 받을 것이다."라고 경고하고, "불행한 역사가 반복되지 않도록 하는 것이 우리 모두의 사명이다."라고 역설했다.

김영삼은 4월 29일 충남 유성에서 기자회견을 갖고, "도도히 흐르는 역사의 물결을 역류시킬 수 없다는 확신을 가져야 한다."라고 말했다. 이어 5월 3일, 국회에서 신현확 총리와 만나 "정부는 학생·노동자들의 주장을 힘으로 밀어붙일 생각을 해서는 안 된다."라고 강조하고, "계속되는 노사·학원문제 등 사회적 불안정은 정부가 구체적인 정치일정을 밝히지 않고 계엄해제, 정치범 석방 및 복권조치 등을 취하지 않기 때문이다."라고 지적했다. 또 "연내로 정권을 이양한다는 정치일정을 제시, 국민들로 하여금 민주화에 대한 희망과 신념을 갖도록 해야 한다."라고 촉구했다.

5월 15일의 서울역 앞의 대규모 시위와 사북사태까지 겹쳐 위기설은 더욱 증폭되어 갔다. 이런 상황에서 최규하는 5월 11일부터 15일까지 사우디와 쿠웨이트를 공식방문하기 위해 10일 출국했다. 그가 중동을 방문하고 있는 동안 대규모 학생시위가 도심지까지 진출하여 '안개정국'은 '위기정국'으로 치닫게 되었다.

'서울의 봄' 공간에서 김영삼과 김대중은 어느 때 보다도 대권에 유리하다는 판단 아래 협력을 통한 민주화추진보다 견제와 갈등관계를 보였다.

유신체제 아래에서 이처럼 상호협력하며 야당의 선명투쟁을 이끌었던 김영삼·김대중의 관계는 유신체제의 붕괴와 함께 다시 세간의 관심을 모으게 된다. 박정희가 죽고 80년 '서울의 봄'이 무르익으면서 양김은 각기 대권고지를 향한 결전의 채비를 서두르기 시작했다. 김영삼과 김대중은 80년의 불투명한 안개정국에서 아직 헌법개정의 방향이나 내용이 결정되지 않았는데도 이미 대통령 출마를 경쟁적으로 시사하기 시작하였다.

김영삼은 당권을 쥔 유리한 상황에서 예비역 장성, 재야인사, 학생 등을 영입하고 사고당부의 처리를 통해 공개적인 세력 확장에 박차를 가하였다. 한편 김대중도 신민당 의원들에 대한 개별적인 설득 작업과 함께 재야민주인사 등을 중심으로 민주헌정동지회를 구성하여 전국적인 조직 확대 작업에 나섰다. 이 때 김영삼은 신민당을 구심으로 하여 재야에 대한 흡수통합을 주장한 반면, 김대중은 재야의 전면적 영입을 통한 민주진영의 단합을 주장함으로써 당내 세력판도에 대한 서로의 입장 차이를 드러냈다. 양측의 이견이 좁혀지지 못한 상태에서 4월 7일 김대중이 신민당 입당포기를 선언함으로써 서울의 봄에서의 범민주 통합은 결렬되고 만다. 이 때 김대중은 "우리는 신민당이 재야인사들에 대한 적극적인 영입의사가 없는 것으로 판단, 입당교섭을 포기하는 것이 불가피하다는 결론에 이르렀다."라고 말하며 "오늘을 기해 재야인사와 본인의 신민당 입당문제를 더 이상 거론치 않기로 했다."라고 말했다.[110]

5월 10일을 전후하여 김영삼에게 신군부의 동향이 심상치 않다는 제보가 여러 경로를 통해 들어오고 있었다. 사태가 급박했다.

> 군부가 강경수단을 사용할 수 있다는 걱정 때문에 나는 연일 대책마련에 골몰했다.

110) 유영선, 「숙명의 라이벌 김영삼 · 김대중의 30년」, 〈말〉, 1992년 6월호.

정국이 더욱 불투명해지고 있음에도, 5월 6일 최규하는 "10일 중동 방문을 위해 출국할 것이다."라고 발표했다.

나는 5월 9일 오전 마포 당사에서 기자회견을 갖고 '확신을 가지고 슬기롭게 전진하자.' 라는 제목의 회견문을 발표했다. 나는 "우리의 당면목표는 평화적 정권교체를 위한 선거를 있게 하는 일이다."라고 강조하고, "이런 시기에 또 다시 국민의 희생을 강요하는 사태가 온다면, 이 투쟁을 우리 신민당이 맡고 나설 것을 선언한다."라고 경고했다.[111]

5월 중순에 접어들면서 '위기설' 이 나돌자 학생운동 지도부는 시위를 중단하고 학교로 돌아가기로 결정하고 16일에는 이화여대에서 제1회 전국 대학총학생회장단회의를 개최, 17일부터 정상수업을 받기로 결정했다. 군부에 빌미를 주지 않기 위한 조처였다.

김영삼은 5월 16일 동교동으로 김대중을 방문하고, 당시의 상황을 비상시국으로 판단하고 3개항의 공동발표를 했다. ① 비상계엄의 즉시해제 ② 정부가 주도하는 개헌포기 ③ 정치일정의 연내완결을 위한 일정 발표요구가 그 내용이었다. 그리고 이를 관철하기 위해 두 사람은 공동보조를 취한다고 선언하고, 학생들에 대해서도 질서와 평화를 지키면서 최대한 자제력을 발휘해 달라고 호소했다.

111) 김영삼, 앞의 책, 193~194쪽.

YS

5·18광주,
전두환 민주주의 짓밟아

1980년 5월 17일 저녁 9시경 중앙청 국무회의실에 비상국무회의 소집 연락을 받은 국무위원들이 모여들었다. 그들은 무엇 때문에 갑자기 국무회의가 소집되었는지, 무슨 안건을 심의해야 하는지도 모르고 회의에 참석했다.

이날 저녁 중앙청 일대에는 전에 없이 삼엄한 경비가 펼쳐졌고, 국무회의실 복도 양편에 착검한 소총을 든 무장군인들이 도열하여 국무위원들의 신분을 일일이 확인하는 등 살벌한 공포분위기를 조성하고 있었다. 국무위원들은 외부와 자유롭게 전화통화를 할 수 조차 없었다.

신현확 총리는 9시 42분 제42회 임시국무회의 개회를 선언하고 국방부에서 의안 360호로 제출한 비상계엄확대 선포안을 의안으로 상정하여 의결해 줄 것을 요청했다. 김옥길 문교장관이 의안에 대한 설명을 요청했지만 찬반토론은 전혀 없었다. 신 총리가 이 의안의 가결과 국무회의의 산회를 선포했을 때 시간은 9시 50분이었다. 찬반토론도 없이 단 8분 만에 비상계엄 확대 선포안이 의결된 것이다. 실로 최규하 정부란 신군부의 꼭두각시에 불과하였던 것이다.

토론 한마디 없이, 헌법기구인 국회를 쓸어버리고 민주화를 짓밟는, 그리하여 5·17쿠데타를 밑받침하는 계엄포고령이 국무회의에서 어이없게도 처리된 것이다. 신군부의 '싹쓸이'는 이렇게 처음부터 무도하게 시작되었다.

전두환을 우두머리로 하는 신군부는 19년 전 박정희가 했던 수법에 따라 쿠데타를 일으키고 '서울의 봄'을 짓밟았다. 박정희 정권의 품안에서 권력의 단맛을 즐겨온 하나회 출신들이 주동이었다. 12·12의 하극상으로 군권을 장악한 이들은 전두환이 중앙정보부장(서리)까지 꿰차면서 막대한 자금과 정보력으로 언론공작을 꾀하면서 정권을 찬탈했다.

신군부는 5월 초순부터 이른바 '충정작전'의 구실로 충정부대의 서울 인근 투입을 5월 17일 이전에 이미 완료했다. 특히 광주에는 공수부대의 가장 핵심부대를 은밀히 투입했다.

신군부는 치밀하게 짜인 작전계획에 따라 5월 18일 0시를 기해 지역계엄을 전국계엄으로 확대 선포하고 계엄포고령 제10호를 발표, △모든 정치활동의 중지 및 옥내외 집회·시위의 금지 △언론·출판·보도 및 방송의 사전검열 △전국 각 대학에 휴교령을 내렸다.

이어서 18일 저녁에는 김대중, 김상현, 김종필, 이후락 등 26명의 정치인들을 학원 노사분규 선동과, 권력형 부정 축재 등의 혐의로 합동수사 본부에 연행하고, 20일에는 김영삼을 가택 연금시키는 등 정치적 일대탄압을 감행하기 시작했다.

김영삼은 '서울의 봄' 정국을 지나치게 낙관하다가 쿠데타를 당했다. 전두환이 보안사령관의 위치에서 금지된 중앙정보부장을 굳이 '서리' 라는 꼬리표를 달고 감행 할 때도 김대중과는 달리 시국을 낙관하였고, 신민당은 마치 집권당이나 된 듯이 독주하면서, 김대중과 재야를 경계했다.

김영삼은 4월 15일 강원도 설악산 관광호텔에서 가진 기자회견에서 "전 장군의 중정부장서리 겸임이 민주화 일정에 관계가 있을 것으로 보느냐."는 질문에 "상관없다. 민주화 일정은 예정대로 진행될 것이다."라고 잘라 말했다.

글라이스틴 주한 미 대사는 전두환의 중정부장 서리 임명에 대해 워싱턴에 "하룻밤 사이 그는 12·12 이후 쓰고 있던 가면을 벗어던지고 (신문의) 1면 뉴스로 등장하면서 자신을 서부개척시대의 영웅과 같은 고결한 인물로 묘사하고 있다."라고 보고했다. 또한 글라이스틴은 전두환의 중앙정보부장 서리 임명이 뒷날 1980년대 역사를 뒤틀리게 만든 결정적인 계기였다고 말했다.

전두환은 5월 18일부터 전국계엄 확대와 김대중 구속 등에 대한 저항에 나선 광주시민들을 무참히 학살하면서 5월 20일 이미 소집 공고된 임시국회를 무산시키기 위해 수도군단 30사단 101연대 병력으로 국회의사당을 봉쇄하고, 헌법에 규정된 국회통보 절차조차도 밟지 않은 채 사실상 국회를 해산시켜버린 국헌문란을 자행했다.

실질적인 물리력을 장악한 신군부는 정치사회 일반에 대한 모든 권력을 찬탈하고자 국가보위비상대책위를 설치하고 전두환이 상임위원장에 취임했다. 국보위는 초법적인 권력기관으로 등장하여 정권을 탈취하고 5공정권 수립에 받침대 노릇을 했다. 이로써 유신보다 더 포악한 5공시대가 시작되었다. 김영삼의 고난과 치열한 저항의 계절이 되었다.

제2장

상도동에 연금된 민주주의

YS

무장헌병 1개 중대에 가택연금

1980년 5월 17일은 전두환 일당이 쿠데타를 일으켜 대한민국을 다시 한 번 무단통치 시대로 만든 참혹한 날이다. 김영삼은 전날 신민당 경기도지부 개편대회에 참석하고 저녁 늦게 귀가했다. 당직자들로부터 계엄당국의 낌새가 심상치 않다는 전화가 잇따랐다.

밤늦은 시각에 신민당 출입기자들이 김대중이 군인들에게 끌려가고 동교동이 쑥대밭이 되었다는 소식과 함께 김종필도 체포되었다는 전화도 있었다. 측근들이 피신을 권했으나 피신할 이유가 없다면서 이를 뿌리치고, 사무총장에게 다음날 정무회의 소집을 지시했다.

18일 오전 군인들에 포위된 당사에서 정무회의가 열렸다. 침통한 분위기 속에서 김대중·김종필 등 밤새 연행된 인사들의 석방과 계엄군의 시내로부터 철수, 국회와 당사에 배치된 계엄군의 철수 등을 요구하는 결의안을 채택했다. 하지만 이미 계엄군에 점거된 신문 · 방송은 한마디도 보도하지 않았다. 그 시각 광주에서는 김대중 석방과 계엄해제 등을 요구하는 대학생들이 공수부대와 대치하고 있었다. 광주민주항쟁의 시발이었다.

이날 오후 늦게 계엄사의 현역 대령이 상도동 집으로 김영삼을 찾아왔다.

> "군은 불안요소만 제거하고 돌아갈 것입니다. 기자회견이나 성명서 발표 같은 것은 하지 말아 달라는 게 전두환 장군의 요청입니다."
>
> 나는 화를 내면서 그를 쫓아 보냈다.
>
> "무슨 소리 하는 거냐? 안정은 너희들이 깨뜨린 것이다. 너희들은 지금 용서받을 수 없는 일을 하고 있다. 누가 하지 말란다고 기자회견을 안 할 수는 없다."[112]

김영삼은 20일 아침부터 가택에 연금되었다. 헌병 1개 중대 병력이 집 주변에 배치되고 일체의 출입을 봉쇄했다. 유신과 긴급조치 시대에도 없던 일이었다. 언론사에 유선

112) 김영삼, 앞의 책, 197쪽.

으로 기자회견 내용을 알렸다.

> 20일 아침 8시경 M16 소총에 실탄을 장전하고 착검까지 한 무장헌병 중대병력이 내 집 주변을 에워쌌다. 그 중 20여 명은 대문을 밀고 들어와 10여 평 남짓한 비좁은 마당이 꽉 차게 늘어섰다. 이틀 전 찾아왔던 대령이 다시 나타났다. "총재님, 나중에 기회가 있을 텐데 꼭 오늘 하셔야 됩니까."라고 말했다. 나는 "이 헌병들은 뭐야. 당장 철수해라. 전두환에게 가서 얘기하라. 전두환이 제2의 박정희가 되고 싶은 모양이구나."라고 야단을 쳐 내보냈다.
>
> 나는 이미 응접실에 들어와 있던 내·외신기자들에게 서둘러 회견문을 배포하고, 미처 집안으로 들어오지 못한 보도진에게는 담장 너머로 유인물을 던졌다.
>
> "5·17사태는 민주회복이라는 국민적 목표를 배신한 폭거입니다. 나는 양심이 가리키는 바에 따라 위기를 딛고 나라를 건지기 위한 모든 노력을 다할 결의를 밝힙니다."[113]

김영삼은 5월 20일부터 이듬해 4월 30일까지 1차 가택 연금이 시작되었다. 가족 이외에 비서나 기자 누구도 출입이 허용되지 않았다. 김대중이 날조된 내란음모사건으로

113) 앞의 책, 198~199쪽.

혹독한 시련을 겪고 자식·친척과 비서·측근들이 구속되어 온갖 고문을 당한 것에 비하면 가택연금은 그나마 나은 편이었다.

박정희와 전두환은 야권의 두 김 씨를 '분리조처' 했다. 김대중은 아예 정치권에서 격리시켜 제거하거나 투옥시킨 데 비해 김영삼은 정치참여를 허용한 대신 각종 탄압을 가했다. 두 사람을 함께 제거하기에는 정권 자체가 불안했던 것이다. 영호남의 대표 주자였던 두 사람은 박정희가 김영삼을 제명할 때 부마항쟁이 일어났고, 전두환이 김대중을 구속하자 광주항쟁이 발발할 만큼 지역의 단단한 기반을 갖고 있었다.

연금 초기 글라이스틴 주한 미 대사와 마에타(前田) 주한 일본 대사가 각각 방문하여 위로해 주었다. 전두환 정권도 이들의 방문까지는 막지 못했다. 연금이 시작되면서 김영삼은 도무지 잠을 잘 수 없는 불면증에 시달렸다. 간간히 광주 소식을 들으면서 박정희 품에서 자란 신군부세력이 탐욕스러운 권력욕만 배우고 파멸의 교훈을 배우지 못함으로써 역사를 파멸로 몰아넣고 말았다고 독재자들을 비판했다. 하지만 이를 발표할 아무런 수단도 없었다.

YS

광주학살, 총재직 사퇴와 정계은퇴

신군부는 광주민중항쟁을 무력으로 진압하고 김재규를 처형한 다음, 1980년 5월 31일 소위 대통령의 자문·보좌 기관이라는 구실로 국가보위비상대책위원회(국보위)를 구성했다.

이것은 5·16쿠데타 후에 설치한 국가재건최고회의에 버금가는 쿠데타 세력의 최고기관인 셈이다. 국보위는 국무총리를 비롯하여 주요 행정 각료 등 10명과 군요직자 14명 등 24명으로 구성되었다. 국보위에 상임위원회를 설치하여 전두환이 상임위원장에 취임했다. 국보위는 비상계엄 하에서 국가를 보위하기 위한 국책사항을 심의·의결하여 대통령의 자문에 응하거나 대통령을 보좌한다는 명분을 내걸었으나, 실제로는 입법·행정·사법 전반에 걸친 주요업무의 지휘·감독·통제·조정기능을 수행하기 위한 것이다.

대통령을 의장으로 하는 국보위는 국무총리와 부총리, 안보관계 부처의 장관과 계엄업무를 직접 추진하는 군의 주요지휘관들을 위원으로 구성하여 산하에 상임위원회와 분과위원회를 두었다. 국보위는 11대 국회가 구성될 때까지 국회의 권한을 대행하기 위해 80년 10월 29일 과도입법기구로 국가보위입법회의를 별도로 설치한 것이다. 이 기구는 같은 해 10월 27일 공포된 제5공화국 헌법의 부칙에 따라 발족되었다.

1980년 8월 16일 최규하 대통령이 사임했다. 이미 예정된 수순이었다. 헌법규정에 따라 박충훈 국무총리가 대통령 권한대행을 맡았다. 박 대행은 특별담화에서 "국가원수의 궐위기간을 최소한으로 단축시킴으로써 영도자의 공백에서 오는 혼란과 국가기능 정체를 막는 일이 정부가 해야 할 급선무이다."라고 말했다.

최 대통령의 사임 후 11일 만인 8월 27일 박정희의 예에 따라 육군대장으로 승진 예편한 전두환 국가보위비상대책위원회 상임위원장이 통일주체국민회의 제7차 회의에서 제11대 대통령으로 선출되었다. 유신체제 때와 다르지 않은 체육관선거였다.

김영삼은 단편적이지만 광주항쟁의 소식을 듣고 성명서를 만들어 가족을 통해 비밀리에 밖으로 내보냈다. 하지만 국내 언론에는 전혀 보도되지 않고 일본 〈아사히신문〉 등 외신에만 보도되었다.

> 무모한 5·17폭거가 엄청난 비극을 가져오고 말았다. 광주 일대에서 발생한 비참한 유혈충돌은 나라의 앞날을 위태롭게 하는 중대사가 아닐 수 없다. 과도정부는 오늘의 사태에 대해 국민 앞에 사죄하고 책임을 지는 일련의 조치를 취해야 한다. 먼저 5·17 이전으로 원상 복귀해야 한다. 또 비상계엄령을 해제하여 군은 국토방위에 전념토록 해야 한다.[114]

이 같은 내용을 〈아사히신문〉은 1면 머리기사로 실었고, 전두환 정권은 이 기사를 쓴 기자를 한국에서 추방했으며, 국내 배포된 신문에서 해당 기사를 가위로 오려냈다.

김영삼은 광주의 학살과 파국으로만 치닫고 있는 정치정황을 지켜보면서 야당총재직을 내던지기로 결정했다. 일체의 정치활동이 금지된 상황에서 전두환에게 던질 수 있는 것은 그것밖에 없었다. 제1야당 총재로서 광주학살과 쿠데타를 막지 못한 도의적 책임감도 따랐다.

> 정치 지도자로서 광주의 불행을 막지 못한 통렬한 책임

114) 〈아사히신문〉, 1980년 5월 20일.

감으로 나는 미칠 듯이 괴롭고 고통스러웠다. 야당총재의 자리를 유지하고 있다는 것 자체가 죄악이라는 생각이 들었다. 전두환의 폭거에 대해 무엇이든 얘기해야 했지만 방법이 없었다.

나는 내가 선택할 수 있는 유일한 방법은 "이제 나에게 부끄러움이 되어 버린 야당총재의 자리를 내놓는 것이다."라고 생각했다. 총재직을 사임하고 정계에서 물러나겠다는 것은 국민에 대한 사죄의 뜻이자, 쿠데타에 대한 나의 저항 의사를 공표할 수 있는 유일한 수단이라는 생각이 들었다.[115]

김영삼은 8월 13일 박권흠 신민당 대변인을 통해 총재직 사퇴와 정계은퇴 성명을 발표했다. 이 소식은 국내 언론에 일제히 보도되었다.

나는 오늘 신민당 총재직을 사퇴함과 아울러 정계에서 은퇴할 것을 국민 앞에 밝히는 바입니다. 나는 지난 30여 년간 민주당과 신민당의 창당에 참여, 이 나라 민주주의를 실현하고자 온갖 정열을 쏟아 오늘에 이르렀습니다.

그러나 나는 오늘의 정치적 상황에 처하여 야당총재로서의 소임을 다하지 못한 모든 책임을 지고 이와 같이 결심하

115) 김영삼, 앞의 책, 206쪽.

였습니다.

기나긴 세월 동안 이 사람과 뜻을 같이하여 온 당원동지 여러분께 무한한 감사를 드림과 동시에, 기대에 부응하지 못함을 죄송하게 생각합니다.

이 나라와 이 민족의 앞날에 하나님의 가호가 있기를 기도하겠습니다.[116)]

116) 〈한국일보〉, 1980년 8월 14일.

YS

서도(書道) 익히며 조깅 시작

전두환은 9월 29일 정부의 개헌심의위원회가 성안한 대통령 임기 7년 단임과 간선제에 의한 대통령선출을 골자로 하는 헌법개정안을 공고했으며, 10월 22일 국민투표가 실시되었다. 새 헌법안은 우리나라 국민 투표사상 최고인 95.5%의 투표율과 91.6%의 찬성률이라는 압도적인 지지를 받았으며 10월 27일 공포되었다. 국민투표 과정에서 선거계도라는 구실로 행정력이 동원되고 심지어 입원 중인 환자들까지도 투표에 동원하는 등 전례 드문 부정이 저질러졌다.

전두환의 목표는 보궐선거를 통한 대통령직에 있는 것이 아니었다. 이것은 하나의 과정에 불과했다.

제5공화국 헌법에 따라 제12대 대통령선거가 대통령선거인단의 간접선거로 2월 25일 실시되었다. 대통령 후보는 민정당의 전두환, 민한당의 유치송, 국민당의 김종철, 민권당의 김의택 총재가 각각 입후보하여 총선거인 5277명 중 5271명이 투표에 참가, 전두환 후보가 4755표를 얻어 90.2%의 다수표로 당선이 확정되었다.

제12대 대통령에 당선된 전두환은 3월 3일 임기 7년의 제12대 대통령으로 취임, 제5공화국 정부를 출범시켰다. '역사상 가장 오랜 쿠데타'로 일컬어지는 12·12로부터 1년 3개월여 만이고, 5·17로부터는 10개월여 만에 마침내 대권의 자리를 차지하게 되었다.

이에 앞서 입법회의는 80년 11월 7일 이른바 '정치풍토 쇄신을 위한 특별조치법'을 마련하여 5공정권의 '적격 정치인'을 선발하고자 했다. 이에 따라 11월 7일 정치쇄신 9인위원회가 정부 내에 발족되어 기성 정치인 가운데 정치활동을 금지시킬 규제대상자 선정 작업에 착수했다.

입법회의는 1차로 정치활동 피규제자 811명의 명단을 공고하고 2차로 24명의 명단을 추가로 공고, 재심청구를 접수한다고 발표했다. 재심청구자는 1차 공고대상자 811명 중 569명에 달했고, 재심결과 268명이 정치활동금지조치에서 해금되었다. 이로써 10대 국회의원을 비롯하여, 구청지인 567명이 99년 6월 30일까지 특별한 변수가 없는 한 일체의 정치활동을 하지 못하게 되었다.

이렇게 해서 발이 묶인 정치 피규제자 중에는 공화당의 김종필·정일권·구태희·길전식·김창근·김택수·육인수·이효상, 구 유정회의 최영희·태완선·백두진, 신민당의 김영삼·이철승·고흥문·이민우·이충환·신도환·황낙주 등이 망라되었다.

김영삼은 연금 상태에서 가족과 찬송가와 성경, 독서로 울연한 심경을 달래고 서도를 익혔다. 그의 서도는 이때에 시작되고 '거산(巨山)'이란 아호는 작품을 모아 전시하면서 사용하였다. 건강을 추스르기 위해 비좁은 마당을 몇 바퀴씩 뛰었다. 그의 유명한 조깅도 이때부터였다.

> 붓글씨는 연금 중 내 마음을 달래 주는 벗이었다. 처음에는 붓 끝에 정신이 집중되지 않아 어려웠지만, 나중에는 종이를 펴놓고 붓을 잡으면 잡념이 없어졌다. 단전호흡을 하듯 내 마음이 붓끝에 모였다. 나는 서예(書藝)라는 말보다 서도(書道)라는 말이 더 어울린다고 생각하게 되었다. 그때 내가 즐겨 썼던 글은 자유(自由), 정의(正義), 대도무문(大道無門), 극세척도(克世拓道), 사필귀정(事必歸正), 민주광복(民主光復), 남북통일(南北統一) 등이었다.[117]

연금 중에 쓴 서예작품은 1차 연금이 풀린 1981년 7월 9

117) 김영삼, 앞의 책, 209쪽.

일부터 15일까지 부산에서 전시되어 3만여 명이 몰리면서 성황을 이루었다. 수익금은 양로원과 구속학생들의 사식비로 차입했다. "사람들이 자꾸 호(號)를 써 달라고 해서 임시변통으로 부산과 거제에서 한 글자씩을 따 거산(巨山)이라고 써 주었는데, 이것이 그 이후 내 호로 정착되었다."[118]

118) 앞의 책, 211쪽.

YS

'나와 내 조국의 진실'을 쓰다

김영삼은 매일 책을 읽고 지난 정치인생을 돌아보는 글을 썼다. 원고가 한 권 분량이 되자 우연한 경로로 미국으로 반출되어 1982년 5월 17일 『나와 내 조국의 진실』이란 제목으로 간행되었다. 국내에서는 2년이 지난 1984년 4월 19일 같은 이름으로 출간했다.

책은 41편의 글을 5장으로 나누어 엮었다. 제1장 평화를 찾아서, 제2장 나와 내 주변, 제3장 민주주의에의 길, 제4장 인간성을 찾아서, 제5장 한국의 발견이다. 서문에서 지은이의 글을 쓰게 된 편편한 정신이 보인다. 서문의 전반부를 옮긴다.

이 책에 수록된 글들은 누구에게 보이리라는 전제 위에

서 쓰인 것이 아니다. 10·26사태 이후, 이제야 민주주의가 이 땅에 실현될 수 있으리라고 믿던 국민의 갈망과 기대와는 달리, 5·17사태가 일어나서 민주적 신념을 가진 많은 사람들이 감옥으로 끌려갔고 나는 감옥 대신 상도동의 내 집에 갇혀 지내야 하는 몸이 되었다. 안개정국이 갑자기 칠흑 같은 어둠의 정국으로 바뀐 것이다. 그 어둠 속에서 이 글들은 쓰인 것이다.

나는 왜 애국적 민주인사들이 고난을 받아야 하는지에 대하여, 그리고 내가 왜 내 집을 감옥으로 하여 수인(囚人)의 생활을 강요당하는지에 대하여 여러 가지 생각을 하게 되었고, 적어도 나로서는 나 자신에 대한 반성의 기회로 받아들이고 싶었다. 사실 나는 정치에 입문한 이래 언제나 주어진 상황에 쫓기는 몸이었을 뿐, 자신을 돌아보거나 정리할 기회를 갖지 못했던 것이다. 필묵으로 세상일과 밑도 끝도 없는 상념(想念)들을 아무런 목적이나 의도 없이 정돈해 보는 것이 일과의 전부가 되었다.

나를 찾는 작업이라고나 할 이런 일들을 나는 반복했다. 이렇게 정처 없이 쓰인 글들이 바로 이 책에 수록되었다. 이 책이 처음 외국에서 발간되게 된 것도 전혀 우연이었으며, 내 뜻에 의한 것이 아니었던 것도 이 때문이었다. 연금 중에 쓰인 글이기 때문에 엄청난 분노나 갇힌 자의 악에 받힌 포효가 있으리라고 기대하는 사람들이 있을지 모른다. 그러나 이 책에는 잔잔한 내 생각들이 표백되어 있을 뿐이다.

이렇게는 말할 수 있을 것 같다. 이 글들에는 미숙하나마 나의 진실이, 그리고 찬찬하게 되돌아 본 내 조국의 진실이 나름대로 담겨져 있다고 감히 말할 수 있다. 내 조국의 진실을 흥분하거나 걱정스런 표정으로서 보다는 있는 그대로 보고자 하는 내 감정의 한 흐름을 볼 수 있을 것이다. 나에게 바라는 어떤 기대를 갖고 이 책을 보기 보다는, 우리 조국이 서 있는 위치와, 그 시간대(時間帶)는 어디인가 하는 조용한 질문과 더불어 이 책을 읽어주었으면 한다. 그러한 가운데, 우리가 보다 은은하나 굳건한 공감대를 같이 확인할 수 있지 않을까 하는 기대를 가져 본다.[119]

5·17쿠데타의 '싹쓸이' 이후 신군부 세력으로부터 정치활동을 허용받은 기성 정치인들은 10대 국회의원이 101명(공화 25명, 유정 57명, 신민 17명, 무소속 2명)이며 구 정당간부가 162명, 기타 5명이었다.

5공 세력과 '허가받은' 정치인들은 신군부 중심의 민주정의당, 구 신민당 계열이 민주한국당, 구 공화당 계열이 한국국민당을 창당하고, 전두환의 들러리 격인 대통령 선거에 이어 1981년 3월 25일 제11대 총선을 치렀다.

전국 92개 선거구에서 184명을 뽑는 3·25총선의 결과

119) 김영삼, 『나와 내 조국의 진실』, 일월서각, 1984.

민정당이 90명, 민한당이 57명, 국민당이 18명, 민권, 사회, 신정당이 각각 2명, 민농과 안민당이 각 1명, 무소속 11명이 당선됐다. 이에 따라 민정당은 전국구 의석 92석 가운데 3분의 2인 61석을, 민한당은 24석을, 국민당은 7석을 배정받아 제11대 국회의 원내 판도는 민정 151석, 민한 81석, 국민 25석 등 3당으로 가름지어졌다.

3·25총선 결과 두드러진 사실은 집권당인 민정당이 전국 92개 지역 가운데 제주와 전남의 해남 · 진도를 제외한 90개 지역에서 완승을 거두었다는 점이다. 더욱이 몇몇 지역을 제외하고는 대부분 민정당 후보들이 금메달을 차지했다. 역시 정치사회적인 분위기와 야권의 인재부족, 후보난립에 의한 결과였다.

5·17쿠데타 이후 약 1년여 만에 헌정이 정상화되었지만 다수의 정치인들이 규제된 상황에서 관제 여·야당은 '1, 2, 3중대' 라는 국민의 손가락질을 받으며 5공정권의 들러리 역할에 자족할 수밖에 없었다.

김영삼은 연금 상태에서 측근 일부가 여·야당에 들어가 전두환 체제를 합리화해 주는 11대 국회의원이 되는 모습을 참담한 심경으로 지켜볼 수밖에 없었다.

1980년 9월 9일 조작된 내란음모사건으로 구속 기소된 김대중은 7월 12일 육군교도소에 수감되어 9월 17일 육본 계엄보통군법회의 1심에서 사형을 선고받고, 11월 3일 육본계엄고등군법회의에서도 사형, 81년 1월 23일 대법원이 상고를 기각하여 사형이 확정되었다. 같은 날 특별사면으로 무기로 감형되어 1월 31일 청주교도소로 이감되었으며, 82년 3월 3일 징역 20년으로 감형되었다.

또 그와 함께 기소된 문익환·이문영·예춘호·고은태(고은)·김상현·이신범·이해찬 등도 징역 10년 이상의 중형을 각각 선고받았다.

전두환 정권은 국내외의 세찬 여론에 밀리고, 5공체제가 어느 정도 굳혀지자 82년 12월 16일 김대중을 청주교도소에서 서울대 병원으로 이감하여 연금하고, 12월 23일 형집행 정지로 부인 이희호, 차남 홍업, 3남 홍걸 등 가족 3명과 함께 미국으로 망명케 했다. 미국무성은 김대중의 석방에 노먼 번즈 동아시아국 대변인을 통해 환영논평을 발표하고, 나카소네 야스히로 일본수상은 "인도적 견지에서 지극히 바람직스러운 일이다."라고 논평했으며, 아베 신타로 일본외상은 "한국 정부의 조치를 평가한다."라고 환영했다.

전두환의 신군부 세력은 5·17쿠데타를 감행하면서 자신들의 정권유지에 걸림돌이 된다고 믿은 김영삼은 가택연금, 김대중은 조작된 내란음모로 몰아 처형할 계획으로 군사재판에서 사형까지 선고했지만, 미국·영국·프랑스·독일·일본 등 우방국들의 세찬 비판과 구명운동에 굴복하여 해외추방 조치로 일을 마무리 지었다.

YS

전두환 정권은 〈뉴욕타임스〉 보도를 이유로 김영삼을 다시 집에 연금시켰다. 1982년 5월 31일, 해제 1년여 만이다. 야생마를 울 안에 가둔다고 쉽게 길들여지지 않듯이 어떤 탄압에도 김영삼은 5공체제에 순응하지 않았다. 그는 초기 자유당 의원 시절을 빼놓고는 줄곧 야당에서 싸워온 야당투사다. 그의 육신을 가둔다고 야성마저 순치 시킬 순 없었다.

제3장

민주산악회와 목숨을 건 단식투쟁

YS

가택연금 해제와 민주산악회 조직

아무리 혹독한 동장군도 따스한 봄날의 햇볕을 이기지 못한다. 자연현상만 그런 것이 아니다. 전두환 세력의 폭압통치에서도 저항의 불꽃은 꺼지지 않았다. 광주항쟁의 엄청난 희생의 핏값이 여러 가지 형태로 나타나기 시작했다.

5·18당시 한국군의 작전 지휘권을 쥐고 있던 존 위컴 주한미군사령관이 1980년 5월 22일 광주시위 진압작전에 투입할 예하 4개 대대 한국군의 병력차출과, 미군의 항공모함과 공중조기정보 통제기를 배치한 사실 등이 알려지면서 이제까지의 미국에 대한 인식이 크게 달라졌다.

1982년 3월 18일 부산 미문화원 방화사건이 발생하고 천주교 정의구현사제단의 천주교탄압 항의성명(4월 12일), 기독교청년단체들의 부활절 시위(4월 16일), 고려대생 '반파쇼민주투쟁 시국선언' 배포 후 시위(5월 14일), 서울지역

대학생연합 학생의 날 기념식 후 군부독재 타도·광주학살 책임자 처벌 등 요구 시위(11월 13일) 등이 잇따라 전개되었다. 5공 초기 폭압 속에서 일어난 저항운동의 몇 가지 사례이다.

김영삼에 대한 가택연금이 1년여 만인 1981년 5월 1일 자로 해제되었다. 하지만 여전히 집 주위를 감시, 미행하는 두 대의 차량과 사복경찰이 골목을 지키고 있었다.

김영삼은 연금이 풀린 후 측근 김동영의 권고로 산행을 시작했다. 첫 산행은 6월 9일(목), 김동영·최형우·문부식·김덕룡 등과 삼각산을 올랐다. 1년여 만에 맑은 공기를 마시며 동지들과 시국을 토론하고 목청껏 큰 소리를 질렀다. 이후 등산은 김영삼의 일상이 되고 민주산악회의 조직으로 이어졌다.

5공시대 반정부 정치인들의 최초 조직의 씨앗이 된 민주산악회는 이날 산행에서 내려와 정식 발족되었다. 회장 이민우, 부회장 김동영·최형우, 운영위원 김덕룡·문부식·오성룡·최영호와 회장단이 포함되고, 김영삼은 고문으로 추대되었다. 정치활동에 발이 묶인 정치인들이라 달리 할 일이 없어 산행이 잦았다. 이 같은 사실이 입소문을 타고 알려지면서 참가자가 늘었다.

매주 목요일 산행일이 정해지고 뿔뿔이 흩어졌던 동지들이 다시 모여 들었다. 숫자가 많아지면서 정부당국의 감시와 방해가 심해지고 지방의 경우 불법연행과 연금이 다반사로 이루어졌다. 탄압에 못 이겨 중도에 참여를 포기한 사람도 있었지만 날이 갈수록 그 수는 증가되었다.

'정치 산악인' 들은 깊은 산속이나 계곡에서 마음껏 전두환 정권의 만행을 규탄하고 정보를 나누며 중요한 사건들은 유인물로 만들어 일반 시민들에게 나눠주었다. 1982년 4월 〈뉴욕타임스〉 헨리 스토크 도쿄 지국장이 산행에 동반하면서 취재했다. 구기동에서 출발, 대남문을 거쳐 능선을 따라 우이동 계곡으로 내려오는 7시간 코스였다.

스토크는 산행 중 김영삼을 밀착하면서 정치활동이 규제된 한국 정치인들의 실태, 그리고 민주산악회에 대해 취재했다.

> 김 씨는 전정권이 1979년 채택하여 김 씨 자신과 더불어 500여 명의 공적 활동을 금지한 정치규제 조치를 언급하면서, "500명이 넘는 사람이 권력자의 분별없는 생각으로 공민권을 박탈당하고 있는 것이 정상일 수 없지 않는가?"라고 반문하며, "이 나라 민주주의를 회복하려 한다는 전두환 씨의 말이 진심이라면, 그는 당연히 이러한 규제의 해제와 정치범의 석방을 우선해야 한다."라고 말했다.[120)]

120) 〈뉴욕타임스〉, 1982년 4월 16일.

이 신문의 기사는 이어진다.

찬란한 봄 날씨에 8백만 인구의 도시가 보이는 정상에서 김 씨는 모자를 벗고, "이제 기도의 시간을 갖자."라고 말했다. 교회 장로의 한 사람인 김 씨가 한국의 민주주의를 위한 기도로 이 집단 – 그가 나중에 첨언한 바에 따르면, '한두 명의 중앙정보부 요원을 침투시켰을지도 모르는' – 을 이끄는 동안 그의 추종자들은 모자를 벗고 머리 숙여 묵도했다.

"우리는 산에 올 때마다 기도하고 있다. 등산은 우리가 매주 목요일에 갖는 일상적인 일 중의 하나다. 우리는 이 모임을 민주산악회라고 명명했다."라고 그는 설명했다.[121]

기사는 다음과 같은 내용도 실었다.

좌정하고 있는 각자에게 새로 작사된 회가(會歌)가 적혀 있는 종이가 분배되었다. 사람들은 종이에 쓰인 짧은 4행의 문구를 익혔다. 그리고 나서 그들은 일어서서 원을 그리며 늘어섰다. 두 사람의 리더가 공터 가운데로 나갔다. 그들은 함께 새로운 회가를 부르기 시작했다.

121) 앞과 같음.

김 씨의 한 보좌역의 번역에 따르면 노래의 가사는 다음과 같다.

인생의 목숨은 초로와 같고
전통의 신민당 양양하도다.
이몸이 죽어서 나라가 산다면
아아, 이슬같이 죽겠노라.[122]

122) 앞과 같음.

2차 가택연금, 아들 결혼식장 못 가

전두환 정권은 〈뉴욕타임스〉 보도를 이유로 김영삼을 다시 집에 연금시켰다. 1982년 5월 31일, 해제 1년여 만이다. 야생마를 울 안에 가둔다고 쉽게 길들여지지 않듯이 어떤 탄압에도 김영삼은 5공체제에 순응하지 않았다. 그는 초기 자유당 의원 시절을 빼놓고는 줄곧 야당에서 싸워온 야당투사다. 그의 육신을 가둔다고 야성마저 순치 시킬 순 없었다.

2차 연금이 계속되던 82년 10월 7일 큰 아들 은철의 결혼식 날이 잡혔다. 결혼식 전날 관할 경찰서장이 찾아와 결혼식 참석을 권했다. 1시간 동안 외출을 허용한다는 것, 김영삼이 자유롭게 생활하고 있다는 것을 국민에게 알리려는 정부의 비열한 꼼수였다.

아들의 결혼식에 참석하고 싶지 않은 아버지가 이 세상에 어디 있으랴. 그러나 여기에는 간교한 술책이 숨어 있었다. 철저한 언론 통제로 당시 국민 대다수는 내가 죽었는지 살았는지도 모르고 있을 때였다. 그러니 나의 연금 사실은 더욱 알 수 없었다.

이런 판에 아들 결혼식에 참석한 내 얼굴이 비칠 때 전두환 정권의 연금사실 은폐를 방조하는 꼴이 되고 만다. 나 스스로 나는 지금 아들 결혼식에도 참석하는 등 자유롭다고 선전하고 다니는 것과 무엇이 다른가. 참으로 파렴치하고 속이 들여다보이는 전두환의 '공작'이었다.[123]

김영삼은 결혼식 전날 큰아들 부부를 불러 사정을 설명하고 이해를 구했다. 하지만 마음 한 켠에 쌓인, 어버이로서의 도리를 다하지 못한 아픔이 못내 가시지 않았다.

독립운동가들의 가족처럼 반독재 민주화운동에 나선 인사들의 가족 역시 비참하기는 마찬가지였다. 가장의 연금 시기 김영삼의 가족도 다르지 않았다.

김영삼의 술회이다.

연금은 나뿐만 아니라 가족 전체에게 크나큰 고통을 안겨주었다. 대학에 갓 들어갔던 사춘기의 막내딸 혜숙이도

---

123) 김영삼, 앞의 책, 227쪽.

우울한 시절을 보내야 했다. 연금 중에는 내 집안에 정보형사가 상주했을 뿐 아니라, 큰길에서 내 집에 이르는 길고 구불구불한 골목길에는 전투경찰들이 24시간 내 집을 감시하며 늘어서 있었다.

이제 막 소녀티를 벗은 그 아이에게 전투경찰들이 보내는 시선은 상당한 스트레스가 되었다. 혜숙에게는 학교와 집만 왕복하는 것이 생활의 전부였다. 친구를 집으로 초대할 수도 없고, 친구의 집에 가도 환영을 못 받는 딸의 심정, 아내에게 쏟아 낸 딸아이의 아픔을 전해들은 아버지의 심정이 얼마나 괴로웠는지……. 유난히 영리하고 똑똑했던 그 아이는 나중에 재미교포 신랑에게 시집을 갔다.

독재정권이 인간의 존엄성을 파괴해 온 폐해는 너무나 크다. 나뿐 아니라 나의 동지들, 그리고 민주화투쟁을 해 온 모든 사람들이 독재자의 탄압으로 인해 본인은 물론 가족 구성원 한 사람 한 사람까지 말할 수 없는 고통을 당해야 했다. 그리고 그 상처는 개개인의 진로와 생활, 심지어는 성격에까지 큰 영향을 미쳤다. 그것은 내가 생명을 다하는 날까지 불의의 독재정권과 맞서 싸우지 않을 수 없는 이유이기도 하다.[124]

124) 김영삼, 앞의 책, 229쪽.

YS

생명 건 23일 단식투쟁 결행

김영삼은 1983년 5월 18일 상도동 자택에서 단식에 들어갔다. 80년 5·18 군사쿠데타에 의해 타의로 정계은퇴를 선언하고 자택에 연금당한 지 3년 만에 단식을 결행한 것이다. 생명을 건 비장한 마음으로 단식에 들어갔다.

김영삼은 「단식에 즈음하여」라는 성명을 발표하고 단식을 시작했는데, 이 성명에서 "민주화투쟁을 더욱 굳건히 그리고 더욱 튼튼한 신념으로 해나가기 위하여 이번 단식을 하는 만큼 나는 이 단식으로 민주화투쟁에 대한 나의 움직일 수 없는 결의를 나 자신과 국민에게 분명히 하고자 한다."라고 말했다.

광주민주항쟁 3주년을 계기로 시작한 김영삼의 단식투쟁은 출범 3년을 맞은 제5공화국 체제 내 정치권에 큰 파문을 던졌으며, 임시국회 소집문제를 비롯하여 민한당의 진로문제와 특히 민주화추진협의회의 결성의 계기를 만들었다.

김영삼은 단식에 앞서 5월 2일 발표한 '국민에게 드리는 글'에서 ① 구속인사의 전원석방 ② 전면해금 ③ 해직교수 및 근로자·제적학생의 복직·복교·복권 ④언론자유 ⑤ 개헌 및 국가보위입법회의 제정 법률의 개폐 등 5개항을 요구한 바 있다.

김영삼은 "광주민주항쟁 3주년을 앞두고 뭔가 비장한 결단이 필요하다."라고 생각하고, 마침 읽고 있던 마하트마 간디의 저서에서 비폭력 무저항의 방식으로 얼어붙은 상황을 돌파하려는 목적으로 단식투쟁을 택했다.

> 단식에 들어가기 전 나는 오랜 시간 생각에 생각을 거듭했다. 생명을 건 저항으로서의 단식투쟁이고 보니, 그야말로 냉엄한 자기응시의 시간 위에 나를 올려놓고 추상같이 결의를 저울질한 것이다.
>
> "사람이 온 세상을 얻는다 해도 제 목숨을 잃으면 무슨 소용이 있는가? 사람의 목숨을 무엇과 바꾸겠느냐?"
>
> 『신약성서』, 〈마태복음〉의 이 말씀을 나는 읽고 또 읽었다.

> "누구든지 자기 목숨을 아끼는 사람은 잃을 것이며, 이

세상에서 자기 목숨을 버리는 사람은 목숨을 보존하며 영원히 살게 될 것이다."

〈요한복음〉의 말씀을 읽으면서 나는 깊은 묵상과 기도의 시간을 가졌다.[125]

김영삼은 「단식에 즈음하여」의 성명 말미에서 다음과 같이 호소한다.

"나는 이제 마지막으로 국민 여러분의 지지와 성원에 보답하는 길로 현재 우리가 당면하고 있는 국가적·민족적 위기의 극복을 위한 민주화투쟁에 내 모든 것을 바칠 것을 결심하였습니다. 나는 이번 단식투쟁에서 나의 생명을 잃을 수도 있다는 것을 잘 압니다. 나 하나의 생명을 바쳐 이 나라의 민주화에 다소라도 도움이 될 수 있다면, 이것이 국가와 국민을 위한 나의 최후의 봉사라고 생각하고 모든 것을 감수하고자 합니다. 민주화투쟁을 더욱 굳건히, 그리고 더욱 튼튼한 신념으로 해 나아가기 위하여 이번 단식투쟁을 하는 만큼, 나는 이 단식으로 민주화투쟁에 대한 나의 움직일 수 없는 결의를 나 자신과 국민에게 분명히 하는 바입니다. 나에 대한 어떠한 소식이 들리더라도 그것에 연연

125) 앞의 책, 231쪽.

하거나 슬퍼하지 말고 오히려 민주화에 대한 우리 국민의 뜨거운 열정과 확고한 결의를 보여 주시기 바랍니다. 이것이 나의 호소요 당부입니다."[126)]

김영삼의 단식 소식이 알려지면서 미국에서 김대중의 격려 전화가 있었고, 5월 19일 구 신민당 소속의원, 재경 지구당위원장, 지도위원 등 20여 명은 서울 롯데호텔에서 모임을 갖고 대책을 논의하여 이민우·박영록·조윤형·황낙주·박용만·김덕룡 등이 '김영삼 총재 단식대책위원회 6인소위'를 구성하고 국무총리의 면담을 요구키로 했다.

단식이 8일째 계속되던 5월 25일 오전 9시경 노량진경찰서장과 정보과장 등이 상도동 자택을 찾아 김영삼을 병원으로 이송할 것을 통보하고 앰블런스에 태워 서울대 병원에 강제 입원시켰다.

126) 앞의 책, 251~252쪽.

YS

단식투쟁, 5공 철벽에 숨통 틔워

서울대 병원으로 이송되고도 김영삼은 단식을 중단하지 않았다. 정부당국은 그의 건강상태가 악화된 시점인 5월 30일 그의 연금을 해제한다고 발표했다. 이날 김영삼은 김덕룡 비서실장을 통해 "연금의 해제는 지극히 당연하고 마땅한 조치이나 단식을 시작한 이유가 아니고 요구사항도 아니다."라고 말하면서 「국민에게 드리는 글」에서 명시한 5개항의 민주화 요구를 정부당국이 받아들일 것을 거듭 촉구했다.

민한당의 유치송 총재, 윤보선 전 대통령, 김수환 추기경, 유진오 전 신민당 총재 등이 5월 29일부터 차례로 병실로 찾아와 김영삼과 면담, 단식 중단을 종용했다. 6월 1일 구 신민당 및 통일당 소속 전 의원 32명과 원외 인사 7명 등 39명은 서울 코리아나호텔에서 회합을 갖고 민주화를 요구하는 시국선언문 및 결의문을 채택하고 민주화를 위한 범국민적 연합전선을 구축키로 하는 한편, 15일째가 되는 김영삼의 단식 중단을 종용키로 결의했다.

이들은 결의문에서 ①김 씨가 제시한 5개항의 민주화요구 지지 ②민주화를 위한 범국민적 연합전선 구축 ③당국의 성의 있는 결단과 대화촉구 ④단식중단 호소 등을 요구했다. 이들 중 일부는 6월 2일 서울대 병원에서 다시 모임을 갖고 민주화추진을 위해 구축키로 한 범국민적 조직의 명칭을 '민주국민협의회'로 정하고 의장에 이민우, 대변인에 김덕룡을 지명했다.

김영삼이 단식 중인 병원에는 많은 국민이 찾아오고 내외신 기자들로 북새통을 이루었다. 함석헌·홍남순·문익환 등 재야인사들이 동조 단식에 들어가는가 하면 학원에서도 이를 알리는 벽보가 나붙었다.

> 김영삼 총재의 단식투쟁은 피아(彼我)(그대와 나) 양쪽에 다 같이 즉각적인 반향을 일으켰다. 김영삼 총재의 가택연금을 위해 배치되었던 40명의 경찰은 2백 명으로 늘어났고, 언론의 통제는 더욱 강화되었다. 국내에서는 황새와 반달곰의 안부는 대서특필되면서 김영삼의 단식은 단 한 줄도 보도되지 못했다.
>
> 그러나 외신은 급속히 이 소식을 전 세계에 알렸다. 구전

(口傳)으로 소식을 들은 정치인들은 19일 모임을 갖고 단식투쟁대책위원회를 발족해서 활동하기 시작했다. 이에 대한 당국의 탄압은 더욱 강화되었지만, 가택에 연금되면 연금된 채로 동조단식에 들어가는 이가 늘어났다.[127]

단식이 20일을 넘기게 되자 의료진은 혈액검사 결과 콜레스테롤이 210에서 150으로 떨어졌고, 체온이 35.7도, 맥박이 60인 점, 그리고 입에서 심한 악취가 나는 현상들을 들어 건강상태가 위험수위라고 밝혔다. 이에 따라 김영삼은 23일 만에 단식을 중단하고, 그 후 20여 일의 회복치료를 받은 뒤 6월 30일 퇴원했다.

김영삼은 단식을 중단하면서 성명을 통해 단식중단의 이유를 밝혔다. 성명에서 "나는 부끄럽게 죽지 못하고 살아남았습니다. 그러나 나는 부끄럽게 살기 위해 단식을 중단하는 것이 아닙니다. 앉아서 죽기보다는 서서 싸우다 죽기 위하여 나는 나의 단식을 중단하는 것입니다."라고 결연한 각오를 밝혔다.

김영삼의 단식과정에서 보도를 전혀 하지 못했던 언론들은 단식중단을 발표한 6월 9일 처음으로 이 사실을 짤막하게 보도했다. 보도기관들은 단식 사태를 '정치현안' '현안' '재야의 중대 이슈' 등으로 보도하여 극소수를 제외하

127) 김정남, 『진실, 광장에 서다』, 창비, 2005, 459쪽

고는 대부분의 국민이 김영삼의 단식투쟁 사실을 알지 못했다.

언론이 하지 못한 역할을 민주산악회가 맡았다. 단식 소식을 유인물로 만들어 국민에게 전하고 등산객들에게 나눠주었다. 단식을 계기로 민주산악회는 전국적 규모로 확대되고 더욱 결속력을 보였다.

단식 사태는 무엇보다 정치권에 큰 파문을 불러일으켰다. 당초 6월 초 소집될 예정이었던 제117회 임시국회는 이 사건으로 소집이 지연되다가 단식을 중단한 뒤인 6월 13일 소집되는 등의 진통을 겪었다. 또한 체제에 안주한다고 비난을 받아온 민한당의 노선과 진로에 대해 많은 논란을 불러일으켰다.

임시국회 소집을 앞두고 열린 민한당 의원총회에서는 △정치활동 피규제자의 해금과 복권 △학원의 자율성 보장과 해직교직자 및 제적학생의 복귀 △언론자유보장 △정치 의안의 조속처리 등을 촉구하는 4개항의 결의문을 채택함으로써 이로 인해 국회운영을 경직시켜 국회가 공전 끝에 자동 유회되는 파행이 제11대 국회개원 이래 처음으로 나타났다.

또한 김영삼의 비서실장 김덕룡이 정치 피규제자가 정치활동을 했다는 이유로 '정치풍토쇄신에 관한 법률' 위반 혐의로 구속되었다. 김영삼의 생명을 건 단식투쟁은 5공체제의 근간을 뒤흔드는 강진이 되었다. '공동묘지의 고요'와 같았던 국회와 제도권 야당이 흔들리게 되고, 무엇보다 민주산악회를 중심으로 하는 구 신민당 계열의 정치인과 재야인사들이 결집하기 시작했다. 대학가도 활기차게 움직였다.

1984년 신학기가 되면서 대학생들은 학원민주화추진위원회(학민추)와 학원자율화추진위원회(학자추)를 구성하여 제적학생복교추진위원회와 함께 지도휴학제 폐지 및 강제징집 철폐, 군복무 중 사망한 학우의 사망원인 규명, 학자추 또는 총학생회 공식인정, 평교수협의회 부활, 해직교수 원적대 복직, 학원사찰 중지, 학도호국단 해체, 언론기본법 철폐, 해직근로자 복직, 정치인 전면해금, 노조탄압 중지, 집시법 폐지 등 학내민주화와 사회민주화를 내걸고 교내시위와 가두시위·철야농성 등 활발한 투쟁을 전개하였다.

학생들의 민주화투쟁은 5·18광주학살 이래 한때 움츠려 있던 민주세력에게 새로운 운동의 불씨가 되고, 각계 사회운동단체들과 연대투쟁을 광범하게 조직하는 계기가 되었다. 이와 같은 사회분위기 속에서 민주화추진협의회(민추협)가 태동했다.

제4장

민추협과
세 번째
야당총재 당선

YS

민추협 발족 반독재투쟁

4·19 민주혁명이 5·16쿠데타로 전복된 이래 장장 18년 동안 지속된 1인 독재자가 10·26사태로 암살당하고, 1980년 '서울의 봄'은 신군부 전두환 일당의 5·17쿠데타로 산산이 짓밟혔다. 역사가 직선보다는 곡선 또는 지그재그나 나선형으로 진행된다고 하지만 한국 민주주의 발전사는 거듭되는 반동현상으로 심한 지체와 상처를 입게 되었다.

전두환은 간접선거로 제12대 대통령에 당선되어 제5공화국을 출범시킨 이래 철권통치로 일관하여 정치활동규제, 학원·노동자탄압, 언론통폐합 등 민주주의를 압살하는 제반 조치를 취하고 고문·구속·투옥 등으로 반대세력을 무자비하게 탄압하는 한편, 각종 대형 권력형 부정비리를 저질러 사회적 비난을 가중시켰다.

60~70년대 군부정권의 성장정책에 희생당한 노동자·농민·도시서민 등 기층세력은 80년대에 이르러 변혁운동의 주체로서 크게 질적·양적 성장을 이루고 있었다.

광주항쟁을 전후하여 보여준 미국의 한국군부정권 비호정책에 대해 비판의식이 나타나기 시작하고, 1982년 1월 부산미문화원 방화사건은 "미국은 우리에게 어떤 존재인가"를 인식하는 계기가 되었다. 신군부 정권은 일부 재벌기업·제도언론과 결탁하여 민주세력에 파쇼적 탄압을 자행하고, 관제 정당은 어용기관의 행태에서 벗어나지 못하였다. 광주항쟁 이후 크게 성장해 온 민주세력은 반독재민주화운동 노선에 대해 보다 과학적인 방법론을 찾게 되고, 각 분야에서 성장한 주체역량을 중심으로 새로운 운동을 전개하기 시작했다.

광주학살 이후 파쇼 정권에 대항하는 과정에서 최전선은 학생과 노동자들의 몫이었다. 광주 희생자 중에서도 이들이 압도한다. 10·26, 5·17 그리고 초기 전두환 정권의 헌정유린 사태에서 극소수를 제외하고, 정치인들이 가장 몸을 사렸다. 반유신 투쟁에서 앞장섰던 야당인사들도 폭압의 칼춤이 이어지자 침묵하거나, 정권(정부요직 및 민정당)에 참여 또는 관제야당인 민주한국당(민한당)에 참여하였다.

1980년 5·17비상계엄확대조치와 함께 선포된 계엄포고령 제10호로 모든 정치활동이 중지되면서 한국 정통 야당의 맥이 단절되었다. 1980년 11월 3일 국가보위입법회의가 정치풍토쇄신을 위한 특별조치법을 제정하고 여기서 이른바 '구시대 정치인'으로 분류된 567명의 정치인이 규제되었다.

전두환 정권은 어느 정도 정권수립이 안정됐다고 판단하여 1983년 2월 '국민화합조치'의 일환으로 1차 해금을 한데 이어 1984년 2월과 11월에 2·3차 해금을 단행하고, 김대중·김영삼 등 '거물급' 14인은 계속 묶어두었다가 제12대 총선이 끝난 1985년 3월 6일 마지막으로 정치활동 규제대상에서 해제하였다. 민추협은 이와 같은 정세의 변화 속에서 추진되었다.

1983년 초부터 김영삼이 조직한 민주산악회를 중심으로 1·2차로 해금된 정치인들이 모이기 시작했다. 정통 야당의 한 맥을 차지해 온 김대중 중심의 동교동계는 신군부 등장과 더불어 풍비박산이 되었다. 야당의 대통령 후보를 지내고 박정희 시대에 일본에서 납치되는 등 사선을 넘어온 김대중은 전두환 정권에서 다시 사형선고를 받고 20년으로 감형되어 미국으로 추방되었다.

동교동계의 많은 인사들이 날조된 김대중 내란음모사건 등 시국사건에 연루되어 옥고를 치루거나 정치규제에 묶인 데 비해 5공 치하의 상도동계는 비교적 덜 탄압 받는 처지이어서 정치활동을 빨리 재개할 수가 있었다. 구 야권 정치인들과 구 여권 출신 정치인 중에서도 5공 정권에서 소외되거나 참여를 거부해 온 정치인과 재야인사들은 새로운 길을 모색하였다. 이즈음 각계 각층의 민주세력은 산발적으로 혹은 연대하여 반 전두환 투쟁을 벌이기 시작했다.

특히, 1984년 신학기가 되면서 대학가에서 불붙기 시작한 대학생들의 민주화투쟁은 5·18광주학살 이래 한 때 움츠려 있던 민주세력에게 새로운 운동의 불씨가 되고, 각계 사회운동단체들과 연대투쟁을 광범하게 조직하는 계기가 되었다. 민추협은 이와 같은 사회분위기 속에서 발족되었다.

YS

서울-워싱턴 김대중·김영삼 합작 선언

1984년 5월 17일 김영삼의 상도동계와 김대중의 동교동계는 김영삼의 주도로 광주민주항쟁 4주년에 즈음하여 서울 외교구락부에서 민주화추진협의회(민추협)를 결성했다. 1년 전에 김영삼이 '민주화 5개항'을 놓고 단식을 시작하면서부터 논의되기 시작한 민추협은 83년 8월 서울과 워싱턴에서 「김대중·김영삼·8·15공동선언」을 발표한 것을 계기로 80년 '서울의 봄' 이래 갈라섰던 야권의 양대 진영이 합쳐 반독재투쟁을 벌이기로 한 것이다. 김영삼의 단식 소식을 접한 김대중은 워싱턴에서 직접 전화를 걸어 격려하면서 민주화에 힘을 모을 것에 뜻을 함께했다.

한국정치사에서 정당도 아니고 재야단체도 아닌 민주화추진협의회(The Council for promotion of Democracy, 약칭 민추협)는 전두환 5공시대 반독재 민주화투쟁의 전위 역할을 한 재야의 특수 정치단체이다. 제도권 정당이 기능을 다하지 못함으로써 일어난, 군부세력에 도전하는 민간의 저항조직이었다.

민추협은 김영삼·김대중을 공동의장(김대중 의장을 대리하여 김상현)으로 하고 부의장 19명, 운영위원 452명, 16개국, 32개 부서의 방대한 조직을 갖췄다. 부의장은 김명윤·김창근·박종태·예춘호·용남진·홍영기·박영록·박한상·윤혁표·태윤기·권오태·김영배·김윤식·박일·안필수 등이 맡았다. 민추협은 의장단을 포함한 상임운영위원회를 두고, 간사장은 황명수, 대변인은 한광옥이었다.

민추협은 84년 5월 18일 김대중·김영삼 공동의장 이름으로 발표한 「민주화투쟁선언」에서 "우리는 군인의 정치개입이 민주헌정을 후퇴시키고 민족사의 불행과 안보상의 불안을 초래한다는 역사적 경험을 토대로 군인이 본연의 사명인 신성한 국방의무로 복귀할 것을 주장하고 시민민주주의를 실현시키기 위해서 투쟁한다."라는 등 9개항의 내용을 발표했다.[128]

민추협은 발족하면서 「민주화투쟁 선언문」의 요지는 다음과 같다.

128) 김삼웅, 「반독재투쟁의 전위기구 민주화추진 협의회」, 『해방 후 정치사 100장면』, 가람기획, 1994, 337~338쪽

우리는 이 땅에 민주주의를 실현하는 것이 우리 국민 모두에게 주어진 절대적 사명임과 민주주의는 오직 국민의 투쟁에 의해서만 이룩될 수 있는 것임을 선언한다. 우리는 유신독재에 대한 전(全)민중적 항의와 열망의 표현으로 나타난 10·26사태를 민주주의로 수렴·승화시키지 못한 것이 12·12사태, 5·17비상계엄조치와 광주민중항쟁, 그리고 그 후에 전개된 현 정권의 폭력과 기만에 의한 것으로서, 그 정당성과 정통성을 상실한 민족사의 치욕임을 국민과 더불어 확인했다.

현 정권은 소수의 부패한 특권층만을 위해서 절대다수 국민들을 핍박하고 수탈해 오고 있다. 우리는 우리 국민의 긍지와 자존심을 회복시키고, 국가의 존엄을 해치는 군부독재를 청산해서, 국민이 자신의 정부를 선택할 수 있고, 시민의 참여가 보장되는 민주정부의 수립을 위하여, 민주화는 더 이상 지체할 수 없다는 판단 아래, 이를 위한 민주화추진협의회를 발족한다.[129]

10·26사태 이후 정치적 경쟁 관계에 있던 두 세력이 함께 반독재 정치단체를 조직한 것은 큰 의미가 있었고, 이후 정국변화의 변수가 되었다. 10·26사태 이후 4년 여 만에 두 진영은 모처럼 화합하고 힘을 모으게 된 것이다.

---

129) 앞과 같음.

민추협은 6월 14일 64명의 1차 운영위원을 발표하고 기구도 마련하였다. 운영위원은 상도동계의 이민우· 최형우· 김명윤· 김동영· 윤혁표· 김덕룡· 문부식 등과 범동교동계의 박성철· 김상현· 김녹영· 조연하· 김종완· 박종률· 박영록· 박종태· 양순직· 최영근· 송원영· 김창완 등 50대 50의 비율로 선정되었다.

민추협이 발족되기까지는 숱한 우여곡절이 있었다. 양측 밀사들이 노력하고 미국에 망명 중인 김대중과 연락을 위해 국내에서는 국제통화가 감청되어 비밀이 새나가는 것을 막고자 일본으로 건너가거나 미국에 가는 인편을 통해 공동선언문의 내용이 사전에 조율되었다. 이렇게 하여 광복 38주년인 1983년 8월 15일을 기해 워싱턴과 서울에서 두 김 씨는 공동성명을 발표하고 민주화를 위해 손을 굳게 잡고 공동투쟁 대열에 앞장서겠다고 천명했다.

두 김 씨는 「8·15 – 38번째의 8·15를 맞으며」라는 제목의 성명에서 "민주주의의 실현만이 갈라진 민족이 합쳐지는 통일로 가는 길입니다……. 민주주의를 실현시킴으로서만이 나라의 위신과 민중의 존엄을 국제사회에서 저질러지고 있는 부정과 불의를 회복시킬 수 있습니다. 유신정권 이래 국제사회에서 저질러지고 있는 추태로 인하여 한국 국민이 국제사회에서 얼굴을 들 수 없는 것도 바로 독재정권의 현실적 존재로 인한 것입니다."라고 주장했다. 두 김 씨는 이 성명에서 1980년 '서울의 봄' 당시 분열했던 것을 사과하고 "온 국민의 민주화에 대한 열망 앞에서 우리 두 사람은 백의종군하는 자세로 하나가 되어 손잡고 우리 민족사의 지상과제를 향하여 함께 나아가려 한다."[130) 라고 결속을 다짐했다.

두 김 씨의 공동성명 발표는 국내보도가 통제된 가운데 외신을 통해 전해졌다. 일본 〈아사히신문〉은 '김대중과 김영삼 씨 연대하여 민주화투쟁'이란 제목의 서울발 기사에서 "이 성명은 김대중·김영삼 씨가 공동명의로 서울과 워싱턴에서 동시에 발표되었으며 양 김 씨의 민주화를 위한 성명은 처음 있었던 것이다."라고 전제, "한국에서 반체제 세력을 둘로 나누고 있던 양 파의 결합은 이후 민주화투쟁에 큰 영향을 끼칠 것으로 보인다."라고 전망했다.

성명은 미국 레이건 대통령의 방한이 독재정권을 지원하고 국민에 대한 탄압을 인정하는 행태가 되었다고 유감을 표시했다고 보도했다. 이 신문은 이어서 두 김 씨가 ① 정치범과 양심범의 석방·복권 ② 제적학생 해임교수의 복교·복직 ③추방된 언론인 복직 ④언론자유보장 ⑤ 정치활동 규제해금 등을 요구했다."라고 보도하고, "두 사람은 전 국민의 민주화에 대한 열망에 답하고 민족과 민주제단

130) 구자호 외 편, 『민추사』민주화추진협의회 발행, 1987, 70~71쪽

에 두 손 모아 하나가 되어 모든 것을 바치겠다."고 다짐했다고 보도했다.

이 신문은 또 워싱턴의 오다 특파원 발 기사로 "미국 체재 중인 김대중 전 한국 대통령 후보의 보좌관은 15일 한국해방 기념일을 맞아 김영삼 전 신민당 총재와 연명하여 한국에 민주회복을 외치며 성명을 발표했다."라고 보도했다. 신문은 "사이가 나빴던 두 사람의 야당 정치인의 이러한 행동은 재미한국인들의 주목을 받고 있다."라고 전했다.[131] 민추협 발족의 모태가 된 '8·15 선언'은 국내보다 외국에서 먼저 보도되고 알려졌다.

131) <아사히신문>, 1983년 8월 13일, 서울 고바야시 특파원.

독재 대항세력 민추협으로 집결

두 김 씨의 연대가 이루어지면서 상도동계의 이민우·최형우·윤혁표·김명윤·김동영, 동교동계의 김녹영·박성철·박종률·김상현·김윤식 등 5인씩 10인 소위원회가 구성되고, 여기서 운영위원 선정, 기구·투쟁목표 등이 마련되었다.

민추협이 발족되는 데는 김영삼의 단식투쟁이 하나의 계기가 되었지만, 출범하기까지에는 문익환·이문영·예춘호 등 재야인사들의 헌신적인 노력이 있었다.

70년대 민주화투쟁을 이끌어 온 재야 주류는 민주주의와 민족통일을 위한 국민연합을 결성하여 활동하던 중 5·17 사태를 맞았고, 그 중심인물 상당수가 조작된 김대중 내란음모사건으로 구속되어 2년여의 옥고를 치르고 1982년 말 출옥, 1983년 초부터 다시 민주화투쟁의 전열을 가

다듬고 있었다. 재야의 함석헌·홍남순·이문영·예춘호 등은 제2국민선언을 주도하고 김영삼 단식에 동참하면서 두 김 씨의 단합과 재야 정치인들의 결속을 촉구하면서 연합전선 형성을 추진했다.

문익환·이문영·예춘호 세 사람은 1984년 5월 30일 8개 항의 합의서를 만들어 국내의 김영삼계와 접촉하고, 미국에는 고려대 교수로서 김대중 내란음모사건으로 복역하고 풀려난 이문영이 직접 도미하여 김대중과 만나 "84년을 한국 민주화를 위한 전환의 해로 믿으면서 독재를 종식시키고 민주주의를 회복시키기 위해서는 범민주 세력의 단합이 극히 필요하며 이러한 뜻에서 재야 민주세력은 민주화를 위해 성실하고 책임 있게 투쟁하려는 정치인과의 협력관계를 강화시켜야 한다."[132] 라는 데 의견을 같이했다.

이 합의서의 원칙에 따라 우선 두 김 씨계열 정치인의 단합이 모색되었다. 4월 26일 예춘호의 집에서 김녹영·박영록·예춘호(김대중계)와 이민우·최형우·김명윤(김영삼계) 그리고 김영삼과 김상현이 참석한 가운데 모임의 명칭, 발기위원 선정 등이 논의되었다.

이 자리에서 명칭을 김영삼은 민주구국투쟁동지회, 김상현은 민주화추진간담회를 각각 내놓았으나 논의 끝에 예춘호가 제시한 민주화추진협의회로 결정되었다. 민추협

132) 구자호, 앞의 책, 예춘호 소장 자료. 윤혁표 부의장좌담, 「민추협의 발족과 회고」, 110쪽.

탄생의 산파역 노릇을 한 문익환·이문영·예춘호 3인의 합의서는 다음과 같다.

1. 양 김 씨 등 정치인의 민주화를 위한 공동투쟁을 목적으로 하는 연합체다.
2. 단일조직이 아니고 양 김 씨 등 정치인의 2원적 협의기구다.
3. 모든 행동은 양측의 충분한 협의로 결정된 사항에 한한다.
4. 김대중 씨는 이 협의회 고문이며 고문은 1인에 한한다.
5. 의장은 공동의장 2인이며 김영삼 씨 계는 김영삼 씨가 의장이고, 김대중 씨 계는 김대중 계 합의에 따라 선출된 공동의장 권한대행이 담당한다.
6. 이 협의회는 민주화추진협의회라 칭한다.
7. 회칙은 불문율로 하고 회칙에 준하는 모든 것은 수시 양측이 협의로 결정한다.
8. 문익환·이문영·예춘호도 합의사항에 동의한다.[133]

이 합의서의 원칙에 따라 양측은 운영위원 인선, 사무처 기구 마련 등 실무준비를 서둘렀다. 정권투쟁과 민주화를 추진하는 거대한 정치조직이 규칙이나 정관이 없이 불문

133) 예춘호 씨 소장 자료, 앞의 책, 115쪽.

율(不文律, 문서의 형식을 갖추지 않은 법)에 따라 운영하게 된 것은 희귀한 일이었다. 그동안 두 진영의 갈등과 간극이 심했기 때문에 매사를 협의와 합의를 거쳐 화학적 일체를 이루려는 뜻이 담겨 있었다. 실제로 민추협은 처음부터 불문율로 운영되었다.

민추협은 발족에서부터 1987년 대통령선거에서 단일화에 실패하여 노태우 대통령이 당선되는 1987년 12월 31일 해산될 때까지 3년 반 여 동안 정관이나 회칙 없이 불문율로 운영하고 양측의 협의를 통해 의사를 결정하는 특수성을 보여주었다. 그래서 운영의 혼선과 비능률·갈등이 가시지 않았지만 협의와 합의과정을 통해 민주적 운영을 시도했다.

> "당시 민추의 정관과 회칙에 대해 본인(김상현)은 민주투쟁에 있어 우리들이 동지애와 신뢰로써, 더구나 민주화를 위해 십자가를 지고 희생하자는 것인데, 정보정치의 상황하에서 정관과 회칙을 만들어 거기에 얽매이기보다, 우리가 민주화를 왜 추진해야 하는가, 그리고 군사독재 정권을 왜 종식시켜야 하는가 하는 우리의 입장과 투쟁이념을 설정하고 선언하며 행동방침으로 정할 때 합의와 관례에 따라 조직을 운영해 나가는 것이 바람직하다는 것을 주장하여 다시 말하면 회칙과 정관 없이 선언문만으로 민추를 운

영하자는 데 합의를 보았다. 그리하여 민추는 지금껏 회칙과 정관 없이 훌륭하게 운영되어 오고 있는 것이다. 이는 역사적 선례로서 후세에 좋은 교훈이 될 것이다."[134]

상도동계에서는 공동의장을 당연히 김영삼이 맡게 되었지만, 동교동계에서는 약간의 혼선이 일어났다. 김대중은 미국에서 공동대표에 예춘호를 지명했다. 그러나 예춘호가 자신은 민추협이 결성되면 재야로 복귀하기로 하여 이를 사양하고, 김상현이 대안으로 제기되었지만, 민추협 결성에 동교동계로서 크게 역할을 해 온 박성철 등이 극도로 반대하여 선정이 쉽지 않았다.

진통 끝에 박성철 등의 양해를 얻어 김상현이 공동의장 권한대행으로 선정되어, 민추협의 지도부가 구성되었다. 양측 64명의 운영위원과 상임위원도 선정되었다. 상임위원 인선에는 곡절이 따랐다. "야당성과 활동경력이 중시되었습니다. 공화당 출신인 박찬종·김창근 양 씨의 상임운영위원 임명문제로 논란이 일어 일차적으로 옵서버로 하자고 하여 통과되었고, 김철·한영수 씨 등은 5공 입법의원이었다는 이유로 여러 차례 회의에 참가했음에도 불구하고 보류되었습니다."[135]

---

134) 김상현 증언, 「민추협창립과정」, 앞의 책, 121쪽
135) 윤혁표 부의장 증언, 앞의 책, 112쪽

6월 14일 외교구락부에서 민추협 창립대회가 거행되었다. 민추협은 이날 대회의 성명에서 "민주화운동과 노동자·농민 등 자신들의 인간다운 삶을 위한 민생운동이 나라와 세계의 모든 정의 평화운동에 연대를 공고히 하면서 조직적인 민주화운동을 전개, 반민주적 제도의 폐기 또는 개정을 위하여 투쟁을 집중할 것이다."라고 천명했다.

YS

사무실 입주도 방해하는 민추협 탄압

민추협이 발족은 했지만 운영은 쉽지가 않았다. 사무실을 구하는 것부터 시련이 닥쳤다. 7월 12일 서울 광화문 종각 옆 대왕빌딩에 입주금을 주고 계약을 마쳤으나, 건물주가 입주기관이 민추협이라는 사실을 알고는 미리 들여놓은 집기와 전화기 등을 밖으로 꺼내놓고 문을 잠가 버렸다.

이날 개소식을 위해 식당 한일회관에서 전체 회의를 마친 다음 김영삼 의장을 선두로 운영위원들과 회직자들이 지하도를 건너 도보로 사무실까지 행진했다. 건물에 도착한 이들은 망치로 잠긴 문을 부수고 현판식을 거행했으며 텅 빈 바닥에 비닐 돗자리를 깔고 신발을 벗고 앉아서 입주식을 해야 했다.[136] 민추협의 험난한 여정의 신호탄이

136) 윤혁표 부의장의 증언, 앞의 책, 112쪽.

었다. 민추협의 기구는 역대 어느 야당 못지않게 확대되었다. 1984년 5월부터 1985년 3월까지 유지된 제1기의 민추협 체제는 다음과 같다.

공동의장을 중심으로 상임운영위원회와 그 밑에 운영위원회를 두어 의결기구 역할을 맡게 하고, 헌법연구특별위원회 · 인권문제특별위원회 · 통일문제특별위원회 · 노동자·농어민특별위원회를 설치했다. 집행기구로 간사장과 부간사장을 두고 대변인, 기획조정실과 17개 부서를 두었다. 부서는 총무부·조직1부·조직2부·홍보부·인권부·훈련부 · 섭외부 · 문화부 · 조사부 · 노동부 · 농어민부 · 산업부·출판부·국제부·청년1·2부·부녀부 그리고 약간 명의 전문위원을 두었다.

민추협은 내부 인력 강화와 정세의 변화에 적극 대응하기 위해 1985년 4월 기구를 대폭 강화했다. 공동의장 밑에 두 명의 부의장을 두었다. 동교동계는 예춘호, 상도동계는 윤혁표가 선임되었다. 특별위원회도 대폭 증가되었다. 증설된 위원회는 지방자치연구위원회를 비롯하여 국방·국제 · 재경 · 교육 · 농수산 · 상공 · 건설 · 보건사회 · 환경 · 노동·자유언론·문화·과학기술·청년·여성·재해대책특별위원회가 구성되었다. 기관지 〈민주통신〉을 발간하는 주간과 부주간 제도를 신설했다. 특별위원회는 위원장과 부위원장·위원들로 구성하고, 각 부서는 종전의 부장·차장의 직제에서 국장과 부국장 체제로 상향조정했다. 기구표 상으로 정부조직에 버금가는, 예비정부의 성격을 갖추게 되었다.

민추협은 7월 17일 제헌절을 맞아 "현행 헌법상의 반민주적 독소를 규명하고 민주헌정 정립을 위한 국민 각계의 의견을 수렴, 여타 민주화추진기구와 함께 민주헌법연구특별위원회를 설치한다."라고 밝혔다. 민추협은 전두환 정권이 변칙적으로 개헌을 단행하여 대통령간선제 등 1인 독재 체제를 구축한 데 대해 이를 바로잡고자 우선적으로 개헌을 위한 민주헌법연구특별위원회를 설치했다. 특위는 위원장 이민우, 부위원장 장명순, 위원 김명윤·김창근·문부식·조승형·채명석 등이다.

전두환 정권의 민추협 탄압은 전 방위적으로 자행되었다. 사무실 폐쇄를 항의하는 회직자 9명을 연행하고, 미국 민주당 대통령 후보 지명대회 참관을 초청받은 김상현 공동의장권한대행과 김동영 운영소위원, 김덕용 운영위원 등의 여권을 발급해주지 않았다. 이를 항의하자 이들을 불법 연행했다. 안기부가 일부 운영위원을 연행하여 사퇴서를 강요하고, 김대중 고문의 옥중서한집을 판매금지 시키는가 하면 김영삼 공동의장을 수사기관원들이 수시로 미행했다.

8·15광복절을 맞아 민추협은 김대중·김영삼·김상현의

명의로 '민주화된 사회의 건설만이 참다운 해방의 완결이다.'는 광복절 메시지를 발표했다. "해방된 조국에서 제 민족을 짓밟는 사람들이 새로운 억압자로 우리 위에 군림하고 있다. 그들은 일제가 이 땅의 식민지 백성을 억압했던 수법을 그대로 답습하고 원용하여 국민을 탄압하고 있다."라고 주장하고, 구속민주인사 석방·해직교수 복직·정치규제 철폐·반민주적 악법 개폐·집권층 부정부패 척결·민주화운동 분열·이간책동 중지 등을 촉구했다. 성명은 결론 부문에서 "오늘의 상황은 유신체제의 말기보다 더 나쁜 증상을 보이고 있다. 민주화운동은 민주화할 수 있는 기회의 포착뿐만이 아니라, 그렇게 이룩한 민주주의를 지킬 수 있는 힘까지를 국민 내부에 축적할 것이어야 한다. 민주화는 제2의 해방운동이다."라고 역설했다.

민추협은 창립 이래 정권의 탄압을 받고, 제도언론으로부터 외면을 당하면서도 인권옹호와 대정부투쟁을 강화하여 국민의 관심을 모았다. 시국사건이 벌어질 때마다 자체 홍보를 통해 이를 국민에게 직접 알렸다. 84년 10월부터 기관지 〈민주통신〉을 발행했다.

YS

전두환에 맞선 개헌 이슈화

미국에 망명 중이던 김대중 고문의 귀국 소식은 민추협은 물론 한국 정국에 큰 충격파를 불러왔다. 김 고문의 귀국 소식은 외신보도로 전해졌다. 워싱턴 발 AP통신은 1984년 9월 12일 "전두환 정권에 의해 사형이 선고됐던 한국의 반체제 인사 김대중 씨는 미국에서 체류 21개월 만에 귀국하기로 결정했다고 미국무성이 금일 발표했다. 국무성은 그의 귀국이 '문제가 없을 것'을 희망한다고 피력했다."라고 보도했다.

이 통신은 "AP통신과의 인터뷰에서 김 씨는 정확한 날짜는 결정하지 않았지만 12월에 귀국할 것이라고 말했다. 김 씨는 귀국해서 한국의 민주화를 도와야 할 '도의적 책임'을 느낀다고 말했다. 그는 만일 한국이 민주화의 길에서 영원히 멀어져 버린다면 '나의 전 생애는 아무런 의미가 없게 된다. 고 말했다. 김 씨는 지난 봄 귀국을 고려하고 있을 때 그의 동지로부터 전두환 정권이 그를 다시 20년형에 복역시키기 위해 투옥시킬 것이라고 알려왔다고 말했다."[137]라고 전했다.

김대중 고문의 귀국 소식이 전해지면서 민추협은 9월 17일 운영소위를 열어 '김대중 고문 귀국 환영과 안전을 위한 특별대책위원회'를 구성했다. 위원장은 김영삼이 직접 맡고 김상현·이민우·김녹영·최형우·김윤식·김철·박성철·문부식·윤혁표·박찬종·김옥두가 위원으로 선임되었다. 민추협이 이처럼 거사적으로 특위까지 구성한 것은, 바로 얼마 전 미국에 망명 중이던 필리핀의 민주지도자 베니그노 아키노가 귀국 공항에서 암살당했기 때문이었다. 전두환 정권은 공공연하게 김 고문의 귀국을 반대하며 위협을 공언하고 있었다.

김대중이 생명의 위협을 무릅쓰고 조기에 귀국을 결심한 것은, 이듬해 2월로 예정돼 있는 국회의원 총선거에 돌풍을 일으켜 선거혁명을 이루자는 계산이 작용했다. 이미 야권의 양대 진영이 연합하여 민추협을 결성하여 반독재 전열이 구축되었다. 제도권 야당은 날이 갈수록 국민의 신임을 상실하고, 전두환 파쇼통치에 국민적 저항이 일고 있었다.

---

137) AP통신, 1984년 9월 12일.

1984년 2학기에 접어들면서 학생들은 학생회를 부활시키는 등 학내 대중조직을 확산해 나가는 한편 사회운동단체들과 연대투쟁을 광범위하게 조직했다. 11월 5일 민주화투쟁전국학생연합을 결성하고, 민주화 등을 요구하는 대학 간 연대시위를 전개했으며, 14일에는 고려대·연세대·성균관대생 264명이 불시에 민정당사를 점거하여 농성에 들어갔다.

민추협은 학생들의 민정당사 점거농성 사태에 "정부는 민주화 일정을 명확히 내외에 발표하고 일체의 반민주적 악법에 대한 개폐작업을 단행하라. 학생들이 요구한 14개항을 국민의 소리로 받아들여 성실한 해결책을 강구하라."라고 촉구하고, 인권옹호특별위원회를 소집하여 9인 변호인단을 구성, 농성학생들의 무료변론 활동을 전개했다.

민추협의 역량과 활동을 지켜보던 정부는 제12대 총선을 2월에 실시한다고 발표하고, 정치활동 규제 대상자들을 선별적으로 해금했다. 이것은 민추협에서 신당창당 움직임이 나타나면서 민한당과 민추협 그리고 신당을 적절히 분열 격리시키려는 책략이었다. 정부는 84년 2월에 이어 11월에 3차 해금조치를 통해 야권에 혼란을 야기시키려 했다. 이에 대해 민추협은 "총선을 앞둔 3차 해금에서 조차 김대중 고문, 김영삼 공동의장, 김상현 공동의장권한대행 등 민주인사를 제외시킨 것은 국민의 민주화 열망을 짓

밝은 처사이며, 이 난국을 타개하기 위해 모든 민주·민중·민족세력과의 연대를 더욱 튼튼히 할 것을 다짐한다."라고 성명했다.

민추협은 12월 12일 상임운영위원회를 열어 신당 창당의 원칙을 발표했다. 그동안 민추협에서는 신당 창당 문제를 둘러싸고 심각한 논란이 일었다. 민추협 상층부의 많은 사람이 전직 의원들이라 이들은 민주화투쟁은 정당을 통해서 해야 한다는 생각들이어서 대부분 신당 창당에 적극적이었다. 반면 순수재야와 군 출신인 박성철 등 일부는 전두환 체제에 참여하는 것 자체를 못마땅하게 여겼다.

"11월 초에, 머지않아 3차 해금이 있다는 소문이 나돌고 해금 예정자들의 명단이 기자들의 입에 오르내리자 상위에서 민추의 방침을 정해야 할 중대한 문제가 생겼습니다. 고 박성철 장군이 전 정권 체제에 참여하는 것을 강력히 반대했고, 나는 (윤혁표-필자) 우선 참여 여부의 결정부터 하고 행동하자고 선결정 후행동론을 제안했고, 신중한 검토와 연구가 필요하다는 것이 김영삼 의장의 의중이었습니다. 11월 21일 민추의 결정도 없이 이민우·최형우 두 사람이 주도하여 경향 한식집에서 약 30여 명의 전직 의원들 모임을 갖고 창당문제를 논의한 일이 생겼습니다. 경향에 참석한 사람들은 민추의 교두보를 만들어 투쟁의 효과를 올린다는 변명이었습니다."[138]

김영삼은 긴 숙고 끝에 측근들에게 참여를 결정하고, 김대중은 박형규 목사와 이돈명 변호사가 미국을 다녀올 때 정치활동이 가능한 정치인은 본인 의사에 따라 개인자격으로 정치에 참여해도 좋다는 의견을 제시했다.

민추협 상임운영위원회에서 결정한 통합신당 창당의 원칙은 ① 민주세력이 중심 되는 정당, ② 선명한 민주투쟁을 전개하는 야당으로 성격을 분명히 하며 당원의 순수한 의지에 의해 운영되는 민주정당, ③ 민추협 등 반독재 민주세력의 투쟁이 평가되고 그 정신이 계승되며 노동자·농민·청년학생·종교인·지식인 및 민주·통일 운동권과의 민주화투쟁을 위한 연대를 지속, 강화시키며 대변하는 정당이 되어야 한다고 분명히 했다.

총선에 참여하기로 결정한 민추협은 곧 선거태세로 들어갔다. 85년 새해를 맞아 "12대 총선에서 국민들의 민주화 열망을 집약, 총선승리로 이끌기 위해 본회 김영삼 공동의장, 김상현 공동의장 권한대행 및 회직자들이 총선 민주투쟁에 참여하기로 한다."라고 결정한 내용을 공표했다.

138) 윤혁표 부의장의 증언, 앞의 책, 112쪽.

상도동계의 이민우·최형우·김동영, 동교동계의 김상현·김녹영·조연하 등은 84년 12월 15일 서울 외교구락부에서 실무대표회의를 갖고 창당발기인 선정기준 등 구체적인 실무협의에 들어갔으며 소집책에 이민우를 선정했다. 이 무렵 민한당 소속 김현규·허경만·박관용·김찬우·홍사덕·최수환·손정혁·서석재·김형래 등 현직의원과 김한수·유재연 등 전직 의원이 탈당, 신당에 가담했다.

신당은 12월 20일 서울 동숭동 흥사단 강당에서 발기인 121명 중 115명이 참석한 가운데 신한민주당 발기인대회를 열고 창당준비위원장에 이민우, 부위원장에 김녹영·조연하·이기택·김수한·노승환·박용만을 선출, 본격적인 창당 작업에 들어갔다. 신당의 창당대회는 85년 1월 18일 서울 앰버서더호텔에서 대의원 532명이 참석하여 이민우 창당준비위원장을 총재, 김녹영·이기택·조연하·김수한·노승환을 부총재로 각각 선출했다.[139] 김영삼은 여전히 해금이 되지 않아서 당직을 맡을 수 없었다.

139) 〈한국일보〉, 1985년 1월 19일.

YS

총선 앞두고 김대중 전격 귀국

김대중 고문의 귀국 예정일이 2월 8일로 알려지면서 12월 초부터 민추협은 환영대책위원회(위원장 김영삼)를 구성하는 등 귀국환영 준비를 서둘렀다. 새로 창당한 신민당 이민우 총재가 부위원장, 선거대책본부장인 김재광이 사무총장이 되어 전국 92개 지구당에서 각 300~500명 이상의 당원을 김포공항에 동원하며, 각 지구당에서 3개 이상의 펼침막 등을 준비하기로 했다.

2월 8일 김포공항에는 김대중을 환영하고자 민추협과 신민당 관계인사, 일반시민 등 5만여 명이 몰려와 인산인해를 이루었다. 그러나 정작 본인은 당국의 방해로 환영 나온 사람들의 얼굴조차 보지 못하고 커텐으로 창을 가린 버스에 실려 강제 귀가 조치되어 동교동 자택에 연금되었다. 동교동 자택 주변에는 100여 개의 경찰초소가 세워지고 정사복 경찰이 경계했다. 당시의 신문보도를 통해 귀국 과정을 살펴본다.

"82년 말 신병치료차 도미했던 김대중 씨 (60. 전 신민당 대통령 후보)가 8일 상오 11시 40분 미 NWA 191편으로 부인 이희호 여사 등 가족과 함께 김포공항에 귀국했다. 김 씨는 공항에 도착한 후 기자회견 등 일체의 외부접촉 없이 삼엄한 경비를 편 당국의 호위 속에 1시 20분께 커튼으로 창을 가린 18인승 미니버스로 서울 마포구 동교동 자택으로 돌아갔다. 이날 김 씨가 도착한 김포공항에는 경찰이 입구에서부터 삼엄한 경비를 펴 일반인의 공항출입을 막고 동교동 자택 부근에도 경찰이 경계망을 펴 외부인 출입을 통제했다."[140]

"그의 귀국길에는 에드워드 페이언, 토머스 폴리에터 등 미국 하원의원을 비롯하여 저명인사 수명이 수행하였다. 정부 당국은 김영삼 의장을 비롯하여 주요 인사들을 연금하고 김포공항 주변에 수많은 전경들을 배치하여 공항출입을 막았다. 이 때문에 곳곳에서 충돌을 빚었다. 외국인 수행원 중에서는 입국수속 때 정부 기관원으로부터 폭행과 모욕을 당했다. 미국정부는 수행원들의 폭행과 관련하여

140) 〈한국일보〉, 85년 2월 9일.

주한 미국대사관을 통해 한국 정부에 강력히 항의했다. 미국 정부의 항의 내용에 대해 제레지언 대변인은 "미국이 한국 정부와 맺은 묵계가 이행되지 않았다."라고 말했다. 그는 근년 들어 가장 심각한 어조로 네 번이나 '유감' 이란 용어를 썼다."[141]

제12대 총선을 앞두고 신한민주당(신민당)이 창당되었다. 84년 12월 20일 창당발기인대회에 이어 85년 1월 18일 창당대회를 열었다. 민추협 인사들과 해금된 구 신민당 인사들, 각계 민주인사들로 구성된 창당발기인들은 발기취지문을 통해 문민정치 확립을 내걸고, △평화적 정권교체를 위한 제도개혁 △정치활동규제법 폐지와 전면해금 △2·12 총선승리 등 5개항의 결의문을 채택했다.

신민당 총재는 양 김 씨의 합의로 이민우가 추대되고, 부총재는 김녹영·이기택·조연하·김수한·노승환 등 5명을 선출했다. 신민당은 창당선언문에서 "민주화의 열망과 민주적 역량을 총집결, 민족의 주체세력으로 모든 반민주적 세력과 요소들을 과감히 제거하는 데 앞장서겠다."라고 다짐했다. △대통령 중심제와 대통령직선제 △일체의 독재와 독선배제 △지방자치제 조기실시 △언론기본법 폐기 △군의 정치적 엄정중립 등을 정강정책으로 채택했다.

---

141) 〈중앙일보〉, 85년 2월 9일, 장두성 워싱턴특파원.

신민당 창당과정에서 특정 인사들의 참여문제를 두고 내부 논란이 일었다. "당시 신민당을 창당하면서 이철승 등이 또 다시 참여하는 것을 보고 상위에서 강력히 반대하며 뒷날 크게 후회할 것을 경고했으나 김상현·조연하 위원 등이 소극적으로 대응하여 그대로 창당되었습니다."[142] 라는 증언도 있다. 실제로 신민당은 이후 개헌 문제를 둘러싸고 격렬한 노선투쟁에 휘말리게 되었고 이들이 그 중심에 있었다.

142) 윤혁표 부의장의 증언, 앞의 책, 112쪽.

YS

신당 12대 총선 돌풍 일으켜

2월 12일 실시된 제12대 총선은 신민당의 돌풍현상이었다. 12·12 쿠데타 이후 폭압통치와 실정으로 민심은 이미 5공정권을 떠나 있었고, 제1야당의 위치에 있던 민한당도 선거를 앞두고 조윤형·정대철 등 8명의 현역 의원이 탈당하여 민추협에 이어 신민당에 참여하고 신사당에서도 김동주·백찬기 의원이 행동을 같이 하면서 대세는 이미 판가름 난 상태이었다. 여기에 김대중 고문의 사선을 뚫은 귀국감행은 국민에게 새로운 민주화의 희망과 꿈에 부풀어 투표장으로 향하게 만들었다.

김영삼은 12·12총선의 승부처를 '정치 1번지'로 불리는 서울의 종로·중구로 잡았다. 그리하여 신민당을 대표하는 이민우 총재를 출마시켜 돌풍을 일으키고자 했으나 그는 연고가 없다는 이유로 망설였다. 김영삼은 지구당 창당작업 차 부산에 가 있는 이민우를 만나 담판을 벌였다.

"아무래도 인석(仁石, 이민우의 호)이 종로·중구에 나가야 하겠어요."

"그렇잖아도 얘기 들었습니다. 하지만 그게 말이나 됩니까. 나는 국회의원에 그렇게 연연해하지 않습니다. 전국구 1번도 않겠으니 제발 나를 나무 위에 올려놓고 흔들지 마세요."

"절대 그렇지 않아요. 국회의원이 문제가 아닙니다. 민주화를 위한 도전입니다. 비록 그곳에 연고가 없더라도 신당의 총재로서 출마하면 분위기가 달라질 겁니다. 선거에서 기폭제 역할도 할 수 있어요. 인석은 평소 민주화를 위해서 희생하겠다고 말하지 않았습니까. 그런데 패배가 두려워 종로·중구를 피한다면 지금까지 해 온 말은 어떻게 됩니까. 절대 이길 수 있습니다. 확신을 가지세요."

이날 마주앙(와인) 두 병을 마시면서 격론을 벌인 담판은 자정 무렵이 되어서야 끝났다. 긴 대화 끝에 이민우 씨가 결단을 내렸다.

"좋습니다. 민주화를 위해 이 한 몸 바치겠습니다."

"고맙습니다. 내가 앞장서서 인석의 선거를 최대한 돕겠습니다. 반드시 승리할 수 있습니다."[143)]

143) 김영삼, 앞의 책, 300쪽.

김영삼의 설득으로 이민우는 출마하여 당선되고, 종로·중구는 신당 바람의 진원지가 되었다. 급조된 신민당은 창당 28일 만에 치러진 총선에서 지역구 50석을 차지하고, 서울에서는 42.7%의 득표율로 민정당 27.7%보다 15.7%를 더 앞섰으며, 14개 선거구에서 전원 당선 및 12개 지역 1위 당선의 성과를 올렸다. 부산·인천·광주 등 대도시에서도 압승했다. 신민당의 압승, 민한당의 궤멸, 민정당의 부진이었다.

민추협이 총선에서 승리한 뒤 3월 15일 창천동 김상현 집에서 김영삼·김대중·김상현이 회동하여 김대중의 공동의장 문제 등을 논의했다. 김대중이 김영삼과 공동의장을 맡고 김상현은 부의장, 최형우가 간사장을 맡기로 합의했다. 고문에는 이민우 신민당 총재가 추대되었다. 이로써 그동안 동교동의 김상현 대행체제가 종식되고 명실상부한 양김 체제로 전환되었다. 민추협은 정통야당세력을 대표하는 두 공동대표에 의해 이끌어졌다. 총선에서 예상외의 승리를 거두고 두 김 씨가 공동대표를 맡게 된 제2기가 민추협으로서는 가장 활기 넘친 전성시대였다. 제2기 출범을 계기로 전국에 시도지부를 구성키로 하고, 60여 명이던 운영위원도 250여 명으로 늘리고, 회원 총수도 1500여 명 규모로 확대되었다. 하지만 힘의 추는 서서히 원내 기반이 있는 신민당 쪽으로 기울어져 가고 있었다.

민추협의 두 공동의장은 신민당을 방문하여 당선자들을 격려하고 이민우 총재와 3자회동을 가졌다. 이들은 향후 정국 운영과 개헌추진방향 등을 심도 있게 논의했다. 2·12 총선 뒤 첫 3·1절 66주년을 맞아 두 공동대표는 "현 정권 당국이나 집권당이 이번 선거를 통해 나타난 국민의 의사를 있는 그대로 똑바로 보고 겸허하게 수렴해 나갈 것을 촉구한다."라고 말하고 "우리는 앞으로 재야 민주역량과 국민·학생과 노동자·농민의 민주적 창의를 하나로 집결하는데 우리의 모든 노력을 경주할 것이다."라고 결속과 투쟁을 다짐했다.

85년 5월 24일 서울시내 5개 대학생 75명이 서울 을지로입구 미문화원을 점거하고, 2층 도서관에서 밤샘 농성을 시작하면서 학생들은 "광주민중항쟁에 미국은 해명하라." 라고 요구했다. 두 공동의장은 긴급회동을 갖고 학생들의 주장이 국민의 요구와 같다는 점을 인정하면서도 그 방법에 문제가 있다는 점을 지적하고, 한미우호와 민족적 자존심이 해쳐지지 않도록 신속하고 평화적으로 수습되도록 모든 노력을 해야 한다고 밝혔다. 이에 따라 민추협은 변호인단을 구성하는 등 즉각 행동을 개시했다.

정국은 요동치고 있었다. 정부는 이해 8월 학원안정법 시안을 발표하여 학원탄압을 강화시키려 했다. 학생들은 물론 민추협·신민당의 강력한 반발을 불러왔다. 전두환 정권은 더욱 강압적으로 맞섰다. 학생시위가 계속되고 노동자들의 분신사태가 잇따랐다. 8월에는 광주에서 홍기일, 10월에는 송광영이 분신하여 치료 중 사망했다.

고려대학에서 개최된 전학련 주최 범국민시국대토론회의 방문과 관련하여 박찬종·김병오·한광옥 의원 등 민추협 간부 7명이 검찰조사를 받고 불구속 기소되고, 박찬종 의원은 변호사 자격을 정지당했다. 기관지 〈민주통신〉의 제작 관계자들이 허위사실유포 혐의로 구류 처분을 받기도 했다. 김근태 등 민주인사들에 대한 가혹한 고문과 용공조작 사실이 밝혀지면서 민추협은 신민당·재야·종교계와 '고문 및 용공조작 공동대책위원회'를 구성하여 활동하고 농성을 벌였다.

1970년대 초부터 리더급 야당 정치인들은 개인사무실(연구소)을 두고 있었다. 명칭은 연구소라 했지만 계보사무실의 성격이 더 강했다. 김영삼은 종로구 관철동에 70년대부터 한국문제연구소를 운영하고 있었다. 전두환은 5·17 쿠데타를 일으키면서 국회·정당과 함께 정치인들의 개인 사무소도 폐쇄시켰다. 아예 정치인들의 집합장소를 차단시킨 것이다. 한국문제연구소도 이때에 문을 닫았다.

제12대 총선을 승리로 이끈 김영삼은 1985년 11월 15일 서울 무교동 피닉스빌딩 301호실에 새 연구소를 차렸다. 명칭 민족문제연구소(친일파에 의해 와해된 반민특위의 정신을 계승하고, 친일문제연구에 평생을 바친 임종국 선생 유지를 이어 1991년에 설립한 동명의 연구소와는 별개)는 인권변호사 강신옥을 소장으로, 이사진은 전 현직 국회의원 및 외부인사 15명을 위촉하고 정책개발과 관련 김계수·이만우·조영환 교수 등으로 자문 팀을 구성했다.

이 연구소는 김영삼의 정책연구 자문역할을 하고 상도동계 집합장소가 되었다. 연구소 설립기념 심포지엄을 86년 1월 21일 흥사단 강당에서 열었다. 김영삼은 격려사에서 "한 민족 성원이 자신의 총체적 결단으로 제시한 역사의 방향은 설사 총칼과 같은 폭력에 의해 일시적으로 좌절·역행한다손 치더라도, 이미 제시한 역사의 방향은 돌이킬 수 없다."라고 갈파한 네루 인도 수상의 어록을 인용한 뒤 이렇게 역설했다.

> "4·19혁명에서 제시된 민주주의, 그리고 작년 2·12총선에서 제시된 민주화의 방향은 총칼이 아니라 그 어떤 것으로도 돌이킬 수 없을 것입니다. 그것을 거부한다는 것은 이미 제시된 역사의 방향을 거스른다는 것이며, 자신의 묘혈을 파는 것 이외에 아무것도 아니라는 것을 우리는 굳게 확신해야 할 것입니다. 이 심포지엄이 그러한 확신에 도달하는 계기가 되기를 바랍니다."[144]

144) 김영삼, 앞의 책, 312쪽.

YS

직선제 개헌 1천만 명 서명운동

1986년이 밝았다. 연초에 김영삼·김대중 두 공동의장과 이민우 고문이 3자 회동을 갖고 연내 민주화일정을 확립하고 2월부터 '1천만 명 개헌서명운동'을 본격 추진하기로 합의했다. 민추협의 개헌촉구에 대해 정부는 '89년 개헌' 입장으로 맞섰다. 민추협과 신민당은 이에 대해 총선승리 1주년인 2월 12일 기습적으로 '직선제개헌 1천만 명 서명운동'을 전개할 것을 선언했다.

민추협과 신민당은 86년 말까지 국민 1천만 명의 서명 확보를 목표로 3월부터 5월까지 전국 주요 대도시에서 개헌추진 시도지부 결성대회 및 현판식을 갖기로 했다. 정부의 탄압이 가중되었다. 1천만 명 서명운동과 관련하여 민추협사무실에 압수수색영장이 발부되어 12일간 사무실 출입이 봉쇄되고, 김대중 공동의장은 다시 자택에 연금되어 전화단절·외부인 출입이 봉쇄되었다. 김영삼 의장도 수차례 가택연금과 강제귀가 조치를 당했으며 45명의 회직자가 연행되었다.

이런 탄압 속에서도 3월 11일 서울시지부 결성대회를 시발로 시도지부 결성대회를 강행했다. 시도지부 결성대회는 시민들의 적극적인 호응을 얻어 수만 명의 시민들이 대회에 참석했다. 특히 광주대회의 경우 30만 명의 인파가 운집하여 심야에는 가두시위가 벌어지기도 했다.

개헌서명운동에는 재야 세력의 적극적인 협력과 연대가 있었다. 3월 17일 두 공동의장과 이민우 총재는 문익환 민통련 의장, 박형규 한국NCC위원, 이돈명 한국가톨릭정의평화위원장 등과 회동하고 '민주화를 위한 국민연락기구(민국련)'을 결성하여 개헌서명운동에 동참하기로 했다. 재야의 핵심세력이 개헌투쟁에 참여하게 되면서 개헌서명운동은 한층 동력을 받게 되었다. 민추협은 KBS·MBC 등 TV방송의 왜곡 편파보도에 항의하여 시청료 납부 거부운동을 전개하고 스티커를 제작하여 시도지부 결성대회에서 시민들에게 배포했다.

인천 및 경기도지부 결성대회가 5월 3일 인천에서 예정되었다. 그러나 4월 30일 이민우 신민당 총재가 청와대 영수회담에서 '좌익 학생들을 단호히 다스려야 한다.'는 요지의 발언을 함으로써 재야·운동권에서는 이를 '보수 야당의 본질을 드러낸 것'으로 규정하고, 5·3인천대회에 4천여 명의 재야·학생·노동자들이 대회장을 점거하기에 이르렀다. 경찰의 무력진압으로 이날 대회는 무산되고, 재야세력과 민추협·신민당의 관계는 이념과 노선에서 균열상을 보이게 되었다. 5·3인천사태의 후유증은 심각했다. 정부의 대대적인 노동자 검거사태를 불러왔으며 수배자 검거과정에서 부천서 성고문사건을 일으키는 계기가 되기도 했다.

민추협은 안정된 사무실 하나도 제대로 마련하기가 쉽지 않았다. 대여 투쟁의 강도가 심해지면서 정부의 압력으로 건물주들이 번번이 입주를 거부했다. 종로구 관훈동 근학빌딩에 새 사무소를 계약했으나 당국의 방해로 무산되었다. 한 달 여 동안 당국과 실랑이를 벌이면서 입주투쟁을 벌여야 했다.

YS

민추협, 부천서(署) 성고문사건 적극대처

이른바 '부천서 성고문사건'이 발생했다. 부천경찰서 문귀동 경장은 5·3인천사태관련 수배자의 소재를 파악한다면서 위장취업 혐의로 부천서에서 조사를 받던 권인숙에게 성고문을 자행하며 진술을 강요했다. 사건발생 1개월 뒤 권양이 문귀동을 강제추행 혐의로 인천지검에 고소하고, 민추협과 신민당소속 변호사들이 변론에 나서면서 큰 사회적 이슈로 등장했다. 검찰과 공안당국은 권양의 성모욕 주장은 '혁명을 위해 성까지 도구화하는' 급진세력의 상습적 전술이라며 권양을 매도했다.

'부천서 성고문사건'은 사건의 진실확인 과정에서 공권력의 횡포와 부도덕성, 인권탄압의 실상을 폭로하여 5공의 종말을 앞당기는 한 요인이 되었으며 민추협을 비롯하여 재야·정치권·여성계·종교계가 연합하여 '성고문 용공조작 범국민폭로대회'를 개최하는 과정에서 민주세력의 연대를 강화시켜 주었다.

민추협은 두 공동대표의 지시로 '성고문사건진상조사위원회'를 구성하여 현장조사 등 진상을 조사하고 '폭로대회'에 전 회직자가 참석하는 등 이 사건의 진상규명에 앞장섰다.

10월 28일 전국 22개 단체 2000여 명의 학생들이 건국대에서 '전국 반외세 반독재 애국투쟁연합'의 발족식을 갖고, 자진해산할 무렵 전투경찰이 진입하여 강제연행하려하자 학생들은 5개 건물로 분산하여 점거농성에 들어갔다. 정부는 진압과정에서 8천여 명의 경찰을 투입하고 헬기를 동원하는 등 군사작전을 방불케 하는 강제진압으로 수많은 부상자가 발생했다. 건국대사건은 1300여 명이 구속되는 등 단일사건으로는 국내 최대 규모의 구속사건이었다. 민추협은 즉각 진상조사위원회를 구성하여 건국대 현장에 파견하고 무자비하게 학생들을 폭행한 정부의 처사를 비난했다.

정부는 건국대사건을 새로운 강압통치의 계기로 삼으려고 시도했다. 정부는 학생들을 '공산혁명분자'로 규정하고 용공세력이 개입하여 학생들을 선동하여 체제 전복을 노린다고 선전했다. 공영 방송과 일부 제도언론이 이에 부화뇌동했다. 비상계엄설이 나돌았다. 정국은 파국의 위기로 치닫고, 정부는 재야단체인 민통련에 해산명령을 내렸다.

이 무렵 김대중 공동의장이 시국에 관한 기자회견을 갖고 "(정부가) 대통령 중심 직선제 개헌을 수락할 경우 사면·복권이 되어도 대통령 선거에 출마하지 않겠다."라는 조건부 대통령 불출마를 선언했다. 김 의장은 회견 말미에서 "미증유의 중대 국면에 처하여 나는 스스로를 희생하는 한이 있더라도 무언가 해결의 돌파구를 찾아보려고 애써 모색해왔다."라고 심경을 밝혔다. 이 불출마 선언이 김 의장의 정치행보에 두고두고 족쇄가 되었다. 김 의장은 일촉즉발의 위기 상황에서 정부의 강경조처를 막고, 직선제 개헌을 이끌어내기 위하여 5공정권이 정치적 라이벌로 여기는 자신의 불출마를 담보한 것이었다.

김대중 의장이 '불출마선언' 회견이 있을 때 김영삼 의장은 독일방문 중 이 소식을 듣고 "김대중 씨가 나서지 않겠다면 김 의장이 나설 것인가?"라는 기자의 질문에 "김 의장에게 사면복권이 되면 당신을 후보로 지지하겠다."라고 말했다. 나는 "김 의장과 똑같이 민주화만 된다면 모든 것을 희생해도 좋다고 생각한다."라고 피력했다. 이때만 해도 두 김 의장은 민주화만 되면 자신들이 굳이 후보에 나서지 않겠다는 뜻을 갖고 있었다.[145)]

145) 김삼웅, 『한국현대사 뒷얘기』, 가람기획, 1995, 200쪽

민추협은 신민당과 11월 29일 '대통령직선제 개헌 및 영구집권음모분쇄 범국민 서울대회'를 열기로 했다. 준비 단계로 두 공동의장과 이민우 고문이 재야단체 대표 30여 명을 초청하여 간담회를 열고 서울대회의 지지를 받아냈다. 이로써 5·3인천사태로 한때 소원해졌던 재야와의 관계가 다시 복원되었다.

그러나 서울대회는 경찰의 철저한 사전봉쇄와 당일 참석자들에 대해 폭력적 집회방해로 무산되었다. 이런 사실을 고발한 〈민주통신〉의 원판이 압수되고, 사무실에서 옥외 스피커를 통해 당국의 만행을 고발하는 방송을 하자 경찰이 현관을 쇠망치로 부수고 들어와 직원들을 연행해 갔다.

신민당 지도부에서 파열음이 나왔다. 이민우 총재가 '대통령직선제개헌'에 역행하는 돌출발언을 했다. 여권의 내각제개헌을 수용하는 듯했다. 이른바 '이민우 구상'이 나온 것이다. 이민우는 6월 3일 청와대에서 전두환 대통령과 여야 영수회담을 갖고, 6월 21일에는 노태우 민정당 대표와 단독회담을 열었다. 여권수뇌부와 가진 일련의 회담에서 직선제 개헌을 포기하고 내각제 안을 수용하기로 작심한 듯했다.

국회에 헌법 개정 특위가 구성되었다. 그러나 민정당은 내각제개헌, 신민당은 대통령직선제 개헌을 각각 제안하여 개헌특위가 난항을 겪는 상태에서 건국대 사태가 발생하고, 재야단체 민통련의 해산명령, 민정당의 87년 예산안 단독처리, 이에 항의한 신민당의원 전원 의원직사퇴서 작성 등 긴장감이 고조된 상황이었다.

'이민우 구상'이 나오자 민정당이 이를 적극 수용한 데 반해 신민당은 '대통령직선제당론 불변·민주화의지 촉구' 쪽으로 결론을 내고, 해가 바뀐 1987년 1월 7일 두 공동의장이 회동, 내각제 협상기구 거부, '이민우 구상'은 직선제 당론 희석이라는 데 합의했다. 이에 따라 이 총재는 "더 이상 당을 이끌 수 없다."라고 말하면서 충남 온양으로 내려갔다.

이 발언과 저간의 행동으로 이 총재에 대한 두 공동의장의 불신은 돌이키기 어렵게 되고, 개헌현판식과 관련 당내 비주류 세력의 폭력행사가 계속되면서 신당창당 작업이 본격화되었다.

김영삼의 이민우에 대한 배신감은 컸다.

YS

세 번째 야당총재에 선출

4월 13일 상도·동교동계의 신민당 의원 70명은 이른바 '당내 불순세력'과 결별을 선언하고 새로운 통일민주당(민주당)의 창당에 나섰다. 신민당 90명의 소속의원 중 74명이 탈당하여 신당에 참여함으로써 신민당은 교섭단체 정족수도 못되는 군소정당으로 전락하고, 신당이 새로운 정통야당의 법통을 이어받아 대여 투쟁의 구심이 되었다. 대통령직선제개헌투쟁도 속도를 더해갔다. 바로 그 시간 전두환은 4·13호헌조치를 발표했다.

민주당 지구당 창당 과정은 험난했다. 안기부장 장세동이 신민당 비주류세력을 지원하여 정치깡패들을 동원, 대회장을 난장판으로 만들었다. '용팔이 사건'이다. "당시 안기부장 장세동이 이택희·이택돈을 만나 6억 원의 자금을 전달하는 등 창당방해 사건에 개입했다는 사실이 밝혀져 장세동이 구속되었다. 이로써 '용팔이 사건'은 장세동 – 이택희·이택돈 – 이승완·이용구 – 김용남으로 이어지는 전형적인 정치공작이었음이 만천하에 드러난 것이다.[146]

총재에 추대된 김영삼은 통일민주당의 노선에 대한 6개 원칙을 제시했다. 김영삼은 85년 3월 6일 정치활동 규제가 해제되었다.

1. 1988년 2월에 평화적 정권교체를 기해 이 땅에 군사독재는 영원히 추방되어야 하며, 정권교체의 방법은 국민의 의사에 따라 대통령중심 직선제로의 합의개헌이어야 한다.
2. 현 정권이 독재정권의 피할 수 없는 숙명인 비참한 말로를 맞지 않도록 지금부터라도 민주화 의지를 실증할 것을 강력히 요구한다.
3. 우리 당은 명예로운 전통에 따라 의회민주주의의 수호자로서의 임무와 사명을 지켜야 한다.
4. 우리 당은 언론자유의 쟁취를 위해 배전의 노력을 기울여야 한다.
5. 우리 당은 경제·사회의 변화를 선도하고 발맞추면서

146) 김영삼, 앞의 책, 335쪽.

자기 개혁을 거듭해 온 우리의 자랑스러운 전통에 따라, 이번에도 산업사회의 누적된 병리를 치유하기 위한 당 정강·정책의 보완작업을 단행한다.

6. 국민과 역사의 요청이 군사독재 정치의 종식과 더불어 민주화시대의 개막을 주도하는 민주·문민정권의 출현에 있음이 분명한 이상, 우리 당은 명실상부한 수권정당으로서 손색이 없어야 함과 동시에, 민주화와 민주통일을 주도적으로 창도하는 정당이 되어야 한다.[147]

세 번째 야당 총재가 된 김영삼은 준비된 취임사를 통해 매섭게 전두환과 민정당을 비판했다.

민정당이 취임사를 물고 늘어졌다. 민정당은 성명을 통해 총재 취임사에서 현행 헌법 하에서 대통령선거는 불참하고 현 정권에 대한 전면적인 거부투쟁에 나서겠다고 천명한 부분과, 전두환 정권 하의 선거를 북한의 선거에 비유한 내용, 1988년 서울올림픽을 나치 치하의 베를린올림픽에 비유한 부분을 거론하며, 이는 국가와 올림픽을 모독한 것이며 폭력혁명에 의한 정권탈취 저의까지 있는 것이라며 해명을 촉구했다. 검찰에서도 발언을 문제 삼아 국가모독죄 운운하며 김 총재를 소환 수사하겠다는 협박을 했다.

147) 김영삼, 앞의 책, 626~627쪽.

이민우는 군소정당으로 전락한 신민당에 그대로 남아 있다가 11월 6일 신민당 총재직과 의원직의 사퇴를 발표하고 정계를 떠났다. 이민우는 두 김 씨의 대리인으로 신민당 총재에 추대되어 개헌현판식 과정에서 한 때 국민의 열렬한 지지를 받았다. 그러나 일련의 돌출행동으로 몰락하고 반독재 민주투쟁전열을 혼란시켰다는 평가가 따랐다.

신민당과 민추협이 이민우의 돌출행동으로 혼란을 겪고 있을 무렵 서울대생 박종철 고문치사사건이 발생했다. 1987년 1월 14일 치안본부 남영동 대공분실에서 서울대 민주화추진위원회사건 관련수배자 박종훈의 소재 파악을 위한 조사를 받던 중 수사요원 조한경 경위와 강진규 경사 등의 고문으로 박종철 군이 숨졌다. 당초 경찰은 "책상을 탁 치니 억하고 쓰러졌다."며 단순 쇼크사로 발표했으나, 물고문과 전기고문으로 사망한 것으로 드러났다. 더욱이 이 사건은 박지원 치안감, 유정방 경정, 박원택 경정 등 대공간부 3명이 축소 조작했으며 고문가담 경감이 모두 5명으로 드러나면서 정권에 대한 국민의 분노와 내연하던 민주화 열기가 다시 폭발했다.

민추협은 '박종철 군 고문살인사건 대책위 조사단'을 구성하고 각계 인사 9천여 명으로 구성된 '박종철 군 국민추도회 준비 위원회'에 참여하는 한편 '국민추도의 날' 행사에 대비하여 〈민주통신〉발행, 홍보전단 배포 등 행사준비에 만전을 기했다.

2월 7일 민추협 등 48개 단체의 공동으로 국민추도회가 광화문에서 거행되었다. 정부는 3만여 명의 경찰을 동원하여 무차별 최루탄을 난사하고 참가자들을 연행하는 등 폭력으로 집회를 막았다. 민추협은 조선호텔 앞 노상에서 추도회를 거행하고 대형 스피커 3대를 통해 추모 안내방송을 진행했다. 많은 회직자가 연행되거나 최루탄 파편을 맞고 병원으로 실려 갔다.

정국은 예측하기 어려운 격랑 속에서 두 공동의장은 2월 13일 '난국타개를 위한 제언과 우리의 결의'를 공표했다. 정부의 인권유린행위의 중지·내각제개헌강행 중지·선택적 국민투표 실시·두 의장과 전두환 대통령의 대화촉구 등을 제안했다. 경색정국을 대화를 통해 풀려고 하는 두 의장의 고육책이었지만 정부는 강경일변도로 나왔다. 민추협은 2월 24일 2·21총선 2주년을 계기로 사무소에서 '고문살인 용공조작 등 인권탄압 폭로대회'를 열고자 했다. 그러나 전날부터 사무실이 원천봉쇄 당하고, 당일에는 주변에 6000여 명의 전투경찰을 배치하여 시민들의 출입을 막았다. 또 3월 3일 '국민대평화행진 및 고 박종철 군 49제' 행사를 앞두고 당국은 두 공동대표와 회직자 다수를 가택 연금하여 행사 참가를 봉쇄했다. 그렇지만 많은 국민이 경찰의 경비망을 뚫고 행사에 참가하여 행사는 강행되었다.

반독재 민주화투쟁의 열기가 가속되면서 정부는 위기감을 갖고 4월 13일 '4·13호헌조치'라는 것을 발표했다. 전두환은 이날 특별담화에서 "평화적인 정부이양과 서울올림픽이라는 국가대사를 성공적으로 치르기 위해 국력을 낭비하는 소모적인 개헌논의를 지양하라."라고 선언하면서, 제5공화국 헌법으로 88년 2월 정부를 이양할 것과 그에 따른 대통령선거인단 선거 및 대통령선거를 연내에 실시할 것, 그리고 개헌논의를 올림픽 뒤로 미룰 것 등을 밝혔다. 이것은 타는 불에 휘발유를 뿌리는 격이 되었다. 폭압통치에 시달려온 국민은 군부정권의 연장을 의미하는 전두환의 '4·13 호헌조치'를 받아들이지 않았다. 민추협과 민주당·재야세력은 연합하여 '민주헌법쟁취국민운동본부'를 결성하고 대여투쟁에 전 역량을 집결하기로 했다. '국민운동본부'는 6월 10일 국민대회를 열고 26일에는 '민주헌법쟁취 국민평화대행진'을 강행하기로 결정했다.

이에 따라 민추협은 '6·10국민대회 민추협 12인 준비위원회'를 구성하고 박영록 부위원장이 위원장의 책임을 맡았다. 민추협 소속 민주당 의원들이 의원총회를 열고, 정부에 내각제개헌 철회, 6개월 째 계속되는 김대중 의장 연금해제, 고문정치 종식 등을 요구하며 단식농성에 들어갔다.

YS

6월 항쟁,
마침내 국민궐기

서울을 비롯하여 전국 주요 도시에서는 초여름의 햇살만큼 뜨거운 민주화의 열기가 타올랐다. '6월 항쟁'이 시작되었다. 6월 10일 오전 10시경, 서울에서는 전혀 상치되는 두 개의 큰 집회가 동시에 열리고 있었다. 잠실체육관에서는 민정당 제4차 전당대회 및 대통령 후보 지명대회가 열려 전두환 대통령이 육사동기인 노태우의 손을 높이 들어주었다.

같은 시각, 서울 중구 태평로 대한성공회에서는 재야와 야권의 연합기구인 민주헌법쟁취 국민운동본부의 '박종철군 고문살인 은폐조작 및 호헌철폐규탄 국민대회'가 열렸다. 한쪽에서는 축하와 감격의 꽃다발이 오가고, 다른 쪽에서는 분노와 규탄의 피울음에 무자비하게 쏘아대는 경찰의 최루탄으로 시위자들의 얼굴은 눈물로 뒤범벅되었다.

민주세력은 박종철 군 고문살해와 선거인단에 의한 대통령선거를 실시하겠다는 이른바 '4·13호헌조치'에 반대하여 민정당 전당대회가 열리는 시각에 맞춰 서울을 비롯하여, 전국 주요 도시에서 일제히 규탄집회에 들어갔다. 각 대학들은 출정식을 갖고 '독재타도' '직선제개헌'을 외치며 도심으로 몰려나왔다.

이날 오후 6시 정각, 국민대회가 열리는 대한성공회 종탑 스피커에서 애국가가 울려 퍼지고 성당의 종이 42번 울리는 것을 신호로 성당 구내에 있던 차량들이 경적을 울리고 도심을 지나던 차량들도 일제히 경적을 울려댔다. 이로써 6·10대회, 나아가서 6월 민중항쟁이 공식적으로 막을 올린 것이다. 이날 서울을 비롯한 전국 22개 도시에서 동시에 시위가 벌어졌다.

민주세력의 성공회 6·10대회는 아침부터 전경들에게 에워싸여 일반시민들이 접근할 수조차 없었다. 따라서 출정식을 가진 학생들은 각 대학별로 오후 5시경 을지로 2가 로터리, 을지로 네거리를 점거하고 연좌농성을 벌였고, 이를 지켜보던 시민들이 박수를 치며 학생들을 격려했다. 경찰은 사과탄을 마구 쏘아 이들을 강제 해산시켰다. 학생들은 소단위로 신세계백화점, 남대문시장, 퇴계로 2가, 을지로 입구 등지에 빈번하게 출몰했다.

시장상인들도 쫓기는 학생들을 숨겨주며 경찰을 비난했

다. 학생들과 야당의원들은 여기저기서 노상 약식규탄대회를 열고 '호헌철폐' '독재타도' '직선제 쟁취' 등을 외쳤다. 오후 6시가 넘자 학생들의 시위는 차츰 격렬해지고 시민들의 합세도 점점 늘어갔다.

가두시위를 벌이던 학생 1천여 명이 경찰에 쫓겨 명동성당 안으로 들어가 시위를 벌였다. 명동성당 점거농성은 6월 항쟁의 '태풍의 눈'이 되었다. 15일 해산될 때까지 5일 동안 농성이 계속되는 가운데 성당 밖에서는 연일 대학생들과 이들에 합세한 인근 사무직 노동자들의 지원시위가 끊이지 않았다.

6월 9일 경찰의 직격 최루탄을 맞고 쓰러진 연세대 이한열이 사경을 헤매는 사건이 발생하자 범연세인 규탄대회가 전국 각 도시로 확산되었고, 국민운동본부는 18일을 '최루탄 추방의 날'로 선포하고 대대적으로 최루탄 추방운동을 전개했다. 이날 전국 14개 도시에서 20여만 명이 시위에 참가했다.

국민운동본부는 D데이를 6월 26일로 잡고 이날 평화대행진을 강행할 것을 결정했다. 정부의 비상조치설이 흘러나왔다. 실제로 정부는 부분 계엄령 또는 위수령을 내리기 위해 군부대를 도시 외곽지대로 이동시켰다. 성남시 근방에 출동부대가 집결된 것으로 알려졌다.

6월 24일, 온 국민이 지켜보는 가운데 열린 전두환과 김영삼의 여야 영수회담이 결렬되자 국민운동본부는 26일의 평화대행진을 강행하기로 결정했다.

6월 26일, 드디어 민주헌법쟁취 국민평화대행진이 시작되었다. 전국 33개 시 4개 군에서 180만 명이 시위에 참가한 것으로 집계되었다. 이날 시위는 밤늦게까지 격렬하게 전개되어 경찰서 2개소, 파출소 29개소, 민정당 지구당사 4개소 등이 파괴 또는 방화되었으며 3467명이 연행되었다. 시위에 참가한 시민·학생들은 '호헌철폐' 등에서 '민주쟁취' '독재타도' '군부독재 지원하는 미국은 물러가라' 등으로 격화되었다. 6·26대행진은 철저히 평화주의를 원칙으로 했다. 최루탄에 쫓기면서도 시위대들은 '질서'를 외쳤다. 일부 방화와 파괴 그리고 투석전 등 과격양상을 띤 것은 경찰의 과잉방어와 최루탄 난사 때문이었다.

제5공화국 이래 최대의 인파가 참가한 6·26대행진에 정부 여당도 사태의 심각성을 느끼게 되고, 막다른 골목에서 돌파구를 찾은 것이 6·29선언이었다. 마침내 6월 민중항쟁이 군부독재의 항복을 받아낸 것이다.

YS

김영삼, 6월 항쟁의 중심에서 투쟁

6월 항쟁 과정에서 야당과 민추협의 역할이 컸다. 민추협은 국민대회장인 광화문의 대한성공회 대성당에 경찰의 저지에 대비, 김명윤 부의장과 김병오 상임운영위원, 이규택 국장 등을 사전에 투입시키는 등 면밀한 전략을 짰다. 민추협 사무실도 경찰의 원천봉쇄와 폐쇄에 대비하여 철야 대기조를 편성하는 등 만반의 태세를 갖췄다.

6월 10일 오전에는 〈6·10국민대회〉에 앞서 사무실에서 '영구집권음모규탄대회'를 열었다. 김영삼 대표 등 70여 명이 참석하여 행사를 거행했다. 오후 6시로 예정된 대한성공회에서 국민운동본부가 주최한 대회는 경찰의 원천봉쇄로 무산되고, 사전에 투입된 민추협과 국민운동본부 20여 명, 성공회의 사제·신부 등 70여 명이 오후 6시에 예정된 식순에 따라 대회가 거행되었다. 이날 정부는 갑호

비상령을 발동하고 6개 중대 1천여 명의 정사복 경찰이 겹겹으로 에워싸 보도진의 출입도 막았다. 경찰은 4대문 안 시위예상 지역에 90개 중대 1만 2천여 병력을 배치한데 이어 대학가 등 외각에 배치한 1만 여 병력도 이동하도록 조치했다. 김영삼 의장과 회직자들은 경찰의 봉쇄를 뚫고 오후 5시 20분경 차량 3대를 앞세우고 시민 500여 명과 함께 롯데백화점 앞으로 집결을 시도했으나 최루탄 난사로 좌절되기를 거듭하면서 6시 5분경 성공회 대성당에 도착했다. 그러나 경찰의 무차별 최루탄 발사로 진입하지 못하고 사무실로 돌아와 단식농성에 돌입했다.

같은 시각 김대중 의장도 동교동 자택에서 민추협농성에 동참, 단식농성에 들어갔다. 경찰은 시민들의 산발적인 시위에도 무차별적으로 최루탄을 발사하여 해산시키는 등 과잉진압을 서슴지 않았다. 성공회 대성당에서 대회를 강행한 민추협 인사들은 박종철 군의 영정과 플래카드를 들고 구호를 외치며 성당구내를 돌았다. 때로는 성당 밖으로 나오려다 전경들과 심한 몸싸움을 벌여 안으로 밀려들어갔다.

경찰은 김명윤·양순직·계훈제·박형규·지선·제정구·오충일·김병오·진관·이규택·유시춘·금명균·송석찬 등 성공회 대성당에서 대회를 강행한 인사들을 이날 저녁 경찰에 연행했다가 13일 새벽 전격 구속했다.

정부는 6·10대회를 수많은 경찰력을 동원하여 봉쇄했지만, 노도와 같은 국민의 민주화에 대한 열망을 막지는 못했다. 6월 10일의 행사가 비록 일시적으로 봉쇄되었지만, 이것은 종언이 아니라 새로운 출발이었다. 이날부터 노태우의 6·29선언이 있기까지 20여 일 동안 반정부시위는 국민운동본부와 민추협의 수준을 벗어나 국민혁명으로 승화되어 가고 있었다. 민추협은 이날 민주당과 합동으로 오후 5시 10분경 민주헌법쟁취를 위한 국민평화대행진식을 거행했다. 많은 회직자가 최루탄 파편에 맞거나 연행되었다. 경찰은 이날 서울의 1139명을 비롯하여 전국에서 총 3467명을 구속했다고 발표했다.

전두환 정권은 2주일 이상 전국에서 폭발한 범국민적 시위를 경찰만으로 막기에는 한계가 있다고 판단하고 군 동원을 신중하게 고려했던 것으로 알려졌다. 미국 정부는 이런 정보를 입수하고 적극적인 교섭을 통해 군부개입을 저지하는 영향력을 행사하여 정부 여당으로 하여금 중대한 '6·29 노태우 선언'을 극적으로 발표하게 하였다.[148]

민정당 차기 후계자로 지명된 노태우 민정당 대표위원은 6월 29일 8개항으로 된 시국수습 특별선언을 발표했다. △ 대통령직선제 개헌과 88년 평화적 정부이양 △ 김대중 사면복권과 시국사범 관련 인사석방 △ 언론기본법 폐지

148 구자호, 앞의 책. 880쪽.

△ 지방자치제 및 교육자율화실시 △ 정당 활동 보장 등이었다. 7월 1일 전두환이 노 대표의 구상을 전폭적으로 수용하겠다고 밝힘으로써 정부 여당의 공식입장이 되었다. '4·13호헌조치'가 정식으로 철회되고 6월 항쟁의 성과로 직선제 개헌안이 관철되었다.

민추협은 7월 1일 정부의 6·29선언을 환영하는 성명을 채택했다. "국민은 30년에 걸친 독재정권에 종지부를 찍고 이제야 반만년 역사의 문화민족으로서 단합 속에 국가발전에 매진할 수 있는 실마리가 풀렸다."라고 전제하고 "이 나라가 민주화로 가는 길목에서 헌신해 온 민주인사들에 대한 모든 규제를 해제하라."라고 촉구했다. '6·29선언'으로 연금이 해제된 김대중 의장이 당일 정례 의장회의에 참석하기 위해 민추협 사무실에 나왔다. 연금 83일 만의 일이었다. 7월 5일에는 이한열 군이 사경 27일 만에 운명하여 두 공동의장과 회직자들이 빈소를 방문했다. 이한열 열사 민주국민장이 7월 9일 열리고 공동의장도 여기에 참석했다. 김대중 의장이 8월 8일 민주당에 입당했다. 환영식이 열렸다. 김영삼 의장은 민주당이 창당될 때 고문으로 입당했었다. 두 공동의장은 민추협에서 활동의 영역을 넓히며 군사정권 종식을 위한 여러 가지 대책을 마련했다.

YS

대권 앞두고
양김 분열

신민당은 '이민우 파동'을 거치면서 새로운 통일민주당(민주당)으로 변신하여 두 공동대표 중심의 정통야당으로 부상했다. 그리고 6월 항쟁으로 대통령 직선제를 관철하여 대권 경쟁에 나서게 되었다.

노태우의 6·29선언은 그동안 잠행해오던 두 공동대표의 경쟁관계를 다시 촉발시키는 계기를 만들었다. 어느 때보다 당선 가능성이 높다고 보여진 13대 대통령선거를 앞두고 두 공동대표와 측근들 간에 미묘한 신경전이 벌어지기 시작했다. 상도동 측은 당내 기득권을 내세우면서 김영삼 대표를 대통령 후보로 추대하려는 움직임을 편데 비해, 동교동 측은 7월 8일 사면 복권된 김대중 대표의 불출마선언은 전두환 대통령이 자발적으로 대통령 직선제를 수락했을 때 유효한 것인데, 이 제의를 4·13호헌조치로 거부했으니 무효화됐다는 논리를 펴면서 불출마선언 백지화를 밝혔다.

김대중 대표는 8월 8일 민주당에 입당했다. 72년 10월 유신조치로 당원자격을 잃은 지 15년 만에 정당당원이 된 것이다. 김 대표의 입당으로 민주당은 곧바로 후보경쟁 회오리에 휩싸였다. 김영삼 측은 당내조직의 기득권을 배경으로 대통령 후보의 조기공천을 주장한 반면, 뒤늦은 사면복권으로 당내 기반이 취약한 김대중 측은 여권의 집중적인 공격을 피하기 위해 선거 직전에 하는 것이 좋다는 입장이었다. 또 재야 민주인사들을 영입해서 범야 단일후보를 선출하자고 제의하는 등, 어느 쪽도 양보의 기미를 보이지 않은 채 팽팽하게 맞섰다. 양김은 정국이 어려울 때는 화해 협력을 하고 데당트무대가 되면 분열하는 속성을 보였다. 집권이 불가능할 때는 합치고 가능성이 보이면 분열하는 모습이었다.

민주당은 양측의 치열한 대립 속에 김영삼이 10월 10일 민주당의 대통령 후보로 출마하겠다고 공식선언하고 나서자 김대중도 11일 사실상 대통령 후보 출마를 선언했다. 이로써 두 김 씨는 적전분열을 감행하면서 분당의 가파른 길로 달려가기 시작했다. 민주당에서 후보단일화가 실패하면서 김대중 계열은 새로운 정당의 창당을 서둘렀다. 김영삼이 대통령 후보 출마를 선언하자 사실상 후보단일화의 실패를 인정한 김대중 계는 곧바로 신당 창당 작업에 나섰다.

10월 29일 민주당 내 동교동계 의원 24명과 무소속 1명, 각계 인사 등 51명으로 창당준비위를 구성하고 당명을 평화민주당(평민당)으로 정한 다음, 10월 30일 창당준비위원회, 11월 12일 창당대회라는 초고속의 창당절차를 밟아 김대중을 당 총재 및 대통령 후보로 선출했다.

대통령선거는 여당인 민정당과 야권의 민주당·평민당, 김종필이 창당한 공화당의 4파전으로 전개되었다. 그러나 다수 국민의 관심은 민주·평민의 두 김 씨의 후보단일화에 모아졌다. 건국대사건 후 김대중의 '불출마선언'과 이 선언 당시 독일을 방문 중이던 김영삼의 "김대중 씨가 사면 복권되면 대통령 후보로 밀겠다."라는 발언을 놓고 일반 국민은 물론 양 진영의 지지자들은 각기 상대방의 후퇴를 전제로 하는 후보단일화를 줄기차게 요구했다.

민주진영의 위기위식과 함께 국민의 야권후보 단일화 열망은 하늘을 찌를 듯했다. 군정 종식의 열망이 크면 클수록 단일화의 열망은 더욱 절실해졌다. 후보단일화 방안으로는 세 가지 방안이 있었다. 첫째 당사자들끼리의 정치적 · 도의적 약속과 신의의 이행, 둘째 당내에서 공정하고 자유로운 경쟁, 셋째 국민적 지지에 의한 정치적 결단을 들 수 있었다. 그러나 후보단일화는 끝내 이루어지지 못했다.

제5장

제13대 대선 패배, 총선 후 제3당 전략

후보단일화 결렬, 야당후보 난립

6월 항쟁의 결실로 1987년 12월 16일 실시된 제13대 대통령선거는 71년 4·27대통령선거 이래 16년 7개월여 만에 실시된 직선제 대통령선거였다. 72년의 유신쿠데타, 80년 5·17쿠데타 등을 거치면서 국민은 대통령을 직접 선출하는 권리를 박탈당했다. 85년 2·12의 제12대 국회의원선거 이후 야당과 재야세력이 줄기차게 추진해온 대통령직선제 개헌투쟁으로 제9차 개헌이 이루어지고 새 헌법에 따라 12월 16일로 대통령선거일이 결정되었다.

대통령선거에는 민정당의 노태우, 민주당의 김영삼, 평민당의 김대중, 신 공화당의 김종필, 사회당의 홍숙자, 무소속의 백기완, 한주의 당의 신정일, 일민당의 김선적 후보 등 8명이 입후보했다. 선거운동 기간 중 홍숙자·백기완·김선적 후보가 사퇴하고 5명의 후보가 대권도전에 나섰다. 그러나 대체적인 여론이 노태우·김영삼·김대중·김종필의 '1노3김' 또는 김종필을 뺀 '1노양김'의 대결로 압축되었다.

노태우는 6·29선언을 통해 조성된 새로운 이미지로 5공세력과 범여권의 기득세력을 중심으로 표갈이에 나섰고, '두 김 씨'는 후보단일화의 실패에 따른 국민의 따가운 비판에도 불구하고 민주세력이 자신에게 표를 몰아 줄 것을 기대하며 선거운동을 전개했으며, 김종필은 옛 공화당 지지층과 5·16이래 기득권층이 된 이들에 의지하면서 힘겨운 추격전을 벌였다.

국내외의 시선이 집중된 가운데 선거전은 유세장마다 인파가 운집, 국민의 드높은 정치적 관심과 민주화 열기 속에 진행되었다.

양김의 후보단일화를 위해 민주화운동을 주도해온 재야는 끈질기게 설득하고 압력을 넣었다. 재야인사들이나 다수 국민은 양김 중의 누가 되느냐보다 군사독재를 종식시키는 것을 더 바랐다.

87년 9월 29일 오전 양김은 남산 외교구락부에서 단독회동하고 2시간 동안 후보단일화를 논의했으나 합의하지 못했다고 공동성명을 통해 발표했다.

> 오늘 우리 두 사람은 두 시간 가까이 회동했으나 합의된

사항은 솔직히 없다. 두 사람이 후보단일화에 합의하지 못한 데 대해 국민과 당원에게 죄송하다. 그러나 각기 오늘 상대방의 입장을 충분히 파악했기 때문에 이를 토대로 더 숙고하고 측근과 깊이 있는 검토와 상의를 해서 필요하다면 다시 만나 논의하기로 했다.

국민 여망인 후보단일화를 약속했는데도 그 시한인 오늘 합의를 못 본 데 대해 거듭 국민에게 미안하게 생각한다. 그러나 두 사람은 민주화를 위한 노력은 계속할 것이다. 앞으로 민주화 완성을 위해 계속 협력, 노력하겠다. 이러한 우리들의 노력이 결실되어 민주화가 틀림없이 이루어지기를 기대한다. 거듭거듭 국민과 당원에게 죄송하다.[149)]

6·29선언 후 3개월 만에 두 사람이 공동으로 약속해온 후보단일화의 실패를 시인하게 되었다. 이날 회동에서 김대중은 "상도동 측은 비토그룹 문제를 얘기하지만 군사독재를 종식시켜 민주주의를 확립하자는 이 마당에 비토그룹의 눈치를 보면서 후보자를 정한다는 것은 결코 동의할 수 없는 부끄러운 일이다."라고 김영삼의 양보를 종용했다.

그러나 김영삼은 "원만한 민주화와 순조로운 정권 이양을 위해서는 김 고문(김대중)이 양보한다는 것이 좋겠다."

---

149) 김삼웅, 『양김 합치면 역사가 바뀐다』, 풀빛, 1996, 96쪽

라고 말하고 "김 고문에게는 중산층의 거부반응이 있고 또 김 고문이 출마하면 영호남의 지역대결이 예상된다."라고 말하며 김대중의 양보를 요구했다.

이날 두 사람의 단일화를 위한 담판 결렬은 통일민주당과 평화민주당의 분당사태의 시발이 되고 양김이 13대 대통령선거에 동시 출마하는 계기가 되었다.

> 양김이 국민의 기대를 저버리고 후보단일화를 조정하지 못하게 되자 여당(민정당)은 쾌재를 불렀다. 물론 겉으로는 태연한 반응을 보였지만 내심으로는 이미 대선에 성공한 것 같다는 모습이었다.
>
> 노태우의 한 측근은 "우리는 4파전은 물론 두 김 씨 중 한 사람이 선거전 막바지에서 극적으로 사퇴하는 사태까지를 염두에 두고 전략을 세워야 하는 번거로움이 따르게 됐다."라고 속마음을 감추는 발언을 하였다.
>
> 또 다른 고위 당직자는 "우리 당은 당초 두 김 씨가 60년대부터 대통령이 되고야 말겠다는 집념이 강한 사람들이라 후보단일화가 쉽사리 매듭지어질 것으로 생각지는 않았다."라고 양김의 분열을 미리 점치고 있는 듯한 발언을 하였다.[150)]

150) 김삼웅, 앞의 책, 97쪽.

김영삼은 12월 10일 백기완 민중후보와 회담을 갖고 민주연립정부작업을 포기하지 않았다. 재야의 중심이었던 민주통일민주운동연합(민통련)은 양김을 별도로 초청, 정책 세미나를 열고 후보 검증작업을 벌였다. 10월 12일 22개 가맹단체 대표를 포함한 중앙위원회의 투표결과 29 대 2로 김대중을 지지 선언했다. 백기완이 사퇴하고 김영삼을 지지한다고 선언했다. 이로써 재야도 두 쪽으로 갈라졌다.

YS

'민주화냐 군정이냐', 대선구호

전통적으로 유교문화권에서는 상대방의 이름을 함부로 부르는 것이 금기시되었다. 그래서 '호'나 '아호'가 사용되었다. 퇴계(이황), 남명(조식), 율곡(이이), 다산(정약용) 등 이름보다 호가 더 친숙하고 널리 알려졌다.

해방 후 독립운동가들의 경우도 다르지 않았다. 생명을 내놓고 조국독립에 헌신해온 애국지사들에 대한 존경심과 예우에서 이름 대신 호로 불리었다. 백범(김구), 도산(안창호), 몽양(여운형), 해공(신익희) 등이 이에 속한다.

5·16쿠데타 후 정치군인들이 등장하면서 언론에서는 이들에게 아호 대신 영어 이름 머리글자에서 따온 이니셜 표기를 하기 시작했다. 김종필은 JP, 이후락을 HR이라 하고, 때를 같이하여 야권에서는 김영삼은 YS, 김대중을 DJ라고

썼다. 김종필은 『JP칼럼』이라는 책을 펴내기까지 했다.

1980년대 초 전두환 신군부가 기성정치권을 '싹쓸이' 하면서 이니셜 표기의 정치인들이 정치현장에서 밀려났다가 중반기부터 재등장할 때는 후광(김대중), 거산(김영삼), 운정(김종필) 등으로 표기되었다. 언론이 신군부의 기피 인물인 이들의 애칭에 부담을 느꼈을 법하다.

1987년 6월 항쟁으로 민(民)의 시대가 열리면서 정치권과 언론은 다시 영문 이니셜을 회복하여 '3김', '3K' 등이 회자되고 여권에서는 일해(전두환), 용당(노태우), 허주(김윤환) 등이 불리었다.

이후 정치권에서는 KT(이기택)·DR(김덕룡)·DY(정동영)·MJ(정몽준)·IJ(이인제) 등이 명멸했으나, '3K'의 대중성에는 이르지 못했고, 노무현과 이회창이 대권을 두고 용호상박전을 벌였을 때도 언론은 그냥 '노(盧)'와 '창(昌)'으로 표기하였다. 또 이명박과 정동영의 대선 과정에서 한때 영문 이니셜이 등장했다가 사라졌으나 이명박 정권에서 그의 거듭된 실정을 비아냥하는 의미로 'MB'가 회자되었다.

박근혜와 문재인의 18대 대선과정에서는 아예 영문 이니셜이 나타나지 않았으며 그냥 '박', '문'으로 표기되고 국민들도 스스럼없이 박근혜·문재인 등으로 호칭했다.

한국현대 정치사에서 YS, DJ, JP는 국민으로부터 긍정적이든 부정적이든 가장 많이 불리었고, '대중정치시대'를 연 주역들이었다. 이제부터는 필요에 따라 영문 이니셜로 표기할 것이다. 이니셜 약칭은 존칭도 비칭도 아니어서 일반 대중이나 언론이 부담 없이 써왔다.

YS후보 측은 '민주화냐 군정이냐'의 캐치프레이즈(광고, 선전 따위에서 남의 주의를 끌기 위한 문구나 표어)를 내걸고 집권정책으로 5대원칙을 제시했다.

> 정치 · 외교: 민주정치 · 자주외교
>
> 경제: 넉넉하고 고른 경제
>
> 사회: 화해 · 신뢰의 건강사회
>
> 교육 · 문화: 민주교육 · 민족문화
>
> 통일 · 안보: 실질적인 통일 추구, 굳건한 안보

노태우 후보는 첫 유세인 11월 18일 춘천연설 때부터 '안정이냐 혼란이냐'라는 구호를 들고 나와서 "야당이 집권하면 나라가 떠내려간다."라고 말하면서 '3김 시대의 청산'을 국민에게 호소했다. YS는 '민주화냐 군정이냐'를 주 구호로 '군정종식'을 캐치프레이즈로 내걸고 군정과 민정의 대비를 명확히 하면서 정승화 전 육군참모총장 겸 계엄사령관을 당 상임고문으로 영입, 12 · 12사태를 쟁점으로 제기했다.

DJ는 '문민정부수립'의 구호 아래 중소상공인·노동자·농어민·중산층의 권익보호를 위해 모든 정책을 펴나가겠다면서 광주민중항쟁 당시 현지 사단장이었던 정웅 장군을 영입, 광주민중항쟁을 집중거론, 노 후보를 비난했다. JP는 노 후보를 주로 공격하면서 경제안정을 이슈로 제시했다.

선거전은 정당보다는 후보자별 대결로 특징지어졌고 이에 따라 유세장마다 엄청난 인파가 동원 또는 참석했다. 대표적인 곳이 서울로 여의도광장을 같은 유세지로 삼았는데 노 후보가 12월 12일, DJ가 11월 29일, YS가 12월 5일 연설회를 열어 각각 백만이 넘는 인파가 몰렸다. 여의도 유세에는 민정당 측이 수도권의 금융기관, 기업체종업원 등을 조직적으로 동원했고 행정지원을 적지 않게 받았다. DJ는 유일하게 서울에서 대규모 유세를 두 차례에 걸쳐 시도했는데, 12월 13일의 보라매공원에는 우리 선거사상 초유라는 150만 명이 모인 것으로 보도되었다.

민통련을 중심으로 한 재야세력은 이른바 '비판적 지지'라는 것을 들고 나와 DJ를 지지했고(문익환, 김근태, 이해찬, 장영달 등) 후보 단일화론을 펴면서 시간을 두고 지켜보자는 후단파는 (사실상 YS 지지) 당선이 가능한 인사를 지지하자며(이부영, 이재오 등) 자기 목소리를 냈다. 또한 다 필요

없고 진보의 독자 후보를 내세워야 한다는 독자 후보파도 있었는데 (후보는 백기완) 선거 며칠 전 백기완이 후보를 사퇴하면서 와해됐다.[151)]

151) 이동형, 『영원한 라이벌 김대중 VS 김영삼』, 왕의서재, 2011, 319쪽

YS

5공, KAL기 사건, 천문학적인 자금살포

대통령 선거전이 한창일 때인 1987년 11월 29일 KAL858기 폭파사건이 일어났다. 이라크의 바그다드를 출발, 아랍에미리트의 수도 아부다비에 기착한 뒤 방콕을 향해가던 대한항공 보잉 707기가 버마상공에서 폭발해 승무원과 탑승객 115명 전원이 사망한 참사였다.

정부는 수사결과 테러범은 북한공작원 김승일과 김현희라고 밝혔으며, 투표 전 날에 김현희(26)를 한국으로 압송하면서 보수신문과 관영방송이 대대적으로 보도하여 공안분위기가 조성되고 선거에 큰 영향을 미쳤다. 노태우 정부는 1990년 4월 김현희를 특사로 풀어주고 안기부 촉탁직원으로 채용하는 등 특혜를 주었다. 이 사건은 많은 의문이 따르고, 무엇보다 투표 전날 굳이 테러범을 데려온 데서 정치적 배경에 의혹이 쌓였다.

노태우 진영은 공안사건과 함께 기업들로부터 어마어마한 선거자금을 모아 살포했다. 제13대 대선은 야권후보 난립, 보수언론의 편파보도, 지역갈등, 야당후보에 대한 색깔론 등 여러 요인이 있었지만 정부·여당의 천문학적인 자금살포도 큰 작용을 했다.

전두환이 맡은 가장 중요한 일은 역시 대선자금 마련이었다. 돈을 거둬들이는 방법은 아주 간단했다. 한 관련 인사의 증언이다.

"복잡할 게 없었습니다. 전두환 대통령은 30대 기업 총수들을 따로따로 청와대로 불러 식사를 하면서 각각 50억 원씩을 걷었지요. 그것만 해도 1천5백억 원 아닙니까. 그 밖에도 31대에서 50대까지는 30억 원씩을 걷었으니 대선자금은 간단하게 마련할 수 있었던 것입니다."

물론 대선자금으로 걷은 돈은 그 이상이었을 것이다. 후일(92년 1월) 정주영이 폭로했듯이, 전두환은 재벌들로부터 매년 두 차례씩 정치자금을 수금했기 때문이다.

"1년에 두 차례씩 정치자금을 냈다. 현 정권에는 추석과 연말에 20억~30억 원씩 주었으나 육감으로 적다고 여기는 것처럼 느껴져, 한 차례 50억 원을 낸 뒤에 마지막에 1백억 원으로 올렸다."

전두환의 경호실장을 지낸 안현태는 "대선 직전 전 씨

부부가 노 후보의 연희동 자택을 방문, 대통령 선거자금으로 쓰라며 기업인들로부터 모금한 1천5백억 원을 건네줬다."라고 증언했다.[152)]

민정당은 전두환이 마련해 준 자금 이외에도 엄청난 자금을 동원하고 선거유세장에 국영기업체 임직원과 통반장, 공무원·교사를 동원하고 군 일각에서는 공개투표를 자행하는 등 총체적인 부정·관권선거였으나 모든 것이 '야권분열' 의 이슈에 파묻혀버렸다.

선거결과 유권자수 2587만 3천여 명 중 2306만 6천여 명이 투표하여, 89.2%의 투표율을 보였으며, 이중 민정당 노태우 후보가 유효투표의 36.6%인 828만 2738표를 얻었고, YS는 28%인 633만 7천여 표, DJ는 27%인 611만 3천여 표, JP는 8.1%인 182만 3천여 표를 얻어 노태우 후보가 제13대 대통령에 당선되었다.

두 김 씨가 유효투표의 55%를 얻고도 노태우가 얻은 36.6%에 눌려 정권을 넘겨주게 된 것이다. 야권분열이 군정연장의 기회를 마련해 준 셈이다.

선거운동 과정에서나 개표과정에서 많은 부정과 관권개입이 자행되었다. 특히 민정당 측이 의도적으로 조장한 지

152) 강준만, 『한국현대사 산책 – 1980년대편 3권』, 인물과 사상사, 2003, 215~216쪽

역감정의 격화와 금품살포·흑색선전 등이 선거전을 과열시키고 부정으로 얼룩지게 했다. 야당후보들의 표를 깎는 흑색선전도 선거 막바지에 자행되었다. 12월 15일 "김대중 후보 민주대연정에 참여할 듯"이라는 〈통일민주당보〉의 호외 형식으로 제작된 정체불명의 유인물이 호남지방에 뿌려지기도 하는 등 타락상이 계속되었다.

13대 대통령선거의 가장 대표적인 부정은 '구로구청사건' 으로 이름 붙여진 투표함 반출사건이다. 무장경찰 6~8명이 지키고 있던 1톤 트럭에 투표함 1개, 부재자투표 인명부 1박스, 인주·면장갑 등이 식빵·귤·과자의 박스 밑에 감춰져 있던 것을 시민의 제보로 평민당원들이 적발한 것이다.

이로 인해 시민·학생들이 부정선거를 규탄하면서 구로구청으로 몰려들었고, 구청 3층 선관위사무실에서 또 다시 투표함 1개, 붓두껍 60개, 새 인주 70개, 백지투표용지 1506매 등이 적발되었다. 붓두껍에서 인주가 선명하게 묻어나와 방금 사용한 흔적이 뚜렷하다는 판단이 내려졌다.

5천여 명으로 불어난 시민·학생·야당 원들의 항의농성이 계속되자 새벽 6시경 조종석 시경국장이 지휘하는 4천여 명의 무장경찰이 최루탄을 무차별 난사하면서 진압작전을 개시하여 시위자들의 처절한 저항으로 많은 중경상자가 발생했다. 이날 경찰은 적반하장으로 총 1034명을 대통령선거위반, 집시법위반혐의 등으로 연행했다.

천주교정의구현전국사제단(대표 김승훈 신부)은 88년 2월 16일 대통령선거와 관련, 성명을 발표 "개표과정의 컴퓨터 조작설이 사실이라는 증거를 포착했다."라고 말하면서 "대통령선거가 관권개입과 국민매수, 강제동원 등 각종 선거부정으로 원천적인 무효임을 확신한다."라고 주장했고, 한동안 '컴퓨터 조작설'이 세간에 떠돌았다.

13대 대통령선거는 민주시민과 학생들이 피로써 쟁취한 것임에도 불구하고, 두 김 씨의 전적분열로 어부지리를 군사정권에 헌납한 꼴이 되어, 두 김 씨와 그를 둘러싼 정치세력은 내내 국민의 차가운 비판을 피할 수 없게 되었으며, 진정한 민주 문민정부의 실현은 다시 늦추어질 수밖에 없었다.

YS는 선거패배 후 '국민 여러분께 드리는 말씀'이란 사과성명에서 "야권후보 단일화를 이룩하지 못한 부덕의 소치에 대하여 국민 여러분께 죄송한 마음을 금할 길 없으며, 깊이 자성하고 사과드리는 바입니다."라고 말했다.

YS는 당직자회의에서 선거 자체를 '원천적인 부정선거'로 규정하고 "내가 지금까지 참고 있었지만 이제는 전두환·노태우 정권을 타도하고 말 것이다."라고 말하면서 정권 타도투쟁을 선언했다. 그는 또한 "선거 혁명을 통한 정권교체가 나의 지론이었다. 그러나 그것이 받아들여지지 않은 지금 이 정권은 타도되어야 한다는 결론을 내렸다. 나는 선거유세를 통해 이 정권이 독재정권의 연장을 꾀할 때 제2의 이승만, 제2의 마르코스가 될 것이라고 계속 충고했다. 이것을 그들은 받아들이지 않았다. 나는 내 목숨이 두렵지 않다."[153]라고 선언했다.

---

153) 김영삼, 『김영삼 회고록(3)』, 133쪽.

YS

대선패배 후 총선에 전력투구

대선에서 패배한 YS는 당을 총선체제로 전환하면서 12월 22일 당 간부들이 배석한 가운데 가진 기자회견에서 "이번 대통령선거에서 이루지 못한 군정종식과 민주화라는 역사적 과업을 다가오는 총선에서 선거혁명을 통해 기필코 실현하겠다."라고 결의를 밝혔다.

유효투표의 55%를 얻고도 야권분열로 36.6%를 득표한 노태우에게 정권을 '진상'한 양김은 곧 닥친 총선에 다시 정치생명을 걸었다. 여기에 '유신본당'을 자처한 김종필이 충청도 표를 겨냥해 총선에 사활을 걸고 나와 13대 총선은 대선의 연장전적 성격이 되었다.

YS는 해가 바뀐 1988년 1월 6일 민주당 임시전당대회를 열어 총재직 재신임을 받았다. 819 대 76의 압도적인 신임을 받고 당내 민주화로써 민주당을 국민정당으로 정착시키고, 평민당 등 야권통합을 이루겠다고 다짐했다. 2월 8일에는 전격적인 총재직 사퇴를 선언하면서 다시 야권통합을 제의했다. 그리고 백의종군의 심정으로 설악산으로 들어갔다. 이번에도 야권통합은 끝내 성사되지 않았고, 총선결과는 참담했다.

1988년 4월 26일 실시된 제13대 국회의원 총선거는 우리나라 선거사상 하나의 이변으로 기록될 결과를 나타냈다. 야당이 의석수나 득표율에서 여당을 앞선 것이다.

제10대 총선에서 당시 신민당이 집권당인 공화당을 득표율에서 1.1%로 앞서 결국 부마항쟁, 10·26사태로 이어져 정권붕괴의 현상을 불러온 이래 다시 한 번 총선에서 야당이 승리하게 된 것이다. 10대 총선은 야당이 득표율에서 이기고도 잘못된 선거법 때문에 의석수에 있어서는 여당이 압도했는데, 13대 총선에서는 득표율, 의석수 모두가 야당이 앞선 것이다.

1971년 제8대 총선거 이후 17년 만에 부활된 소선거구제로 실시된 13대 총선에는 전국 224개 선거구에 모두 1045명의 후보가 등록해 평균 4.7대 1의 경쟁률을 보였다.

정당별로는 민정당이 224개 전 선거구에 후보를 등록했고 민주당 202명, 평민당 168명, 공화당 181면, 한겨레민주당 63명, 신민당 23명, 우리정의당 16명, 무소속 110명이 입후보했다. 또 75명이 할당된 전국구에도 민정당 62

명, 민주당 40명, 평민당 38명, 공화당 25명이 등록했다.

총선 투표율은 전체유권자 2619만 8205명 가운데 1985만 3890명이 참여, 75.8%를 나타냈다. 선거결과 지역구 224개 중 민정당 87석, 평민당 54석, 민주당 46석, 공화당 27석, 한겨레민주당 1석, 무소속 9석으로 집계됐다.

민정당은 국회의원선거법에 따라 전국구의석이 과반인 38석을 합쳐 125석, 평민당은 70석(전국구 16석), 민주당 59석(전국구 13석), 공화당 35석(전국구 8석), 한겨레민주당 1석, 무소속 9석 등으로 의석분포가 확정되었다.

4·26총선 결과는 몇 가지 특이한 현상을 나타냈다. 의정사상 최초로 집권당인 민정당이 원내의석의 과반수에 미달하는 여소야대의 현상을 가져오고, 제1야당이던 민주당과 제2야당이던 평민당이 자리바꿈을 했으며, 87년 12·16대통령선거에서 패배한 김대중·김영삼·김종필 3야 총재가 나란히 원내에 진출, 또 다른 '1노3김' 시대를 열었다.

김영삼은 부산 서구에서, 김대중은 전국구로, 김종필은 부여에서 각각 당선되어 원내에 진출하게 되었다. 이로써 YS는 헌정사상 초유의 8선 의원을 기록했다. 각 당의 득표율은 민정당 33.6%, 민주당 23.6%, 평민당 19.2%, 공화당 15.4% 순이다. 선거가 끝난 후 무소속으로 태백에서 당선된 유승규 의원과 한겨레민주당으로 신안에서 당선된 박

형오 의원이 각각 민주당과 평민당에 입당하여 양당의 의석수는 각각 60석, 71석이 됐다.

선거결과 여소야대로 나타난 투표성향은 국민의 견제심리, 5공에 대한 비판심리 등이 작용한 것으로 나타났으며, 87년 대통령선거에서 드러난 극심한 지역감정이 다시 한번 작용한 것으로 분석되었다. 민정당은 호남에서 단 1석도 확보하지 못했으며 부산에서도 단 1석밖에 얻지 못했다. 평민당은 신안을 제외한 호남의 전선거구에서 당선되었으며, 민주당은 부산과 경남에서 대부분을 휩쓸었고, 공화당은 충남에서 후보의 대부분을 당선시키는 심각한 지역편차 현상을 보였다.

13대 총선은 소선거구제로 실시됨에 따라 후보 간의 인신공격, 금권, 폭력행위 등 부정타락상이 극심하여 많은 선거사범이 구속되었다. 이 선거로 인하여 민정당의 장성만 국회부의장, 최영철 전 국회부의장, 임방현 중앙위의장, 이대순 원내총무, 유경현 대변인 등이 낙선하고, 민주당의 김현규 원내총무, 조홍래 정책의장, 김태룡 대변인, 신민당의 이철승, 민한당의 유치송, 국민당의 이만섭 총재가 낙선하고, 초선이 166명으로 전체의 56%를 차지하는 세대교체 현상이 두드러졌다.

YS

총선에서 제3당으로 전락

13대 총선결과는 YS에게 심각한 타격을 안겨주었다. 원내 제3당으로 전락한 것이다. 더욱이 평생 '동지와 라이벌' 관계이던 DJ에게 제1야당의 자리를 내준 것은 참기 어려웠다. 하지만 주어진 현실은 당장 어찌할 수 없었다.

88년 5월 12일 민주당은 정기전당대회를 열고 야권통합을 명분으로 2선으로 후퇴한 YS를 다시 총재로 추대했다. 2선 후퇴 93일 만에 다시 복귀한 것이다.

국회를 장악한 야3당은 그동안 권부에 가려졌던 각종 비정을 국정감사를 통해 파헤쳤다. 특히 전두환 일가와 관련된 부정비리와 5공정권의 각종 비리·의혹사건 즉, △군의 정치개입 등 5공출범 과정의 문제 △수사·정보·공안기관의 인권유린 △전두환 전 대통령 부부와 그 친인척 비리 △정경유착으로 인한 권력형 비리 △학원 및 언론탄압 등 권력남용행위 △방만한 국가예산 집행과 공직자들의 부도덕행위 등을 중점적으로 파헤쳤다.

국회는 국정감사에 이어 의정사상 처음으로 TV로 생중계된 5공비리특위와 5·18 광주특위의 청문회를 열어 △일해재단 설립배경 및 자금조성 관련 △광주민주화운동 진상 △언론탄압 등의 진상규명에 나섰다.

여소야대의 정국에서 야당 측은 전두환 전 대통령과 그 측근 및 일가의 부정비리 문제를 파헤쳐, 88년 11월 23일 전두환은 자신의 임기 중 일어났던 온갖 비리를 시인, 사과하고 연희동 사저와 정치자금 139억 원을 헌납한 뒤 백담사로 떠나 은둔생활에 들어갔다.

국회는 노태우 대통령이 요청한 정기선 대법원장 임명동의안을 헌장사상 처음으로 부결시켜 야대국회의 위력을 과시한 것을 시발로, △양심수 석방을 위한 결의안 채택 △양곡관리법 개정 △남북국회회담 추진 △사회안전법 △사회보호법 △국가보안법 △집시법 △안기부법 △형법상의 국가모독죄 조항 △정치풍토쇄신법 △농수축협조합장의 직선제 △양곡관리법 등을 개정 또는 폐지하여 민주화의 기틀을 마련하고자 애썼다.

김영삼은 평민당의 김대중, 신민주공화당 김종필과 때로는 연대, 독자노선을 견지하면서 5공청산 작업에 노력을 아끼지 않았다. 1984년 3월 20일 노태우 대통령이 김대중·김종필의 동의 아래 총선공약인 중간평가를 연기하자 이를 정면으로 거부하고 중간평가를 실시해야 한다며 옥외집회 등을 통해 강력한 대여투쟁을 전개했다. 그런데 박철언의 회고록 『바른 역사를 위한 증언(1)』에 따르면 노태우의 대선공약인 중간평가유보를 결정하는 데 YS도 적극 협력한 것으로 되어 있다.

마침 4월에 실시된 강원도 동해 보궐선거에 이관형 후보를 내세워 '중간평가 대리전'을 시도했으나, 오히려 상대후보 매수사건으로 서석재 사무총장이 구속되는 등 당이 어려움에 처하게 되었다.

4월 23일 3김 총재는 3야공조 체제를 더욱 강화하여 5공청산과 노태우 정부의 독주를 견제하고자 다음과 같이 합의했다.

5공청산과 민주화 – △광주민주화운동의 진상규명과 처리를 포함한 5공청산과 민주화 없이는 현시국의 어려운 고비를 넘길 수 없으며 정국을 안정시킬 수 없다. △5공청산은 최·전 두 전직대통령의 국회증언을 통한 진상규명과 이에 따른 책임소재가 밝혀지고 5공비리와 광주학살의 핵심 책임자들에 대한 처리가 이루어질 때 마무리되기 때문에 정부여당의 이에 대한 결단을 촉구한다. △또한 광주학살과 관련하여 정부는 국민에게 사과하고 이에 대한 응분의 책임을 져야 하며 광주시민의 명예회복과 피해보상에 필요한 입법예산 조치가 행하여지고 민주화 영령을 위한 기념사업도 마무리되어야 한다.

3김 총재는 이 밖에도 △노사 및 학원문제 △남북통일문제와 북방정책 △좌익세력과 민주인사문제 △경제문제 △악법개폐와 거부권행사 문제 등에 대해서도 합의를 보고 공동투쟁을 다짐했다.

김영삼은 88년 6월 13일 개원국회의 민주당 대표연설에서 한반도의 긴장을 완화하고 평화적 통일을 위해서라면 평양은 물론 소련·중국 등 어디든 가겠다는 강한 의지를 밝혔다. 민주당은 이를 위해 일본사회당과 교류관계를 맺고, 88년 1월 초 YS가 일본사회당을 방문하여 도쿄 외신기자구락부에서 남북한과 미·일·중 등 6개국 의원협의체 창설을 제안했다. 이런 분위기에서 노태우는 7월 7일 대북정책 특별선언을 발표, 이제까지의 폐쇄적인 북방정책에 변화를 보였다.

김영삼은 방소 정책을 실천하고자 당국제위원장 정재문 의원을 극비리에 소련에 보내 소련 세계경제 및 국제관계 연구소(IMEMO)로부터 공식초청을 받기에 이르렀다. 그리고 89년 6월 1일부터 소련을 방문하여 IMEMO 프리마코프 소장과 회담을 갖고 한반도와 아태지역의 평화선린 관계를 증진시키고 정기적인 접촉을 갖기로 합의했다.

YS는 특히 모스크바 체류 중 북한의 허담 조국 평화통일위원장 등과 극비리에 회담을 가졌다. 회담에서 김영삼은 조국의 평화통일을 앞당기기 위해 방북을 희망하지만 공식적인 대화창구인 한국정부와 사전협의를 통해 이루어져야 한다는 입장을 분명히 했다.

소련의 프롤로프 IMEMO 부소장이 89년 2월 한국을 다녀가고, 민주당은 황명수 부총재를 단장으로 하는 2차 방소단이 답방하는 등 한·소 수교에 길을 텄다. 김영삼은 허담과의 회담에서 남북학생 1천 명씩 교환방문 등을 제안했다. 정계개편으로 이후 여당대표가 된 김영삼은 90년 3월 19일 다시 소련을 방문, 국빈 예우를 받았다.

88년 9월 17일부터 10월 2일까지 제24회 서울올림픽이 성공적으로 끝나고 일해재단 청문회로부터 5공청산 작업이 시작되었다. 11월 23일 전두환·이순자 부부가 대국민 사과문을 발표한 후 백담사로 들어가는 등 어느 정도 성과가 있었으나 광주학살 발포 책임자 규명 등에는 이르지 못했다.

YS의 방소를 전후하여 문익환 목사 방북, 평민당 서경원 의원 방북, 전대협 대표 임수경 제3국을 통해 평양 청년학생 축전참가 등이 잇따랐고 이를 빌미로 공안정국이 조성되고, 제1야당 총재 DJ가 서경원 사건으로 구인되는 등 정국은 다시 얼어붙었다.

제6장

자신의 정치신조와의 싸움

YS

여소야대 깬 3당통합

노태우의 제6공화국에서 '1노 3김' 정국은 한국현대사에서 가장 흥미진진한 모습이었다. 정부수립 이래 최초로 여소야대 국회가 구성되고, 지난 40여 년 동안 각자의 영역에서 기량과 경륜을 키워온 3김이 차기를 노리며 독주 또는 합종연횡을 펼쳤다. 그런 가운데 많은 법률이 여야 합의로 제정 또는 개폐되었다.

노태우는 집권에 성공했지만 여소야대와 6월 항쟁으로 더욱 성숙해진 국민의식은 전두환과 박정희처럼 독재권을 임의로 휘두를 수 없게 했고, 서울올림픽이 세계의 이목을 집중시키면서 공권력을 아무 때나 남용하기도 어려워졌다. 그래서 '물태우'란 부정인지 긍정인지 아리송한 말이 나돌았다. 그래저래 6공초기는 의회정치가 활성화되고 여야 정당의 정책 경쟁이 활발해졌다.

그러던 중 일부 과격한 노조활동과 일련의 밀입북사건은 공안세력에게 반격의 기회를 안겨주고 여소야대 국회와 정당구조에도 큰 변화의 흐름이 감지되었다. 야3당 총재는 5공청산과 개혁입법 관련, 초기와는 달리 점차 각개전투 또는 각자도생의 길을 택하였다.

이 시기 YS의 위상은 대단히 미묘했다. 1974년 신민당 총재에 당선된 이래 유신시대 이철승에게 당권을 빼앗긴 2년과 5공시기 정치규제로 묶인 기간을 빼놓고는 한 번도 제1야당의 총재직을 내려놓지 않았다. 그런데 제2야당 총재가 되고 현안 처리 과정에서 번번이 DJ와 평민당에 밀리기 일쑤였다. 따라서 언론의 조명도 달라지고, 그의 고민이 깊어갔다.

> 여야 합의에 의해 5공청산이 일단락된 시점에서 나는 모든 것을 원점에서 다시 생각하기 시작했다. 40년 가까운 나의 정치인생에서 가장 고통스러웠던 결단의 시간이 내 앞에 다가왔다. 나는 미래를 내다보는 대(大)정계개편을 구상했다. 물론 정계개편을 하자면 현실적인 상대는 민정당이었다.
>
> 민주당과 민정당이 합쳐야 원내 과반수 의석이 되므로 정국안정을 실질적으로 이룰 수 있었다. 1987년도의 야당 분열로 인한 군정연장을 다시는 되풀이하지 않기 위해서도

뭔가 비상한 정치적 결단이 필요했다. 나는 노태우와 만나 허심탄회하게 내 입장을 밝힐 생각이었다.[154]

YS는 소련 방문 후 노태우를 만난 자리에서 정국안정을 위해서는 "정책연합이 아니라 합당을 해야 한다"고 제기했음을 회고록에서 밝혔다. 그리고 1990년 1월 1일 민주당 단배식에서 지방자치제 선거 이전에 현재의 4당 구조를 바꾸는 것이 시급한 과제라고 신년사를 통해 피력했다.

YS는 1월 6일 JP와 만나 7개항의 합의문을 발표한 데 이어 12일에는 노태우와 만나 남북문제와 북방외교에 초당적 대처를 비롯하여 5공청산·광주문제의 후속조치와 더불어 정계개편 문제를 깊숙이 논의했다. 이때에 3당통합 문제가 심도 있게 논의된 것으로 전한다.

1990년 1월 22일 오전 10시, 한국정치사의 지각변동을 알리는 뉴스가 전해졌다. 민정당 총재 노태우 대통령과 민주당 김영삼 총재, 공화당 김종필 총재는 청와대에서 회동, 3당통합에 의한 신당 창당 및 각 당 5인씩 15명으로 창당준비위원회를 구성키로 한다는 합의문을 발표한 것이다.

"민정·민주·공화당은 민주발전과 국민대화합, 민족통합이라는 시대적 과제 앞에 오로지 역사와 국민 앞에 봉사

154) 김영삼, 앞의 책, 236~237쪽.

한다는 일념으로 아무 조건 없이 정당법 규정에 따라 새로운 정당으로 통합한다. 전당대회 시까지는 3당 총재가 공동대표가 되며 새 정당의 명칭은 가칭 민주자유당으로 한다."

이날 노 대통령은 청와대에서 양 옆에 김영삼과 김종필을 세워놓고 3당통합 사실을 발표하여 그야말로 정계의 '지각변동'을 일으켰다. 이들 3인은 회담을 끝낸 뒤 청와대 접견실에서 '새로운 역사창조를 위한 공동선언'을 발표, 통합신당은 온건중도의 민족 민주세력의 통합을 통한 새로운 국민정당이 될 것이라고 선언했다.

YS

야당총재에서 여당 대표최고위원으로

노태우는 3당통합 선언이 있기 며칠 전 연두기자회견에서 정계개편과 관련하여 "인위적인 정계개편이나 연합은 있을 수 없다."라고 밝힌 바 있어 갑작스런 1·22합당선언은 더욱 충격적으로 받아들여졌다.

88년 4·26총선에서 '여소야대' 국회로 출범한 지 2년여 만에 국민의 뜻과는 상관없이 '여대야소' 로 탈바꿈시킨 3당통합은 많은 곡절을 겪으면서 90년대 정국의 돌연변수로 등장했다.

3당통합을 선언한 민정·민주·공화당은 합당을 위한 전당대회를 개최하기 위해 발 빠른 움직임을 보였다. 민주당은 1월 30일 임시전당대회를 열어 합당을 결의, 합당절차를 논의하기 위한 수임기구 결정 등 모든 권한을 김영삼 총재에게 일임키로 했다. 민주당은 이로써 창당한 지 2년

9개월 만에 사실상 간판을 내렸다.

민정당은 2월 1일 임시전당대회를 열고 합당을 위한 당의 해체를 결의, 수임기관은 당집행위원회로 결정하여 81년 1월 창당한 이래 9년 1개월 만에 사실상 해체되었다. 공화당은 2월 5일 임시전당대회를 열어 합당을 위한 당의 해체를 결의하고 수임기관으로 당무회의를 결정했다. 신당 창당을 위한 3당의 15인 통합추진위원회는 1월 24일 첫 회의에서 '민자당통합추진위원회'를 구성하고 통합에 박차를 가해 2월 9일 민주자유당(민자당) 합당대회를 열었다.

민자당은 지도체제를 총재 노태우, 대표최고위원 김영삼, 최고위원 김종필로 선정하고, "세계질서가 재편되고 있는 가운데 많은 나라들이 자기개혁의 소용돌이 속에 놓여 있는 현실은 우리의 정치가 창조적인 개혁으로 새로워질 것을 요구하고 있으므로 청신한 국민정당의 등장이야말로 이러한 요구에 부응하는 길임을 굳게 믿는다."라고 선언했다. 민자당의 창당으로 총 의석수가 221석(민정 127, 민주 59, 공화 35석)을 확보, 개헌선인 원내 3분의 2 의석 이상이 되었다. 여소야대 원내 분포가 거대한 여당과 왜소한 야당으로 바뀌게 된 것이다. 3당통합에는 민주당 소속의 이기택, 노무현, 김정길, 김광일 의원 등이 불참을 선언했다.

3당합당은 여소야대 국회에서 정국을 제대로 이끌어갈 수 없었던 노 대통령의 입장과, 87년 대선패배, 제13대 총선에서 제2야당으로 전락한 김영삼의 궁색한 입지, 군소정당의 형편을 면치 못하게 된 김종필의 궁지가 이 같은 신당창당으로 이어진 것이다. 당초 3당합당이 추진되면서 이들은 내각제개헌에 합의하여 '합의각서'까지 만들어 서명했던 것이 나중에 밝혀져 큰 파문을 일으키기도 했다.

전격적인 3당통합과 공룡 같은 여당의 등장에 DJ와 평민당이 거센 반발을 보였다. 평민당은 1월 23일 의원총회 및 당무지도합동회의 연석회의에서 노 대통령의 위약과 두 야당 총재의 정치적 변신을 신랄히 규탄했다.

3당통합은 총선 민의를 저버린 정치적 야합행위이기 때문에 국회의원 전원이 사퇴하고 총선에서 다시 국민의사를 물어야 한다는 주장도 나왔다. 평민당은 내각제개헌을 반대하기 위한 1천만 명 서명운동을 벌일 것을 결의하는 등 강경한 대여투쟁에 나섰다.

한편 민자당 불참을 선언한 민주당 의원 5명과 무소속의 박찬종·이철 의원 및 87년 대통령 후보 단일화 운동에 앞장섰던 홍사덕·장기욱·조순형 전 의원 등은 새 야당 창당을 선언하고 창당준비작업에 들어갔다.

또 '진보적 대중정당 결성을 위한 준비모임'은 3당합

당에 대한 성명을 발표, "3당합당을 통한 신당 창당은 민주화에 대한 국민의 여망을 배신하고 당리당략만을 위해 군사파쇼세력조차 보수 세력으로 위장시켜 정치적 수명연장을 노리는 파렴치한 정치 쿠데타이다."라고 비난했다.

단시일 내에 거대여당으로 나타난 민자당은 '한 지붕 세 가족'이라는 세평대로 사사건건 계파별로 집안싸움을 벌이는 가운데 특히 내각제 합의각서 유출사건을 계기로 심각한 대립을 보였다. 그리고 국회에서는 다수의 힘으로 변칙과 날치기를 저질러 여야의 물리적인 대치상태를 가져왔다.

노태우는 당초 DJ에게 통합을 제의했다. 군부세력의 핵심인 자신과 민주화세력의 중심인 DJ가 함께하면 지역갈등을 해소하고 안정적으로 정국을 운명할 수 있다는 이유를 들었다. 그러나 DJ는 국민이 선택한 결과로 구성된 여소야대를 인위적으로 바꿔서는 안 된다며 이를 거부했다.

당초 3당합당의 '아이디어'는 미국의 정보기관에서 나왔다는 주장이 제기되었다.

3당합당 아이디어의 시원이 어디였는지를 아는 사람은 드물다. 그 시원은 서울의 한 호텔에 모인 세 사람의 머리에서 나왔다. 그 3인은 김 아무개 예비역 장군, 차 아무개 목사, 그리고 전 중앙정보부 감찰과장 김 아무개다. 이들은 모두 각각 워싱턴 정계와 손을 잡고 있다는 공통점이 있었는데, 그 3당합당 아이디어는 어떤 라인을 타고 워싱턴 정보기관으로 들어갔고, 그것이 다시 청와대로 들어간 것이다. 김 예비역 장군은 노 대통령과 절친한 사이였고, 차 목사는 김영삼 통일민주당 총재의 대미창구의 하나였으며, 중앙정보부 출신 김 씨는 친CIA 거두인 이후락 전 중앙정보부장의 직계로 정치정보에 밝았다.[155)]

김영삼은 3당 합당의 명분을 '신사고를 통한 구국의 결단'이라고 내세웠다. 그리고 '정의의 길'을 가겠다고 선언했다.

"민주주의를 최고의 가치로 삼고 살아온 내가 어떻게 하루아침에 쿠데타를 한 세력과 손을 잡을 수 있을 것인가."

평생을 통해 민주주의를 위해 싸워 온 나는 쿠데타정권의 재등장을 막고 이 땅에 영원한 문민정부를 세우기 위해, 제3의 길을 찾아 나서기로 했다. 그것만이 우리 국민을 '현재와 미래의 민주주의'로 이끌어 줄 수 있는 유일한 길

155) 오연호, 『우리 현대사의 숨은 그림 찾기』, 『월간 말』, 1994, 245~246쪽.

이라고 결론을 내렸다.

"비록 그 길이 험난한 가시밭길일지라도 나는 정의의 길을 갈 것이다."[156]

156) 김영삼, 앞의 책, 241쪽.

YS

구국의 결단인가 변절인가

YS의 3당통합은 시각에 따라 '신사고를 통한 구국적 결단' 또는 권력을 향한 '추악한 변절과 야합'으로 나뉜다. '대도박'이란 평가도 따른다.

김영삼 씨는 또 그의 신당참여에 대해 "아직도 독재의 잔재가 남아있는 상태에서 우리는 통합신당의 큰 용광로 안에서 그 찌꺼기를 활활 불태워버릴 것이다."라며 참여속의 개혁을 강조했으며, 자신에 대한 평가는 "나라를 구한 사람으로 민주당동지들과 함께 역사에 기록되기를 바란다."라고 말했다. (……)

3당합당에 대한 비판적 해석은 김 씨의 변신을 '결단' 보다는 오히려 '도박' 으로 규정한다. 즉 지난 4·26총선 이래,

제2야당 총재로 전락한 김 씨가 '1노2김의 권력분점'을 통해 정치적 위기를 벗어나려는 '대도박'을 폈으며, 그의 그러한 기도는 여소야대란 불편한 정치구도를 타개하려는 노대통령의 의도 및 어렵게 얻어낸 정치적 기득권을 유지하려는 김종필 씨의 '속셈'과 맞아 떨어졌다는 분석이다. (……)

이 같은 분석에 근거, 재야 정치세력 및 노동계에서는 3당통합의 성격을 '보수대연합의 포장 속에 반민중성과 반역사성을 드러낸 당파적 야합의 반민주적 음모'로서 '기득권 유지를 목표로 하는 독점자본과 군사독재정권 및 사이비 보수정치세력이 민족 민주운동의 성장을 봉쇄하려고 형성한 공동탄압전선'으로 규정짓고 있다. 대학운동권에서는 3당통합을 '친미파쇼연합'으로 비난하며 강한 반발을 보이고 있어 신당출범 후의 정국이 순탄치 못할 것을 예고하고 있다.157)

YS는 늘 정치인의 지조를 강조해왔다. "정치에 있어서 지조란 최고의 명분이며 그것이 배신으로 나타나는 데서 국민들의 정치 불신의 이유를 찾을 수도 있다."(『신동아』 86년 9월호 인터뷰)면서 육당과 춘원의 만년 훼절을 아깝게

157) 전진우, 「김영삼 어록, 정치의 최고명분은 지조」, 『신동아』, 1990년 3월호.

여긴다고 했다."[158]

YS의 3당통합 참여는 그가 내세운 명분과는 달리 심리적 요인으로 분석하는 심리학자가 있다.

YS에게 선악의 기준은 오로지 자신이다. 자신이 통제할 수 있고 자신을 지지하면 선이요, 자신의 영향력이 미치지 않거나 자신과 반대 입장을 취하면 그건 바로 악이다. 그는 자신의 정신세계 안에서 칭송받고 존경받아야 할 인물로 자신을 규정한다.

나르시시즘은 대인관계 자체를 존재하지 않게 한다. 그의 정신세계에는 자신과 자신의 욕구만이 존재하기 때문이다. 그래서 타인의 존재를 전제로 하는 비판을 수용하는 일 따위는 나르시시즘과 애초에 동침이 불가능한 짝이다.[159]

YS의 정치적 변신은 그 자신은 민자당을 발판삼아 중학 시절부터의 꿈이었다는 대통령에 당선될 수 있었으나, 노태우 정권이 원내 3분의 2석으로 거대화하면서 실질적인 5공청산에 걸림돌이 되고 신공안정국을 조성하여 인권탄압에 앞장서는 '5공회귀'에 기여하는 계기가 되었다. 또 야

158) 앞의 책과 같음.
159) 정혜신, 『남자VS여자』, 개마고원, 2005, 28~29쪽.

권의 한 축이었던 부산·경남의 민주세력이 보수화됨으로써 향후 한국 민주주의 발전에 큰 타격을 주었다는 부정적 평가가 따른다.

한 평론가는 YS의 변신을 극렬하게 비판했다.

> 10월 유신과 5공화국의 암울한 터널을 뚫고 30여 년간 반독재 투쟁에 앞장섰던 이 나라의 야당지도자 김영삼 씨가 투표를 거치지 않고 집권여당의 최고위원에 오를 수 있게 된 사정은 어떠한 것인가? 대통령선거 당시 노태우 후보를 12·12사태의 주역으로 몰아붙이면서 '군정종식'을 소리높이여 외쳤던 그가 바로 그 인물이 당 총재로 있는 정당과의 합당을 '구국의 결단'이라고 주장하고 있는 사태는 어떻게 설명되어야 할 것인가?[160]

3당합당이 진행되면서 학생·시민단체·재야인사들의 비판이 쏟아졌다. 서울대·연세대 등 7개 대학 1000여 명이 3당합당 규탄대회를 연데 이어 전국목회자과정의평화실천협의회 성직자들의 반대집회, 전교조 교사들의 반민주 야합분쇄 결의대회 등이 잇따랐다.

---

160) 임경민, 「김영삼의 변절이력서」, 『월간 말』, 1990년 3월호.

YS

내각제 각서 파문 돌파, 박철언의 직격탄

'호랑이 굴' 에 들어간 YS의 위상과 격은 크게 상승되었다. 3월 19일부터 27일까지 대규모 수행원을 거느리고 두 번째 소련을 방문했다. 소련 초대 대통령에 갓 취임(3월 15일)한 고르바초프와 만나 한·소 수교 문제를 논의하고, 모스크바대학에서 '21세기를 향한 한·소관계' 라는 주제의 연설과 소련정부 기관지 〈이스베스차〉와 인터뷰를 했다. 또 러시아정교회의 알렉시스 총주교와 오찬하는 등 큰 성과를 얻었다.

정부가 이 해 9월 30일 러시아(소련)와 국교를 수립하는 데는 YS의 역할도 적지 않았다. 당시 '6공 황태자' 소리를 들은 박철언 정무장관이 정부의 북방정책을 주도하고 있었다. 몇 차례 소련을 극비 방문한 바 있어서 YS와는 이 부분에서 일종의 '영역싸움' 이 시작되었다. YS가 두 번째 방소 때 박철언에게 동행을 구했고, 이와 관련 '동행이냐 수행이냐'로 논란을 빚기도 했다. 차기 또는 차차기를 노리는 박철언에게 YS는 '굴러온 돌'이었다.

박철언의 증언에 따르면 노태우 대통령이 고르바초프에게 보내는 친서를 박 장관이 소지하고 있는데, YS가 고르바초프 면담 때 자신을 제친 채 통역만 데리고 크레믈린궁으로 들어갔다는 것, 그래서 친서를 별도 라인을 통해 전달하고 고르바초프로부터 한·소 수교의 답을 얻게 되었다고 한다. 당시 소련이 북한과의 관계 때문에 수교문제를 비공개로 해결해야 할 것을 YS가 공명심에서 언론에 공개했다고 밝혔다. 이런저런 사연으로 YS와 박철언은 돌이키기 어려운 사이가 되었다.

'호랑이 굴'에 들어간 YS의 행보는 굴곡이 많았다. 사사건건 6공의 기득권 세력과 부딪혔다. '김영삼 최고위원의 최근 특이동향'이라는 안기부의 비밀문건이 YS의 손에 입수되었다. 비밀문건에는 개황·최근동향분석·평가·대책 등 4개항으로 △김영삼에 대한 정치자금 지원을 견제하기 위해, 경제 5단체장들에게 정치자금 지원창구를 청와대로 일원화하도록 주지시키고 △재벌기업 회장들의 은밀한 자금지원을 자제토록 촉구하며 △경남고·서울대 등 동문들의 자금지원 차단과 △김영삼 측근들의 동향을 주시할 것 등이 포함되었다.

격노한 YS는 이 문건을 들고 청와대로 들어가 노태우와 회담하고 안기부의 공작정치 중지를 요구했다. 이 무렵에 내각제개헌 밀약설 파문이 일어났다. 1990년 5월 29일 한 신문이 3당통합 직전에 노태우·김영삼·김종필이 내각제 개헌 등 3개항에 합의각서를 만들었다고 보도했다. ① 의회와 내각이 함께 국민에게 책임지는 의회민주주의를 구현한다. ② 1년 이내에 의원내각제로 개헌한다. ③ 이를 위하여 금년 중 개헌 작업에 착수한다는 내용이다. 세 사람은 자필 서명했고 원본은 청와대에 보관했다는 것이다.

전당대회 직전인 5월 6일 박준병 사무총장이 앞에서 소개한 각서의 원본을 들고 상도동으로 김 최고위원을 방문, 서명해 줄 것을 요구했다.

> 김 최고위원은 이 자리에서 30여 분간 서명을 거부했다. 그러나 박 총장은 전당대회에서 김 최고위원이 맡기로 돼 있는 대표최고위원 자리를 경선하자는 주장이 민정계에서 나오고 있는데 이는 김 최고위원이 내각제 추진을 반대하고 있기 때문이라고 설명했다. 이런 움직임이 계속될 경우 전당대회에서의 '반란'을 배제할 수 없다는 박 총장의 압

력에 김 최고위원은 할 수 없이 서명을 했다.[161)]

이렇게 하여 작성된 '각서'가 유출되었다. YS는 정부의 공작으로 인식했다.

각서유출이 확인되면서 가장 큰 의문으로 떠오른 것이 그것이 어떤 경위로 공개됐느냐 하는 문제였다.

각서는 작성 당시 청와대에 원본을 보관하고 사본은 일체 만들지 않기로 3계파 간에 합의가 이뤄졌다. 각서작성 사실도 처음에는 각 계파의 실무대표격인 당3역선까지만 알고 있었다는 것이다. 그러나 청와대 측은 각서 공개 후 이와 관련, 5월 6일자로 서명한 각서를 원본 1부는 청와대에서 보관하고 사본 2부는 박 총장에게 주어 김영삼·김종필 최고위원에게 전달토록 했다고 밝혔다.

이 사본 중 1부는 김종필 최고위원에게 전달됐으나 김영삼 최고위원에게 전달해야 할 사본 1부가 도중에 분실됐었다는 것이다.

한편 박 총장은 10월 27일 기자회견을 통해 "나는 각서 유출 경위를 자세히 알지 못한다."라고 말하면서 "단 내가 보관하고 있던 사본 1부가 6월초 며칠간 없어졌다가 되돌

161) 『동아연감』, 1991년 판, 동아일보사, 1990.

아왔다."라고 밝혔다.[162]

YS는 일체의 당무를 거부하고 마산으로 내려갔다. 3당 통합으로 거대 여당이 된 민자당은 '한 지붕 세 가족'의 자중지란에 빠져들었다. '야합성'이 드러난 것이다. 김윤환 민자당 원내총무의 주선으로 상경하며 노태우와 만난 YS는 이 자리에서 내각제개헌 포기를 확인했다. 내각제개헌 합의 각서는 '합의문건'의 본질은 묻히고 '유출' 문제가 확대 증폭되어 파문을 일으켰다.

이에 대하여 박철언은 다음과 같이 증언했다.

> 이번에도 YS는 특유의 뒤집어씌우기로 역공을 취했다. 10월 27일. YS는 "나를 음해하기 위해 고의로 유출시킨 것이다."라고 강하게 반발했다. 이날 박준병 사무총장은 기자회견을 통해 유출 경위를 해명하고 사의를 표명했다. 이때 엄청난 힘을 발휘한 것이 바로 'YS장학생'이라고 불리는, YS와 가까운 기자들이었다. 이들은 YS가 내각제개헌에 합의해놓고도 그동안 그런 사실이 없다며 거짓말하고 국민을 기만한 데 대해서는 일언반구도 없었다. 오로지 '3류 공작정치' 운운하며 YS를 역정 들기에 급급했다. 참으

162) 앞과 같음.

로 앞뒤가 뒤바뀐 한심한 풍경이었다. 그러나 그 당시 우리 정치의 수준과 현실은 그 정도였다.

10월 29일, 언론의 지원 사격에 힘을 얻은 YS는 "당내 민정·공화계가 추진하는 내각제개헌은 민자당의 원칙이 아니며, 강행될 수도 없다."라고 말하면서 당무를 거부했다. 그러자 그 다음날인 10월 30일, 대통령은 최창윤 정무수석을 상도동으로 보내 경위를 설명하고 YS를 달래려고 애썼다. 노 대통령의 약한 면을 파악한 YS는 더욱 기세등등하게 나왔다.[163)]

163) 박철언, 앞의 책, 248쪽.

5부

문민정부, 국정개혁 성취와 좌절

: 제14대 대통령당선에서 IMF환난까지

YS

저는 민주적이고 정직한 지도자가 가장 강력한 지도자라고 확신하고 있습니다. 앞으로 저는 도덕적인 정치와 깨끗한 정치를 몸소 실천해 나가겠습니다. 저는 지난 40년간 정치 민주화의 현장에서 얻은 소중한 체험을 살려 경제 민주화의 실현을 위해 최선을 다하겠습니다.

제1장

민자당 총재 취임, 제14대 대통령 당선

지자체선거 석권 금권선거 후유증

3당합당을 통한 거대 여당의 위력은 막강했다. 민자당은 1991년 3월 26일과 6월 20일 각각 실시한 시·군·구(기초) 의회의원 선거와 시·도(광역) 의회의원 선거에서 석권했다. 5·16쿠데타로 중단되었던 지자제가 6월항쟁의 결과 30년 만에 부활되어 실시되었다. YS가 대표가 되어 치른 첫 전국규모의 선거였다.

이때 실시된 지방자치제는 자치단체장은 여전히 중앙정부에서 임명하고 지방의회의원만 국민이 직접 선출하는 '반쪽 지자제'에 불과했다.

30년 만에 부활된 지자제 선거였지만 국민의 관심은 별로 두드러지지 않았다. 그것은 정부·여당이 이해득실을 따져 기초 및 광역선거를 분리선거하도록 결정한데다, 선거법에 따라 정당은 시·군·구의회의원 선거에 후보자를 추천할 수 없었기 때문이었다.

시·도의회의원 선거는 6월 1일 선거일이 공고되어 6월 20일 투표가 실시되었는데 2885명의 입후보자가 등록 3.3 대 1의 경쟁률을 보였다.

1구 1인제에 의해 전국에서 866명의 의원을 선출하는 광역선거에는 정당공천제가 실시되어 기초의회의원의 선거보다는 비교적 활기를 띠었다. 선거전이 시작되면서 국회의원 선거를 방불케 하는 치열한 경쟁과 타락상이 나타났다. 특히 민자당이 재력 있는 기업인들을 대거 공천한데다, 이 선거결과를 차기총선에서 중요한 공천심사기준으로 삼겠다는 당 지도부의 방침에 따라 국회의원들까지 적극적으로 선거에 개입하여 과열 타락상을 가중시켰다. 선거가 시작되기 전부터 지구당위원장이 후보자를 추천해주는 대가로 거액의 금품을 받았다는 소문이 일기 시작하여 국민의 빈축을 사기도 했다.

선거운동 기간에 발생한 정원식 국무총리에 대한 외국어대생들의 밀가루 세례 사건은 여론을 보수일변도로 몰아가는 데 중요한 역할을 했으며, 금권선거 양상을 제어하기 위한 시민단체들이 각종 캠페인을 벌였지만 별다른 효과를 거두지 못한 채 선거 후 '10당 7락' 즉 10억 원을 쓴 사람은 당선되고 7억 원을 쓴 사람은 떨어졌다는 말이 나돌 만큼 금권선거의 양상을 빚었다.

개표결과 민자당은 총 866개 선거구 가운데 564개 지역에서 압승을 기록했다. 민자당은 광주·전남북·제주를 제외한 11개 시도의회에서 압도적 과반수 의석을 차지했으며, 부산의 경우 50개 의석 모두를 휩쓸었다. 신민당은 전국적으로 165석, (잔류) 민주당은 21석을 얻는데 그쳤다.

광역의회의원 선거에서 민자당은 564석, 신민당 165석, 민주당 21석, 민중당 1석, 무소속 115석으로 나타났다. 정당별 득표율은 민자당 41%, 신민당 22%, 민주당 14%로 야권의 분열이 민자당의 압승에 결정적 기여를 한 것으로 드러났다.

선거결과 지방의회가 '1당독주'의 심각한 현상을 빚게 되었다. 비호남지역은 민자당이 독주하고, 호남지역은 신민당에 의해 독점되어 의회의 감시와 견제기능이 크게 우려되었다.

지방의회의원 선거는 1990년 정기국회 회기 말인 12월 15일 본회의에서 지방자치법개정안, 지방의회의원선거법개정안, 지방자치단체선거법 등 지자제 관련 3개 법안을 여야 만장일치로 통과시킴으로써 30년 만에 지자제가 부활하는 계기가 되었다.

그러나 여야는 당리당략에 따라 여당은 분리선거를 주장하고 야당은 동시선거를 요구하여 결국 분리선거를 실시하게 되어, 국민의 무관심(기초)과 부패혼탁(광역), 지역에 따른 일당독주 결과를 가져와 모처럼 시작한 지자제의 출발에 흠집을 남겼다.

지자체 선거에서 성공한 YS는 집권당 대표의 위상을 굳히게 되고, 참패한 야권은 1991년 9월 10일 김대중 신민당 총재와 이기택 민주당 총재가 합당을 선언하면서 야권통합에 급물살을 타게 되었다.

3당합당으로 거대여당이 출범한 이래 그 필요성에도 불구하고 지지부진하던 야권통합은 6월 20일 실시된 시·도 의회의원 선거결과 야권의 참패를 가져와 공멸의 위기감을 느끼게 되면서 극적으로 성사되었다.

김대중·이기택의 합당선언을 계기로 두 당의 통합작업은 급속도로 진행되었다. 통합선언에 앞서 신민당 측의 김원기·한광옥·신기하 의원, 민주당 측의 이철·김정길 의원·장기욱 전 의원 등 6인 실무대표는 통합당의 당명, 지도체제, 중앙당의 당직배분 등 기본적인 문제에 합의를 보았다. 이러한 원칙합의에 이어 9월 11일 신민 측 67명, 민주 측 7명 등 총 74명의 의원으로 국회교섭단체 등록을 마치고 9월 16일에는 합당수임기구 합동회의를 열어 당헌·정강 및 기본정책을 확정하고 지도부 진용을 갖춘 뒤 중앙선관위에 법정등록을 마쳤다.

통합된 민주당은 민자당의 '한지붕 세가족'에 비해 비교적 결속된 모습을 보였다. 그리고 통합 이후 새로운 면모를 국민에게 보여주기 위해 노력했다. '협조할 것은 협조하고 반대할 것은 반대한다.'는 원칙 아래 대여투쟁을 전개했다. 하지만 거대여당에 힘의 중심이 쏠렸다.

YS

부진한 제14대 총선 성적

1992년 3월 24일 제14대 총선이 예정되었다. 14대 총선의 돌연변수는 현대그룹 전 명예회장 정주영이 통일국민당(국민당)을 창당하여 총선에 나선 것이다. 국민당은 민자당과 민주당 등 기존정당에서 공천을 받지 못한 인사들을 마구 영입하여 세력을 늘렸다.

투표결과 민자당 전국구 포함 146석, 민주당 97석, 국민당 31석, 무소속 21석, 기타 1석으로 민자당은 과반수 확보에 실패했다. 김영삼은 선거기간 안정과반수 확보를 위해 전국을 다니며 지원유세를 했으나 성과는 좋지 않았다. YS는 부산서구에서 당선되어 9선 의원이 되었다. 헌정사상 초유의 기록이다.

3당합당 후 노태우 정권은 공안 통치로 '강경대 군 치사사건'을 비록 하여 노조탄압, 국회날치기 등 국민의 신뢰를 잃고 있었다. 3당합당 후인 7월 14일 민자당은 야당의 반대에도 방송관계법안, 국군조직법개정안, 광주보상법 등 26개 법안을 25초 만에 날치기로 처리하는 등 과거 독재정당의 구태를 되풀이했다.

YS는 당대표의 위치에서도 당내 수구세력의 끈질긴 방해와 견제를 받았다. 노태우는 여전히 내각제를 선호하고, 마땅한 차기 대선후보가 없는 구 민정계가 여기에 동조하면서 분란이 끊이지 않았다.

민자당은 14대 총선에서 서울 25석을 고스란히 민주당에 넘겨주고 득표율에서도 서울에서 민주당에 한참 뒤졌다. 김영삼의 고민이 깊어질 수밖에 없었다. 그래서 조기에 대선후보로 선정되어 리더십을 발휘하는 방법을 취하였다. 대선체제로의 전환은 자신의 위상확보와 민정계를 끌어 모을 수 있는 양날의 칼이었다.

YS는 민정계 중진들을 개별적으로 만나 설득하거나 측근들을 동원하였다. 산업화세력과 민주화세력이 힘을 모아 새로운 국가를 만들자는 '신사고'의 가치를 내세웠다.

1992년 4월 28일, 국회 의원회관 별관에서는 민자당의 14대 대통령 후보를 선출하는 전당대회를 앞두고 나를 추대하는 모임의 결성식이 열렸다. 민정·민주·공화계의 다수 현역의원을 포함, 240여 명이 참석했다. 이 날 나를 지지한 사람들은 "정권 재창출을 위해서는 3당통합 정신을 계승한 김영삼 대표를 민자당의 차기 대통령후보로 추대해야 한다."라고 결의했다.

'김영삼 민자당 대통령후보 추대위원회', 나를 집권여당의 대통령 후보로 추대한 이 모임은 3당통합 당시의 지분을 완전히 무시하고 새로 결성한 위원회로서, 민자당의 지구당위원장 170명이 참여했다.

추대위의 면면은 계파의 벽을 완전히 뛰어넘었다. △ 명예위원장 : 김종필 △ 공동위원장 : 권익현·김재광·이병희 △ 부위원장 : 고명승·구자춘·김광수·김수한·김식·박세직·박용만·서정화·신상우·오세응·이종근·정재철·최형우·지연태 △ 대표간사 : 김윤환 △ 총괄간사 : 김종호·김용채·김덕룡 △ 고문단 : 김재순·민관식·김명윤·이만섭·유학성·최재구·김정례·권오태·황인성·임방현 등이었다.

추대위는 그 후 여의도 뉴서울 빌딩에 캠프를 차려 대의원 득표활동에 나섰다.[164]

---

164) 김영삼, 앞의 책, 307~308쪽.

노태우의 낙점, 대세장악 계기

민정계 핵심들이 YS를 지지하게 되기까지는 권력 내부의 치열한 암투과정이 있었다. 민정계에서는 이종찬과 박태준이 자천타천(자신이 스스로를 추천하거나 다른 사람이 자신을 추천하는 일을 아울러 이르는 말) 형식으로 후보경선을 준비 중이었다. 여러 가지 곡절 끝에 노태우는 YS에 방점을 찍었다. 구 민정계 핵심들이 YS추대위원으로 참여하게 된 배경이다.

항간에 노대통령이 YS를 후계자로 최종 결정하도록 하는 데는 민정계 요인 5인이 결정적인 역할을 했다고들 하고 있다. 김윤환·서동권·금진호·이원조·이병기가 그들이다. 그들 5인 모두가 노태우 대통령과 가장 가까이 있었다. 김윤환은 고등학교 동창생으로 킹메이커를 자처하면서 정치권의 대세론으로 끊임없이 분위기를 몰아갔다. 서동권은 안기부장으로서 노 대통령과 YS 양 측에 각종 정보(나를 이미지 다운시키는 부정적 정보를 포함)를 적절히 생산·배포함으로써 YS 대안부재론으로 만들어 나가면서 자신과 YS유대를 불가분의 것으로 심화시켜 나갔다.

금진호 내외는 노 대통령 내외가 가장 가까운 가족으로서의 생활을 함께하면서, 그리고 이원조는 절친하고 편안한 오랜 친구로서 YS 불가피론으로 유도하며 자신들도 YS와의 정치적 장래를 굳게 다져나갔다. 노 대통령의 모든 동정을 시시각각 알고 있는 이병기는 YS의 차남 김현철의 경복고등학교 13년 선배로서 3당통합 후 처음부터 김현철과 깊이 연대하였고, 대통령에 보고되는 민감한 사항들이 어느 정도 YS측에 전달되었는지는 본인만이 알 수 있는 일이다.

YS가 집권한 후, 이른바 'YS문민정부'에서 김윤환은 정무장관, 당 사무총장, 대표위원을 지냈고, 서동권은 대통령 통일고문을 지냈다. 이병기는 노태우 대통령을 구속시킨 YS대통령 아래서도 안기부장 2특보와 안기부 2차장을 누렸다. 이른바 YS 대통령 만들기 민정계 '5인방'에 대하여 어떻게 평가해야 할까? 그것은 역사와 민의 몫이다.[165]

아무리 노태우의 명시적인 지지가 있었다하더라도 한

165) 박철언, 앞의 책, 293~294쪽.

나라의 대권을 장악하는 길인 집권당의 대선후보가 그리 손쉽게 얻어지는 것이 아니다. YS는 1970년 신민당 대선후보 경선과정에서 너무 낙관했다가 DJ에게 역전패 당한 전력도 있었다.

YS는 자신을 반대하거나 비우호적인 민정계 중진들을 만나 지지를 호소·설득했다. 그 대표적 인물이 박철언이었다.

4월 21일 YS의 요청에 의해 오후 1시 30분부터 2시 40분까지 YS가 전용 안가로 쓰는 하얏트 호텔 1916호실에서 YS와 단둘이 만났다. YS는 "박 장관, 도와주시오. 대통령의 뜻을 알았으면 받들어야 하지 않겠소. 나와 박 장관은 가장 가까워야 할 관계인데 이렇게 되어 유감입니다. 박 장관의 도움이 필요합니다. 내가 박 장관을 키워주겠소. 5년 후엔 다른 사람을 내세울 일이 없지 않겠소. 박 장관은 우수하고 자격이 있으니, 내가 되는 것이 박 장관에게도 절대적으로 유리한 겁니다. 선택을 잘 하기 바라오. 정치는 선택입니다. 이종찬을 밀어 박 장관에게 무슨 이익이 있겠소. 앞으로도 계속 만납시다. 그리고 최형우 장관과도 자주 만나기 바라오."라고 말했다.

나는 "대표님, 이미 너무 늦은 이야기입니다. 내 입장이 변할 수 없음을 이해해주시기 바랍니다. 이번 경선만은 공명정대하게 자유 경선이 이루어져야 합니다. 합동연설회를 통해 자유로이 입장을 밝힐 수 있는 기회까지 박탈한 것은 부당하다고 생각합니다. 대통령의 특사(정해찬 비서실장을 통해)로부터 강한 압력을 받았습니다. 그래서 앞으로는 청와대에도 가지 않겠다고 했습니다."라고 거절의 뜻을 분명히 했다.[166]

166) 앞의 책, 307쪽.

YS

불공정 경선, 대선후보에 선출

YS는 노태우의 지지를 확보한 이후 민정계의 핵심들 그리고 JP를 통해 공화계의 지원을 약속받으면서 당헌에 의한 당내경선 절차 따위는 무시했다. 이종찬 후보 측에서 제기한 후보자의 토론과 합동연설회 개최를 모두 거부했다. 이종찬은 불공정 후보경선을 거부하면서 얼마 후 탈당했다. YS의 독주를 한 신문 사설이 신랄히 비판했다.

> 여권의 분열과 함께 가장 비극적인 인물로 드러난 사람은 김영삼 씨이다. 그는 이번 분열로 집권 40년을 바라보는 수구, 지역 패권주의 세력의 관리자로 확실하게 떠올랐다. 그는 3당합당 이후 지금까지 여권 내부의 개혁 세력으로 가장해왔으나, 그 개혁 세력의 대표는 이종찬 씨라는 사실이 분명히 드러났다……. 김영삼 씨는 이번 경선 과정에서

도 지나친 비민주성을 드러냈다.

노태우 대통령이나 김종필 씨와의 밀실 합의를 통해서 박태준 씨에게 사퇴 압력을 가해 출마를 못 하도록 했으며, 그 뒤에는 당원들에 대한 온갖 회유와 압력을 통해 이른바 '세몰이'를 계속했다. 또 경선 상대자와의 토론이나 합동 연설회조차 끝까지 거부했다. 김 씨의 이런 비상식적이고 비민주적인 태도가 이종찬 씨의 결단을 재촉했다고 볼 수 있을 것이다.[167]

민자당 대통령후보 경선 전당대회는 이종찬이 거부한 가운데 YS의 원사이드 게임으로 치러졌다. 5월 19일 서울 올림픽공원 체조경기장에서 거행된 전당대회는 김영삼이 총 대의원 6660명의 투표자 중 66.3%인 4418명의 지지를 얻어 제14대 대선후보로 선출되었다. 경선을 포기해 전당대회에 불참한 이종찬 후보는 33.4%인 2214표가 나왔다.

경선을 거부한 이종찬의 발언을 읽어 보자.

"이번 자유 경선은 집권당에서 갖는 역사적인 의미가 있었습니다. 그러나 소승적인 입장에서 어떻게 하든지 이겨야 된다는 생각에서 경선을 왜곡시키고 모양만 갖추는 식

167) 「민자당 분열은 역사적 필연」, 〈한겨레〉, 1992년 5월 19일 사설.

으로 몰아가는 데 대하여 참담한 심경입니다. 이는 6·29정신을 철저히 배반하는 길입니다. 저는 이런 왜곡된 경선을 거부하는 길만이 당과 나라의 민주화를 열망하는 당원과 국민의 뜻을 받드는 길이라고 생각했습니다. 나는 결코 굴함이 없이 또 하나의 승리를 위해 새로운 결의를 다진다는 마음으로 이같이 결정했습니다."[168]

민자당 대선후보에 선출된 YS는 후보수락 연설을 통해 집권비전을 제시했다. 몇 대목을 뽑았다.

"이제 우리 앞에는 대통령선거에서 승리하는 중대한 과제가 놓여 있습니다. 이번 대통령선거는 21세기의 길목에서 우리 민족의 미래를 결정짓는 중대한 분기점이 될 것입니다. 통일을 앞당기고, 민주화를 완성시키며, 제2의 경제도약을 이룩하느냐 못 하느냐가 결정될 것입니다."

"이러한 역사적 과업을 수행할 수 있도록, 우리 민주자유당은 반드시 다음 대통령선거에서 승리해야만 합니다."

"저는 앞으로 이러한 3당통합의 결실을 바탕으로 '민주주의의 완성', '선진경제의 실현', '민족통일의 성취'라는

168) 이종찬 회고록, 『숲은 고요하지 않다(2)』, 한울, 2015, 208쪽.

국가목표를 향해 매진할 것입니다."

"저는 민주적이고 정직한 지도자가 가장 강력한 지도자라고 확신하고 있습니다. 앞으로 저는 도덕적인 정치와 깨끗한 정치를 몸소 실천해 나가겠습니다. 저는 지난 40년간 정치 민주화의 현장에서 얻은 소중한 체험을 살려 경제 민주화의 실현을 위해 최선을 다하겠습니다. 앞으로 저는 90년대 안에 우리 민족의 염원인 조국의 통일이 기필코 실현되도록 하겠습니다."[169]

YS는 후보 선출 후 기자회견에서 당선소감을 "대의원들은 역사의 순리에 따라서 오는 연말 대선에서 승리할 수 있는 후보를 선출함으로써 현명하다는 사실을 보여줬다."라고 말하고, 66%의 지지율에 관한 질문에 "민주주의는 압도적 다수의 지지보다는 과반수 정도를 얻는 것이 정도이고 멋이다."라고 피력했다.

169) 〈한국일보〉, 1992년 5월 20일.

YS

당권 장악한 김영삼 '민자호' 출범

YS의 민자당 대선후보 쟁취는 호랑이에게 날개를 달아준 격이었다. 그는 호랑이 굴에 들어가 마침내 '소굴'을 점령하고 '호랑이 새끼들'을 거느리게 되었다. 정치 9단의 능력을 과시한 것이다. 박정희 정권 이래 여당의 생리에 젖어 있는 민자당 간부들은 새 권력자에 줄을 섰다.

8월 28일 올림픽공원 역도경기장에서 열린 중앙상무위원회에서 YS는 당 총재로 선출되었다. 3당합당 2년 반 만에 민자당 대선후보에 이에 당 총재까지 거머쥐게 되면서 집권당은 명실공히 '김영삼의 민자호'로 변신하였다.

YS는 총재취임사에서 '두 가지 악폐'를 청산하겠다는 의미 깊은 발언을 했다. 뒷날 집권하여 실천할 줄을 그때는 아무도 몰랐을 것이다.

"우리는 두 가지 악폐만은 반드시 고쳐야 합니다. 하나는 금력으로 권력을 만들 수 있다는 생각과, 또 하나는 권력으로 재산을 만들 수 있다는 생각입니다. 이 같은 생각들은 기필코 뿌리를 뽑고 말겠습니다. 지도자의 도덕성은 건강한 사회와 건강한 나라의 기본입니다. 저는 도덕정치를 최고의 가치로 삼으려 합니다."

"다음으로 강력한 정부, 강력한 지도력은 집권과정부터 정당할 때 비로소 가능합니다. 불법·부정한 수단으로 잡은 권력으로는 큰 힘을 발휘하지 못합니다. 참된 힘은 총구나 금력에서 나오는 것이 아니라 바로 도덕성에서 나오는 것입니다. 저는 부정한 방법으로 대통령에 당선될 생각은 추호도 없습니다. 제가 국회 특별위원회로 하여금 대통령선거법을 바르게 고치도록 한 것은 저 자신 공정하고 정정당당한 경쟁을 원했기 때문입니다. 저는 깨끗한 선거를 반드시 치르고야 말겠습니다."[170)]

노태우 대통령 1992년 9월 17일 민자당을 탈당했다. 중립내각을 통해 대선을 공정하게 관리하겠다는 명분을 내세웠다. 하지만 속내는 따로 있었다.

170) 앞의 신문, 1992년 8월 29일(발췌).

14대 총선 당시 충남 연기군수였던 한준수가 기자회견을 통해 부정선거를 폭로했다. 노태우의 측근 민자당 임재길 후보를 당선시키고자 이상연 내무부장관과 이종남 충남지사 등이 조직적으로 자금을 살포하고 관권을 동원했다는 충격적인 내용이었다. 야당에서는 노 대통령과 김영삼 대표의 사과를 요구하고 부정선거 관련자들을 고발했다.

한진수에 앞서 육군 제9사단 소속 이지문 중위가, "국군기무사가 개입하여 군부재자 투표에서 여당표가 80% 이상 나오도록 공개투표를 자행했다."라고 폭로하여 14대 총선의 부정을 증언했다.

부정선거 폭로뿐만 아니라 노태우의 비정이 여기저기서 터져 나왔다. 레임덕 현상이었다. 당은 YS가 장악하고 있어서 더 이상 민자당에 당적을 유지할 이유도 없었다. 야당에서는 오래 전부터 민자당 탈당과 중립내각을 요구하고 있었다.

9월 18일 YS는 청와대에서 노태우로부터 탈당과 중립내각 소식을 듣고 이를 극구 만류했다.

> 나는 어이가 없었다. 나는 노태우에게 "미국의 역대 대통령들의 생각이 옳았다고 생각한다. 대통령은 당적을 가지고 있어야 한다."라고 말했다. 그것이 국민에게 책임을 지는 아름다운 민주주의의 전통이라고 나는 생각했다. 그

런데 노태우는 거꾸로 대통령이 자기 당을 떠나는 탈당의 전통을 만들고 있었다. 1시간여 동안 화를 내기도 하고 설득도 해 보았지만 그는 막무가내였다.[171]

노태우는 이른바 중립내각을 구성한다고 했지만 선거기간에 중립내각의 공정성 문제가 최대 쟁점으로 부각될 만큼 '중립성 시비' 가 제기되었다.

171) 김영삼, 앞의 책, 317쪽.

YS

집권 비전 제시, 대선 위한 의원직 사퇴

YS는 1992년 10월 13일 정기국회 국회본회의 민자당 대표연설을 통해 집권 청사진을 제시했다. 오랜 동안 정치 활동을 하면서 다듬어 온 비전이다. 주요 내용을 요약한다.

윗물맑기운동, 정경유착 근절, 반부패 선언, 삶의 양과 질 향상, 깨끗한 민주정부, 정치적 민주화에 걸맞은 경제 민주화, 통제경제 아닌 국민참여 경제발전, 제도개혁, 사회간접자본 확충, 경쟁력 있는 농업육성, 환경개선, 지역 불균형 개선, 한민족공동체 창조, 자주·민주·평화 3대원칙 아래 남북한국가연합 등의 비전을 내걸었다.

YS는 이날 연설 말미에 의원직 사퇴의사를 밝혔다. 대선후보로서 선거에 전념하기 위해서는 더 이상 의원직을 유지하기 어려웠다.

저는 이 연설을 끝으로 제 한평생 몸담아 온 국회를 떠나고자 합니다. 민주자유당 대통령 후보로서 전력투구하기 위해서입니다.

저는 다음 14대 대통령의 지위와 역할이 얼마나 중요한지를 잘 알고 있습니다. 20세기를 마감하고 21세기를 여는 역사적 전환점에서, 그리고 한국이 세계의 먼 동쪽 끝나라에서 세계의 한 중심으로 부상하고 있는 이 역사적 시점에서, 대한민국 대통령의 지위와 책임이 얼마나 큰 것인가를 잘 알고 있습니다.

우리의 아들딸들에게 희망찬 미래를 유산으로 남겨 주고, 밖으로는 조국을 동방의 등불로 부상시켜야 합니다.

이 같은 미래가 이번 대통령선거에 달려 있습니다.

그러기에 대통령후보는 이 나라, 이 민족을 위해 무엇을 어떻게 해야 할지 생각하고 준비해야 합니다. 새로운 마음가짐이 필요합니다.

저는 대통령후보로서 혼신의 힘을 다하기 위해서는 국회의원으로서의 책임과 의무를 다할 수 없으므로 국회의원직을 사임하고자 합니다.[172]

---

172) 앞의 책, 334쪽.

1992년 12월 18일 실시된 제14대 대통령선거는 민자당 김영삼 후보, 민주당 김대중 후보, 국민당 정주영 후보 외에도 박찬종(신정당), 이번호(대한정의당), 김옥선(무소속), 백기완(무소속) 후보가 각각 입후보하여 1 대 6의 경쟁률을 보였다.

선거전이 시작되면서 김영삼·김대중·정주영의 3파전으로 압축되었다. 그러나 유권자의 반응이나 각종 여론조사에서는 김영삼·김대중의 양김 대결양상으로 나타나서 '2강1약'의 현상을 보였다.

14대 대선은 YS와 DJ의 숙명적인 마지막 대결이었다. YS가 3당 합당으로 여권의 주자가 되고 인구가 많은 경상도와 JP의 충청권이 한 묶음이 되어 훨씬 유리한 지형이었다.

김영삼 후보는 '신한국창조'를 집권공약으로 제시하면서 바람직한 21세기의 한국을 건설하겠다고 다짐했고, 김대중 후보는 '대화합의 정치'를 비전으로 내세우면서 지역 간·빈부 간·도농 간·대기업과 중소기업 간의 위화감과 적대감을 해소하는 데 국정운영의 중점을 두겠다고 공약했다. 정주영 후보는 '민부(民富)의 시대'를 약속하면서 경제대국과 통일한국을 실현하겠다고 다짐했다.

선거전은 노태우 대통령이 민자당 총재직을 떠나 중립내각을 구성하여 역대 여느 선거와는 다른 정치상황 속에서 진행되도록 만들었다. 그러나 막상 대선기간 동안 중립내각의 공정성 문제가 최대 쟁점으로 부각될 만큼 '중립성 시비'가 거듭 제기되었다. '중립내각'은 관권의 선거개입 시비와 민자·국민당의 금권시비도 제대로 단속하지 못하는 한계를 보였다.

YS

‘초원복집’ 사건 혼탁해지는 대선

선거전은 국민의 희망에도 불구하고 후보자의 TV토론이 실현되지 못하고, 민자당 측의 DJ에 대한 ‘용공음해’와 ‘이선실 간첩단사건’ 등 공안사건이 선거에 이용되었으며, ‘부산기관장 대책회의’라는 부산횟집사건은 대선의 막판 변수로 작용했다. 부산지역의 기관장들이 YS를 지원하기 위해 모였다가 폭로된 이 사건은 오히려 지역감정을 부채질하여 몰표현상을 일으키게 하는 요인이 되었다. 또 재벌기업 사주의 정치개입이 선거결과와는 상관없이 심각한 사회문제가 되었다.

대통령 선거전은 각 후보 진영이 각종 선전홍보와 연예인동원, 대중집회 등을 갖고 국민 속에 파고들었지만 특별한 이슈를 제시하지는 못했다. 각 정당은 집권공약을 제시하고 많은 정책을 내걸었다. 그러나 투표행태는 공약이나 정책, 후보자의 능력평가보다는 지역성과 조직에 따라 선택되었다.

선거 막판에 터진 이른바 '부산기관장대책회의'는 관권개입과 지역감정을 조장하는 부정불법, 망국적인 행위였다. 투표를 1주일 남긴 12월 15일 새벽 부산 초원복집에서 부산시장 등 부산지역 기관장 8명이 김기춘 법무장관의 주도로 YS지원을 위한 관계기관장대책회의를 열었다. 이 자리에는 경찰청장·안기부지부장·기무사지부장·교육감·검찰지검장·상공회의소회장 등 부산지역 핵심기관장들이 모두 참석했다.

> 이날 비밀모임에서는 선거에서 부정을 단속해야 할 법무장관이 선수를 쳤다. "지역감정이 유치한지 몰라도 고향발전에는 긍정적이다. 이번에 김대중이나 정주영이 어쩌고 하면 부산·경남사람들 영도다리에 빠져 죽읍시다. 하여튼 민간에서 지역감정을 좀 불러일으켜야 돼. 좀 노골적이어도 괜찮지. 뭐. 아마 우리 검찰에서도 양해할거야. 아마 경찰청도 양해……."
>
> 부산기관장 대책회의 내용은 국민당 측의 도청으로 알려졌다. 국민당은 부산기관장의 움직임을 포착하고 식당에 미리 녹음기를 장치했던 것이다. 3·15부정선거 당시 관계기관장들의 대책회의를 방불케 하는 관권부정 선거의 '예

비음모' 였다. 하지만 이 사건이 언론에 공개되면서 사태는 엉뚱한 방향으로 흘러갔다.

사건의 본질은 제쳐두고 국민당 측의 '불법도청'에 초점이 모아지고 비판이 쏟아졌다. '관계기관'과 보수언론의 축소왜곡 때문이었다. 그리고 영남지역에서 거센 지역감정이 분출하게 되었다. 기관장대책회의는 여권에 기대 이상의 성과를 가져다주고, 인물본위, 수평적 정권교체를 기대했던 유권자들도 지역광풍에 휩쓸려 투표하게 되었다.[173]

YS는 초원 복집 사건과 관련하여 간략히 언급했다.

투표 사흘 전인 12월 15일에는 이른바 부산 초원복국집 사건이 터졌다. 김기춘 등이 지역감정을 이용한 선거운동을 논의했다는 것이었다. 이로 인해 선거 막판에 지역감정 문제가 이슈로 급부상했다. 나는 큰 충격을 받았다. 정의롭지 못한 일이 정치가에게 도움이 되는 경우란 상상할 수 없었다.[174]

173) 더불어민주당, 『더불어민주당60년사』, 2016, 562~563쪽.
174) 김영삼, 앞의 책, 344쪽.

YS

제14대 대통령 당선

YS는 '이번이 마지막'이란 각오를 하고 전국을 누볐다.

나는 국민을 찾아 전국을 누볐다. 강원도에서 아침 9시 영하 14도의 추운 날씨에 논두렁에서 연설하기도 했다. 전북 남원 전봉준 장군의 생가를 찾아갈 때는 눈보라가 몰아쳐 헬기가 고개를 넘지 못할 뻔했다. 경북 봉화에서는 임대한 낡은 헬기의 문짝이 떨어져 문짝을 움켜잡고 비행하기도 했다.

하루에 열네 차례나 연설한 적도 있었다. 나는 국민 속에서 국민의 소리를 들었으며, 국민들에게 나의 꿈을 이야기했다. 나는 국민들에게 군인이 정권을 잡아 온 지난 30여 년간의 욕된 역사를 끝내고, 국민의 소망대로 민주주의를 이루는 대통령, 도덕적이고 깨끗한 대통령이 되겠다고 약속했다. 국민들은 한평생 독재와 싸워 온 나를 격려하고 사랑해 주었으며, 나는 국민들에게 꿈을 주고 싶었다.[175]

중앙선관위가 발표한 최종집계를 보면 민자당 김영삼 후보 997만여 표로 42.0%, 민주당 김대중 후보 804만여 표로 33.4% 국민당 정주영 후보 388만여 표로 16.3%를 각각 얻고, 신정당 박찬종 후보는 151만여 표로 6.4%를 득표했다. 당선이 확정되자 YS는 당선소감을 밝혔다.

26세에 초선의원에 당선되어 정치생활 38년 만에 쟁취한 대권이었다. 감격과 함께 무거운 책임감이 어깨를 짓눌렀다.

"낡은 제도, 낡은 관행, 낡은 의식은 과감히 고치겠습니다. 새로운 정치가 시작될 것입니다. 저는 이제부터 민생중심의 생활정치를 펼 것입니다. 비생산적인 정치논쟁, 정치를 위한 정치를 지양하려고 합니다. 국민과 함께 신경제를 열 것입니다. 씨 뿌린 자가 거두는 정의로운 사회를 열겠습니다."

"갈라진 민족을 하나로 뭉쳐 위대한 한민족의 시대를 열

175) 앞의 책, 337~338쪽.

어 갈 것입니다. 나아가 환태평양 시대의 중심국가로 발돋움할 것입니다. 이를 위해 기존 우방과의 관계를 더욱 돈독히 하고 새롭게 관계를 맺은 우리의 이웃들과도 협력을 강화해 나갈 것입니다."

"이번 선거과정에서 다양한 목소리들이 나왔습니다. 때로는 대결과 갈등의 모습도 보였습니다. 그러나 선거과정에서 있었던 마찰은 과거로 흘려보내야만 합니다. 희망찬 미래를 위해 이제는 우리 모두가 힘을 합쳐야만 합니다. 국내외의 거센 도전에서 이기려면 국력의 결집이 그 어느 때보다도 필요할 때입니다. 저는 분명히 대화합의 시대를 열기 위해 온 정열을 바칠 것입니다."

"국민 여러분!

신한국은 저절로 오지 않습니다. 기적처럼 오는 게 아닙니다. 피와 땀과 눈물을 요구합니다. 우리는 이제 위대한 한국인의 혼을 되살려 다시 뛰어야 합니다. 저는 국민 여러분께 고통의 분담을 요구하고자 합니다. 저도 고통스러운 먼 길을 앞장서서 뛰겠습니다.

이제 선거는 끝났습니다. 우리 모두는 평상의 상태로 돌아가야만 합니다. 그래서 신한국 창조를 위한 새로운 출발점에서 우리의 자세를 가다듬도록 합시다. 저는 정권 교체기에 국민이 안심할 수 있도록 완벽한 준비를 갖춰 나갈 것입니다. 아울러 모든 공직자 여러분도 조금도 동요 없이 슬기롭게 정권교체에 임해 주시기를 당부합니다."[176]

176) 일간신문 종합, 1992년 12월 19일치.

제2장

문민정부, 국정 개혁에 나서다

14대 대통령취임, 문민정부 출범

김영삼은 1993년 2월 25일 제14대 대통령에 취임한다. 66세로서 여전히 심신 건강하고 의욕이 충만했다. 대선 기간은 물론 당선이 확정된 날 아침에도 조깅을 할 만큼 단련된 신체를 유지했다.

이날 새벽 DJ가 전화를 걸어와 당선을 축하하고 정계은퇴를 선언했다.

당선 후 2개월 동안 정권인수팀을 꾸리고 정책준비와 조각, 국정현황 파악 등에 바쁜 날들이 지나갔다. 취임 전날에는 가족회의를 열어 자식들에게 근신할 것을 각별히 당부했다.

나는 우리나라와 국민을 위해서 최선을 다한 대통령으로

남고 싶다. 그런데 가장 큰 걱정 중의 하나가 바로 친·인척이다. 우리나라에는 이상한 사람들이 많다. 대통령의 친·인척이라고 하면 이용하려고 든다. 동업을 하자고 하고, 아무것도 안 해도 좋으니 내게 맡기라느니 하면서 속을 다 내어줄 듯이 접근해서 너희를 망치고 나라를 망치게 한다. 그러니 앞으로 절대 이권이나 인사에 끼어들 생각을 하지 마라. 너희들부터 각오를 단단히 해야 한다.[177]

취임에 앞서 대통령을 보좌할 비서진을 임명했다.

비서실장 = 박관용 의원
정무수석 = 주돈식 조선일보 논설위원
행정수석 = 김양배 전 광주시장
경제수석 = 박재윤 총재 경제특보
외교안보수석 = 정종욱 서울대 교수
민정수석 = 김영수 민자당 정세분석위원장
정책수석 = 전병민 한국정책연구원 감사
교육문화수석 = 김정남
공보수석 = 이경재 총재 공보특보
총무수석 = 홍인길 총재 총무보좌역
경호실장 = 박상범 민주평통 사무차장

177) 김영삼, 『김영삼대통령 회고록(상)』, 조선일보사, 2001.

의전비서관 = 김석우 외무부 아주국장

YS는 새 정부를 '문민정부'로 작명했다. 군인정권 시대를 청산하고 민간정부를 수립한다는 역사적 의미를 부여한 작명이었다. 국회의사당에서 거행된 취임식의 취임사에서 5년 동안 이끌 국정의 대강을 밝혔다. 주요 내용을 발췌한다.

한때 세계인의 부러움을 샀던 우리의 근면성과 창의성은 사라지고 있습니다. 전도된 가치관으로 우리 사회는 흔들리고 있습니다.

언제부터인가 우리 국민은 자신감을 잃고 있습니다. 바로 이것이 문제입니다.

우리에게 위기가 있다면 그것은 외부의 도전에서 오는 것이 아니라 바로 우리 안에 번지고 있는 이 정신적 패배주의입니다.

이대로는 안 됩니다. 새로워져야 합니다. 좌절과 침체를 딛고 용기와 희망이 시대를 열어야 합니다.

폐쇄와 경직에서 개방과 활력의 시대로, 갈등과 대립에서 대화와 협력의 시대로 바꾸어야 합니다.

불신의 사회에서 신뢰의 사회로, 나만을 앞세우는 사회에서 더불어 사는 사회로 나아가야 합니다.

이것이 제가 말하는 변화와 개혁의 방향입니다. 제도만이 아니라 우리의 의식과 행동 양식까지도 바꾸어야 합니다. 우리가 변화와 개혁을 회피한다면 우리는 역사로부터 외면당할 것입니다.

친애하는 국민 여러분.

개혁은 먼저 세 가지 당면 과제의 실천으로부터 시작해야 합니다.

첫째는 부정부패의 척결입니다.

둘째는 경제를 살리는 일입니다.

셋째는 국가 기강을 바로 잡는 일입니다.

우리 사회의 부정부패는 안으로 나라를 좀먹는 가장 무서운 적입니다. 부정부패의 척결에는 성역이 있을 수 없습니다.

결코 성역은 없을 것입니다. 단호하게 끊을 것은 끊고, 도려낼 것은 도려내야 합니다.

YS

'어느 동맹국도 민족보다 더 나을 수는 없다'

김 대통령의 취임사는 이어진다. 특히 대북관계에서 파격적인 내용을 담았다.

김일성 주석에게 말합니다.

우리는 진심으로 서로 협력할 자세를 갖추지 않으면 안 됩니다. 세계는 대결이 아니라 평화와 협력의 시대로 나아가고 있습니다.

다른 민족과 국가 사이에도 다양한 협력이 이루어지고 있습니다.

그러나 어느 동맹국도 민족보다 더 나을 수는 없습니다. 어떤 이념이나 어떤 사상도 민족보다 더 큰 행복을 가져다 주지 못합니다.

김 주석이 참으로 민족을 더 중요하게 생각한다면, 그리고 남북한 동포의 진정한 화해와 통일을 원한다면, 이를 논의하기 위해 우리는 언제 어디서라도 만날 수 있습니다.

따뜻한 봄날 한라산 기슭에서도 좋고, 여름날 백두산 천지 못가에서도 좋습니다. 거기서 가슴을 터놓고 민족의 장래를 의논해 봅시다.

그때 우리는 같은 민족이라는 원점에 서서 모든 문제를 풀어나갈 수 있을 것입니다.

신한국의 창조는 누가 해주는 것이 아닙니다. 우리 모두가 하는 것입니다.

오늘 이 자리에는 많은 신한국이 참석했습니다. 땀 흘려 일하는 근로자, 새로운 작물로 소득을 올리는 농민, 열심히 공부하는 학생, 연구에 몰두하는 과학도, 시장 개척에 동분서주하는 회사원, 신제품 개발에 성공한 중소기업인, 그리고 밤새워 나라를 지키는 군인들이 바로 그들입니다.

이 자리에는 또 묵묵히 국민에게 봉사하는 공직자도 있습니다.

자기 분야에서 최선을 다하는 이들이야말로 신한국 창조의 주역이요, 주인입니다.

신한국으로 가는 길에는 너와 내가 없습니다. 오직 우리만이 있을 뿐입니다. 모두 함께 해야 합니다.

그러나 신한국은 하루아침에 이루어지지 않습니다.

인내와 시간이 필요합니다. 눈물과 땀이 필요합니다. 고통이 따릅니다.

우리 다함께 고통을 분담합시다.

우리는 해낼 수 있습니다. 반드시 해내야만 합니다.

자, 우리 모두 희망과 꿈을 안고 새롭게 출발합시다.

한 사람의 낙오자도 없이 힘차게 함께 달려갑시다.[178)]

김 대통령의 취임사 중 "어떤 이념이나 어떤 사상도 민족보다 더 큰 행복을 가져다주지 못한다."라는 대목이 국내외 언론의 주목을 끌었다. 통일부총리에 내정된 한완상 교수에 의해 마련된 이 내용으로 인해 한 부총리는 이후 족벌신문들로부터 좌경으로 몰리는 곤욕을 치렀다.

YS는 취임 다음날 새 내각의 각료와 안기부장 등 각료 명단을 발표했다.

국무총리 = 황인성 국회의원

경제부총리 = 이경식 가스공사 사장

통일부총리 = 한완상 서울대 교수

외무 = 한승주 고려대 교수

내무 = 이해구 국회의원

---

178) 1993년 2월 26일, 〈일간신문〉.

재무 = 홍재형 외환은행장

법무 = 박희태 국회의원

국방 = 권영해 국방부 차관

교육 = 오병문 전남대 총장

문화 = 이민섭 국회의원

농수산 = 허신행 농촌경제연구원장

상공 = 김철수 특허청장

건설 = 허재영 국토개발연구원장

보사 = 박양실 한국여의사회 회장

노동 = 이인제 국회의원

교통 = 이재익 한국관광공사 사장

체신 = 윤동윤 체신부 차관

총무처 = 최창윤 총재 비서실장

과기처 = 김시중 과학기술단체 총연합회장

환경처 = 황산성 변호사

공보처 = 오인환 총재정치특보

정무 1 = 김덕룡 국회의원

정무 2 = 권영자 한국여성개발원 부원장

법제처 = 황길수 법무부 법무실장

보훈처 = 이병태 호노룰루 총영사

안기부장 = 김덕 외국어대 교수

서울시장 = 김상철 변호사

평통 사무총장 = 유경현 전의원

YS는 야당총재 시절부터 '인사는 만사' 라고 인사의 중요성을 피력해 왔다. 그러나 조각을 발표한 후 언론에 전병민 청와대 정책수석, 박희태 법무장관, 김상철 서울시장 등이 여러 가지 비리가 드러나면서 사임하여, 첫 내각에 깊은 상처를 남겼다.

YS

'개혁의 칼', 하나회 척결

김 대통령은 첫 국무회의에서 국무위원들에게 당부했다. 첫째, 개혁을 두려워하지 말라. 둘째, 국민적 합의를 통한 개혁을 할 것. 셋째, 모든 정부 부처가 하나가 되어 국정운영의 일체성을 이뤄라. 넷째, 권위주의와 관료주의를 청산하라.

국무회의가 끝난 후 국무위원들과 칼국수로 오찬을 함께 했다. 검소한 청와대의 모범을 보이고자 하는 YS의 특별한 주문이었다. 이후 청와대의 주메뉴는 칼국수가 되었다.

김 대통령은 이날 전격적으로 재산을 공개했다. 깨끗한 정부, 깨끗한 사회구현을 위한 첫 걸음으로, 부정한 방법으로 축재한 인사들을 추방하기 위한 솔선이었다.

당시 내가 밝힌 나의 재산은 나와 내 아내 소유는 물론

> 아버지, 장남 은철이와 차남 현철이의 부동산과 자동차, 선박, 어업권, 헬스클럽 회원권 등 모두 17억 7천8백22만 6천70원이었다. 이 중 우리 내외의 재산은 상도동 집과 고향의 전답·자동차, 선박, 회원권 등을 모두 합쳐 6억8천6백여만 원이었다.[179]

YS는 취임과 더불어 파격적인 개혁에 나섰다. 박정희·전두환·노태우 군부독재 32년이 남긴 적폐와 잔재를 청산하는 것이 시급한 국가적 과제였다. 청와대 주변의 이른바 안가(安家)부터 철거시켰다. 역대 군인 대통령들이 젊은 여성들을 불러 술판을 벌이거나 현역 군인들에게 돈을 줘서 충성을 강요시킨 밀실이었다. 또 재벌들을 불러서 정치헌금을 뜯어낼 때도 이용되었다.

박정희가 총살된 곳도 궁정동의 안가였다. YS는 청와대 소유로 되어 있는 안가 12채를 모두 철거하고 '유서 깊은' 궁정동 안가는 무궁화동산으로 조성하여 서울시에 기증하고 일부는 산으로 복원했다.

YS가 개혁의 칼을 뽑아 전광석화식으로 처리한 것은 군부 내의 악성 종양과 같은 하나회 척결이었다. "하나회는 박정희 시대에 세도를 업고 비밀단체로 조직됐다. 박정희의 친위군 역할을 했던 하나회는 박정희가 살해당하자

179) 김영삼, 앞의 책, 62쪽.

12·12군사반란과 5·18내란을 일으켜 불법 5공정권을 세운다. 아마도 박정희 체제의 유산 중 가장 지울 수 없는 오점 중 하나가 바로 이 하나회와 5공정권일 것이다."[180]

정치군인들의 패악을 누구 못지않게 겪어온 YS는 하나회를 척결하는 것이 군부개혁의 첫 과제라고 생각했다. 취임 직후인 3월 8일 아침 YS는 권영해 국방장관을 청와대로 불렀다. 그리고 하나회 출신 육군참모총장과 기무사령관의 해임을 통고했다.

> "권 장관, 내가 오늘 육군참모총장과 기무사령관을 바꾸려고 합니다. 누가 후임으로 적임자인지 한번 말해 보시오."
>
> 권 장관은 전혀 예상하지 못했던 듯, 커다란 충격을 받은 표정으로 한동안 말을 잇지 못했다. 우리 군에서 육군참모총장과 기무사령관은 요직 중의 핵심 요직이었다. 그렇기 때문에 지난 수십 년간 군사정권의 핵심 지배 세력이었던 군내 사조직 '하나회'의 실력자들이 그 자리를 돌아가면서 맡아오고 있었다.
>
> 밥도 제대로 먹지 못하고 쑥국만 두어 숟가락 뜬 권영해 장관과 함께 나는 곧장 군의 인사기록 검토에 착수했다. 나와 권 장관 두 사람만의 극비 작업이었다. 오전 11시 30분을 조금 넘긴 시각, 나는 김진영 육군참모총장과 서완수 기무

180) 김재홍, 『박정희의 유산』, 푸른 숲, 1998 117쪽.

사령관을 해임하고, 비하나회 출신으로서 군내에서 존경을 받고 있던 김동진 연합사부사령관을 육군참모총장으로, 김도윤 기무사참모장을 기무사령관으로 각각 새로 임명했다.[181)]

하나회가 박정희의 품안에서 그리고 12·12하극상으로 군권을 찬탈한 뒤에는, 군권과 정권의 실세로서 노태우 정권 때까지 요직을 독차지해 왔는가를 한 연구가가 세밀히 조사했다.

장성 하나회 회원이 독차지해 온 실세보직을 보면 참모총장을 비롯한 △기무사령관 및 참모장 △수방사령관 및 참모장 △특전사령관 △청와대경호실 작전차장 △육본인사참모부장 및 인사운영감 등이다.

5공 이후 역대 육참총장을 보면 △황영시(81.12.26~83.12.15) △정호영(~85.12.5) △박희도(~88.6.10) △이종구(~90.6.10) △이진삼(~91.1.26) △김진영(~93.3.8)등으로 전원이 하나회 회원이며 황 씨만 직접 회원이 아닌 후원자였다.

또 5공 이후 보안사령관도 △노태우 △박준병 △안필준 △이종구 △고병승 △최평욱 △조남풍 △구창희 △이완수

181) 김영삼, 앞의 책, 91쪽.

씨 등 전원이 하나회 회원이었다. 수방사령관을 보면 △노태우 △박세직 △최세창 △이종구 △고명승 △권병식 △김진영 △구창회 △김진선 △안병호 등 10명인데 이중 김진선, 안병호 장군 둘을 제외한 8명이 하나회 회원이다.

청와대 경호실장도 △정동호 △장세동 △안현태 △이현우 △최석립씨 등 전원이 하나회 출신이다. 이밖에 5공 이후 육본인사참모부장을 거쳐 간 15명 가운데 13명이 하나회 회원이었다.[182]

장성급이 이렇고 영관급 하나회 회원들의 보직 역시 군 권력의 요직에 골고루 배치되어 특권을 누리고 승진과 이권에서 각종 특혜를 누렸다.

182) 김재홍, 「군 요직독점 하나회 회원명단」, 『신동아』, 1993년 6월호.

YS

부패한 '별'들 잘라내고 이인모 북송

하나회의 척결은 군인(제대 장병 포함)들 뿐만 아니라 일반 국민들로부터 환호와 찬사를 받았다. YS가 단칼에 군부의 암덩어리를 잘라버렸기 때문이다. 후속조치도 전광석화식이었다. 대통령은 부패한 똥별들을 가차 없이 잘라냈다.

1993년 4월 2일 용산구 군인아파트에 하나회 명단이 적힌 날장 광고가 살포되고, 이 사건이 국민의 관심을 받게 된다. 드디어 소문으로만 떠돌던 군대 사조직의 존재가 소문이 아니라는 게 일반 국민에게까지 알려진 것이다.

이때가 적기라고 판단한 김영삼은 바로 다음날, 안병호 수방사령관(육사 20기)과 김형선 특전사령관(육사 19기)의 목을 날린다. 여기서 그치지 않고 5일 뒤에는 2군사령관, 3군사령관, 합참 1차장의 별도 허공으로 날린다. 다시 일주일 뒤, 별 4개들의 목을 가차 없이 쳤던 YS는 이번엔 중장급 인사들의 목을 모조리 날려버렸다.

하나회 군인들은 반격할 틈도 없이 YS에게 그렇게 철저하게 당했다. 숨을 쉴 틈도 주지 않고 몰아붙인 하나회 숙청 결과, 하나회 관련 군인들은 거의 전역하고 말았다. 그리고 국민은 환호했다.

> "아! 이게 문민정부구나~" DJ를 그리워하는 사람들조차도, "그래! 그래도 김영삼인데 아무리 3당합당의 원죄가 있는 사람이라고 해도 김영삼인데, 잘하네."라고 희망을 품게 만든 사건이었다.[183)]

YS는 하나회 척결과 관련 퇴임 후 회고록에서 다음과 같이 썼다.

> 모든 개혁에는 필연적으로 저항이 따르기 마련이며, 특히 군대 내에서 특수한 사조직으로 똘똘 뭉쳐 있는 하나회의 경우, 언제라도 세력을 규합해 저항해 올 개연성이 높았다. 따라서 그들이 세력을 규합할 시간적 여유를 주지 않고 전격적으로 숙정을 단행하는 길만이 최선의 선택이었다.

---

183) 이동형, 『김대중VS김영삼』, 403~404쪽.

또한, 이런 전격 전술은 반대세력을 압도할 만한 힘이 있을 때 성공할 수 있는 것이다. 내가 문민정부에 대한 국민의 지지가 압도적이고 군부의 정치개입에 대한 국민들의 거부감이 폭넓게 확산되는 시점을 하나회 제거의 시점으로 선택한 이유도 거기에 있었다.

나는 이날 기무사령관의 계급을 중장에서 소장으로 격하시켰다. 뿐만 아니라 나는 대통령과 기무사령관과의 정례적인 독대제도를 폐지했다. 또 기무사의 악명 높은 정치사찰을 폐지하고, 군 본연의 임무에 충실하도록 기무사의 개혁을 지시했다.[184]

김영삼 대통령의 개혁 작업은 국정의 여러 방면에 걸쳐 다양한 방법으로 전개되었다. 일반의 예상을 깨고 단행한 것이 비전향 장기수 이인모 노인의 북송이었다. 그는 6·25 당시 인민군 소위로 참전, 빨치산 활동을 하다가 체포되어 1988년 출옥하기까지 34년간을 감옥에서 보낸 대표적인 장기수 출신이다.

이인모는 당시 건강이 크게 악화되어 언제 사망할지 모르는 위급한 상태였다. 북송문제가 재야에서 제기되자 여론은 찬반으로 갈렸고 정부안에서는 반대 여론이 우세했다. 마침 그 무렵 (3월 12일) 북한이 핵확산금지조약(NPT)

184) 김영삼, 앞의 책, 94~95쪽.

의 탈퇴를 선언하면서 여론이 악화되고 있었다.

YS는 결단했다. 인도주의적 입장에서 그를 가족의 품으로 돌려보냄으로써 교착상태에 빠진 대북관계를 개선하는 계기를 만들고 북한의 대남공세를 꺾을 수 있다고 판단한 것이다. 이인모 노인의 북송은 남북정상회담의 합의를 가져오는 데도 긍정적으로 작용했다.

이인모는 1993년 3월 19일 판문점을 통해 북한으로 갔고 북한에서 열렬한 환영을 받았다. 김일성이 그를 껴안으면서 영웅으로 떠받들었다. 국내에서는 이를 두고 보수신문들이 격렬하게 YS와 정부를 비판했다. 취임사의 "어떤 동맹국도 민족보다 더 나을 수 없다."라는 내용까지 꺼내서 이념적으로 의혹의 눈길을 보냈다. 얼마 후 한완상 부총리가 희생양이 되어 퇴진하기에 이르렀다.

안기부 개혁, 군·정·관계 부패인사 숙정

YS는 3월 15일 이문동 소재 안기부 본부를 전격 방문했다. 5·16쿠데타 이후 안기부(국가안전기획부, 중앙정보부 후신)는 정치사찰과 야당탄압·분열의 공작기관이었다. 3선개헌 반대투쟁 당시 YS에게 초산테러를 자행하기도 했던 곳으로서, 가히 국민의 원부였다.

문민시대를 맞아 정보기관도 권력남용과 정치공작을 중단하고 본연의 대공 업무에만 전념해야 한다는 것이 YS의 굳은 신념이었다. 교수 출신을 안기부장으로 한 것도 그래서였다.

> 과거 안기부장은 대부분 군 출신의 권력 충복을 임명하여 국내 정치를 마음껏 유린했으나, 나는 민간인 출신을 기용하여 문민시대에 맞는 안기부의 개혁을 도모했다.

이어 안기부의 기능과 기구를 대폭 개편하였다. 정치사찰 업무를 담당하던 제4국과 차관급 차장제를 폐지하고, 시·도지부 산하 출장소를 22개에서 6개로 축소하였다. 1994년 1월에는 '국가안전기획부법'을 개정, 안기부의 정치관여 및 월권행위를 방지하고, 국회 정보위원회에서 안기부의 운영을 감독하고 예산을 심의하도록 하는 등 제도적 통제장치를 마련했다.[185)]

새 정부의 개혁 작업은 공직자 재산공개로 이어져 정관계에 일대 쓰나미 사태를 불러왔다. 그동안 정치인·고위관리 등 사회지도층 인사들이 독재정권과 유착하여 엄청난 축재를 하고 각종 비리에 관여하고도 사법에서 치외법권적 특혜를 누렸다.

YS는 3월 18일 장관급 29명, 22일에는 민자당의 김종필 대표를 비롯 소속의원 161명의 재산을 공개토록 했다. 마침내 판도라의 상자가 열리자 국민은 혼절할 지경이 되었다. 청렴과 도덕성을 내세워 온 사회지도층 인사들의 부패타락은 일반의 상상을 훨씬 뛰어넘었다.

무엇보다 YS를 심정적으로 어렵게 한 사람은 현직 국회의장 박준규와 전 국회의장 김재순의 엄청난 축재였다. 세 사람은 4·19혁명 후 민주당 정부에서 청조회를 조직하여

185) 앞의 책, 104쪽.

개혁운동을 펴려다 5·16쿠데타 세력에 포섭되고 승승장구했다. YS가 3당합당으로 여권과 손을 잡으면서 이들과는 다시 한 솥밥 먹은 식구가 되고, 민자당 대선후보 추대위원으로 활약했었다. YS와 사적으로 가까운 사람들이다.

김재순은 의원직을 사퇴하고 박준규는 의원직을 고수하면서 민자당을 탈당했다. 이어서 5공정권의 한 축이었던 유학성 의원과 사학재단의 거부 김문기가 의원직을 사퇴하는 등 파란이 일었다. 이들 외에 몇 사람이 더 비리와 부당한 축재혐의로 당에서 탈당·제명·공개·경고 등의 징계를 받았다. 김재순은 뉘우치기보다 YS에게 '토사구팽(兎死狗烹, 사냥하러 가서 토끼를 잡으면, 사냥하던 개는 쓸모가 없게 되어 삶아 먹는다)' 당했다고 말하며 국회를 떠났다. 한동안 '토사구팽' 이 세간의 유행어가 되었다.

YS의 개혁은 계속되었다. 정부는 '부패와의 전쟁'을 선포하면서 기득권세력의 켜켜이 쌓인 부패를 도려내고자 했다. 공직자 재산공개에 이어 금융계·교육계·언론계·군부 등 각 부문에 걸쳐 전방위적 비리 척결작업이 이어졌다.

> 동화은행 비자금사건과 관련, 동화은행장과 전 재무부장관·청와대·경제수석·청와대경호실장 등이 구속되었고, 이원조 의원은 국회의원직 사퇴서를 제출했다. 슬롯머신 사건과 관련, 박철언 의원을 비롯해 정·관계의 내로라

하는 인사들이 줄줄이 구속되었고, 사정기관 내부에 대한 숙정으로까지 비화돼 고검장급 3명이 현직에서 물러나고 그 중 한 명은 구속되었다.

또한, 부패 척결작업은 성역 중의 성역으로 남아 있던 군부에도 미쳐, 진급과 관련된 각종 비리와 율곡사업에 대한 비리 척결로 이어졌다.[186)]

군부독재 시절 국방예산은 성역이었다. 특히 1999년부터 5개년 계획으로 추진된 제4차 율곡사업은 국방예산의 3분의 1을 차지할 정도의 엄청난 규모인데도 군감찰기관의 감사는 물론 감사원 감사도 제대로 받지 않았다. 특히 고가의 무기도입을 둘러싸고 각종 의혹과 비리의 추문이 나돌았으나 권력의 힘으로 덮혔다. "성역 중의 성역이었던 율곡사업에 대한 감사원의 전격적인 감사결과 군 수뇌부와 청와대 관계자가 무기 중개상 등으로부터 엄청난 뇌물을 받은 사실이 밝혀졌다. 이에 따라 전직 국방장관 2명을 포함해, 전 참모총장 3명과 전 청와대 외교안보수석이 뇌물 수수혐의로 구속 등 사법 처리되었다."[187)]

한 언론은 YS 의 개혁과 사정을 이렇게 정리했다.

---

186) 앞의 책, 114쪽.
187) 앞의 책, 116쪽.

93년은 3공에서 6공으로 이어진 군사정권을 종식하고 32년 만에 출범한 김영삼 대통령의 문민정부가 명실상부한 국민적인 정통성을 바탕으로 새로운 통치 구도를 펼친 의미 깊은 한해였다. 취임사를 통해 '변화'와 '개혁'을 기치로 내건 김 대통령은 군인통치시대가 남긴 온갖 적폐를 청산하고 사회 구석구석에 만연한 '한국병'을 근본적으로 치유, 제2의 광복, 제2의 건국을 이룩하겠다는 집권비전을 제시하고 이를 단호하게 실천하기 시작했다.

이러한 집권목표는 곧 공직사회의 재산공개와 대대적인 사정(司正) 바람을 몰고 왔다. 또 정치성향이 강했던 군 핵심 지도부에 대한 전격적인 경질을 비롯, 각 분야에 걸친 개혁차원의 물갈이로 이어졌다.[188)]

188) 『동아연감』, 1994년 판, 281쪽.

YS

'역사 바로 세우기' 정책

김영삼 대통령의 개혁은 국민의 열광적인 지지를 바탕으로 진행되었다. 대선과정에서 DJ나 정주영을 지지했던 국민들도 예상보다 훨씬 신속과감한 YS의 개혁에 지지와 찬사를 아끼지 않았다. 국민들은 정부수립 이래 모처럼 정부다운 정부를 갖게 되고 문민정부의 소중한 가치에 보람을 느꼈다.

YS의 개혁 순서는 '역사 바로 세우기'로 이어졌다. 이 작업은 국무총리로 영입하고자 했으나 뜻을 이루지 못한 김준엽 전 고려대학 총장을 청와대 조찬에 초청하여 자문을 받은 것이 큰 줄기가 되었다. 그는 중앙청 청사로 쓰고 있는 구 조선총독부 건물과 해외에 묻혀 있는 애국선열들의 유해봉환 등을 건의했다.

YS는 4·19혁명 33주년을 맞아 수유리 4·19묘역을 참배했다. 현직 대통령으로서는 최초의 일이다. 이승만 독재를 타도한 4·19혁명은 '박정희 헌법'에 의해 '의거'로 격하된 이래 군부정권에서 제대로 평가를 받지 못했다.

4·19묘역을 방문한 YS는 관계자들에게 전 묘역을 재단장하고 성역화하도록 지시하고 4월혁명의 역사적 평가와 더불어 초·중·고등학교 교과서에 바르게 기술, '국가유공자 등 단체 설립에 관한 법률' 등 관련 법령의 개정을 서둘렀다. 그리고 4·19묘역을 국립묘지로 승격시켰다.

5·18광주항쟁일을 맞아 '5·18광주민주화운동에 관한 특별담화'를 통해 망월동 묘역의 성역화, 사망자·부상자·행불자의 재신고 기회부여, 학살책임 진상규명 등을 제시했다. 또 12·12사태는 '하극상에 의한 군사 쿠데타적 사건'이라고 정부의 입장을 분명히 하고, 6월에는 6월항쟁과 부마민주화운동의 재평가 작업을 밝히고 6월항쟁을 '명예혁명'이라고 성격을 규정했다.

YS는 8월 13일 광복 48주년을 앞두고 "민족 자존심과 민족정기 회복을 위해 조선총독부 건물을 조속히 해체하고 문화 민족으로서의 긍지에 합당한 국립중앙박물관을 국책사업으로 건립하라."라고 지시했다. 이에 따라 총독부 건물이 폭파 해체되었다.

이와 관련 일부에서는 해체보다는 보존하면서 역사교육

의 현장으로 삼아야 한다는 의견도 제기되었으나 당시 국민 다수의 여론은 철거에 동의한 것으로 나타났다. 일본 관광객들이 총독부건물 앞에서 기념촬영을 하는 등 국민의 자존심을 크게 상하게 하는 사례가 빈번했기 때문이다.

YS는 '역사 바로 세우기'의 일환으로 독립유공자를 많이 발굴하여 유공자로 서훈을 하고, 8월 5일 그동안 해외에 방치된 상하이 임시정부 요인 박은식·노백린·김인전·신규식·안태국 선생의 유해를 발굴, 봉환하여 국립묘지에 새로 조성된 임시정부 요인 묘역에 안장하였다.

YS는 애국선열 유해 봉환에 즈음한 담화를 발표, "상해 임정 요인의 유해를 우리 땅에 모셔온 것은 우리나라가 상해 임시정부의 법통을 잇고 있다는 것을 만천하에 밝히는 것이다."라고 말하고 "정부는 유해를 모셔 국민 제전으로 장례를 치르게 된 것을 참으로 뜻 깊게 생각하며, 커다란 자부와 긍지로 여기고 있다."라고 말했다.

또 "이분들은 망국의 한을 품고 풍찬노숙하면서 나라를 찾으려 하셨고, 그 과정에서 쓰러져 이국의 땅에 묻혔으나 생전의 한결같은 소망은 독립된 본국에 돌아와 영광의 입성식(入城式)을 한 뒤에 죽는 것이었다."라고 말하고, "이제나마 조국에 유해를 모시게 되었으니 저 세상에서도 기뻐하실 것이다."라고 역설했다.

YS는 "또 정부는 아직 봉환되지 못한 애국선열 87위의 유해 봉환을 위해 최선의 노력을 경주함으로써 그분들과 그 가족들의 못 다한 한을 풀어드리고 항일 독립운동의 민족정기를 계승·발양시켜 나가고자 한다."라고 밝혔다.[189]

189) 앞의 책, 158쪽.

YS

금융실명제 전격 실시

YS의 개혁과제 중에서 국민생활과 국가경제에 직간접적으로 가장 많이 영향을 미친 것은 금융실명제의 전격 실시였다. 재계와 언론은 문민정부가 들어서면서 금융실명제가 실시될 것으로 내다보고 있었으나 그처럼 빨리 전격적으로 실시할지는 미처 예측하지 못했다. 하나회 척결 등과 마찬가지로 이번에도 전광석화식으로 단행되었다.

김영삼은 1993년 8월 12일 오후 7시 45분 특별담화를 통해 '금융실명제 및 비밀보장에 관한 긴급재정 경제명령권'을 발동한다고 발표했다. 5공의 '장영자·이철희 사건' 이래 대형 금융사고가 발생할 때마다 실명제의 필요성이 제기되었으나 독재 권력과 '정경유착'으로 실시가 지연되었다가 YS에 의해 전격 실시하기에 이르렀다.

이에 따라 이날 오후 8시 이후 은행·증권·보험·농협·

우체국·새마을금고 등 모든 예·적금 통장과 주식·자기앞 수표·양도성예금증서(CD)·채권의 발행·이자의 지급과 상환은 반드시 실명으로 하게 되었다.

그동안 비실명 금융거래는 부정축재자금, 부동산투기자금, 부유층의 탈세자금, 범죄조직자금, 뇌물수수자금 등의 온상이 되었다. 국가가 합법적으로 불법을 용인해 온 것이다. YS는 은밀히 금융실명제를 추진했다. 이경식 부총리를 청와대로 불러 통상적인 입법절차를 밟아서는 기득권층의 반발과 금융시장의 동요 등으로 제대로 된 실명제가 어려우니 대통령 긴급명령을 발동하기로 지침을 주었다. 헌법 제 76조의 '대통령의 긴급명령권'을 근거로 삼았다.

가명·차명거래가 뇌물 수수와 부동산투기자금의 도피처로만 이용된 것은 아니었다. 일부 부유층에서 탈세를 목적으로 남의 이름을 이용하여 예금계좌를 개설하는 일이 빈번했고, 결과적으로 정부도 소득과 부의 주인을 정확하게 파악하지 못해 적절하게 세금을 부과할 수 없었다.

실명제 실시 직전인 1993년 8월 말 현재 가명·차명 계좌의 자금이 약 33조 원으로 추산되었는데, 이는 당시의 금융 자산 3백 30조 원의 10%, 총통화 1백조 원의 약 33%에 이르는 규모였다. 이렇게 막대한 자금이 세무당국의 그물망을 피해 증식을 계속해 나감에 따라 소득과 세부담의

불균형 문제는 한층 더 심화되었다.[190)]

YS는 제2의 경제도약과 깨끗한 사회를 이루기 위해서는 부정부패의 척결과 투명한 금융질서가 중요하다고 판단, 금융 실명제를 강행했다. 재계와 정치권에 미친 충격과 파동이 엄청났다. 대놓고 반대하거나 거부하지는 못했으나 기득권층은 앙앙불락(怏怏不樂, 마음에 차지 않아 불쾌해함)이었다.

하지만 국민의 절대다수(87.1%)가 지지한 것으로 갤럽여론조사에서 나타났다. 반대는 3.3%에 불과했다. 경제외적인 효과도 적지 않았다.

1993년 말 현재 실명계좌의 실명확인율은 87.3%, 가명계좌의 실명전환도 97.6%에 이르게 되었다. 결과적으로 금융실명제 실시로 인해 우리 사회는 경제정의의 틀을 구축하게 되었다. 실명거래로 세원(稅源)이 투명해짐에 따라 일반 국민들이 부담하던 이자 소득세는 대폭 낮춰졌다. 기업들의 정치자금 부담도 한결 가벼워졌다. 시행 2년 만인 1995년 노태우·전두환의 천문학적 부정축재 자금이 드러난 것도 금융실명제가 거둔 성과였다.[191)]

---

190) 앞의 책, 166쪽.
191) 앞의 책, 176쪽.

YS

12월 9일 YS는 쌀시장 개방과 관련 대국민 사과성명을 발표했다. 한국적 권위주의 풍토에서 대통령의 '사과성명'은 좀처럼 하기 어려운 정치행위다. 역대 대통령이 엄청난 사고·사태에도 사과를 하지 않고 관계장관이나 기관장을 내세운 데서도 알 수 있다. YS의 참모들은 대통령이 직접 나서 사과하는 것을 말렸다. 정권유지에 권위가 떨어진다는 이유였다.

제3장

국정개혁 성취와 좌절의 연대기(1)

YS

'경제민주화' 정책 제시, 박근혜보다 15년 앞서

김 대통령의 1년차 국정수행은 바쁜 나날이었다. 어느 정도 시급한 개혁의 과제를 마무리하고 경제·민생·외교 문제에 집중했다. 7월 2일 청와대에서 신경제 5개년계획 보고대회를 갖고 경제정의 실현에 목적을 두는 대책을 밝혔다.

일반적으로 '경제민주화' 구호는 2013년 대선 때 박근혜가 제시한 정책으로 알려졌지만, 가장 먼저 경제정의 정책을 제시한 것은 YS이었다. 금융실명제 실시도 경제정의(경제민주화)를 구현하려는 시책의 일환이었다.

> 나는 "5개년 계획은 경제정의 실현에 역점을 두었다고 전제, 소득이 많은 곳에 더 많은 세금이 부과될 것이며, 금융실명제를 반드시 실시할 것이다."라고 말했다.

나는 또 "참여와 창의를 고취하고 경제정의를 증진하기 위해 효율과 공정이 함께 보장되도록 경제제도를 개혁하며 경제 전반에 걸쳐 폭넓은 개혁이 이뤄지도록 할 것이다."라고 강조했다. 나는 또 "튼튼한 경제를 만들기 위해선 부정부패가 없어져야 하고 정치가 깨끗해야 하며 공직 사회가 투명해야 한다."면서 "임기가 끝날 때까지 개혁을 일관되게 추진해 나갈 것이다."라고 말했다.[192)]

YS 정부의 신경제 5개년계획(1993~1997)은 경제성장률 연평균 6.9%, 소비자물가상승률 3% 수준, 국제지수 1995년부터 흑자를 낸다는 방안이었다. 그러나 5개년계획은 성공하지 못하고 임기 말에는 IMF(외환위기)를 맞아 '경제국치'라는 전대미문의 국난을 겪게 된다.

YS는 7월 6일 문민정부의 통일정책으로 ① 민주적 절차의 존중 ② 공존공영의 정신 ③ 민족 복리의 정신 등 세 가지 기조를 제시했다. 이날 세종문화회관에서 열린 민주평통 제6기 출범식 연설에서 "화해·협력·남북연합의 단계를 거쳐 1민족 1국가의 통일조국으로 나가는 3단계 통일방안이 돼야 한다."라고 말하고, 정부는 통일정책을 정권유지에 이용하는 일은 절대로 없을 것이라고 다짐했다. 이

192) 앞의 책, 143~144쪽.

어서 "북한 당국도 우리 내부의 불신과 갈등을 조장하겠다는 헛된 생각을 버려야 한다."라고 역설했다.

7월 10일 클린턴 미 대통령이 한국을 방문했다. 한미 정상회담에서 북한의 핵확산금지조약(NPT)에로의 복귀, 국제원자력기구(IAFA)의 특별사찰 수용, 남북한 상호사찰을 통한 한반도 비핵화 공동선언 이행 등을 대북정책의 기조로 삼는 데 합의했다. 클린턴은 미국의 확고한 대한방위공약 준수와 주한미군의 현재규모 유지를 다짐했다.

또 YS의 민주화투쟁 경력을 높이 평가하고, YS가 제안한 한미 간 경제협력대화기구(DEC) 설치에 동의했다. 두 사람은 청와대 녹지원에서 조깅을 함께 하면서 우의를 나누었다.

YS

활발한 정상외교, 프랑스에서 '의궤' 반환

YS는 취임 1년 동안 활발한 정상외교를 폈다. 4월 7일 칼 빌트 스웨덴 총리와 정상회담, 5월 25일 피델 라모스 필리핀 대통령과 정상회담, 6월 2일 알베르토 후지모리 페루 대통령과 정상회담, 6월 21일 폴 키팅 호주 총리와 정상회담, 9월 10일 나라시마 라오 인도 총리와 정상회담, 10월 15일 마리오 소아레스 포루투갈 대통령과 정상회담, 11월 13일 아르파트 곤츠 헝가리 대통령과 각각 정상회담을 가졌다. 정상회담 중 가장 관심을 모은 것은 9월 14일 프랑스 국가원수로는 처음으로 방한한 프랑수와 미테랑 대통령과의 회담이다. 미테랑은 여배우 소피마르소 등 문화예술인들을 대동하여 관심을 끌었다. 미테랑의 방한에는 정치적 복선이 들어 있었다.

YS정부는 경부고속철도 사업을 진행하면서 사업자를

국제 입찰을 통해 선정하기로 하고 프랑스·독일·일본 등으로부터 제의서를 받았다. 정부는 1993년 8월 20일 프랑스 알스톰사의 테제베(TGV)를 선정했고 미테랑의 방한은 이에 대한 감사의 답례 성격이 짙었다.

미테랑은 귀중한 '선물'을 갖고 왔다. 1866년 병인양요 때 프랑스가 외규장각에서 약탈해간 총 297권의 도서 중 한 권인 『휘경원원소도감의궤(상)』(의궤)이었다. 순조의 생모 박 씨의 장례 및 산소 조성에 관한 내용을 글과 그림으로 기록한 책이다. 상권만을 가져왔고, 하권은 귀국 후 보내주기로 했는데 프랑스 국립도서관의 담당 여직원이 이를 거부, 사표를 냈다는 이유로 결국 반환받지 못하고 말았다. 프랑스 정부의 '짜고 친 고스톱'이라는 비아냥거림과 함께 고가의 테제베 도입에 대한 불만이 쏟아졌다.

문민정부 초기 YS를 곤혹스럽게 한 것은 북한이었다. 취임사에서 '동맹국보다 동족'을 앞세우고 이인모를 북송하는 등 우호적인 대북정책에도 북한은 10월 12일 IAEA와의 협상 중단과 미국과의 직접 협상을 선언했다. 이때부터 YS의 대북정책의 기조가 차츰 온탕에서 냉탕으로 바뀌는 계기가 되었다.

11월 6일에는 호소카와 모리히로(細川護熙) 일본 총리가 방한, 경주에서 정상회담을 갖고 양국의 공동관심사에 대해 논의했다. 호소카와는 "참을 수 없는 고통을 강요한 데 대해 가해자로서 우리가 한 일을 깊이 반성하며, 이번 기회에 다시 한 번 진사(陳謝)드린다."라고 정중히 사과했다. 근래 보기 드문 사과 발언이었다.

YS는 취임 직후 위안부 문제와 관련 "일본의 금전적 보상을 요구하지 않겠다. 그러나 일본은 사실을 인정하고 반성하는 자세를 보여야 한다."라고 천명했다. 호소카와의 발언도 이 같은 주장에 대한 답례 형식이었다. 2015년 박근혜 정부가 일화 100억 엔 출자를 대가로 위안부 문제를 '최종적·불가역적' 으로 종료시킨 데 대해 YS가 지하에서 분노하지 않았을까.

YS가 취임 후 가장 역점을 둔 해외 순방은 11월 17일 아시아·태평양경제협력체(APEC) 각료회의 참석이다. 미국 시애틀에서 열린 아펙회의 기간 8일 동안 각국 수뇌들과 연쇄회담을 갖고 지역협력 문제를 논의한 데 이어 국제적 관심사로 부각된 북핵 해결 문제도 폭넓게 논의했다.

중국 강택민 주석과의 회담(11월 19일-현지시각)에서 "한반도 비핵화를 지지하고 핵보유국 출현에 반대한다."라는 발언을 얻어 낸 것은 큰 성과였다. 이것은 이후 중국 북핵 정책의 기조로 굳혀졌다. YS는 이때의 방미 기간 중 아메리칸대학이 개교 100주년을 맞아 주는 명예 박사학위를 받았다. 외국인에게 처음 주는 학위였다.

UR협상 쌀 개방정책

국정개혁과 연이은 정상회담 등으로 인기 절정에 치닫던 YS가 정치적 곤경에 처하게 된 것은 UR협상과 쌀시장 개방문제였다. 전후 세계경제 질서를 유지해 온 가트(GATT-관세와 무역에 관한 일반협정)가 세계무역기구(WTO)체제로 탈바꿈하면서 우루과이라운드(UR)로 대체되었다. 한때 YS가 '우루과이 사태'라고 표현하여 세간의 화제가 되기도 했던 '사태' 였다.

YS는 야당 시절이나 3당합당 후 그리고 그간의 대선 공약에서 줄곧 "어떤 일이 있어도 쌀 시장 개방은 막아내겠다."라고 약속했다. 하지만 국제정세는 개방의 방향으로 나가고 마지노선이던 일본이 미국과 비밀협상을 통해 쌀을 6년간 유예 조건으로 개방하기로 합의한 사실이 드러났다. YS는 허신행 농림부장관을 단장으로 하는 UR협상단에게 '관세화 10년 유예, 최소 시장 접근 3~5% 유지'를 마지막 카드로 정하고 협상에 임하도록 지침을 주었다.

한편 클린턴 미 대통령과 핫라인을 통해 쌀과 한국농업의 특수사정을 고려해 줄 것을 요청했으나 쌀시장 개방의 불가피성만을 들어야 했다. 쌀시장 개방은 정부의 능력만으로는 막을 수 없는 상황이었다. 정부의 정보부족과 취약한 외교역량에도 책임의 일단이 있었다.

12월 9일 YS는 쌀시장 개방과 관련 대국민 사과성명을 발표했다. 한국적 권위주의 풍토에서 대통령의 '사과성명'은 좀처럼 하기 어려운 정치행위다. 역대 대통령이 엄청난 사고·사태에도 사과를 하지 않고 관계장관이나 기관장을 내세운 데서도 알 수 있다. YS의 참모들은 대통령이 직접 나서 사과하는 것을 말렸다. 정권유지에 권위가 떨어진다는 이유였다.

> "저는 그 동안 우리 쌀을 지키기 위해 대통령으로서 할 수 있는 최선의 노력을 다해 왔습니다. 그러나 국민에게 한 저의 약속을 끝까지 지키지 못하는 데 대하여 그 책임을 통감하면서 국민 앞에 진심으로 사과의 말씀을 드립니다.……"
>
> "저는 쌀을 지키기 위해 관세무역일반협정(GATT)을 탈퇴하고 국제적 고아로 혼자 살아갈 것이냐, 아니면 GATT

체제를 수용하면서 세계화·국제화·미래화의 길로 나갈 것이냐 하는 선택의 기로에서 고뇌했으나, 고립보다는 GATT 체제 속의 경쟁과 협력을 선택할 수밖에 없었습니다."[193]

한국인에게 쌀은 오랜 세월 동안 단순히 식량 이상의 생명줄로 인식돼 왔다. 5·16쿠데타 이후 이른바 중공업정책으로 농촌이 피폐하고 농업이 사양화의 길을 걸었지만, 쌀은 여전히 우리 밥상의 절대치였고 도시인의 다수는 농촌에 뿌리를 둔 이농민이다. 아무리 대통령이 사과 발언을 했다고 해도 농민과 농민단체들이 쉽게 수긍할 리 없었다.

농민들은 영호남의 정치색을 가리지 않고 정부를 비판했다. 야당 역시 정부의 무능을 이유로 쌀개방 정책을 강하게 비판하고 해당 국무위원들이 국회에서 호된 질책을 들어야 했다.

193) 〈일간신문〉, 1993년 12월 10일.

YS

연이어 터진 대형사고, 사건

YS는 취임 2년차의 분위기 쇄신을 위해 연말에 개각과 당직을 개편했다. 국무총리 후임에 이회창 감사원장, 감사원장에는 이시윤 헌법재판소 재판관을 지명했다. 이어서 부총리 겸 경제기획원장관 이영덕, 내무장관 최형우, 국방장관 이병태, 교육부장관 김숙희, 농림장관 김양배, 건설장관 김우석, 보건사회장관 서상목, 노동장관 남재희, 교통장관 오명, 총무처장관 황영하, 정무장관 서청원, 국가보훈처장 이충길 등이었다. 재무·상공 등 경제관련 장관은 유임시켰다.

YS는 취임 2년차를 맞아 내각개편을 단행했지만 인사를 둘러싸고 극심한 비판이 따랐다. '인사는 만사' 라던 인사원칙이 '인사는 망사' 라는 조롱으로 바뀌었다. 첫 조각 때부터 인사 중에 실패한 경우가 많았다.

문민정부 초대 법무장관 박희태는 딸을 미국 시민권으로 대학에 편법 입학시키고, 총무처장관 최창윤도 자식의 부정입학 사실이 드러났다. 서울시장 김상철은 그린벨트 형질변경에 땅을 사고 집을 지은 것, 보사부장관 박양실의 거대한 부동산투기, 권영해 안기부장은 국방장관 시절의 부동산 투기 의혹에다 동생의 군납비리, 초원복집 사건의 주모자 김기춘의 중용, 아들의 부정입학으로 민자당 사무총장을 사퇴한 측근 최형우를 내무장관에, 동해시 후보매수사건의 측근 서석재의 재중용 등 원칙을 잃은 인사정책이란 비판이 나왔다.[194]

YS의 측근으로 5공시절 단식 성명을 비롯하여 각종 성명서·연설문에 이어 초대 교문사회수석비서관으로서 대통령취임사, 8·15경축사 등을 기초하고 직제개편으로 22개월 만에 청와대를 떠난 '개혁의 조타수' 김정남이 인사와 관련 고언(苦言)을 남겼다. 한 인터뷰의 발문이다.

> YS 인사에 문제 있다
> 개혁 희석, 아무도 개혁 두려워하지 않아
> YS 주변인들 국정운영 경륜 없다
> 해서는 안 될 사람들이 정치하고 있다[195]

194) 이동형, 앞의 책, 419~421쪽, 발췌.
195) 김정남, 『신동아』, 1995년 5월호.

YS는 정치적으로는 행운을 타고 태어났지만 취임 이후에는 시운이 따르지 않았다. 각종 사고·사건·사태가 잇따랐기 때문이다. 특히 대형 사고가 많았다. 취임 한 달 뒤 부산 구포역에서 무궁화호가 노선 침하로 전복되어 최소 78명 사망, 198명 부상당한 사고를 시발로 하여 93년 6월 10일 경기도 연천의 예비군훈련장에서 포사격 훈련을 받던 예비역과 현역 군인 19명이 폭발물 사고로 현장에서 폭사, 5명이 중경상, 7월 26일 김포공항 출발 목포행 아시아나 보잉 737기의 추락으로 탑승객 68명 전원 사망, 10월 10일 전북 부안군에서 여객선 서해 훼리호 침몰 273명 수장 참사 등이다.

1994년 8월 17일에는 서울 팔레스 룸살롱 화제사고로 14명 사망, 10월의 성수대교 붕괴로 여고생 등 32명 사망, 17명 부상 사고가 발생하고 이후에도 충주호 유람선 화재 사고, 서울 아현동 도시가스 폭발사고, 대구지하철 참사가 발생했다. 대구지하철 사고로 102명 사망, 117명이 부상당하는 대참사로 국민의 여론이 극도로 악화되었다.

대형사고의 유형에 따라서는 독재정권의 정경유착에 따른 폐습이 낳은 결과이거나 또는 관리소홀·부실에 의해 발생하기도 했다. 야당에서는 '인치론' '깜짝쇼 인사' '표적사정' 등의 비판이 일고, 보수층에서는 '아마추어정권'이라 비아냥거림하고, 기층 민중들은 YS 부친이 멸치어장으로 많은 생명체를 죽인 업보라는 등 엉뚱한 참언까지 나돌았다.

3당합당 치하에서 대형사고가 빈발하는 이유를 한 시민단체 간부는 '10대 이유'를 들었다.

1. YS는 '부실공화국'을 물려받았다.
2. YS는 실적주의의 악순환 고리를 끊지 못했다.
3. YS는 부정부패의 근원적 척결에 실패했다.
4. YS는 전문성과 기술부족 문제의 심각성을 간과하고 있다.
5. 4백41가지 법규의 미로는 '돈 봉투'로 헤쳐 나가고 있다.
6. 입찰과 하도급과정의 비리가 여전히 계속되고 있다.
7. 부실공사를 막는 장치가 부실하다.
8. 위기관리와 위기관리체제에 구멍이 뚫려있다.
9. 대량희생 행위에 대해 아무도 책임을 지지 않고 있다.
10. 아래로부터의 개혁이 없었다.[196)]

개혁의 뒤안길에는 아픔도 많았다. 나와 가깝게 지내왔던 사람들이 부정에 연루되어 사법 처리되거나 일선에서

196) 유재현, 『신동아』, 1995년 10월호.

물러날 때는 마음이 아프고 안타까웠다. 아시아나 항공기 추락, 서해 훼리호 침몰, 구포역 열차 전복사고 등 잇단 사고에 가슴 졸여야 했으며, 쌀시장 개방을 둘러싸고 정국이 혼미를 거듭할 때는 착잡하고 괴로운 나날을 보내야 했다. 북한의 NPT 탈퇴로 인한 북핵 문제 역시 취임 전부터 준비해온 대북 구상을 흐트러뜨리며 나를 고통스럽게 하였다.[197]

YS는 연이어 터진 대형사고·사건과 관련, 국민 앞에 머리 숙여 사과했다. 이런 면에서는 군사독재자 이후 사이비 문민 대통령들과는 차별성을 보였다.

197) 김영삼, 앞의 책, 234쪽.

YS

이회창 총리의 등용과 갈등

김영삼 대통령은 1994년 새해를 맞아 '개혁과 세계화'를 국정지표로 내걸었다. 1월 6일 시정목표를 발표하면서 '개혁과 세계화로 재도약·국가경쟁력 강화의 해'로 설정했다.

94년 벽두의 내외 상황은 녹록치 않았다. 북핵 문제를 둘러싸고 북·미 간의 협상은 시간만 끌고 있었고, 우루과이라운드 협상이 종결단계에 이르면서 농어촌은 물론 사회단체들의 비판이 쏟아졌다. 대통령자문기관으로 '농어촌발전위원회'를 구성하고 농어촌발전특별세의 신설 등을 약속했지만 농민들의 불만은 수그러들지 않았다.

이회창 국무총리와의 관계가 심상치 않았다. 이 총리는 역대 다른 총리들처럼 대독총리·의전총리 역할 이상의 실권을 요구하고 나섰다. 헌법상의 국무총리가 되고자 한 것이다. 자존심이 강한 YS에게 이것은 쉽지 않은 도전으로 인식되었다. 이회창 역시 꼬장꼬장한 법조인 출신으로서 소신껏 국정을 지휘하고자 했다.

> 두 사람은 오래지 않아 충돌할 수밖에 없었다. "그는 헌법 제86조 2항의 "국무총리는 대통령을 보좌하며 행정에 관하여 대통령의 명을 받아 행정각부를 통할한다."는 조항을 원리원칙대로 적용하려 노력했다. 헌법 이외에도 정부조직법 등 관련법규를 업무수행의 준거로 삼았다. 각 부처의 청와대 연두업무보고에 앞서 자신에게 먼저 보고, 협의하도록 한 것이나 입법 예고 시 총리실과 사전협의하도록 한 것 등은 모두 이를 근거로 한 조치들이다."[198]

YS에게 이회창의 업무스타일은 수용하기 어려웠다. 원내총무 → 야당 총재 → 대통령 후보 → 여당 대표 → 대통령에 이르는 동안, 그는 수평적 권한 조정이나 분권을 해본 적이 없었다. '올 오어 낫싱' 즉 "전부 아니면 전무"였다. 권위나 위상에 대한 도전은 결코 용납되지 않았다. DJ와 앙숙관계가 된 것은 '1인자'를 두고 각축하는 라이벌이기 때문이었다.

198) 최영묵, 「혜성처럼 왔다 간 재상 이회창의 무게」, 『신동아』, 1994년 6월호.

나는 신임 이회창 총리에 대해 나름대로 기대를 걸었다. 그러나 그는 총리 취임 직후부터 내 기대에서 멀어져 갔다. 내가 외국을 방문하는 동안 안기부장에게 업무 보고를 요구하는가 하면, 나와 독대한 장관들에게 나와 무슨 얘기를 나눴는지 자신에게 보고할 것을 요구했고, 4월 5일의 'UR 이행 계획서' 수정 파동 때는 사과 담화를 거부하기도 했다.

그러던 중 내가 이회창 씨를 총리직에 더 이상 둘 수 없다고 판단한 사건이 발생했다. 4월 중순 내가 남북 특사 교환 조건을 북한 핵문제 해결의 전제 조건에서 철회하고, 북한 벌목공의 수용대책을 추진하려 하자, 이 총리는 4월 21일 총리실 간부 회의를 통해 통일안보정책조정회의에 회부된 안건도 관계 장관이 사전에 총리의 승인을 받아 시행토록 하라고 지시했다.

그는 이를 일방적으로 언론에 발표하고, 북한 벌목공 수용 대책의 경우도 자신이 확정하기 전에는 공표할 수 없다고 주장했다. 그는 또 이영덕 통일부총리와 한승주 외무장관을 불러 이같이 지시했다.[199)]

YS는 1년 2개월 만에 이회창을 해임하고 이영덕 통일부총리를 총리로 지명했다. 해임을 둘러싸고 이회창은 자신이 먼저 사표를 던졌다고 하여 언론의 가십거리가 되었다.

---

199) 김영삼, 앞의 책, 279쪽.

한 언론이 YS와 이회창의 관계를 심도 있게 분석했다.

이 전 총리는 YS가 기대했던 만큼의 '충성심'을 보이지 않았다는 것이 정설이다. 겉으로 뿐 아니라 내심으로 YS를 그다지 존경하고 따랐던 것 같지는 않다. 이는 이 전총리가 공직생활을 해오면서 사람 중심이 아니라 법과 제도중심의 운영에 비중을 둬왔고 그것은 최고권력자인 대통령에 대해서도 똑같이 해당된다는 소신을 변함없이 간직해왔기 때문으로 볼 수 있다. 더구나 이 전 총리는 오래 전부터 우리 정치인들의 행태에 대해 극도의 거부감을 보여 왔다. 자연히 YS 측근들이나 민자당의원들의 정치행태에 대해 강한 비판적인 시각을 갖고 있었다.

따라서 그가 YS에 대해 법적인 임명권자 이상의 충성심이나 의무감을 가졌던 것으로 보기는 힘들다. 달리 말하면 대통령으로서의 YS만을 인정했다는 얘기다. 다만 그가 감사원장과 총리임명을 받아들인 것은 YS가 개혁에 대한 의지가 있고 실제로 집권초기에 다른 정권에서는 하지 못했던 굵직한 조치들을 취했던 데 대해 긍정적인 평가를 했기 때문이다.

그러면서도 그는 총리취임 당시부터 YS가 계속 그러한 입장을 견지할 것인가에 대해서는 유보적인 태도를 취했다.

YS와 그의 성격을 잘 아는 사람들이 양자 간에 의견이

충돌할 경우를 묻는 질문에 그는 "가정은 하지 말고 그때 가서 얘기하자."는 식이었다.[200)]

문민정부에서 정무·공보수석 등을 맡았던 측근이었던 주돈식은 이회창을 해임하면서 YS의 대중적 인기가 추락하여 다시 회복하지 못했다고 증언한다.

이 사건은 김영삼 대통령에게도 큰 타격을 주었다. 청와대에서 대통령의 인기와 지지도 조사를 직접 실시했고 그 후에도 이런 유의 자료에 접할 수 있었던 필자의 확인 결과 김 대통령에 대한 지지도가 50%선 이하로 떨어진 것은 이회창 국무총리의 전격 해임 사건을 계기로 해서였다.

그 반면 해임당한 이회창 씨는 인기도 조사의 대상에도 끼지 못했던 위치에서 무려 35%선으로 뛰어올랐다.

김 대통령의 인기는 이때 떨어진 뒤 다시 회복할 기회를 갖지 못하다가 여러 사건에 말려 더욱 악화된 것으로 나타났다.[201)]

---

200) 최영묵 앞의 책, 177~178쪽.
201) 주돈식, 『문민정부 1천2백일』, 사람과 책, 1997, 74쪽.

제4장

국정개혁 성취와 좌절의 연대기(2)

YS

일촉즉발의 한반도 위기상황 수습

김영삼 대통령은 1994년 1월 11일 국민화합 조치가 필요하다는 명분으로 최규하·전두환·노태우 전 대통령을 청와대로 초청하여 오찬을 함께 했다. YS가 전직 대통령들의 국정협조를 요청하자 이들은 대통령의 개혁·경제회복 추진을 지지한다고 답하면서 청와대 초청에 감사했다.

YS는 임기 동안 깨끗하고 당당하게 일할 것임을 밝히고 국민의 '의식변화'에 전직들이 동참해 줄 것과 '전·노 불화설'에 관해 세간에서 말이 많은 데 두 분이 화합할 것을 당부했다. "이번 회동의 배경에는 불행했던 과거사의 봉합, 나라 안팎으로 처한 어려움 외에 김 대통령 자신의 정치적 계산이 깔려있음을 간과할 수 없다. 김 대통령으로서는 지난 10개월 간 개혁사정의 과거청산을 통해 자신을 도왔던 두 전직대통령 측과 소원해졌고, 이에 따른 정치적 부담이 적지 않았던 게 사실이다. 야당으로부터 개혁의 한계를 드러냈다는 비난을 들으면서도 이번 회동을 추진한 것은 실보다 득이 많다는 판단이 앞섰기 때문일 것이다."[202]

YS와 전·노의 관계는 익히 알려진 대로이다. 전두환과는 악연뿐이지만 노태우와는 달랐다. 비록 13대 대선에서는 그에게 패배했으나 1990년 1월 그가 총재로 있던 민정당과 3당합당을 통해 민자당을 창당하고 당대표에 이어 대선후보가 되어 대권을 쥘 만큼 은원의 관계였다.

또 1년여 후 전·노의 천문학적 비자금이 들통 나면서 두 사람을 구속하기에 이르렀다. 1994년 신년 초에 청와대에서 전 현직 대통령 넷이 모여 화기애애하게 오찬을 나눌 때는 아무도 향후 전개될 사태를 예상하지 못했을 것이다. 그런 의미에서도 인간사(역사)는 흥미롭다.

1994년 6월은 6·25한국전쟁 이래 가장 위험한 시기였다. 하마터면 미국이 북한 영변 핵시설을 폭격하고 북한이 보복전으로 나온다면 한반도는 상상하기 어려운 살상·파괴가 벌어질 상황이었다. IAEA와 북한의 핵협상이 결렬되면서 미행정부는 물론 미국 사람들의 여론은 북한이 국제사찰을 계속 거부할 경우 북한 핵 시설을 폭격하는 것을 지지한 것으로 유력 언론이 연일 보도했다.

6월 중순에는 주한 미군 가족과 민간인 그리고 대사관

---

202) 「전현 대통령들의 한자리」, 『동아일보』, 1994년 1월 11일 사설.

가족을 서울에서 철수시킨다는 정보가 YS에게 보고되었다. 일촉즉발의 위기상황이었다. 대통령의 직무 중 가장 중요한 것은 국가안보, 즉 적의 침략으로부터 나라를 지키고 전쟁을 방지하는 일이다. 그리고 평화통일을 위해 노력하도록 헌법에 명시되었다.

YS는 6월 16일 레이니 주한 미 대사를 청와대로 불렀다. 어떤 일이 있어도 한반도에서 전쟁이 일어나서는 안 된다는 점을 역설하고 본국에 대통령의 말을 전달해달라고 일렀다. 레이니의 보고를 받은 클린턴 대통령이 다음날 새벽 핫라인을 통해 전화를 걸어왔다.

> "클린턴 대통령, 이게 말이 됩니까. 내가 대통령으로 있는 이상 우리 60만 군대는 한 명도 못 움직입니다. 한반도를 전쟁터로 만드는 것은 절대 안 됩니다. 전쟁이 나면 남북에서 군인과 민간인이 수없이 죽고 경제는 완전히 파탄 나며 외국 자본도 다 빠져나가게 돼요. 당신들이야 비행기로 공습하면 되지만 그 즉시 북한은 휴전선에서 남한의 주요 도시를 일제히 포격할 겁니다. 우리가 6·25 때 수없이 죽었는데 지금은 무기도 훨씬 강력해졌어요. 전쟁은 절대 안 됩니다. 나는 우리 역사와 국민에게 죄를 지을 수는 없소."[203)]

---

203) 김영삼, 앞의 책, 317쪽.

YS

카터의 남북 정상회담 주선

한반도 위기는 카터 전 대통령이 비록 개인 자격의 신분이지만, 방북으로 어느 정도 해결의 실마리가 풀려나갔다. 카터는 방북에 앞서 서울에 들러 YS와 만난 다음 6월 17일 대동강 요트 선상에서 김일성과 회담했다. 카터는 미국의 대북제재 중단, 3단계 북미회담재개, 경수로 제공 등의 의사를 전하고 김일성은 NPT복귀와 미국과의 관계개선을 위한 노력을 밝혔다고 미국 CNN 방송이 전했다.

판문점을 거쳐 서울로 돌아온 카터는 김일성이 김영삼과 남북 정삼회담을 갖길 바란다는 뜻을 전했다. 카터의 "위기를 극복하려면 김영삼 대통령과 만나는 것이 중요하다."라는 의견에 김일성이 정상회담을 제안했다고 한다. YS는 마다할 이유가 없었다.

남북 정상회담의 소식은 곧 국내외에 큰 뉴스로 전해지

고, 6월 28일 판문점에서 열린 남북 예비접촉을 통해 7월 25일부터 27일까지 평양에서 김영삼 대통령과 김일성 주석의 정상회담을 갖고 필요하면 체류 일정을 더 연장할 수 있다는 데도 뜻을 모았다.

YS는 분단 이후 최초로 남북정상회담이 열린다는 데 큰 자부심과 긍지를 갖고 준비를 서둘렀다. 회담에서 다룰 의제를 준비하고 김 주석에 관한 정보기관의 자료도 챙겼다. 한반도 문제 전문가인 전 〈워싱턴 포스트〉 기자 돈 오버도퍼의 기록이다.

> 김 대통령은 1국가 2체제를 주장하는 김일성의 '연방제 통일방안' 대신 먼저 이산가족 교환방문, 서신교환, 상대 국가의 텔레비전과 라디오 방송 프로그램의 접근 공유 같은 점진적 조치를 통해 화해를 적극 추진하자고 제의할 방침이었다.
>
> 그동안 북한의 극단주의적 자세는 남한의 점진주의적인 입장과 자주 충돌을 빚어왔다. 그러나 김영삼은 한반도 내에서 무력 충돌 가능성이 부각됐던 최근의 위기사태 때 김일성이 보여준 적극성을 감안할 때 이 합의가 충분히 가능할 것으로 기대했다.[204]

204) 돈 오버도퍼, 이종길 역, 『The Two Koreas』, 길산, 2002, 494쪽.

김영삼은 정상회담에서 내놓을 '선물 보따리'를 준비시켰다. 오버도퍼에 따르면 쌀 50만 톤을 북한에 지원하기로 하고, 이에 김일성은 직접 묘향산의 여름별장을 찾아 YS가 머물 숙소까지 점검했다고 한다.

김영삼은 남북한 간의 역사적이고 오랜 갈등을 해소하기 위해서는 한 번의 회담으로 불충분할 것이라 생각하고 이번 회담을 시초로 삼아 연속적인 정상회담을 개최할 것을 제안하기로 했다. 또 이를 위해 북한 주민들에게 쌀 50만 톤을 지원한다는 '깜짝 선물'도 준비해 놓았다. 그것은 기존 북한이 남한 기업인을 통해 비공식적으로 요청한 10만 내지 20만 톤의 두 배를 넘는 엄청난 물량이었다.

김일성 역시 만반의 준비를 하고 있었다. 7월 6일 오전 경제부장들과의 회의를 마친 김일성은 그날 오후 여름날의 무더위를 피해 평양 북쪽으로 160km 떨어진 묘향산의 여름 별장으로 떠났다. 김일성이 가장 좋아하는 이 별장은 송림 한가운데 깊숙이 빼어난 절경을 자랑하는 곳으로 높다란 담장으로 둘러져 경비가 철통같은 곳이었다. 그곳은 가령 일본 국회의원 가네마루 신처럼 김일성이 특별히 환대하고 싶은 귀빈들만 묵게 하는 곳이었는데 그는 김 대통령 대접 장소로도 이곳을 선택했다.[205]

205) 앞과 같음.

1994년 7월 2일, 김일성 급사

시운은 YS의 편이 아니었다. 하늘은 공정한 것인지, 역사는 냉정한 것인지, 지상의 특정인에게 많은 것을 함부로 주지 않은 것 같다. 분단이래 최초로 열릴 예정이었던 남북정상회담이 갑작스런 김일성의 사망으로 좌초된 것이다. 그리고 영원한 라이벌 DJ가 6년 후에 이를 성사시켰다. 어떤 의미에서 YS의 남북정상회담의 행운은 정치적 노력에 의한 것이라기보다 카터가 가져온 '공짜 선물'이었던 것이 그냥 날아가 버린 셈이다.

7월 7일 묘향산으로 가는 길에 김일성은 인근 협동농장을 또 한 차례 현장 시찰했다. 그는 나중에 김 대통령을 이곳으로 안내할 생각이었는지도 모른다. 그날의 수은주는 38도 근처까지 올라갔다. 묘향산에 도착한 김일성은 김 대통령을 맞이하기 위해 단장 중이던 내빈용 별장을 둘러보고 침실과 욕실을 일일이, 심지어 냉장고에 광천수를 충분히 넣어두었는가도 직접 확인했다.

이처럼 강행군을 하고 난 저녁 김일성은 식사를 마친 후 심한 피로감을 느꼈다. 그리고 잠시 후 과도한 심장발작으로 쓰러졌다. 의사들이 달려왔지만 극심한 폭우로 인해 김일성을 병원으로 후송할 헬리콥터 운행이 불가능했고 도로 역시 진흙탕으로 엉망이 된 탓에 육상 수송도 지체됐다(이로부터 몇 달 뒤 묘향산 진입로는 서둘러 포장공사가 완공됐는데 이 조치는 김정일의 지시에 의한 것으로 알려졌다).

북한 관리들은 재미교포 언론인 줄리 문(Julie Moon) 기자에게 의사들이 그의 흉부를 절개해 심장을 소생시키려고 해보았으나 시간상으로 너무 늦어 수포로 돌아갔다고 전했다. 7월 8일 새벽 2시 김일성의 사망이 확인됐다.[206]

김일성 주석이 사망한 후 한반도 정세는 다시 불가예칙의 상태가 되었다. 반세기 동안 절대군주처럼 군림해온 그의 뒷자리는 아들 김정일 국방위원장이 차지했지만 남북관계는 새 권력자의 처신을 지켜봐야 하는 상황이 되었다.

---

206) 앞의 책, 495쪽.

'세계화 구상' 발표

YS는 다시 일상으로 돌아와 업무에 열중했다. 7월 23일 무라야마 도미이치 신임 일본 총리의 방한, 8월 5일 로버트 갈루치 미 국무부 차관보와 강석주 북한 외교부 제1부장 회담, 10월 4일 경제부처 개각, 11월 10일 제2차 아태경제협력체(APEC)에 참석키 위해 필리핀에 이어 인도네시아·호주 방문, 마닐라에서 한·미·일 정상회담을 가졌다.

APEC정상회담을 마친 YS는 11월 16일 호주의 시드니에 도착하여 3박 4일간의 호주 공식방문에 들어갔다. 이튿날 YS는 수행기자들에게 '세계화 구상'을 발표했다. '시드니 구상'으로도 불리는 이 구상은 "21세기를 준비하기 위한 종합적인 국가개혁의 방향으로 세계화 전략을 본격 추진하겠다."라는 의도로 제기되었다고 한다. 하지만 '즉흥적인 언론플레이'라는 비판이 따랐다.

YS 정부의 '세계화'는 1995년의 국정지표가 될 만큼 비중이 큰 캐치프레이즈여서 출생 과정과 그 실과 허를 살펴볼 필요가 있겠다. 1994년 11월 17일, YS는 호주 시드니에서 '세계화 선언'을 한다.

> "기자 여러분이 나를 동행 취재하면서 무슨 특별한 기사거리 하나 안 나오나 하는 눈친데, 내가 하나 제공을 하지요. 이번 동남아 및 대양주 순방을 하면서 나는 한 가지 구상을 했어요. 밖에 나와서 두루 살피다 보니 우리가 우물안의 개구리가 돼서는 안 된다는 생각이 들었고요, 그래서 구상한 것이 정부와 민간이 협력해서 세계화를 해야 한다는 것입니다. 귀국 하는 즉시, 다음 세대를 위한 세계화 정책을 구체화해서 장기적으로 추진해 나가도록 할 것입니다."

기자들은 '세계화'가 무얼 하자는 것인지 알 수 없었다. 대통령 자신도 모르는 듯했다.

"방금 말씀하신 세계화는 기존의 국제화와 어떻게 다른 것입니까?"

기자의 질문에 대통령을 수행중인 한이헌이 대답했다.

"그 대답은 제가 하겠습니다. 국제화가, 세계의 개방화 추세에 뒤져서는 안 된다는 다소 수동적인 의미라면, 세계화는 우리가 적극적으로 앞서 나아가자는 것으로서, 국제화에 비해 한결 진취적인 개념이 되겠습니다."[207]

세계화 정책은 다만 몇 가지 현안을 집행하는 데 이용되었다. 그 한 번은 민자당 실세인 최형우가 '김종필 당대표는 민자당의 세계화 이미지에 맞지 않는다며 그를 당에서 축출하는 데 이용되고, 또 한 번은 박정희 정권 때 신설된 뒤 계속 유지돼 오던 경제기획원을 재정경제원으로 개편하는 데 이용되고, 또 한 번은 삼성자동차를 허가하는 데 이용되었다.

> "삼성이 자꾸 자동차를 할라고. 저카는데, 한 수석 생각은 어떻노."
>
> "세계화를 하게 되면, 다른 나라의 기업이 한국에서 자동차를 만들겠다고 해도 환영을 해야 합니다. 그런데 우리 기업이 자동차 공장을 짓겠다는 걸 막아서야 되겠습니까."[208]

207) 김광수, 『역사에 남고 싶은 열망-한국의 통치권자』, 현암사, 2003, 274~275쪽.
208) 앞의 책, 274쪽.

YS

친 언론정책, 덮어 준 세무조사

정치인치고 언론보도에 관심이 없을 수 없지만 YS처럼 관심이 많은 사람도 흔치 않았다. 그는 항상 언론의 중심에 서고자 했고 언론(인)을 잘 관리했다. 언론계에 'YS장학생' 그룹이 존재할 만큼 우호적 관계가 형성되었다. 그만큼 '촌지'도 많이 뿌리고 액수도 적지 않았다. 유럽을 순방한 어느 때는 140여 명의 한국기자가 따라붙었다고 한다.

> 김영삼의 유럽 순방 중 프랑스에서 취재한 한국 기자는 1백40여 명이었는데, 이는 프랑스 기자들을 경악하게 만들었다. 프랑스의 경우, 대통령의 해외 순방에 따라붙는 기자는 20명 안팎이라고 하니 그들이 놀라는 것도 무리는 아니다.
>
> 한국 취재진의 엄청난 규모는 코펜하겐의 '유엔 사회개

발 정상회의'에서도 다른 나라 기자들을 놀라게 했다. 한국 취재진 1백40여 명은 미국 30여 명, 일본 20여 명, 프랑스 10여 명과는 비교가 안 될 정도로 대규모였거니와, 주최국인 덴마크의 취재기자보다 많은 수였다.[209]

특수한 경우를 제외하고 한국 대통령의 해외 순방 시에 현지 언론은 거의 외면하는 데 반해 국내에서만 요란법석을 떠는 것은 요즘은 더하지만, YS의 경우도 심했다. 1995년 봄 YS가 프랑스 방문 때 한 취재기자의 증언이다.

더욱 놀라운 사실은 대통령 주변 사람들이 현지 언론의 이런 무관심이나 냉대를 조금도 이상하게 생각하지 않는다는 사실이다. 청와대의 한 고위 관계자는 필자의 이런 분석에 대해 "정통성이 없던 정권이나 현지 언론의 보도에 신경 쓰고 안달하지 우리 문민정권은 그런데 연연하지 않는다."라고 말했다.

그러면서도 장관·청와대비서진·현지 대사관원·정보기관원 등 순방 업무에 관련돼 있는 모든 사람들은 국내 언론, 특히 TV보도에는 지나칠 만큼 신경을 쓰고 필요한 모든 편의를 제공했다.

그들은 김 대통령 방불을 국내 TV들이 오랫동안 화려하

209) 강준만, 『김영삼이데올로기』, 인물과 사상사, 1995, 237쪽.

게 보도했다는 사실에 고무, 도취돼 있을 뿐 프랑스 방송들이 외면하고 있다는 사실에는 신경을 쓰지 않았다. 처음부터 국내 행사의 연장으로 보고 있다는 느낌이들 정도였다.[210]

YS와 국내언론과의 관계는 비교적 우호적이었다. 특히 〈조선일보〉와는 우호적 관계를 넘어 '유착관계'라는 평이 언론계에 나돌았다. 이 신문의 편집국장 출신 논설위원을 청와대 정무·공보수석에 이어 정무장관에 앉히고, 퇴임 후에는 이 신문사에서 자서전을 출간하기도 했다. YS는 재임기에 언론사 세무조사를 하고도 덮어두었다.

김영삼 대통령이 야당 30년 동안 누구보다 언론을 몸으로 느껴 왔기 때문에 언론의 속성을 잘 알고 있는 데다 언론계와의 인간관계 또한 두터워서 물리적으로 손을 대는 데는 그 한계가 미리 그어져 있었기 때문이다.

이런 면에서 문민정부 시대의 언론은 한 번의 세무 조사 이외엔 수난이라 할 만한 수난은 겪은 적이 없을 뿐만 아니라 오히려 행정·입법·사법의 3부에 이어 제4부로서의 위치를 확고히 했다.[211]

---

210) 김기만, 「YS 순방외교 '칼국수 정신' 어디로 갔나」, 『신동아』, 1995년 4월호.
211) 주돈식, 앞의 책, 162쪽.

YS

국군의 숙원, 평시 작전통제권 회수

김영삼 대통령은 국가적인 현안의 하나이고 자존심이며, 국군의 오랜 숙원이던 평시작전통제권을 회수하는 데 성공했다. 1994년 12월 1일이다. 하지만 전시작전통제권은 여전히 회수하지 못한 상태이고, 민주정부에 의해 환수 일정까지 잡혀 있던 것을 이명박에 이어 박근혜가 무기 연기함으로써 YS가 평작권을 회수한 지 20여 년이 지난 지금까지도 전작권은 미군에 속해 있다.

1980년대에 주한 미군의 감축 문제가 논의되기 시작하면서 한·미 양국은 이에 대비해 1992년부터 미군 장성이 맡아 오던 지상구성군 사령관을 한국군 대장이 맡고, 신설된 한·미 연합 해병대사령부의 평시 사령관에 한국군 사령관을 임명하는 등 단계적인 기초 작업을 해왔다. 이어 1992

년 한·미 연례안보협의회(SCM) 때 1994년 말까지 평시 작전통제권을 한국군에 환수키로 합의, 1993년 SCM에서 환수 일자를 1994년 12월 1일로 확정했으며, 1994년 10월 제26차 SCM에서 비로소 구체적인 환수 조치를 최종 확인했다.[212]

이승만은 전쟁 초기인 1950년 7월 15일 유엔군사령관 맥아더 장군에게 보낸 '대한민국 육해공군 지휘권 이양에 관한 공한'을 통해 한국군의 지휘권을 미군에게 이양했다. 아무리 전시라지만 기한도 명시하지 않은 채 군 지휘권을 외국군사령관에게 이양한 것이다. 다음은 이승만이 맥아더에게 보낸 공한이다.

> 대한민국을 위한 국제연합의 공동 군사노력에 있어 한국 내 또는 한국 근해에서 작전 중인 국제연합의 육·해·공군의 모든 부대는 귀하의 통솔 하에 있으며 또한 귀하는 최고사령관으로 임명되어 있음에 감하여 본인은 현 작전상태가 계속되는 동안 일체의 지휘권을 이양하게 된 것을 기쁘게 여기는 바이오며, 여사한 지휘권은 귀하 자신 또는 귀하가 한국 내 또는 한국 근해에서 행사하도록 위임한 기타 사령관이 행사하여야 할 것입니다.

212) 김영삼, 앞의 책, 369쪽.

한국군은 귀하의 휘하에서 복무하는 것을 영광으로 생각할 것이며, 또한 한국 국민과 정부도 고명하고 훌륭한 군인으로서 우리들의 사랑하는 국토의 독립과 보전에 대한 비열한 공산 침략을 대항하기 위하여 힘을 합친 국제연합의 모든 군사권을 받고 있는 귀하의 전체적 지휘를 받게 된 것을 영광으로 생각하며 또한 격려되는 바입니다. 귀하에게 심후하고도 따뜻한 개인적인 경의를 표하나이다.

1950년 7월 15일 이승만[213)]

YS는 평시작전통제권의 환수 의미를 다음과 같이 정리했다.

냉전체제 이후 국지적 분쟁에서 보듯 국가 안보의 궁극적 책임은 당사국에 있는 것이 분명해진 이상, 우리의 작전권은 우리가 수행할 수 있어야 한다. 작전권이 미국 측으로부터 국군통수권자인 대통령에게 넘어온다는 것은 우리 군이 자주적 국방의 기틀을 마련하게 되었다는 점에서, 그리고 그 군에 대한 최고통수권자의 입지를 확실히 회수했다는 점에서 그 의미가 중요했다.[214)]

213) 김삼웅, 『독부 이승만 평전』, 책보세, 2012, 259쪽.
214) 김영삼, 앞의 책, 370쪽.

제5장

국정개혁 성취와 좌절의 연대기(3)

4천억 원대 축재 노태우 구속

김영삼 정부는 초기 쾌도난마와 같은 개혁정책으로 8~90%에 가까운 국민의 지지를 받았다. 야당의 핵심 브랜드인 개혁을 청와대가 선도함으로써 이기택이 리드하는 민주당은 점차 존재가치를 잃어갔다.

그러나 YS정부는 대형사고 사건이 잇따랐는데도 위기관리 능력이 따르지 못하고, 국정개혁이 제도화되지 않고, YS의 즉흥성으로 비치면서 곧 한계를 드러내면서 심각한 민심 이반현상이 나타났다. 여기에 대선패배 후 정계를 은퇴했던 DJ가 영국에서 돌아와 민주당 지자체 후보들을 지원했다. 그 결과 1995년 6·27 지방선거에서 민자당은 15명의 시도지사 중 5명만 당선시키는 등 참패를 당했다. 시장·군수·구청장 선거에서도 민주당에 크게 뒤졌다.

서울시장을 당선시키지 못한 것은 물론 3위에 그치고 민자당은 서울에서 구청장 25명 중 2명, 지역구시의원 133명 중 11명밖에 당선자를 내지 못했다. 한 언론은 YS정부의 6 · 27지방선거 참패의 요인을 다음과 같이 분석한다.

민심이반의 원인으로는 △각종 대형사고로 인한 문민정부의 위기관리 능력에 대한 의구심 팽배 △피부에 와 닿지 않는 개혁에 대한 국민의 인식부족과 집권세력의 일방적 개혁추진에 대한 냉소주의 확산 △대구 경북(TK) 지역 정서를 자극한 사정 후유증 잔존 등이 지적됐다.

또 △대북정책을 둘러싼 정책혼선과 정책집행의 일관성 결여 △대통령의 독단적 통치행태와 스타일 △정책결정과정에서 공조직보다는 사조직에 의존하는 인상 △명동성당과 조계사에 대한 공권력 투입으로 빚어진 종교계와의 갈등 △거듭된 인사실패 등도 민심이반 원인으로 거론됐다. 특히 선거를 앞두고 민자당이 전세반전을 위한 회심의 카드로 활용하려 했던 북한 쌀 지원이 오히려 보수 세력뿐만 아니라 농민들과 서민들 사이에서 광범위한 반발을 초래했다는 뒷말도 무성했다. 무엇보다도 부족한 쌀을 외국에서 수입해서라도 지원하겠다고 밝힌 것은 사려가 부족한 처사였다는 주장이 많았다.[215]

215) 『동아연감』, 1996년 판, 112쪽.

1995년 하반기에는 '비자금 파문'으로 전직 대통령 구속과 두 전직 대통령의 천문학적 축재사건이 폭로되는 등 정가를 뜨겁게 달구었다. 10월 19일 민주당 박계동 의원이 정기국회 본회의 대정부질의에서 폭탄발언을 했다.

"노태우 전 대통령의 퇴임 직전인 93년 1월 말까지 4000억 원의 비자금이 상업은행 효자동 지점에 예치됐다가 그 해 2월 1일 각 시중은행의 40개 계좌에 분산 예치됐다."고 주장하면서 증거물로 100억 원이 예치된 신한은행 차명계좌를 제시했다.

이에 앞서 8월 1일 서석재 총무처장관이 기자들에게 오프더 레코드를 전제로 "전직 대통령 중 한 사람이 대리인을 통해 4000억 원대의 가차명계좌를 실명 전환하는 방법을 물어왔다."고 예광탄을 쏜 바 있다. 서석재는 덧붙였다. "이 대리인이 나를 찾아와 가명 계좌로 4000억 원이 있는데 2000억 원을 정부에 줄 테니 나머지 2000억 원을 실명으로 전환해 보호해 줄 수 있느냐고 묻는 거야. 그래서 내가 몇 군데 알아보니 안 된다고 하더라."[216]

노태우 측에서는 YS정부와 '흥정'을 시도했던 것 같다. 정부수립 이래 최고금액의 흥정을 시도한 셈이다. 노태우

---

216) 이동형, 앞의 책, 455쪽.

측은 펄쩍 뛰면서 박계동 의원을 명예훼손 혐의로 고소하겠다고 나섰다.

캐나다와 유엔순방 중 보고를 받은 YS는 이홍구 총리에게 성역 없는 수사를 지시하고, 귀국 후에는 "비자금이 아니라 부정축재라 생각한다. 부정축재는 범죄행위"라고 규정하면서 정부의 결연한 의지를 보였다.

노태우 비자금 문제는 DJ가 정계은퇴 2년 7개월 만인 95년 7월 18일 정계복귀를 선언하고 새정치국민회의(국민회의)를 창당하여 중국을 방문 중 자신도 지난 대선 때 노태우로부터 20억 원을 받아 정치자금으로 썼다고 밝히면서 일파만파로 확대되었다.

DJ와 국민회의는 야당후보인 자신에게 20억 원을 줬다면 여당후보인 YS에게는 얼마나 줬겠느냐고 공세를 폈다. DJ의 고백과 함께 JP자민련 총재의 100억 원 수수설이 나돌았다. 궁지에 몰린 여당은 DJ에 대해 20억+알파설을 제기하는 등 정국은 비자금 파동에 휩쓸렸다. YS는 노태우로부터 정치자금 수수를 끝내 함구했다.

검찰은 노 씨를 소환 조사한 데 이어 11월 1일 정태수 한보그룹 총회장의 소환을 시작으로 34개 재벌 그룹 총수와 기업인들을 소환하고, 노태우 동서 국회의원 금진호, 사돈 신명수 동방유량 회장, 동생 노재우 등을 불러 조사했다.

노태우는 11월 15일 제차 소환되어 다음날 구속영장이 발부되어 서울구치소에 수감되었다. 수감직전 "정치인들의 가슴에 있는 불신과 갈등을 모두 내가 안고 간다. 정치인들은 제발 이것을 계기로 화합과 이해와 협력의 새로운 정치문화를 만들어 달라."라고 말했다. 국민들 사이에서 '단군 이래 가장 큰 도적놈'이란 비난이 쏟아지고 있을 때 전직 대통령이 마치 구도승의 법문(法文) 같은 소리를 하여 다시 국민의 분노를 샀다. 노태우는 끝내 정치자금의 실상을 털어놓지 않고 감옥으로 들어갔다.

YS

특별법제정 지시, 전두환 구속

검찰은 12월 5일 대통령 재임 중 노태우가 36개 재벌그룹 총수로부터 모두 2838억 9600만 원의 뇌물을 받았다고 밝히고 특정범죄가중처벌법상 뇌물수수 혐의로 구속했다. 또 100억 원의 뇌물을 준 정태수를 구속하고 40억~150억 원의 뇌물을 준 대우 김우중, 동아 최원석, 삼성 이건희, 진로 장진호, 대림 이준용, 동부 김준기, 대호건설 이건 회장 등을 불구속 기소했다.

검찰은 노태우가 조성한 비자금 4500~4600억 원 중 3691억 원은 용처를 밝혀냈으나 800억~900억 원의 사용처는 밝혀내지 못한 채 재판에 회부했다. 최근(2016년 봄) 노태우 아들 노재현 씨가 대표적 조세회피처인 영국령 버진아일랜드에 페이퍼컴퍼니 7개를 설립한 것으로 드러나 관심을 모았다. 전두환의 장남 전재국 씨도 2004년에 같은 곳에 유령회사를 설립한 사실이 2013년 드러났다. 두 전직 대통령의 비자금일 가능성이 많다.

YS는 노태우가 구속된 후 11월 24일 민자당 강삼재 사무총장을 청와대로 불러 5·18특별법 제정을 지시했다. 5·18광주학살의 주범인 전두환을 겨냥하는 조처였다. 전씨 측은 물론 여당 내 민정계 의원들의 반발 속에서도 특별법 제정은 야당의 호의로 신속히 입법이 추진되었다. YS의 지침이다.

> 5·17 쿠데타는 국가와 국민의 명예를 국내외에 실추시킴은 물론, 민족의 자존심을 한없이 손상시켜 우리 모두를 슬프게 만들었다. 특히 국가 최후의 보루이자 조국과 민족을 지키기 위해 헌신해 온 선량한 군인들의 명예를 더럽혔다. 따라서 쿠데타를 일으켜 국민에게 슬픔과 고통을 안겨준 당사자를 처리하기 위해 나는 5·18특별법 제정을 계기로 이 땅에 정의와 진실, 법이 살아 있다는 것을 국민에게 보여주는 기회가 되도록 하겠다.[217)]

YS의 5·18특별법 제정 지시는 노태우 비자금 못지않은 충격카드였다. 정치 분석가들은 3당통합과는 또 다른 결단이었다고 평가한다. 11월 30일 검찰은 '12·12 및 5·

217) 〈경향신문〉, 1995년 11월 25일.

18특별수사부'를 설치하고 두 사건에 대해 전면 재수사에 들어갔다.

검찰이 12월 2일 전두환에 군형법상 반란 수괴 등의 혐의로 사전 구속영장을 발부하자 전 씨가 검찰 소환에 불응하겠다는 뜻을 밝히면서 이른바 '골목성명'으로 불리는 '대국민 담화'를 발표했다. "김 대통령이 취임 후 3년이 다 되어가는 시점에서 갑자기 나를 내란의 수괴라 지목해 과거 역사를 전면 부정하고 있다."면서 "이런 내란세력과 영합해온 김 대통령도 응분의 책임을 져야하는 것이 순리"라고, 김 대통령 해명을 요구하며 고향 합천으로 내려갔다.

검찰은 다시 구속영장을 발부받아 3일 새벽 합천에서 전 씨를 연행하여 안양구치소에 수감했다. 이로써 헌정을 짓밟고 광주학살과 천문학적 비자금을 조성한 두 전직 대통령이 거의 동시에 수감되었다. 전 씨는 구속 수감된 뒤 정부의 조처에 반발, 단식을 감행하다가 16일 만인 21일 경찰병원으로 이송되었다.

YS는 12월 12일 12·12사태 16주년에 즈음하여 "역사 바로 세우기야말로 국민의 자존을 회복하고 나라의 밝은 앞날을 여는 명예혁명"이라고 규정하면서 '대국민 담화'를 발표했다. 요지를 소개한다.

저는 대통령에 취임한 후 대화합을 이루어 국가 발전에 필요한 국민 역량을 결집하기 위해 지난 시대의 잘못을 용서하고 모든 것을 화합의 큰 그릇 속에 포용하고자 했습니다.

그리하여 지난 시대의 어두움을 역사의 심판에 맡기자고 국민 여러분에게 호소했던 것입니다.

여기에는 잘못을 저지른 당사자들이 당연히 국민과 역사 앞에 참회하고 용서를 비는 반성의 길을 걸을 것이라는 기대가 담겨 있었습니다. 그러나 이러한 국민의 기대는 물거품이 되었습니다.

전직 대통령의 상상을 초월하는 규모의 부정축재는 온 국민에게 엄청난 충격을 주었으며, 대외적으로 국가의 위신을 크게 손상시켰습니다.

또한 과거의 잘못에 대해 스스로 뉘우치고 용서를 빌기는커녕 오히려 역사를 되돌리려는 파렴치한 언행은 온 국민을 분노케 했습니다.

저는 전직 대통령의 권력형 부정부패 사건을 통하여 국민의 신뢰와 기대를 배반한 이 엄청난 범죄의 뿌리가 12·12와 5·17, 5·18에 이어져 있음을 확인할 수 있었습니다. 우리는 국민과 역사를 욕되게 한 이 같은 작태를 더 이상 국민화합이라는 명분으로 묵과할 수는 없습니다.

이 나라에 정의와 법이 살아 있음을 분명히 하고 진정한

국민화합을 이루기 위해 이제 잘못된 역사를 바로잡아야 합니다. 그래야만 지난 어두운 시대가 남긴 국민적인 아픔과 상처도 보다 근원적으로 치유될 수 있을 것입니다.[218)]

218) 김영삼, 앞의 책, 154쪽.

전두환 사형, 노태우 무기 선고

국회는 12월 19일 본회의에서 '5·18민주화운동 등에 관한 특별법' 등 관련 법안을 통과시켰다. 특별법은 12·12 군사반란과 5·18광주학살 그리고 5·17 헌정유린자들의 공소시효를 정지시킴으로써 내란 및 군사반란죄 등으로 처벌할 수 있게 되었다.

YS정부의 서울지검은 1995년 7월 18일 5·18범죄 사건에 대해 불기소 처분을 내린 바 있다. 불기소처분을 하면서 "1979년의 12·12군사반란으로 시발되어 1980년 5·18 광주학살 만행을 통한 정권탈취가 이미 성공한 내란으로서 그 자체가 새로운 공화국과 법질서를 창출하는 일련의 정치과정으로서 통치행위에 해당하는 초법적 행위에 속하기 때문이다."라고 이유를 댔다. 이른바 "성공한 쿠데타는 처벌할 수 없다."는 반문명적 법리해석이었다.

이에 대해 야당과 시민단체, 진보적 지식인들의 검찰의 비상식적인 처사에 반대하는 성명과 항의가 빗발쳤다. 그러던 검찰이 YS의 강력한 성명과 국회의 특별법 제정으로 태도를 바꾸어 전두환과 그 일당을 구속 기소하기에 이르렀다. 한국검찰의 무원칙성을 보여주는 대표적인 사례의 하나로 꼽힌다.

YS가 "성공한 쿠데타는 처벌할 수 없다."는 검찰의 태도를 묵인하다가 특별법의 제정을 통해 전두환 일당을 구속한 데 대해 한 언론의 분석이다.

> 김 대통령 5·18특별법제정 카드에는 정치적으로 몇 가지 의미가 담겨 있었다. 먼저 김 대통령 행보를 제약해온 5·17쿠데타 문제를 정면 돌파함으로써 3당합당의 업보를 모두 벗어버리겠다는 강한 의지다. 어차피 정치권 자체가 96년 4월의 15대 총선을 계기로 엄청난 변화의 소용돌이에 빠져들 수밖에 없는 상황에서 김 대통령은 노 씨 부정축재사건을 계기로 5, 6공과의 단절을 가시화하는 선택을 내렸다.
>
> 5·18특별법카드에는 또한 야권, 특히 김대중 총재의 '전유물'로 인식돼 왔던 5·17쿠데타에 대해 여권에서 해법을 제시함으로써 지역감정해소의 실마리로 활용하겠다는 뜻도 담겨 있음이 분명했다. 마지막으로 이런 선택이면

에는 대선자금을 둘러싼 여야의 첨예한 대립인 비자금정국을 원천적으로 희석시키겠다는 의도가 들어 있었다.[219]

1996년 12월 16일 정치군인들에 대한 1심에 이어 2심 판결이 내렸다. 12·12군사반란으로부터 16년 만이다. 전두환 무기, 추징금 2천2백5억 원, 노태우 17년 형, 추징금 2천6백28억9천6백만 원이 각각 선고되었다. 해가 바뀐 1997년 1월 16일 대법원은 피고인 전원에게 상고 기각 판결을 내림으로써 형이 확정되었다.

1심판결에서 전·노 등 반란주동자들에게 극형이 선고되었을 때 한 신문의 사설이 국민의 폐부를 찔렀다. 사설의 마지막 대목이다.

> 우리는 그동안 피고인들에게 이번 재판의 역사적 의미를 깊이 인식해서 과거의 과오를 시인하고 국민 앞에 사과하라고 거듭 당부해왔다. 그러나 최후진술에서 전두환 피고인은 "현실의 권력이 아무리 막강하다 하더라도 역사를 자의로 정리하고 재단할 수 없다."라고 맞섰으며, 노태우 피고인은 "역사는 바뀌지도 바꿀 수도 없으며, 평가나 심판의 대상이 될 수 없다."라고 주장했다.
>
> 지난 3월 11일 전두환·노태우 두 전직 대통령이 역사

219) 앞의 『동아연감』, 111쪽.

법정의 피고인석에 나란히 섰을 때 우리는 국민들이 느꼈을 법한 감회를 나름대로 짚어 본 일이 있다. 역사는 온갖 우여곡절과 기복이 있으나 결국은 올바른 길로 간다는 확신이 그것이다. 그러나 1심 선고공판을 지켜 본 오늘 우리는 다른 문제를 제기하지 않을 수 없다. 역사는 가만히 내버려두어도 제 갈 길을 가는가? 결코 그렇지 않다. 역사는 국민들이 만들어 나가는 것이며, 잘못된 역사도 결국은 그 책임이 국민에 있다.

30년 넘게 군사독재에 시달리는 가운데 많은 국민들이 독재와 맞서 싸운 끝에 성공한 쿠데타도 단죄된다는 사실을 체험하고 있다. 우리는 '역사를 바로 세우는' 엄청난 작업의 초입에 겨우 와 있을 뿐이다. 역사를 제대로 바로 세우는 작업은 지금부터다.[220]

220) 앞 〈한겨레신문〉, 1996년 8월 27일.

YS

OECD가입, 15대 총선 약진

다시 해가 바뀐 1996년, 집권 4년차가 되었다. 흔히 5년 단임제 대통령에게 4년차부터는 레임덕현상이 나타난다는 '마의 연대'에 접어들었다. 이 해에는 4월에 예정된 제15대 총선을 비롯하여 경제위기가 심화되는 등 국정현안이 산적해 있었다.

YS의 외교활동은 2월 24일부터 3월 4일까지 인도·싱가포르의 국빈방문에 이어 태국에서 열린 아시아·유럽 정상회의(ASEM)에 참석했다. 아시아 10개국과 유럽 15개국의 정상과 유럽연합(EU) 집행위원장이 참석하는 제1차 ASEM회의는 대단히 중요한 회의였다. YS는 아시아와 유럽의 협력과 관련 △다자간 자유무역체제강화 △상호보완성을 최대한 활용하는 경제협력 △민간기업 중심의 지역협력 촉구 등 3대 원칙을 제시했다.

또 9월 2일부터 16일까지 과테말라 · 칠레 · 아르헨티나 · 브라질 · 페루 등 중남미 5개국을 순방했다. 한국 대통령으로서는 처음인 중남미의 세일즈 외교였다. 주요기업인 42명이 동행하여 활동을 했다. 귀로에 미국 샌프란시스코에 들러 루스벨트재단이 수여하는 제1회 루스벨트 국제장애인상을 수상했다. 이 상은 수상국으로 선정된 나라의 국가원수에게 수여되는 것으로 상금 5만 달러는 장애인 복지사업에 활용키로 했다.

11월 20일부터 28일까지 필리핀에서 열린 아시아 태평양 경제협력체(APEC) 정상회의에 참석하고 베트남 하노이에서 도 무오이 공산당 서기장과 정상회담을 갖고 양국 간 경제협력 방안을 논의한 데 이어 우리 은행의 하노이지점 개설, 원자력협력 등에 합의를 보았다. 중국 · 일본 · 미국의 정상들과도 차례로 만나 연쇄 회담을 가졌다.

YS정부가 96년에 얻은 외교적 성과는 선진국 클럽인 경제협력 개발기구(OECD)에 가입한 것이다. OECD는 10월 11일 전체회의를 열고 29번째 회원국으로 한국의 가입을 결정했다. 한국정부가 가입을 신청한 지 1년 7개월만의 일이다.

OECD가입을 둘러싸고 국회비준 과정에서 야당의 반대로 진통이 따랐다. 국민회의와 자민련은 경제위기가 심화된 상태에서 OECD가입은 무리라며 가입 유보를 주장했으나 국회는 11월 26일 본회의에서 찬성 159, 반대 101, 기권 2표로 가입 비준동의안을 통과시켰다.

OECD가입의 시기상조 또는 반대론자들은 "정부가 OECD에 가입하기 위해 시장개방과 자본 자유화를 추진하였는데 그 과정에서 대규모 무역수지 적자가 발생하였다."라고 주장한다. "OECD가입을 추진한 1994년부터 가입이 실현된 1996년까지 2년 사이에 총외채는 520억 달러에서 1080억 달러로 급증하였다."[221] 1998년의 외환위기가 OECD의 조기가입과 이에 앞서 준비가 덜된 성급한 세계화 추진이었다는 비판이 학계에서 제기되었다. 정부의 OECD가입을 둘러싸고 외환위기 국면에서 한국경제에 '약인지 독인지'의 논란이 분분했다.

제15대 국회의원 선거가 1996년 4월 11일 실시되었다. YS정부에서는 전국 규모의 마지막 선거다. 예상과는 달리 좋은 성적이 나왔다. 1년여 전에 실시한 지자체 선거에서 참패한 신한국당은 지역구 121석, 비례 18석을 합쳐 139석을 얻었다. 국민회의는 79석, 자민련은 50석이었다. 국민회의가 부진한 것은 DJ의 신당창당으로 야권이 난립한 때문이다.

221) 강준만, 『나의 정치학사전』, 인물과 사상, 2005, 680쪽.

신한국당은 원내과반 의석(150석) 확보에는 실패했으나 정부의 각종 실정과 대형사고로 인한 민심이반 상태에서는 큰 성과였다. 무엇보다 서울지역에서 27석을 얻어 국민회의의 18석을 따돌렸다. 전통적으로 야세가 강한 서울에서 여당이 압승한 것은 이변으로 평가되었다.

15대 총선은 한때 정계 2선으로 물러나 있던 DJ와 JP가 정계일선으로 복귀하면서 '신3김 시대'를 연출하게 되었다. DJ는 국민회의 전국구후보 15번에 올렸다가 원내진출은 좌절되었으나 막강한 79석의 제1야당 총재가 되어 복귀하고, JP는 YS정권에서 '찬밥신세'를 면치 못하다가 이탈하여 자유민주연합(자민련)을 창당하여 50석의 총재로 화려하게 부활했다. 이른바 '신3김 시대'의 개막인 셈이다.

신3김 체제에서 YS정부는 선거법 위반과 개인적 약점을 빌미로 자민련 당선자 영입 등 고사작전을 폈다. 이것이 역효과를 불러와 DJ와 JP의 연대구도가 형성되었다.

YS는 96년 한 해 동안 두 차례 개각을 단행했다. 8월 8일 개각은 경제활성화의 명분아래 경제팀을 중심으로 이뤄졌다. 나웅배 부총리가 퇴장, 한승주가 부총리로 입각하고 구본영 경제수석 대신 이석채를 앉혔다. 이외에 정보통신부장관 강봉균, 보건복지부장관 이성호, 해양수산부장관 신상우, 정무2장관 김덕룡이다.

YS

IMF 사태와 관련 여러 가지 원인 분석이 따랐다. 대책도 준비도 안 된 상태의 세계화, 비슷한 경우의 자본자유화, 정부의 무능한 경제 관리, 대기업 사주들의 졸부근성 등이 지적되었다. IMF는 자본의 '시장경제체제'를 더욱 강화시키고 '노동시장 유연화'라는 명분 아래 비정규직과 기업의 '손쉬운 해고'를 불러왔다. 한국 경제의 가장 부정적인 요인이 이때 뿌리를 내리게 되었다.

제6장

국정개혁 성취와 좌절의 연대기(4)

YS

청빈한 사생활 칼국수 즐겨

YS의 실생활은 매우 검소했다. 청와대 생활도 다르지 않았다. 특히 칼국수를 좋아하여 외국인 방문객의 경우는 달랐으나 국내 인사들의 청와대 식사는 칼국수와 설렁탕이 메뉴였다. 청와대 칼국수는 국산 밀에 콩가루를 약간 섞어 만들기 때문에 맛은 구수하지만 끈기가 없었다고 한다.

1994년 7월 9일 12시 청와대 오찬장, 이날 김일성 사망 뉴스가 전하던 시각이다. 한 보좌관의 기록을 통해 YS와 청와대 수석들과의 식사 풍경을 알아본다.

> 국무회의가 끝난 뒤 대통령 주재로 김덕 안기부장, 이병태 국방부 장관, 박관용 비서실장, 정종욱 안보수석비서관,

공보수석비서관인 필자 등이 모여 만찬을 들며 밤 9시까지 사태를 분석했다. 이날 만찬은 평소와는 달리 설렁탕에 김 대통령의 '특별 지시'로 수육 5점이 추가되었다. 이것이 청와대에서 내가 본 일천일까지의 식생활이었다.

나는 가끔 외부 인사들로부터 "김 대통령 칼국수로 건강을 어떻게 유지하느냐?" "간식을 하지 않느냐?!"라는 질문을 듣는다. 내가 본 김 대통령은 소식을 하고 특별한 간식도 하지 않는다. 외국 여행 중에 만찬 등으로 체중이 불고 몸이 약간 둔해지면 칼국수 한 그릇도 다 들지 않고 덜어 놓으며, 조찬 식사 양도 줄이는 등 일정한 체중 유지에 각별한 신경을 썼다.

김 대통령은 두 달에 한 번 정도로 청와대 수석들과 외부 음식점에서 회식을 했다. 조그마한 한정식집, 횟집 등이 대부분으로 평범한 중산층 시민들이 하는 정도의 검소한 회식이었다.[222]

박정희·전두환·노태우 등 군 출신 대통령들이 청와대 주변에 여러 채의 안가(安家)를 만들어 놓고 주색을 즐긴 데 비해 YS는 청절한 모습을 보이고 검소한 식생활을 유지했다. 물론 예외는 있었다.

---

222) 주돈식, 앞의 책, 103쪽.

김영삼 대통령은 종종 강남 방배동에 있는 사돈집에 들러 스트레스를 풀었다고 한다. 사돈 김웅세 씨는 당시 롯데월드 사장으로 김현철 씨의 장인이다. 저녁 일정이 끝난 뒤, 몰래 방배동 사돈집을 방문하여 개고기를 먹기도 하고 때로는 거나하게 취하기도 했다.

김 대통령 또 역대 대통령 가운데 청남대를 가장 자주 이용한 것으로 알려졌는데, 기분이 나면 지하 노래방에서 마이크를 잡고 애창곡을 연달아 뽑기도 했다고 한다.[223)]

YS가 칼국수를 먹으며 '청렴'을 강조하고 있을 때 차남과 측근들의 비리, IMF 환난이 움트고 있었다. '신선놀음에 도끼자루 썩는 줄 모른다.'는 격이다. 한 언론인의 진단이다.

94년 말 롯데호텔 지하 일식집 벤 케이에서 김만재 포항제철 회장과 필자를 비롯한 언론계 고위 인사들이 오찬을 같이 했다. 당시는 과거 비리 척결을 밀어 붙이던 김영삼 정부의 위세가 하늘을 찌르던 시기였다. 그러나 불행하게도 동시에 '소통령' 김현철을 중심으로 한 사조직의 전횡과 부패가 독버섯처럼 퍼져나가던 시기이기도 했다.

벤 케이 모임에 참석했던 한 관계자는 당시 정치권에 만

223) 최진, 『대통령 리더십』, 나남. 2003, 116쪽.

연했던 부패를 언급하며 “재앙으로 자라나고 있는 것 같아.”라는 말을 했다. 무심결에 한 이 말은 그로부터 3년 뒤 IMF(국제통화기금) 사태가 발발하면서 적중했다. IMF사태는 YS정권 초기부터 권력의 음지에서 싹이 트기 시작했던 것이다.[224]

224) 손광식, 『한국의 이너서클』, 중심, 2002, 143쪽.

YS

임기 말, 대선자금 폭로

김영삼 대통령의 임기 말은 불행했다. 역대 대통령들이 다 비슷했지만 '87년 체제'의 두 번째 대통령, 첫 문민대통령으로서 불행한 말년이 되었다. 차남 현철 씨의 국정농단, 자신이 국무총리에 임명했다가 밀려난 이회창의 신한국당 대표 선출, 점차 밀려오는 경제위기, DJP연합으로 강화된 야권의 공세, 96년 말 노동법 날치기로 인한 노동계의 극심한 반발, 이회창 후보와의 갈등과 신한국당 탈당, 자신이 밀었던 이인제가 신한국당 경선에서 패배하고 국민신당 창당 등 거센 파고가 동시다발적으로 일어났다.

차남의 국정농단은 정부출범 초기부터 정관가에 나돌았다. 인사에 개입하고 각종 비리에 관여한다는 것이다. '소통령'이라는 닉네임까지 나돌았다. 마침내 차남이 1996년 5월 17일 특가법상 알선수재 혐의와 조세포탈 혐의로 서울구치소에 구속 수감되었다. 김 씨는 정태수의 한보비리 등에 연루되어 구속됨으로써 현직 대통령의 아들이 구속되는 첫 기록을 세웠다. YS는 이와 관련 대국민 사과 발언을 하지 않을 수 없었다.

김현철의 구속영장 전문에는 두양그룹 회장 김덕영의 청탁에 의한 대가로 매월 6천만 원씩 20회에 걸쳐 12억 원을 받았고, 그 뒤 1995년에도 3억 원 등 15억 원을 받았으며, (주)대호건설 부사장 이성호로부터는 26회에 걸쳐 17억 2천만 원을 수수하는 등 알선수재액이 32억2천만 원에 달하고, 그 외 우성그룹 부회장 최승진으로부터 1억 8천만 원, 신성그룹 회장 신영환으로부터 6억 원, 한솔그룹 부회장 조동민에게서 15억 5천만 원, 대동주택 곽인환에게서 10억 원 등을 교부받았다. 결국 33억 3천만 원의 증여에 대한 13억 5천만 원의 세금포탈혐의와 두양, 대호로부터 받은 32억 2천만 원의 알선수재혐의로 검찰에 구속되었다.[225]

YS는 93년 6월 '공직자윤리법'을 개정하고, 이 법에 따라 공직자의 재산공개와 등록이 의무화됨으로써 2만 1717명이 등록하고 이 중 고위직 710명이 재산을 공개했다. 이에 따라 부동산 투기·부정축재자 등 214명이 공직을 사퇴

225) 〈동아일보〉, 1997년 5월 31일.

했다.

94년에는 공직자윤리법과 시행령을 재개정하여 검찰·경찰·세무공무원 등 중하위직까지 재산등록 대상에 포함시켰다. 이로써 공직사회가 어느 정도 깨끗해지고, 이후 국회청문회 제도가 도입되어 고위공직자들의 도덕성과 부패비리를 검증하는 제도가 마련되었다.

YS는 취임 초 일체의 정치헌금을 받지 않겠다면서 수차례 깨끗한 정치풍토 조성과 청렴한 공작기강 확립을 천명했다. 그리고 자신의 재산을 먼저 공개하는 수범을 보였다. 하지만 곧 측근 비리로 발목이 잡히고 말았다.

장학노 청와대 제1부속실장이 30대 재벌급에 속하는 기업인과 정치인 등 150여 명으로부터 27억 6천만 원의 뇌물을 받은 것이 폭로되어 파면되었다. 또 1992년 대선 당시 노태우로부터 YS의 측근이 대선자금으로 3000억 원 대의 자금을 수수한 것으로 언론에 보도되면서 도덕성에 타격을 입었다. 대체로 92년 대선 당시 민자당이 1조원 이상의 정치자금을 쓰고, 잔금 132억 원을 김현철이 ㈜심우대표 박태중을 통해 관리해 온 것으로 알려졌다.[226]

1997년 5월 '국회IMF 환란조사 특위'의 한보청문회 과정에서 자민련의 이건개 의원이 "지난 92년 대선 당시 YS

226) 허형택, 『한국의 정치와 정치 자금』, 세종출판사, 2002, 325쪽.

와 그의 측근들이 113개 기업으로부터 5억~800억 원의 정치자금을 받았다."[227]라고 밝히면서 구체적 정황을 폭로하여 파란을 일으켰다. YS는 5월 30일 92년 대선에서 "막대한 비용이 사용된 것은 잘못이다."라고 '포괄적인 사과'를 하고 다시 정치개혁을 촉구했다.

227) 앞의 책, 326쪽.

'소통령' 비리로 얼룩진 청렴

김 대통령의 차남은 '소통령' 으로 불리면서 정관계에 널리 회자되었다.

문민정부 5년 동안 실로 김현철과 관련된 의혹은 정부인사 개입이나 군인사 개입, 청와대비서실에 특정인사 추천, 4·11총선 공천 개입, YTN언론사 인사개입 등 국정개입 의혹과 지역민방 선정, 제2이동통신사업자 선정, 대호건설 고속도로 휴게실 운영권 개입 등 이권개입 의혹, 그리고 대선자금과 관련된 의혹, 사조직의 운영과 그에 따른 운영자금 의혹, 한보특혜대출 개입과 2천억 원 리베이트 수수 의혹 등 일일이 헤아릴 수 없을 정도로 일어났었다.[228]

---

228) 〈동아일보〉, 1997년 4월 26일.

YS는 유난히 차남을 아꼈다. 야당시절 각종 탄압을 받을 때부터 대내외의 '밀사' 역할을 하여 믿음을 주었다. 성격도 차분하고 치밀해서 부자간에 조화를 이루었다. 한 연구가의 진단이다.

> 김영삼 대통령은 특유의 강력한 플러스 리더십을 발휘하여 하나회 척결, 전두환·노태우 구속, 금융실명제 실시 등 감히 누구도 하기 어려웠던 일들을 정면으로 해치웠다. 문민정부 시절 김영삼 대통령의 최측근 참모는 사실 차남인 현철 씨였다. 두 사람은 비록 부자지간이었지만, 각각 플러스·마이너스형의 보완관계로서 잘 들어맞았다.
>
> 아버지가 치고 나가는 공격형이고 선동가형이라면, 아들은 치밀하게 계획하는 방어형이자 행정가형이었기 때문에 현철 씨는 아버지의 결점을 뒤에서 소리 없이 보완할 수 있었다. 만약, 현철 씨가 매사에 능동적이고 감정적 플러스형이었다면 일찌감치 같은 플러스형인 아버지와 충돌했을 것이다.[229]

김 대통령 임기 마지막 연도인 1997년 1월 25~26일 일본 벳푸에서, 하시모토 류타로 일본 총리와 정상회담을 갖고 2002년 월드컵 공동개최의 성공을 위한 한일축구정기

229) 최진, 앞의 책, 372쪽.

전 부활, 비자발급제도 개선 등에 합의했다. 이에 앞서 1월 21일 노동계의 파업이 확산되자 김대중 국민회의 총재, 김종필 자민련 총재, 이홍구 신한국당 대표와 청와대에서 회동하고 노동법과 안기부법을 국회에서 재론키로 합의했다.

YS는 6월 23일부터 열린 유엔환경특별총회에 참석하기 위해 뉴욕을 방문하여 7개국 정상들과 연쇄회담에 이어 마지막 날인 27일에는 빌 클린턴 미국대통령과 정상회담을 가졌다. 한·미 간의 대북공조체제 유지, 4자회담 예비회담에 대한 공조전략에 합의했다. 또 11월 24~25일에는 캐나다 밴쿠버에서 열린 에이펙(APEC)정상회담에 참석한 데 이어 장 크러티앵 캐나다 총리와 정상회담을 갖고 한국의 IMF의 환난 극복을 위해 협조를 요청했다.

초대 이승만부터 한국의 역대 대통령은 '외교는 귀신 내정은 등신'이라는 은어가 전한다. 국내 언론의 화려한 조명을 받으면서 벌인 정상외교활동은 그 실속과는 상관없이 국민에게 그럴듯하게 포장되기 마련이다. 군사독재자들은 외국 원수들과의 정상회담을 통해 정통성을 확인하고자 했고, 문민정부 대통령들은 내정의 실패를 외교로 카무플라주(불리하거나 부끄러운 것을 드러나지 아니하도록 의도적으로 꾸미는 일' 의 잘못)하려고 했다. 이명박·박근혜의 잦은 외국 나들이도 이와 다르지 않았다.

YS의 외교활동은 군사독재 국가의 부정적 이미지를 희

석시키는 데 많이 기여했다. 민주화운동의 전력으로 방문국 언론의 조명을 받기도 하고 이를 바탕으로 우호선린 관계를 비롯하여 경제협력 관계의 증진에도 도움이 되었다.

YS는 임기 마지막 시점인 97년 10월 22일 검찰이 'DJ 비자금 사건' 수사를 대선 이후로 연기하겠다고 밝힌 직후 이회창 신한국당 후보가 탈당을 요구하자 자신은 이에 관여하지 않았다며 탈당을 거부했다.

그러나 신한국당과 국민회의 측이 청와대가 이인제 국민신당을 지원하고 있다고 공세를 취하자 11월 7일 '대선공정' 관리와 '국정수행 전념'을 이유로 신한국당을 탈당했다. 대통령이 자신이 만든 정당에서 탈당한 것은 노태우에 이어 두 번째로 YS는 당시 신한국당 명예총재였다.

> 내가 만든 당이고, 이회창 씨야말로 내가 만든 후보이고 총재였다. 대통령이 행정부의 수반으로서 선거관리를 철저히 하되, 한편으론 당적을 가지고 대선을 치르는 것은 책임정치의 필수 요소라는 것이 나의 한결같은 신념이었다. 하지만 이회창 씨와 그의 주변 인사들이 포항에서 벌인 행동을 보면서 나는 모든 정(情)이 다 떨어졌다.
>
> "이 당이 정말 내가 만든 당인가. 이 사람이 정말 내가 발탁해 국무총리를 시키고, 대통령 후보에 당 총재까지 넘겨준 사람이 맞는가. 정말 정치인이 이래도 되는 것인가"

인간적인 배신감이 뼈저리게 느껴졌다. 나는 이회창 씨와 신한국당에 대한 모든 미련을 다 털어버렸다. 11월 7일 김용태 비서실장을 통해 탈당 선언을 발표하라고 지시했다.[230]

---

230) 김영삼, 앞의 책, 348쪽.

YS

제2국치 IMF환난 닥쳐

모든 생명체가 그러하듯이 권력도 부침이 따르기 마련이다. YS는 오랜 민주화투쟁에 이어 30여 년의 군부독재를 끝장내고 문민정부의 화려한 테이프를 끊으면서 등장했다가 인사난맥과 여러 가지 경제실책으로 제2의 국치라는 IMF외환위기를 맞게 되었다. 한 언론은 YS 시대의 의미를 다음과 같이 유려하게 부여했다.

> 93년 2월 25일 김영삼 정부는 급격한 전환상태에서 출범했다. 개항 100년, 건국 50년의 시점을 통과하는 연대기적 상징성이 있었고, 동서 냉전질서의 급속한 해체로 인한 체제블록의 해체와 함께 정보통신기술의 혁명적 발전 등으로 '지구촌화'가 급전진하는 시점이었다.
>
> 김영삼 정부가 권위주의 정권하에서 생성된 왜곡된 가치

관과 도덕성의 위기를 청산하고 새로운 한 시대의 개막을 준비하는 절체절명의 시대적 사명을 부여받았다고 자임한 것도 이러한 시대적 상황 때문이었다. 물론 박정희정권 이래 처음 탄생한 '문민정권'이라는 자부심도 작용했다.

김영삼 대통령은 이에 따라 취임사에서부터 변화와 개혁을 통한 '신한국 건설'을 주창했다. 김 대통령에 이어 신한국 건설의 구체적 방향으로 ① 정상화를 위한 개혁, ② 21세기 준비를 위한 개혁, ③ 삶의 질 향상을 위한 개혁을 단계적으로 제시하며 정치·경제·사회 각 부문의 개혁을 시도했다.[231]

97년 초부터 경제위기를 알리는 경보음이 울리기 시작했다. 하지만 YS정부 경제팀은 근거 없는 낙관론으로 경보를 무시했다. 일부 언론이 여기에 장단을 맞췄다. YS는 원래 경제와는 담을 쌓은 정치인이다.

김영삼은 정치에는 귀재였지만 경제에는 문외한이나 다름없었다. 모르면서도 나서는 것이 더 큰 문제였다.

대통령이 경제를 모르면 참모라도 제 구실을 해야 하는데 불행히도 그렇지 못했다. 그들은 대통령의 뜻을 좇는데만 급급했던 것이다. 그때 유행했던 복지안동이라는 말이

231) 『동아연감』, 1998년 판, 49쪽.

이를 말해 준다. 그러다 보니 경제논리가 실종되고 정치논리가 춤을 출 수밖에 없었다. 더구나 승부사 김영삼에게는 머리 아픈 경제보다 과거와의 전쟁이 더 신명나는 일이었다. 그래서 역사 바로 세우기에 국정 에너지를 탕진하다시피 했다. 이것이 환란이 일어난 근본 이유이다.

만약 김영삼 정부가 출범 초부터 한건주의의 조급증을 버리고 경제논리에 충실했더라면 환란만은 피할 수 있었을 것이다.[232]

다수의 전문가와 언론이 경제위기를 진단하고 있었다. 그러나 〈조선일보〉는 97년 3월 8일부터 '한국경제 위기 아니다'라는 기사를 내보내는 것을 시작으로 내내 경제위기 가능성을 부정했다. 9월 11일자는 "한국경제, 대기업 부도 견딜 수 있다."라고 했고, 9월 18일자도 "한국경제 위기 아니다."라고 했다.[233]

경제위기는 정관계 유착비리의 종합세트격인 한보철강의 부도사태로부터 시작되어 97년 3월 재계 순위 26위의 삼미, 4월 진로그룹, 5월 한신공영, 7월 기아그룹, 10월 쌍방울·바로크가구·태일정밀, 12월 한라그룹 등 12개 재벌급 회사가 차례로 도산했다.

232) 김호진, 앞의 책, 358~359쪽.
233) 최용식, 『경제 역적들아 들어라』, 자인, 2001, 65~66쪽.

특히 재계 8위이던 기아의 도산사태는 경제위기로 흔들리는 한국경제에 결정적인 강펀치가 되었다. 12개의 기업 도산은 계열사의 연쇄부도로 이어지고 재계를 주도해온 삼성·현대그룹의 대규모 조직 감축과 투자규모 축소를 불러왔다.

기업의 부도 사태는 금융시장의 붕괴로 이어지고 주가폭락으로 막대한 손실을 입은 외국인 주식투자자들이 환차손마저 입게 되자 한국을 떠나기 시작했고 금융시장은 주가폭락과 환율급등의 악순환이 가속돼 하루가 다르게 붕괴되어 갔다. 9월 말까지 국내 25개 일반은행과 6개 특수은행이 이자를 못 받거나 원금을 떼이게 된 무수익 여신은 무려 28조 원이 넘었다.

실업자가 쏟아지고 크고 작은 회사와 가게가 문을 닫고 가정이 붕괴되고 자살자가 속출하는 등 경술국치 이래의 경제위기가 도래했다. 정부를 원망하는 소리가 세상을 덮었다.

YS

내외의 엄격한 평가

한국에 온 미셸 캉드쉬는 가히 신판 총독이었다. 역사적으로는 일제강점기의 조선총독, 미군정기의 점령군사령관에 이어 경제 총독이었다. 원래 프랑스 출신의 관료이던 그가 IMF총재로 부임하고, 전후 세 차례 한국을 방문하여 구제 금융을 지원하는 조건으로 대통령과 주요 대통령 후보들에게 각서를 요구하는 등 '총독'의 모습을 여과 없이 과시하였다.

캉드쉬는 가는 곳마다 한 손엔 구제금융을, 다른 한 손엔 구제금융의 조건으로 '공기업 민영화', '자본 자유화', '노동시장 유연화' 등과 같은 카드를 들고 미국 월가(街)와 투기 자본가들의 입맛에 쏙 드는 말만 늘어놓았다. 그가 처방을 내리고 간 곳에서는 예외 없이 실업자가 대량 생산됐으며, '20 대 80'으로 정의되는 부익부 빈익빈 현상의 검은 그림자가 드리워졌다. 구제금융을 신청한 국가에게 그는 '저승사자'나 다름없는 존재라는 일각의 비판은 그런 문제에서 연유된 것이었다.[234)]

IMF 사태와 관련 여러 가지 원인 분석이 따랐다. 대책도 준비도 안 된 상태의 세계화, 비슷한 경우의 자본자유화, 정부의 무능한 경제 관리, 대기업 사주들의 졸부근성 등이 지적되었다. IMF는 자본의 '시장경제체제'를 더욱 강화시키고 '노동시장 유연화'라는 명분 아래 비정규직과 기업의 '손쉬운 해고'를 불러왔다. 한국 경제의 가장 부정적인 요인이 이때 뿌리를 내리게 되었다.

IMF 사태는 한국경제와 국민의 생활에 큰 타격을 가져오고 YS에게도 치명적인 타격이 되었다. 취임과 더불어 공직자 재산공개, 권위주의 청산, 하나회 해체, 깨끗한 정치와 지자제(단체장) 실시, 사정(司正)과 역사 바로 세우기, 금융실명제 등 금융개혁, 미·일과의 우호협력 관계 강화, 중국을 9차례 방문하는 등 중·러와의 우호관계, 증권, 행정개혁, 사법개혁 등 많은 업적을 남겼다.

하지만 인사실패, 국회 날치기, 정치자금 투명성 실패, 차남과 측근비리 등 실패와 과오도 적지 않았다. 무엇보다

---

234) 강준만, 『나의 정치학 사전』, 인물과 사상, 2005, 683쪽.

경제위기를 막지 못한 것은 큰 실책이다.

〈뉴욕타임즈〉가 YS에 대한 분석 기사를 실었다.

김영삼 대통령의 비극

한국의 최고 권력자인 김영삼 대통령이 한국 경제위기의 장본인으로 지목되고 있는 점은 참으로 안타깝다. 그는 지난 수십 년간 독재정권하에서 민주화투쟁에 앞장섰던 인물이다. 지난 여름 설문조사에서 한국의 대학생들은 그를 가장 '복제하고 싶지 않은 인물'로, 반면 독재자 박정희 전 대통령을 '가장 복제하고 싶은 인물'로 응답했다.

김 대통령 취임 초 90%에 이르던 지지의 상당 부분을 잃어버렸다. 연이는 부패사건과 국가부도사태를 맞아 전혀 지도력을 발휘하지 못하고 있다는 인식 때문이다. 비난이 그에게 집중된 시기는 IMF 사태를 맞은 최근 몇 달이다. 한 주부(37)는 "일개 가정주부도 가계를 어떻게 꾸려야 하는지를 아는데 우리네 지도자들이 나라경제를 이 모양으로 만든 것은 이해할 수 없다."며 그를 대통령으로 선출한 것을 후회했다. 일부에서는 대통령의 권한을 조기에 이양하라는 주장까지 제기되고 있다. 김 대통령은 오늘날의 상황을 받아들이기 힘들 것이다. 김 대통령은 금융실명제를 실시해 재벌과 정치권의 불법거래 고리를 끊었다. 후일 자신의 차남이 구속되는 상황을 맞았지만 김 대통령의 그러한 반부패운동은 그의 치적 중 하나임이 분명하다. 그러나 현실은 김 대통령 편이 아니었다. 집권당 대통령 후보는 당명을 변경해 자신은 여당후보가 아니라고 강변했다. 김 대통령 밑에서 국무총리를 지낸 이홍구 씨는 "김 대통령은 너무 인기에 연연한 나머지 원칙에 입각한 리더십을 발휘하려 하지 않은 것이 문제의 시작이다."라고 말했다.

그는 또 "과거엔 이 정도의 혼란이면 군부의 쿠데타 기도에 촉각을 곤두세워야 했다."면서 "김 대통령의 정치적 민주화 업적은 평가돼야 한다."고 덧붙였다.

많은 사람들은 훌륭한 야당 지도자가 대통령이 된 이후 인기에 연연하다 지탄의 대상이 된 것을 비극으로 받아들이고 있다. 나종일 경희대교수는 "만일 김 대통령이 집권에 실패해 대통령이 아닌 정치 지도자로만 기억됐다면 그는 성공한 정치인으로 평가됐을 것이다."라고 말했다.[235)]

YS정부의 경제환난은 한국경제와 국민생활에 엄청난 타격을 입혔다. 이와 함께 〈뉴욕타임즈〉가 지적한대로 박정희를 '복제하고 싶은 인물'로 끌어오는 반작용을 불러왔다. 뒤에 다시 쓰겠지만 박정희의 딸 박근혜가 집권하여 민주주의 후퇴, 경제침체를 가져오면서 YS에 대한 재평가

235) 〈뉴욕타임즈〉, 1997년 12월 22일.

가 나타난 것은 역사의 아이러니가 아닐 수 없다.

대통령자문정책기획위원회 행정개혁위원회 위원, 한국정치학회 상임이사 등을 지낸 정치학자 김석준 교수는 『현대 대통령연구(1)』에서 김 대통령 정치행태를 여섯 가지로 분석한다. 첫 번째 내용이다.

> 김영삼 대통령의 경우는 문민정부의 대통령이면서도 민주적 지도자로 평가되기보다는 권위적인 지도자로 평가된다. 그 이유 중 가장 큰 원인이 의사결정의 폐쇄성과 비공개 성향을 들 수 있다. 정보 수집 및 결정과 관련하여 김 대통령에 대해서 다양한 원천에서 많이 듣지만 결정은 독자적으로 한다는 것이다(이강으로, 1993). 중요 문제에 대해 토론을 통한 집단적 결정이 거의 없으며 국민에 대한 관념도 계몽적인 성향을 가지고 있다. 이종범(1994)은 이러한 특성을 바탕으로 김 대통령이 제한된 의미의 민주주의자이며, 권위주의적이고 엘리트주의적이며, 이분법적 사고를 많이 하며, 비공개 성향이 강하고 초법적인 성향을 가지고 있는 권위적 민주주의자로 규정하기도 했다.[236]

셋째 부문도 적절한 지적이 담긴 것 같아 소개한다.

236) 김석준, 『현대 대통령연구(1)』, 대명문화사, 2002, 240쪽.

김 대통령은 금융실명제, 공직자 재산공개, 정치자금법 제정 등 주로 국내문제 특히 개혁에 치중하는 대통령이었다. 그러나 이러한 개혁은 체계적이기보다는 대통령의 결단에 의해 단발적으로 이루어졌다. 이로 인해 금융실명제와 같은 개혁은 제도화과정에서 많은 유보 조항들을 남기고 말았다. 우루과이라운드협상, OECD가입, 북한 핵문제 등 외교 문제도 많이 있었으나 국내 문제만큼 인상적인 결과를 낳지는 못했다.[237]

---

237) 앞의 책, 241쪽.

나는 한 때를 살기 위해
영원히 죽는 길을 택하지 않고
한 때는 죽는 것 같지만
영원히 사는 길을 택하겠다.

6부

거산의 그림자는 크고 넓으나

: 퇴임에서 서거까지

YS

역사는 가끔 기막힌 반전을 불러온다. 김영삼 대통령의 경제실패로 외환위기(IMF)를 맞았을 때 박정희의 유령이 경제발전이란 망토를 입고 부활했다. 20여 년 뒤 박정희의 딸 박근혜가 민주주의를 퇴행시키면서 역대 대통령 평가 여론에서 꼴찌 수준을 맴돌던 김영삼의 민주화 업적이 화려하게 재조명되었다.

역사 속으로 걸어간
'민주주의의 수호자'

YS

IMF환난의 뒤안길

YS의 임기 말에 닥친 IMF 한파는 혹독했다. 경술국치 이래의 국치 혹은 6·25 이래의 국난이라 불리면서 크고 작은 회사에서 부도가 속출하고 자살자·노숙자·생계형범죄·이혼가정·휴학생 등 한국사회는 일대 파국상태를 불러왔다. '아시아의 네 마리 용'으로 불리던 한국은 구제금융에 생존을 의탁하는 '국제거지' 신세로 전락했다.

외신은 한국인들이 생활고로 매일 25명 씩 자살하고 있으며, 절도는 98년 1~2월에 50%나 늘어났는데 이 중 상당수 사람들이 초범인 'IMF형 범죄'라고 보도했다.

그런 비참한 실상은 부도기업의 수에서도 나타났다. 96년엔 1600개이던 것이 97년 1만 7200개, 98년 1~5월 사이에 1만 7000개가 부도났다. 주가의 하락과 이자율과 환율의 급등은 기록적이었다. 97년 12월 종합주가지수는 350.7까지 내려갔다. 96년 말 12.6%였던 이자율은 97년 12월 23일 31.1%까지 뛰었다. 96년 말 1달러에서 844원이던 환율은 97년 12월 24일 1965원까지 갔고, 98년 8월 1300원대를 유지했다. 외국 언론들은 한국의 기업 바겐세일을 즐기기 위해 "돈 있는 사람들이 서울로 몰려가고 있다."고 보도했다.

98년 9월 실업자 수는 157만 명, 실업률은 7.3%였지만, 실업자 수는 국제적 기준으로 따지면 최소 200만에서 최대 400만 명으로 추정되었다. 98년 1인당 국민소득은 7년 전인 91년의 6400~6700달러 수준으로 후퇴했다. 거리엔 노숙자가 나타나면서 한국사회 전반에 불안의 그림자가 드리워졌다.[238]

경제 환난에 직면한 YS는 구제금융을 신청하는 길뿐이었다. 그리고 임창렬을 재경원장관에 임명하여 환난극복을 맡겼다. 하지만 이미 터진 저수지의 둑은 더욱 세차게 무너져 내렸다.

11월 14일 아침 나는 강경식 경제부총리에게 미셜 캉드쉬 IMF총재를 즉시 비밀리에 서울로 불러 교섭에 착수하

238) 강준만, 『한국현대사 산책 - 1990년대편 3권』, 인물과 사상사, 2006.

라고 지시했다. 강경식 부총리는 직접 쿠알라룸푸르에 머물고 있던 캉드쉬 총재를 찾아가겠다고 했으나 그렇게 될 경우 보안이 샐 우려가 있었다. 만약 IMF와의 협상이 언론에 노출될 경우, 국내 금융시장은 엄청난 소용돌이에 휘말리게 되고 국가 경제는 공황상태에 빠질 가능성이 높았기 때문에 신속하면서도 극도의 보안 속에서 교섭하는 것이 중요했다.

11월 16일 강경식 부총리와 이경식 한은총재 등은 극비리에 서울에 온 캉드쉬 IMF 총재와 인터콘티넨탈 호텔에서 만나 협상을 시작, 지원규모 300억 달러 등에 합의했다. 통상 한 달 이상 소요되는 협상 기간을 단 하루 만에 성사시킨 것이다.[239)]

정부의 구제금융 요청으로 한국 경제는 IMF의 관리에 놓이게 되었다. 경제식민지라는 부끄러운 사태가 현실로 나타났다. 96년까지 7~9%이던 경제성장률이 98년에는 마이너스 7%로 떨어지고 2~3%이던 실업률은 9%로 치솟았으며 거리에는 실업자로 넘쳤다.

한국(인)의 특장 중의 하나는 위기에 혼연일체가 되는 국민성이다. IMF가 닥치자 국민은 금 모으기 운동에 발 벗고 나섰다. 소수의 재벌·특권층에서 금붙이와 달러를 해외로

---

239) 김영삼, 앞의 책, 354쪽.

빼돌리는 등 매국적 행위가 없지 않았으나 다수 국민은 환난을 맞아 1907년의 국채보상운동을 방불케 하는 금모으기운동을 전개하였다.

YS정부가 진 총외채는 1500억 달러였다. 당시 국민총생산(GDP)의 37%에 달하는 금액이다. "각 가정의 장롱 속에 있던 금붙이가 대기업들의 금고로 몰리고 있다. 5일 업계에 따르면 대우는 주택은행, 고려아연 등과 함께 금 모으기 운동을 벌여 최근 이틀 동안, 1465명으로부터 금반지, 행운의 열쇠 등 99.27kg의 금을 모았다. 삼성물산은 지난달 31일 종무식 현장에서 503명의 직원들로부터 10.3kg의 금을 수집했다."[240]

금 모으기 운동으로 모은 금은 16만 4543.9kg으로 달러화로 환산하면 대략 20억 달러에 이르렀다. 이 운동이 추진된 지 한 달여 사이에 243만 2129명이 참여하여 성취한 결과였다. 시민들은 당시 인기 외화인 '타이타닉'을 보지 말아야 한다는 운동을 전개했다. 소중한 달러가 외국영화 때문에 해외로 유출된다는 이유였다.

YS를 20년 취재한 한 언론인은 그를 퇴임직전 청와대에서 만났다.

240) 〈경향신문〉, 1998년 1월 6일.

김영삼 정권 말 그와 만났다. 초승달 같은 눈에서 뿜어져 나오던 기세와 배짱은 어느새 사라져 있었다. 아들이 구속됐고 대국민 지지율은 5%대로 추락했다. 대통령으로서는 반신불수인 상황이었다.

청와대에서 저녁을 먹으면서 살펴보니 사람의 기가 다 죽어 있었다. 명색이 대통령과 기자의 만남이었음에도 현안에 대한 이야기는 없고 과거 민주화투쟁 시절, 그 화려했을 때의 회상만 늘어놓았다. 뭔가 쓸쓸해 보였다.

말년의 그림자는 초라했다. 그럼에도 누군가 내게 김영삼에 대한 종합적인 평을 해 달라 한다면 '현대정치사에 보기 드문 거물'이라 말하고 싶다.[241]

39만 표 차이로 제15대 대선에서 집권당의 이회창 후보를 누르고 승리한 DJ는 당선이 확정되면서 첫 소감에서 "50년 헌정사상 처음으로 선거에 의한 정권교체를 이룬 저력으로 국민 모두의 힘을 모아 경제위기 국난을 극복해 나가는 데 온 힘을 다 하겠다."고 밝히고, '민주주의와 시장경제'를 새 정부의 청사진으로 제시했다.

대선에 승리한 DJ는 '당선자' 자격으로 IMF국난 극복에 발 벗고 나서 각종 정책을 제시하는 한편, 정권인수위

241) 전육, 「'김영삼 취재 20년' 전육 전 중앙일보 편집국장의 비망록」, 『월간중앙』 2016년 1월호.

를 가동하여 집권 채비에 나섰다. 2월 25일 서울 여의도 국회의사당 광장에서 가진 대통령 취임식은 김영삼·노태우·전두환·최규하 등 전직대통령과 시민, 민주인사 5천여 명이 참석했다.

김대중 대통령은 취임사에서도 민주주의와 시장경제 원리에 의한 국정개혁과 IMF체제의 조속한 극복을 다짐했다.

YS

쓸쓸한 모습의 퇴임시기

YS는 참담한 심경으로 임기 마지막에 국난극복에 심혈을 기울였다. 그러나 권력은 이미 새 당선자 DJ에게 실리고, IMF 외환위기는 이전의 모든 업적이 깡그리 부정적으로 매도되고, 마치 망국 군주와 같은 비판이 쏟아졌다. YS의 정치생애에서 아마 이 때처럼 참담했던 시기는 없었을 것이다.

더욱이 후임자는 평생 동지이자 경쟁자인 DJ였다. 자신의 임기 중에 발생한 IMF 환난 위기의 극복이 DJ에게 맡겨진 것도 여간 자존심이 상한 일이 아니었을 것이다. 퇴임 전인 2월 4일 '국민에게 드리는 말씀'에 심경의 일단을 담았다. 몇 대목을 추렸다.

"이임을 앞두고 재임 5년을 뒤돌아보니 아쉽고 미흡한

점이 참으로 많습니다. 격동의 시대를 맞아 제 나름대로 최선을 다했지만, 국민의 기대에 미치지 못했음을 솔직히 자인하지 않을 수 없습니다. 지금 외환·금융위기 상황이 국민 여러분에게 주는 고통을 생각하면 가슴을 짓누르고 책임감 때문에 한순간도 마음이 편할 때가 없습니다. 진심으로 위로의 말씀을 드립니다."

"금융실명제와 부동산실명제의 실시, 부정부패의 추방은 나라와 사회를 정의롭고 건강하게 만들기 위해 반드시 필요한 조치였다고 믿습니다. 통합선거법의 제정, 전면적인 지방자치제의 실시, 여당 대통령 후보의 자유경선 등은 우리의 민주정치를 크게 선진화시킨 계기가 되었다고 생각합니다. 4자 회담의 실현과 대북 경수로 지원 사업의 착수는 한반도의 평화 정착을 위한 역사적 이정표가 될 것입니다.

그러나 저는 지난 개혁의 결과를 되돌아보면서 정말 개혁이 혁명보다 어렵다는 말을 절감합니다. 개혁의 성과가 컸던 분야도 있었지만, 현실의 저항에 밀려 개혁이 지체된 분야도 있었습니다."

"또 시행착오도 없지 않았습니다. 특히 경제 구조조정과 세계화, 개혁을 보다 과감하게 추진하지 못하여 오늘의 경제적 어려움을 가져오게 된 것이 무엇보다 가슴 아프고 송구스럽습니다. 개발연대부터 누적되어 온 우리 경제의 문제점을 해결하기에는 우리의 개혁 노력이 모자랐고, 세계의 변화는 우리의 개혁 속도보다는 훨씬 빨랐던 것입니다."

"어쨌든 문민정부 5년의 결과에 대해서는 대통령인 제가 모든 책임을 져야 한다고 생각합니다. 잘못되고 부족한 점이 있었다면 그것은 전적으로 저의 부덕과 불찰의 결과입니다."

"김대중 대통령 당선자의 지도력과 경륜은 능히 오늘의 난국을 극복하고 나라를 다시 안정과 발전의 반석 위에 올려놓을 수 있다고 믿습니다. 온 국민이 지역과 계층, 여야를 떠나 차기 정부의 경제 회생 노력에 적극 동참해 주시기를 간곡히 당부 드립니다."[242]

YS는 2월 24일 오후 청와대를 떠나 상도동 자택으로 돌아왔다. 환영하는 낯익은 이웃들에게 "26세에 국회의원이 된 이래 45년 동안 영광의 시간은 짧았지만 고통과 고뇌의 시간은 길었습니다. 이제 상도동 주민 여러분과 저는 5년 만에 다시 한 식구가 되었습니다. 앞으로 자주 만납시다."라고 인사했다.

---

242) 김영삼, 앞의 책, 388~389쪽.

YS는 26세에 국회의원이 당선되어 야당 대변인, 원내총무, 총재, 여당 대표, 대통령으로 이어지는 정치적 출세가도를 달려 정상에까지 이르렀다. 그는 영광의 시간은 짧고 고통과 고뇌의 시간은 길었다고 했으나, 동시대 정치인 중에는 유독 영광의 시간도 많았던 행운의 정치인이었다.

일부 평자 중에는 YS가 차라리 대통령이 되지 않고 야당 지도자로 마감했으면 유능한 민주투사로 영원히 남았을 것이라고 아쉬워하기도 한다. 또는 그가 아니었으면 하나회 척결이나 금융실명제와 같은 극단의 처방은 어려웠을 것으로 존재성을 높이 평가한다.

다시 야인으로 돌아온 YS는 때로 뉴스메이커가 되기도 했지만, 비교적 조용히 보냈다. 2000년 1월 세 권짜리 『김영삼 회고록』을 내고, 2001년에는 두 권으로 된 『김영삼 대통령 회고록』을 펴냈다. 때로 김대중 대통령에 대해 악담을 퍼붓는 등 여전히 DJ에 불편한 심기를 감추지 않았다. 고려대학 초청 강연이 학생들의 반대시위로 무산되는 수모를 당하기도 하고, 그가 발탁한 정치인들이 상도동에 발길을 끊는 등 역량세태를 겪기도 했다.

자신이 창당한 신한국당의 이회창 후보가 두 차례나 대선에서 패배하고 DJ에 이어 노무현이 집권하면서 퇴임한 전임 대통령은 망각지대에서 잊혀져갔다. 하지만 2007년 대선에서 자신이 발탁한 이명박이 당선되고 이어 2004년 박근혜가 집권하기에 이르렀다. YS는 2012년 새누리당 경선당시 김문수 전 경기지사에게 “박근혜는 아무것도 아니다. 아주 칠푼이다.”라고 말했다. ‘칠푼이’ 라는 용어를 써서 세간의 화제가 되었다.

YS

YS와 박정희 부녀와의 '역사반전'

역사는 가끔 기막힌 반전을 불러온다. 김영삼 대통령의 경제실패로 외환위기(IMF)를 맞았을 때 박정희의 유령이 경제발전이란 망토를 입고 부활했다. 20여 년 뒤 박정희의 딸 박근혜가 민주주의를 퇴행시키면서 역대 대통령 평가 여론에서 꼴찌 수준을 맴돌던 김영삼의 민주화 업적이 화려하게 재조명되었다.

박근혜 정권이 '부활한 박정희'의 영생을 기도하면서 온갖 무리와 억지로 역사교과서를 국정으로 바꿔치기하고 민(民) 자 돌림의 단체, 여컨대 민족문제연구소·민변·민노총 등을 탄압하면서 다시 유신 회귀를 획책했다.

그 즈음 김영삼 전 대통령이 서거하면서 박정희의 구유신과 박근혜의 신유신이 대비되었다. 박근혜 대통령은 전임 대통령의 첫 국가장에도 참석하지 못할 만큼 김영삼의 민주화 전력이 두려웠을 터이고, 노동법 개악반대와 국정 교과서 비판에 나선 시민들을 IS에 빗대는 발언을 하기에 이르렀다.

'죽은 공명이 산 중달을 사로잡는다.'는 중국 고사가 전한다. 죽은 민주화 투사 김영삼이 반민주 행보를 서슴지 않는 현직 대통령을 사로잡는 형국이 되었다. 박근혜 정부의 반민주 행보가 심화될수록 김영삼·김대중·노무현의 행적이 도드라지는 역설, 그리고 반전의 기묘함을 박근혜 진영은 미처 예상하지 못했을 것이다.

이 같은 현상은 이명박이 집권하여 노무현의 업적과 그림자를 지우기 위해 그를 자살로까지 몰고 갔는데, 막상 그가 투신 서거하면서 노무현 전 대통령이 부활하고 봉하마을이 성지처럼 참배객들이 찾게 된 사례와도 겹친다.

김영삼과 박정희 부녀와의 관계는 악연으로 얼룩졌다. 박정희가 3선 개헌을 강행할 때 신민당 원내총무 김영삼은 김대중과 함께 개헌반대의 선봉장이었다. 이때 박정희 정권이 초산테러를 자행하고, YS와 DJ는 '40대 기수론'을 제기, 박정희의 최대 라이벌이 되었다. 첫 번째 반전이었다.

반전은 이어졌다. 박정희는 느닷없이 유신을 선포하여 총통제 군주처럼 되었다. DJ를 납치하여 수장시키려다 실패, 자택에 연금시키자 DJ는 YS를 밀어서 신민당 총재로 당선시켰다.

박정희는 어용야당을 선호하여 신민당 원외위원장들을 부추겨 총재직 가처분신청을 내게 하고 어용기관이 된 법원이 이들의 손을 들어줬다. 박정희가 3당합당의 신민당총재직을 박탈한 것이다.

유신시대 한국언론은 제도권에 편입되어서 국내의 반유신 투쟁은 외신을 통해서만 알게 되었다. YS는 총재직을 빼앗긴 후 〈뉴욕 타임스〉 헨리 스토크스 기자와 회견했다. 1979년 9월 15일자에 보도된 내용은 "우리가 미국 관리들에게 공개적이고 직접적인 압력을 통해서만 박 대통령을 제어할 수 있다고 말할 때마다 그들은 한국의 국내정치 문제에 간여할 수 없다고 대답했다."면서 "이것은 납득할 수 없는 논리다. 미국은 우리를 보호하기 위해서 3만 명의 지상군을 파견하고 있는데 그것은 국내문제에 대한 간여가 아니란 말인가."라고 반문했다.

정치의 명줄이 오직 주군 박정희에게 달려 있던 공화당과 유정회 의원들이 충성경쟁을 하여 합동의원총회를 열고 '사대망동'을 이유로 YS를 제명하기에 이르렀다. YS의 발언은 다소 정제되지 못한 부문이 없지 않았다. 하지만 5·16쿠데타와 유신쿠데타 후 미국의 승인을 위해 온갖 추태를 벌여온 박정희와 그의 마름들이 '사대망동' 운운할 처지는 아니었다. 박정희의 일격에 YS는 타살되는 듯했다. 그러나 박정희는 부마항쟁, 그리고 마침내는 김재규의 일격으로 절명하고 YS는 부활했다. 두 번째 대반전이었다.

한참 세월이 흘러 YS는 대통령이 되었다. 박정희가 장기독재를 위해 키워온 군부의 암세포 하나회를 단칼에 척결했다. 12·12사태를 일으키고 5·17쿠데타를 주동한 전두환·노태우 일당은 20여 년 동안 군 요직을 오로지 하고 민주주의를 짓밟아온 원흉들이다.

YS는 친일세력의 정신적 성지였던 조선총독부 건물을 폭파하고 금융실명제, 공직자 재산공개 등 파격적인 개혁정책을 실시했다. 어느 측면에서는 박정희가 남긴 '악의 유산'에 대한 청소작업이었다. 세 번째 반전이다.

YS의 과거청산과 '역사 바로 세우기'는 곧 한계에 부딪혔다. 3당합당으로 유신·5공세력과의 동거, YS 자신의 역사의식 부족, '인사는 만사'라면서도 인사실패, 차남의 권력농단, 친일의 혈통과 군사독재의 모유를 먹고 거대화된 일부 족벌신문과의 유착 등이 요인으로 꼽힌다. 그는 정부수립 후 처음으로 언론사 세무조사를 실시하고도 묻어주었다.

다시 한참 세월이 흘러 박정희의 딸이 대선후보가 되자 YS가 독설을 퍼부었고, '팔푼이' 라는 비어가 인구에 회자되었다. YS의 국가장에 불참한 것을 두고 이와 연결하는 추측이 나돌았다.

보나팔트 나폴레옹의 '명예회복'을 내세우며 그의 조카 루이 나폴레옹이 집권하고 얼마 후 숙부의 길을 좇아 헌법을 바꿔 황제의 자리에 올랐으나 무능으로 나라가 거덜날 판이 되었다. 이를 지켜본 카를 마르크스가 헤겔의 말을 빌려 '첫 번째 쿠데타는 비극, 두 번째는 희극'이라고 조롱했다. 20세기의 세계적인 역사학자 에릭 홉스 봄이 이를 수정했다. "마르크스는 역사가 처음에는 비극으로 나중에는 소극으로 반복된다고 말했지만, 더 불행한 유형은 처음에는 비극이고 나중에는 절망이다."(『지식인과 계급투쟁』). 그는 '나중에는 절망'에 방점을 찍었다. 어쩐지 박근혜 정권과 연계되는 기시감이 든다.

역사는 궁극적으로 발전·진보하는 것이지만, 때로는 갈지(之)자 행보를 하거나 게(蟹)걸음을 걷거나 '테르미드로의 반동'으로 치닫기도 한다. 반동기간이 길어지면 관성이 붙어 무능 부패분자들이 국정을 농단하고 '국가주의 이데올로기'들이 역사의 시침을 바꾸어 버린다. 국사교과서 국정화 감행은 그 심각성의 조짐인데, 다시 반전의 지도자가 없다는 것이 국민에게는 위기이고 저들에게는 축복일 것이다. 하지만 21세기 역사의 전환과 반전의 주역은 '영웅'이 아닌 민초들의 몫이다(그 민초들이 4·13총선에서 반기를 들었다). 그래야만 바른 역사가 오래 지속된다. 단재 선생이 '영웅사관'을 폈다가 '민중직접혁명론'으로 바꾼 깊은 뜻을 알겠다.[243]

243) 김삼웅, 『민족사랑』, 민족문제연구소, 2015년 12월호.(부분 수정)

YS

서거,
그리고 현충원

YS는 퇴임 후에도 새벽 조깅 등 건강관리에 게으르지 않았다. 하지만 육체적 노화는 어찌할 수 없었다. 2008년에 경미한 뇌졸중 증상에 이어 2013년 4월부터 반신불수를 동반한 뇌졸중을 겪었다. 서울대 병원에 입원하여 장기간 치료를 받고 상태가 다소 호전되자 퇴원하였으나 건강이 회복된 것은 아니었다.

병원 측에 따르면 좁아진 혈관에 보형물을 넣어 확장시키는 스텐스 시술을 했지만 혈관이 계속 문제가 되어 뇌졸증과 협심증, 폐렴이 반복해 나타나 완치는 어려운 상태였다고 한다. 이런 상태에서 입퇴원을 거듭하며 치료 중, 2015년 11월 19일 고열과 호흡곤란 상태가 심해지자 다시 서울대 병원에 입원했다.

입원 이틀 만인 21일에는 상태가 위급해지자 의료진이

호흡보조장치에 이어 인공호흡기까지 달았으나 효과가 나타나지 않았다.

중환자실로 옮겨 치료를 계속하던 중 혈압이 갑자기 떨어지면서 심패소생술(CPR)을 실시했지만 효과가 없었다. 의료진이 가망이 없다고 판단해 CPR을 중지하기로 결정하고, 가족도 이에 동의했다.

2015년 11월 22일 0시 22분, 9선 의원이고 대한민국 제14대 대통령을 지낸 거산 김영삼은 차남 현철 씨 등 가족이 지켜보는 가운데 서울대병원 중환자실에서 서거, 88세의 파란 많은 생애를 접었다. YS는 서울대 병원에 재입원했을 때 말은 못하고 필담으로 차남에게 '통합'과 '화합'을 썼다고 한다. 유언이 된 셈이다.

김 전대통령의 빈소가 서울대 병원에 마련되고 11월 26일 국회에서 영결식이 거행되었다. "9선으로 최다선 의원이었던 고인의 마지막 등원이었다."[244] 2016년 4월에 치른 제20대 총선에서 8선 의원이 진출했으나 아직 9선 의원은 영원한 의회주의자 고인 한 사람뿐이다.

국가장으로 치러진 영결식은 휠체어를 탄 부인 손명순

244) 〈시사 IN〉, 2015년 12월 5일.

여사와 가족, 여야 정당대표와 정의화 국회의장을 비롯한 의원들, 고인을 통해 정관계에 입문한 전현직 정치인과 관료, 이명박 전 대통령 내외, 노무현 전 대통령 부인 권양숙 여사를 비롯하여 많은 시민들이 참석했다. 박근혜 대통령은 영결식에 참석하지 않고 영구차가 떠나기 직전 서울대병원 빈소를 찾았다.

김영삼민주센터이사장인 김수한 전 국회의장은 추도사에서 "김영삼 대통령님 참으로 수고가 많으셨습니다."라며 눈시울을 붉혔다. 추도식을 전후하여 고향 거제도와 부산·광주 등 각지에서 추모집회가 거행되었다.

국회에서 출발한 운구차는 민주화운동의 역사가 서려 있는, 46년을 살았던 상도동 자택과 인근에 마련된 '김영삼 대통령도서관'을 들러 국립현충원에 도착했다. 유가족과 각계 인사 250여 명이 참석한 안장식은 헌화 및 문향하관 예식 후 부활 대망 예배 순에 이어 오후 6시 30분, 고인의 넋을 기리는 조총 21발이 발사되면서 식이 끝났다. 김 전대통령은 역대 대통령 중 네 번째로 국립현충원에 묻혔다. 평생의 동지이자 라이벌이었던 김대중 전 대통령의 묘소와 직선거리로 300m 떨어진 곳이었다.

평소 대단히 청렴했던 고인이 남긴 재산은 상도동 집 한 채와 거제도 땅 등 50억 원 정도이다. 김영삼은 2011년 1월 전 재산을 '김영삼 민주센터'에 기증했다.

김영삼 전 대통령의 묘비제막식이 2016년 5월 26일 서울 동작구 국립현충원에서 부인 손명순 여사와 가족, 여야 대표와 정관계 인사들이 대거 참석한 가운데 거행되었다.

'김영삼 민주주의 기념비'로 이름 붙여진 추모비 전면에는 "아무리 새벽을 알리는 닭의 목을 비틀지라도 민주주의의 새벽은 오고 있습니다." 등 생전 어록이 담기고, 기념비에는 YS가 직접 쓴 〈民主主義〉와 〈大道無門〉 휘호도 새겨졌다. 차남 김현철 씨는 여야 정치인들에게 고인의 "통합 · 화합정신을 잊지 말아 달라."라고 당부했다.

YS

역사적 평가는 '현재진행형'이다

중국의 시인 두보(杜甫)는 "사람은 관을 덮고 난 후에 평가된다."라고 말했다. 김영삼에 관한 평가는 시각에 따라 크게 엇갈린다. "대한민국 대통령 가운데 김영삼처럼 평가가 엇갈리는 인물이 또 있을까. 민주주의의 큰 별이 졌다는 애도와 3당합당·외환위기로 나라를 망친 장본인이라는 평가가 공존한다. 평가가 극단으로 갈리는 이유는 명확하다. 공과(功過)가 너무나 뚜렷하기 때문이다."[245]

대체적으로 긍정적인 평가는 군부독재 시기 줄기찬 민주화투쟁과 하나회 척결 그리고 금융실명제실시 등을 꼽고, 부정적 인식은 3당합당 과 IMF환난 초래를 든다.

245) 이오성, 「그의 권력욕이 역사를 바꿨다」, 『시사 IN』, 2015년 12월 5일.

YS의 가장 큰 과오는 민주화 세력이 군벌과 손잡았다는 것이다. 최근 『박정희 김대중 김일성의 한반도 삼국지』라는 정치 다큐멘터리 책을 펴낸 이충렬 씨(전 노무현 대선 캠프 정책특보)는 "3당합당은 군벌이 민주화 세력 일부를 포섭해 권력 기반을 강화하고, 한국의 주류 세력으로 자리를 굳힌 것이다."라고 지적했다. 김영삼의 '구국의 결단'이 군벌의 정치 생명을 공고화해주었다는 이야기다. 이충렬 씨는 "오직 승리만을 위한 합종연횡과 정치적 M&A의 결과 에일리언 같은 괴물이 나타났다."라고도 평한다. 김무성 새누리당 대표, 김문수 전 경기도지사 같은 '민주화운동 출신 보수 지도자'가 나타나게 된 이유가 이런 '유전자 조작 정치'의 결과라는 것이다. '호남고립' 현상이 심화되면서 지역주의가 한국 정치의 병폐로 자리 잡은 것은 두말할 나위도 없다.[246]

전두환·노태우·김영삼 대통령 3대에 걸쳐 청와대 비서관을 지낸 윤여준 씨는 김영삼 전 대통령은 "민주화투쟁의 탁월한 지도자였지만 권력의 사유의식을 끝내 극복하지 못했다는 점이 그의 안타까운 한계였다고 하겠다."면서 다음과 같이 분석했다.

246) 앞과 같음.

김영삼 정부는 대한민국 정치사에서 독특한 위상을 갖고 있는 정권이었다. 한국정치 사상 처음 본격적으로 민주적인 국가운영을 해야 한다는 과제를 맡았으며, 탈냉전과 세계화·정보화라는 국제정치적·문명사적 흐름에 적합한 새로운 국가운영·모델을 수립해야 했다. 문제는 김영삼 대통령이 이러한 과제를 감당하기에 적합한 리더십을 가진 정치인이 아니었다는 점이다.

민주화를 주도하고 민주주의 이행기에 권위주의 정권의 잔재를 청산하는 데는 효과적이었지만, 발전국가 이후 새로운 국가모델을 제시하고 창출하거나 최소한 통상적인 국가운영에서 제대로 된 스테이트크래프트를 발휘하지는 못했던 것이다.

그리하여 민주화되었음에도 불구하고 오늘날까지 대한민국의 정치와 국가운영이 대립과 갈등을 벗어나지 못하고 있는 구조적 한계를 만드는 데 적지 않은 책임이 있다는 비판을 면하지 못하고 있다.[247]

평소 김영삼과 가까운 사이로서 주요 연설문을 많이 썼던 김정남 씨는 성공한 생애라고 규정하면서 특히 그의 '인간미'를 지적한다.

---

247) 윤여준, 『대통령의 자격』, 메디치, 2011, 420쪽.

또한 당신은 남에게는 관대했지만, 자신에게는 엄격했지요. 그것이 당신 앞에 사람들이 구름같이 모여든 까닭입니다. 날이 새면 마산에 계신 아버님께 문안전화를 드리는 것이나, 눈이 오나 비가 오나 조깅을 빼놓지 않으신 것, 칼같이 시간을 엄수하는 것, 모임에 참석하면 끝까지 자세를 흐트러뜨리지 않고 꼿꼿이 앉아 경청하는 것, 소소하지만 당신께 꼭 본받고 따라야 할 당신의 아름다운 덕목이었습니다. 공적으로나 사적으로나 저는 당신께 풀고 싶은 회포와 사연이 너무 많습니다. 이렇게 홀연히 가시매 그리움에 목이 멥니다.[248]

오랜 기간 그를 취재했던 전육 씨의 기록이다.

물론 운도 좋았다. 스물여섯 살에 최연소 국회의원이 돼서 계속 잘되는 흐름을 타왔다. 민주화투쟁에서 보통사람이 하기 어려운 역할을 도맡았으며 독재 권력으로부터 초산 테러를 당하고 단식도 해봤다. 김영삼은 그렇게 늘 주인공이었다.

종국에는 민주화도 성공시키고 꿈에 그리던 대통령까지 됐다. 태어나서 하고 싶은 건 다 해본 셈이다. 무엇보다 하고 싶은 말은 다 하고 살았던 몇 안 되는 성공한 정치인이

248) 김정남, 「당신은 민주화의 영웅입니다」, 『월간중앙』, 2016년 1월호.

었을 것이다.

본질을 꿰뚫은 동물적인 혜안, 목표를 쟁취해야겠다는 투쟁력, 타이밍을 잘 보고 던질 줄 아는 승부사 기질……. 돌이켜 보면 김영삼은 국가전략가적 지도자라기보다는 혁명가적 기질이 있는 정치인이었다.

그의 갑작스러운 죽음 탓인지 김영삼 정권의 업적을 두고 생각보다 후한 평가가 내려지는 분위기다. 아마도 김영삼이 걸어왔던 낭만의 정치, 명쾌한 직설을 통한 국민과의 대화, 그리고 '수컷정치'를 향한 국민적 그리움의 방증이 아닐까?[249]

앞에서도 인용한 바 있는 김호진 교수의 평가다.

김영삼은 정치에는 노회한 달인이었다. 그러나 국가경영에는 전혀 학습이 안 돼 있었다. 뭔가 해야겠다는 소명의식만은 누구에게도 뒤지지 않는 국가경영자였지만 국정철학이 모호하고 미래를 보는 안목이 빈약했다. 따라서 국정방향과 기조가 항상 흔들렸다.

집권 초에는 '신한국창조'를 강조하더니 얼마 안가 국제화를 역설했고, 다시 역사 바로 세우기로 옮겨 갔다. 대북정책도 화해와 긴장을 반복했다.

---

249) 전육, 앞의 책.

이처럼 우왕좌왕하다 보니 옷소매를 걷어 올리고, 칼국수를 먹으며, 일은 열심히 했지만 결과는 국가부도로 나타났다. 나라의 운명이 위기에 빠진 것이다.[250]

정치학자 신진 교수는 '김영삼, 미완의 혁명과 또 다른 부패구조의 형성'이란 글의 말미에서 다음과 같이 평가한다.

김영삼 대통령이 추진한 정치개혁과 부정부패의 제거, 그리고 금융실명제 실시와 같은 중대한 정치·경제적 개혁 추진은 결코 간과될 수 없는 큰 성과라고 할 수 있다. 경제 정책 등에 관해서는 임기 말에 닥친 IMF 체제로 인해 초기의 많은 노력이 빛을 잃게 된 것은 안타까운 일이다. 그럼에도 불구하고 부정부패를 제거하기 위한 정치개혁과 금융실명제 실시는 건실한 국가를 건설하기 위한 정책으로 높이 평가받아야 마땅하다.[251]

고인의 영결식 전날 〈한겨레〉 사설의 앞 부문이다.

김영삼 전 대통령 서거 이후 정치권은 물론 일반 국민들

250) 김호진, 『대통령과 리더십』, 372쪽.
251) 신진 외, 『남북한의 최고지도자』, 백산서당, 2001, 329쪽.

사이에서 일고 있는 추모 열풍이 대단하다. 고인의 가는 길을 최대한 따뜻하게 배웅하는 것이 우리의 전통이라고는 하지만, 김 전 대통령에 대한 전 국민적인 추모 열기는 그런 차원 이상의 의미를 지닌다. 그것은 하나의 '사회적 현상'이라고 말해도 지나치지 않다. 고인의 정치역정에 '공' 뿐 아니라 '과'도 적지 않음을 고려할 때 더욱 그렇다. 우리 사회가 지금 절실히 필요로 하는 가치들에 대한 갈구와 희망이 고인에 대한 추모를 통해 분출되고 있다고 해도 좋을 것 같다.

민주화, 통합과 화합, 선이 굵은 정치, 뜨거운 포용력, 인간적 매력, 거리낌이 없는 인재 등용……. 고인이 생전에 지녔던 미덕들과 숨지기 전 남겼다는 메시지다. 이런 말들이 지금 더욱 절실하게 다가오는 이유는 자명하다. 민주주의의 퇴행, 분열과 갈등, 속 좁은 깨알정치, 오만과 독선, 냉정하고 인간미 없는 정치, 좁은 텃밭에서의 끼리끼리 나눠 먹기 등 우리가 마주한 현실이 너무 남루하기 때문이다. 고인은 민주주의라는 말이 갈수록 천대받는 시기에 절묘하게도 민주화라는 말에 생기를 불어넣고 떠났다. 감동이 사라진 황폐한 시대에 가슴 벅찬 '감격 시대'의 역사도 다시 일깨워줬다.

지금 우리 사회에 불어 닥친 '복고'의 바람, 그것은 '더 오래된 복고'가 현재를 지배하는 추한 세상을 떠나면서 그

가 던진 마지막 승부수는 아닐까.[252]

다음은 〈중앙일보〉사설의 마지막 부문이다.

> 고인에 대한 역사적 평가는 '현재진행형'이다. 그가 남긴 공과 과는 앞으로도 숱한 논쟁을 부를 것이다. 독재에 항거하며 민주주의를 위해 헌신했던 고인의 파란만장한 생애는 이제 역사의 한 페이지로 남게 됐다. 동시에 그는 우리들에게 무거운 숙제를 던지고 있다.
>
> 임종 전 병상의 고인이 차남 현철 씨를 통해 필담으로 남긴 마지막 말은 '통합'과 '화합'이었다. 의회주의자였던 노(老) 정객의 마지막 가는 길에도 분열과 대립, 증오와 분노를 양산하고 있는 한국 사회와 정치가 미덥지 못했던 것일까. 그가 던진 과제를 곱씹으며 삼가 고개 숙여 고인의 명복을 빈다.[253]

252) 〈한겨레〉, 2015년 11월 25일 사설.
253) 〈중앙일보〉, 2015년 11월 23일 사설.

연표

출생, 청소년기

1928. 12. 04(음) 경상남도 거제군 장목면 외포리 1371번지 대계마을에서 아버지 김홍조(金洪祚), 어머니 박부련(朴富連)의 1남 5녀 중 장남으로 출생(호적 : 1927년 12월 20일). 김녕김씨 충정공파 28대손

1931 경상남도 거제군 장목면 외포리 외포본동 서당 입학

1933 경상남도 거제군 장목면 외포리 간이소학교 입학

1937 경상남도 거제군 장목소학교 2학년으로 전학

1942. 03. 20 경상남도 거제군 장목소학교 졸업

1943. 04. 08 경상남도 통영군 통영중학교 입학

1945. 11 경상남도 부산시 경남중학교 3학년으로 편입

1947. 02 경상남도 부산시 경남중학교 졸업

1947. 09. 01 서울대학교 문리대학 철학과 입학

1948. 08 정부수립 기념 웅변대회에서 2등 입상. 외무부 장관상 수상

1950. 05 제2대 국회의원에 출마한 장택상의 선거운동 보좌(경북 칠곡)

1950. 06. 25 6·25전쟁이 발발하자 경기도 이천군 대월면 군량리로 피신

1950. 09. 28 서울수복 후 임시수도 부산으로 내려감

1950. 10 학도의용군에 입대. 국방부 정훈국 대북방송 담당요원으로 복무

1951. 01 장택상 국회부의장 비서로 임용

1951. 03. 06 경상남도 마산시 마산문창교회에서 손명순과 결혼

1951. 09. 29 서울대학교 문리과대학 철학과 졸업

1952. 05 장택상 국무총리 비서관 임용

1953. 09 1954년 5월 총선에 대비하여 거제로 귀향

정치활동

1954. 05. 20 제3대 국회의원선거에 출마해 당선(거제, 만25세 최연소 국회의원)
1954. 10. 18 제3대 국회 본회의 첫 발언을 통해 '3대 국영기업체 비리' 규탄
1954. 11. 27 제3대 국회에서 3선 개헌안에 대해 반대 표결
1954. 12. 10 자유당 탈당. 탈당의원을 중심으로 호헌동지회 구성
1955. 09. 19 민주당 창당대회에서 전형위원으로 선출. 민주당 중앙당 청년부장 및 경남도당 부위원장 임명
1956. 02 제3대 국회에서 '김창룡 특무대장 암살사건' 진상조사위원으로 활동
1958. 05. 02 제4대 국회의원선거에 출마했으나 낙선(부산 서 갑구)
1959 야당인사를 중심으로 '유석청년동지회' 조직. 조병옥 박사의 민주당 대통령후보 추대 활동
1960. 07. 29 제5대 국회의원 선거에 출마해 당선(2선, 부산 서 갑구)
1961. 01 제5대 국회 소장파 의원들과 함께 정치풍토개혁을 위한 '청조운동' 전개
1961. 02. 20 민주당 구파가 중심이 된 신민당(新民黨) 창당대회에서 원내부총무 겸 중앙당 청년부장에 임명
1961. 05. 16 고향 거제에서 5 · 16군사쿠데타 소식을 들음
1961. 05. 17 '정치활동정화법'에 의해 정치활동 규제
1962 민주공화당의 정치참여 요구 거절
1963. 02. 01 박정희정부의 정치활동 규제에서 해금
1963. 03. 22 군정연장 반대집회 및 가두시위 전개. 포고령 위반으로 서대문 형무소에 23일간 구속
1963. 05. 24 민정당(民政黨) 창당대회에서 중앙당 선전국장 겸 부산시당 위원장에 임명
1963. 10. 15 제5대 대통령 선거에서 민정당 대변인으로 윤보선 후보의 당선을 위해 활동
1963. 11. 26 제6대 국회의원 선거에 출마해 당선(3선, 부산 서구)
1964. 06. 14 민중당(民衆黨) 창당 참여
1964. 06. 15 미국 국무성 초청으로 미국 · 유럽 · 일본 등 세계 각국 여행
1965. 05. 06 민중당(民衆黨) 선전부장에 선임
1965. 10. 11 민중당 의원총회에서 원내총무에 선출(만 36세, 최연소 원내총무)
1965. 10. 20 현민 유진오 선생을 민중당에 영입
1967. 02. 07 통합야당인 신민당(新民黨) 창당대회에 민중당측 대의원으로 참여
1967. 02. 13 신민당 원내총무로 선출
1967. 03. 28 제6대 대통령선거 부산시선거대책위원회 위원장에 임명

1967. 06. 08 제7대 국회의원 선거에 출마해 당선(4선, 부산 서구)
1967. 06. 08 6·8 부정선거에 항의해 174일간 원외투쟁 전개
1967. 11. 29 신민당 원내총무로 재선출
1968. 08 미국 민주당·공화당 전국위원장 초청으로 방미
1969. 06. 20 박정희정부의 3선개헌 반대투쟁을 주도하다 자택 인근에서 초산테러를 당함
1969. 07. 08 국회 본회의에서 '김영삼의원 테러사건진상조사특별위원회' 구성
1969. 07 미국 국회 하원의장 초청으로 방미. 닉슨 대통령 등 정계 지도자와 회담
1969. 11. 08 40대 기수론을 제창하며, 제7대 대선 신민당후보 지명대회 출마 선언(만 40세)
1970. 01. 29 신민당 정무위원으로 임명
1970. 03. 17 신민당 당재정위원으로 임명
1970. 05. 07 신민당 부산 서 지구당 위원장으로 선출
1970. 09. 28 유진산(柳珍山) 신민당 당수에 의해 신민당 대통령후보로 공식 추천
1970. 09. 29 신민당 임시전당대회에서 대통령 후보 지명투표결과 패배
1970. 10. 05 김대중 신민당 대통령후보의 지방 시국강연회 지원
1970. 12. 11 미국 공업협회 초청으로 방미
1971. 01. 01 신민당 대통령선거대책위원회 운영위원으로 선출
1971. 05. 25 제8대 국회의원 선거에 출마해 당선(5선, 부산 서구)
1971. 07 한일협력위원회 참석차 방일. 사토 수상과 회담
1971. 09. 05 '한국문제연구소' 설립
1972. 07. 23 김일성과 면담을 위해 평양을 방문할 용의가 있음을 피력
1972. 09. 30 신민당 분당위기 극복을 위해 신민당 '10인중진회담' 제의
1972. 10. 17 미국 하버드대학교 초청으로 방미 중 박정희정부의 '유신' 선포 소식을 듣고 귀국해 가택연금 당함
1973. 01. 18 신민당의 정무회의에서 정무회의 부의장 중 한명으로 선출
1973. 02. 27 9대 국회의원 선거에 출마해 당선(6선, 부산 서·동구)
1973. 05. 07 신민당 전당대회에서 부총재 겸 정무회의 부의장에 임명
1973. 09. 25 김대중 납치사건에 대해 대정부 질의, 박정희정부의 테러행위 규탄
1973. 12. 17 서울주재 외국특파원과 회견. 헌법 개정과 민주체제 회복 촉구
1974. 06. 02 미국 타우슨주립대학교에서 명예 문학박사학위 수여
1974. 07. 08 '선명야당'을 기치로 내걸고 신민당 당권도전 선언
1974. 08. 22 신민당 전당대회에서 총재에 선출(만 45세, 최연소 야당총재)
1974. 11. 14 유신헌법 개헌을 위한 원외투쟁 선언

1974. 11. 27 '민주회복국민회의'에서 대표위원으로 선출
1975. 01. 15 연두기자회견에서 반유신투쟁 지속 천명
1975. 02. 05 박정희의 '유신헌법 찬반 국민투표' 거부운동 선언
1975. 03. 28 〈뉴욕타임즈〉에서 '금주의 인물'로 선정
1975. 05. 21 박정희 대통령과 여 · 야 영수회담 진행
1975. 08. 23 신민당 총재취임 1주년 기자회견에서 긴급조치 9호 해제와 유신헌법 개정 촉구
1976. 01. 19 긴급조치 9호 위반으로 불구속 기소
1976. 09. 16 신민당 전당대회에서 총재 경선에 출마하셨으나 낙선
1978. 12. 12 10대 국회의원 선거에 출마해 당선(7선, 10대국회 최다선, 부산 서 · 동구)
1979. 04. 30 신민당 총재경선 출마선언
1979. 05. 30 신민당 전당대회에서 총재로 재선출
1979. 06. 30 한국을 방문한 미국 카터 대통령과 국회에서 회담
1979. 08. 11 YH 종업원들을 해산하기 위해 신민당사에 난입한 경찰들에게 강제 연행
1979. 08. 24 서울민사지방법원의 결정에 의해 신민당 총재 직무집행 정지
1979. 09.10 기자회견을 통해 '박정희정권 타도' 선언
1979. 09.16 〈뉴욕타임즈〉와의 회견에서 '박정희 독재정권에 대한 미국의 결단' 촉구
1979. 10. 04 국회 의정사상 처음으로 국회의원직에서 제명
1979. 11. 22 최규하 대통령 권한대행과 단독회담. 조속한 정치일정 추진 촉구
1980. 01. 30 윤보선 · 양일동 · 김대중과 4자회담. '정부주도 개헌안 반대 및 계엄령해제' 촉구
1980. 05. 09 기자회견을 통해 '계엄해제, 정부주도 개헌작업 중지' 촉구
1980. 05. 20 5 · 17쿠데타 규탄 기자회견 도중 군인들에 의해 불법적인 1차 가택연금 시작
1980. 05. 23 가족을 통해 외신에 '5 · 17폭거와 광주참극에 대한 원상복구' 성명 발표
1980. 08. 13 쿠데타에 대한 최후의 저항수단으로 신민당 총재직 사퇴와 정계은퇴 선언
1981. 05. 01 제1차 가택연금 해제
1981. 06. 09 '민주산악회'를 발족하고 고문으로 추대
1981. 12 야당인사들의 송년회에서 '민주회복' 선언
1982. 04. 16 뉴욕타임즈에서 김영삼의 가택연금과 신군부의 정치탄압을 보도
1982. 05. 31 뉴욕타임즈와의 회견으로 정치활동 금지조치를 위반했다는 이유로 제2차 가택연금 시작
1982. 10. 17 장남 김은철의 결혼식 참석에 대한 정부의 회유를 거절하고 결혼식 불참

1983. 05. 18 광주민주화운동 3주년을 맞이해 목숨을 건 단식투쟁 돌입
1983. 05. 28 신군부의 민주화탄압을 비판한 성명서 「나의 투쟁은 끝나지 않았다」 발표
1983. 05. 29 외유를 권하는 전두환 정부의 회유 거절
1983. 05. 30 제2차 가택연금 해제
1983. 05. 31 함석헌, 홍남순, 문익환 등 재야 지도자 동조단식 돌입
1983. 06. 03 윤보선 전 대통령 · 김수환 추기경 등이 단식중단 권유
1983. 06. 09 23일 만에 단식중단 선언. 성명서 「단식을 마치면서」 발표
1983. 08. 15 미국에 있던 김대중과 「민주화투쟁은 민족의 독립과 해방을 위한 투쟁이다」라는 8 · 15공동성명 발표
1983. 12. 27 남산의 외교구락부에서 열린 송년모임에서 민주세력 결집 호소
1984. 02. 16 상도동 자택에서 정치활동 피규제자 37명이 서명한 「민주주의의 승리를 위하여」라는 공동성명 발표
1984. 02. 25 「정치풍토쇄신을 위한 특별조치법」에 따른 정치해금 대상자에서 제외
1984. 06. 14 민주화추진협의회 공동의장으로 추대
1984. 11. 20 신한민주당 발기인대회에 참여
1984. 11. 30 「정치풍토쇄신을 위한 특별조치법」에 따른 정치활동규제 해금 대상자에서 제외
1985. 03. 06 정치활동 규제에서 최종 해금. 4년 4개월 만에 정치활동 자유 획득
1985. 08. 02 신한민주당 임시전당대회에서 상임고문으로 추대
1985. 11. 15 '민족문제연구소' 설립
1986. 02. 06 신한민주당에 공식 입당하고, 상임고문으로 추대
1986. 02. 12 '대통령직선제 개헌을 위한 1천만개헌서명운동' 선언. 직선제 개헌투쟁 전개
1986. 04. 10 민주산악회 정기총회에서 고문으로 추대
1986. 10. 31 서독 기독교민주당 초청으로 '세계기독교지도자대회' 참석. 빌리 브란트 전 서독 총리와 회견후, 인권과 통일에 관한 공동성명 발표
1987. 04. 08 신한민주당 탈당과 신당 창당 공식 발표
1987. 04. 13 통일민주당 창당발기인대회에서 준비위원장으로 추대
1987. 05. 01 통일민주당 창당대회에서 총재로 추대
1987. 05. 27 '민주헌법쟁취 국민운동본부' 결성대회에서 고문으로 추대
1987. 06. 01 '박종철 고문살인 은폐 규탄 및 호헌철폐 국민대회'에 참석
1987. 06. 24 전두환 대통령과 여 · 야영수회담 진행. 4 · 13 호헌조치 철회 요구 '애국학생 고(故) 이한열 열사민주국민장 장례위원회'에서 고문으로 추대

1987. 06. 26 민주헌법쟁취를 위한 국민평화대행진식에 참석
1987. 10. 10 제13대 대통령 후보 출마 공식 선언
1987. 10. 12 제13대 대통령선거 공약으로 '한민족공동체통일방안' 발표
1987. 10. 17 부산시 수영만에서 열린 '군정종식 및 김영삼 대통령후보 추대를 위한 부산대회'에서 정치개혁안 공표
1987. 10. 22 김대중 통일민주당 고문과 단독회담 진행. 후보 단일화를 위한 당내 경선 제의
1987. 11. 09 통일민주당 임시전당대회에서 제13대 대통령후보로 추대
1987. 11. 16 중앙선거관리위원회에 제13대 대통령선거 후보로 정식 등록
1987. 12. 18 제13대 대통령선거 개표결과 총 6,306,351표(28%)를 득표해 2위로 낙선
1988. 01. 06 통일민주당 임시전당대회에서 총재로 재신임
1988. 02. 08 야권통합을 위해 통일민주당 총재직 사퇴 선언
1988. 04. 26 제13대 국회의원 선거에 출마해 당선(8선, 부산 서구)
1988. 06. 03 제13대 국회 대표연설을 통해 '북방외교 초당적 참여' 선언
1988. 05. 12 통일민주당 전당대회에서 총재로 재추대
1988. 08. 20 한국 정치인 최초로 소련언론 〈노보예브레미야〉와 회견
1989. 01. 24 야3당 총재 회담에 참석해 제5공화국 청산 촉구
1989. 01. 30 일본 사회당 초청으로 방일
1989. 02. 11 노태우 대통령과 회담. 제5공화국 청산 촉구
1989. 06. 01 한국 정치인 최초로 소련 방문
1989. 06. 06 모스크바에서 북한의 허담 조선로동당 서기와 회담
1989. 12. 15 노태우 대통령과의 여·야 영수회담에서 '5공 청산을 위한 11개항' 합의
1990. 01. 22 민주정의당·신민주공화당·통일민주당 3당 합당 선언
1990. 03. 20 두 번째 소련 방문. 고르바초프 소련 대통령과 회담
1990. 05. 09 민주자유당(民主自由黨) 전당대회에서 대표 최고위원으로 추대
1990. 11. 06 노태우 대통령과 회동후 내각제 개헌 포기 등 8개 합의사항 발표
1990. 12. 20 내각제 개헌을 위한 중·대선거구제 도입 반대
1990. 04. 01 김대중 평화민주당 총재와 대구회동에서 소선거구제 유지 합의
1990. 05. 17 '강경대 군 폭행치사사건'으로 야기된 시국수습을 위한 내각 조기개편 건의
1990. 06. 20 6·20광역의회선거에 대한 민주자유당 대표최고위원 담화문 발표
1990. 08. 09 노태우 대통령과 내각제개헌문제를 연말까지 거론하지 않기로 합의
1990. 09. 01 남북한 유엔 동시가입 축하차 방미. 부시 대통령과 회담
1992. 03. 24 제14대 국회의원 선거에 출마해 당선(9선, 전국구)

1992. 05. 19 '민주자유당 대통령후보 경선 전당대회'에서 제14대 대통령 후보로 선출
1992. 08.28 민주자유당 중앙상무위원회에서 총재로 선출
1992. 10. 13 제14대 국회 대표연설을 통해 국회의원직 사퇴 표명. 의정활동 마감

대통령재임시절

1992. 12. 18 제14대 대통령 선거에서 대한민국 대통령에 당선
1993. 02. 25 제14대 대한민국 대통령에 취임
1993. 03. 01 3·1절 기념식에서 '부패와의 전쟁' 선포
1993. 03. 04 청와대 안가 철거 지시. 일체의 정치자금을 안받겠다고 선언
1993. 03. 05 육군사관학교 제49기 졸업 및 임관식 치사에서 군개혁 시사
1993. 03. 15 국가안전기획부 개혁 착수
1993. 03. 08 육군참모총장과 국군기무사령관 전격 경질. 하나회 척결 시작
1993. 03. 19 신경제 건설을 위한 특별담화 발표. 금융실명제 실시 천명
1993. 04. 19 현직 대통령 최초로 4·19묘소 참배
1993. 05. 13 12·12군사쿠데타 및 5·18광주민주화운동의 성격을 재규정하는 특별담화 발표
1993. 05. 20 문민정부 개혁법안 1호인 '공직자윤리법 개정안' 국회 통과
1993. 05. 24 12·12군사쿠데타와 관련된 고위장성 인사단행. 하나회 해체
1993. 06. 10 6월항쟁 자축 오찬모임에서 6월항쟁과 부마민주화운동 재평가
1993. 08. 09 조선총독부 건물 해체 지시
1993. 08. 12 금융실명제 실시에 관한 긴급명령 발표
1993. 10. 15 '부마사태'를 '부마민주화운동'으로 재규정
1993. 11. 22 미국 민주당 국제문제연구소로부터 '해리먼 민주주의상' 수상
1993. 12. 19 우루과이라운드 쌀시장개방 관련 대국민 사과담화 발표
1994. 02. 01 대통령 직속으로 '교육개혁위원회' 발족
1994. 02. 25 대통령 취임 1주년 기자회견에서 남북정상회담 추진 선언
1994. 03. 04 공직선거 및 부정선거방지법, 정치자금법개정안, 지방자치법개정안 등 문민정부 정치개혁법안 국회 통과
1994. 06. 02 한·러정상회담에서 러시아의 대북한 무기부품 공급 중단, 러·북 우호조약 사문화 합의
1994. 06. 28 남북정상회담 예비접촉에서 정상회담 개최 합의
1994. 08. 15 광복절 경축사를 통해 '한민족공동체 통일방안' 제시
1994. 09. 20 클린턴 미국 대통령에게 대북경수로 지원사업에 대한 한국의 입장 전달
1994. 11. 15 제2차 APEC 정상회의 참석(인도네시아)

1994. 12. 01 유엔군사령부로부터 군 평시작전통제권 환수
1994. 12. 23 내각에 대한 전면 개각과 청와대 비서실 개편 단행
1995. 01. 06 연두기자회견에서 세계화를 위한 국정목표 제시
1995. 01. 21 '세계화추진위원회' 발족
1995. 01. 26 '마틴루터킹 비폭력인권평화상' 수상
1995. 03. 07 3단계통일방안 등 문민정부의 대북한 입장 담은 '베를린 선언' 발표
1995. 04. 27 교육개혁을 위한 '신교육 구상' 발표
1995. 05. 30 지방선거 실시에 대한 특별담화 발표
1995. 07. 01 부동산실명제 실시
1995. 08. 15 구 조선총독부 청사 해체작업 착수
1995. 10. 30 노태우 전 대통령 비자금사건에 대한 성역없는 조사 지시
1995. 11. 19 제3차 APEC 정상회담 참석(일본)
1995. 11 외국인 투자 5개년 개방계획 수립
1995. 11. 24 5·18특별법 연내 제정 지시
1995. 11. 30 '12·12 및 5·18 특별수사부'를 설치하고 전면 재수사에 착수
1995. 12. 12 '역사바로세우기'를 천명한 12·12 16주년 대국민담화 발표
1995. 12. 19 '5·18 민주화운동 등에 관한 특별법' 국회 통과
1996. 01. 05 경제장관회의를 통해 경제안정과 중소기업청 신설 지시
1996. 02. 06 민주자유당 당명 '신한국당'으로 변경
1996. 02. 10 일본의 독도 영유권 주장에 대해 단호한 대처 지시
1996. 03. 01 제1차 아시아·유럽 정상회의(ASEM) 참석(태국)
1996. 04. 14 북핵문제 해결을 위한 4자회담 개최 제의
1996. 04. 24 신 노사관계 구상과 노사관계개혁위원회 설치 발표
1996. 05. 05 2002년 월드컵 한·일 공동개최 결정
1996. 08. 06 해양수산부 신설
1996. 09. 03 9·3경제종합대책 발표
1996. 09. 04 중남미 5개국 순방(과테말라·니카라과·엘살바도르·온두라스·코스타리카)
1996. 10. 11 대한민국 OECD에 가입
1996. 11. 25 제4차 APEC 정상회의 참석(필리핀)
1997. 01. 07 3대 국정 과제 발표(경제체질 개선, 안보태세 확립, 부정부패의 지속적 척결)
1997. 01. 22 대통령 직속 금융개혁위원회 설치
1997. 06. 14 금융감독위원회에 대한 합동조사권을 골자로 한 금융개혁안 확정
1997. 06. 23 유엔 환경특별총회 참석(멕시코)

1997. 08. 19 금융개혁위원회에서 건의한 금융개혁법안 의결
1997. 09. 30 신한국당 명예총재 추대
1997. 10. 27 채권시장 개방을 골자로 한 외자유인책 발표
1997. 11. 07 신한국당 탈당
1997. 11. 21 IMF에 대한 구제금융 신청 공식 발표
1997. 11. 22 경제난국 극복을 위한 특별담화 발표
1997. 11. 26 제5차 APEC 정상회의 참석(캐나다)
1997. 12. 22 전두환 · 노태우 전 대통령 사면

대통령 퇴임이후

1998. 02. 25 제14대 대통령에서 퇴임
2015. 11. 22 서거(향년 88세)